降伏其心

万行

1

대유불교시리즈 【11】 항복기심 ① 부처가 되는 길을 향해서

* 초판 발행　2018년 8월 28일
* 저자　만행스님
* 번역　지연 옥간
* 교정　법승 화장 여서 서림심우 동우 현진 지아정심 유소정 권규민
* 편집　이연실 윤여진 박순영 김시연 최진형
* 발행인 윤상철　　　* 발행처 대유학당　since1993
* 출판등록　2002년 4월 17일　제305-2002-000028호
* 주소　서울 동대문구 휘경동 258 서신빌딩 402호
* 전화　(02)2249-5630~1
* 홈페이지　http//www.daeyou.net 대유학당
* ISBN 978-89-6369-085-8 03220
* 정가 **20,000원**

* 이 도서의 국립중앙도서관 출판예정도서목록(CIP)은
　서지정보유통지원시스템 홈페이지(http://seoji.nl.go.kr)와
　국가자료공동목록시스템(http://www.nl.go.kr/kolisnet)에서
　이용하실 수 있습니다. (CIP2018025985)

* 후원해 주신분들
　성견(了尘)스님 원명스님 정각스님 法承스님 화장스님 단호스님 현성스님
　心亮慧昚스님 중성스님 지아스님 서림심우스님 동우스님 보민스님
　一壺世界 智涌法師 慈傳佛堂 李花子 雲澤 王經輝 金軒庭 金燕 金釋蘭 苗秀菊
　주희순 이은희 최영호 이정안 祁燕보살 김경원 김남숙 김복길 노병간 박준희
　박중환 배영자 백옥숙 서명환 서민국 이경우 조미자 진성거사 최인석
　윤재기 이정남 윤윤호 최미옥 윤성혁 윤소윤

降伏其心

萬行

머리말

　동화선사[1]는 육조이신 혜능대사께서 은거하며 수행하셨던 성지 聖地이다. 이곳에서 3년 동안 마음을 닦으며 불법을 빛내려고 노력하며 무문관수행을 할 수 있었던 것은 나에겐 큰 행운이었다. 이 3년간의 수행으로 그전에 행했던 두 차례의 무문관수행을 원만하게 마무리 지을 수 있었다.

　불교의 역사는 유구하고 그 뜻은 넓고도 심오하다. 나는 중학생 때 이미 불교에 심취했고, 출가하여 민남 불교대학에 들어간 이후에는 불교뿐 아니라 도교·유교의 경전들을 읽고 연구하며 그 깊이를 더하였으며, 세 차례의 무문관수행을 통해 그것들을 융합시켜 나와 한 몸이 되게 하였다.

　동화사는 중국 남조시대南朝時代 양梁나라 502년에 세워졌다. 하지만 1500여 년의 세월이 흐르면서 흔적이 거의 없어지다시피 했는데, 내가 2001년에 중창불사를 다시 시작하며 '선禪'자를 보태서

---

1 중국 광동성 옹원현 소재

동화선사東和禪寺라고 이름 하였다. 부처님을 공경하며 따르는 것에 멈추지 말고, 부처님의 가르침에 따라 수련하여 부처님이 되라는 뜻에서이다.

낮에는 신도들과 절을 짓고 밭을 갈며 밤에는 함께 공부하며 수련하였는데, 7년 동안 무문관수행의 경험과 깨달음이 힘이 되어서 뜻을 같이 하는 신도들이 나날이 늘어났다.

신도들은 설법한 내용을 책으로 정리하여 불법을 이해하는데 도움을 주자고 하였다. 하지만 나는 산승山僧이라 학식이 깊지 못하여, 만에 하나라도 사람들을 잘못 인도할까 두려워서 설법한 내용을 녹음하지 않았고, 책으로 낼 생각은 더더욱 하지 않았기 때문에, 이제 와서 책으로 펼쳐낸다는 것은 무척 난감한 일이었다.

그렇지만 여러 인연이 구비되었음을 깨닫고, 2002년 겨울부터 2003년 여름까지 사부대중과 함께 공부하고 수련하며 설법한 내용을 『금강경』에 나오는 '항복기심' 글귀를 제목으로 삼아 책으로 엮어 내기로 하였다.

나의 좁은 소견을 드러내어 다른 사람의 고견을 듣고, 여러 선지식과 만나서 가르침과 지도를 받고 싶으며, 또한 이 책을 통하여 한국독자들이 불법과 인연을 맺고 선근을 심어 행복한 삶을 누리는데 도움이 되었으면 하는 바램이 간절하다.

2018년 7월
중국 광동성 옹원현 동화선사에서
석만행 삼가 씀

일러두기

① 이 책은 2012년 10월에 『항복기심-성불하는 마음가짐과 수련법』이라는 제목으로 일부분 출간되었던 것을, 2018년 완역하여 3권으로 재편성해서 출간한 것입니다.

② 중국 동화선사에서 발행한 책은 만행스님의 설법을 날짜순으로 정리한 것이었으나, 한국에서 출간하면서 주제에 맞게 순서를 재배치하고, 소제목을 달아 읽기 편하도록 편집하였습니다. 1권의 뒤편에 『항복기심』의 원래 순서를 실어 놓았습니다. 이 책의 원문은 동화선사 홈페이지(www.donghuasi.org)에서 보실 수 있습니다.

③ 불교의 전문적인 용어나 속담 등은 원문을 함께 실었으며, 한자 병기가 필요한 곳은 그대로 두어 뜻을 음미할 수 있도록 하였습니다.

④ 한국에서는 '아미타불'이라고 음역하는 것이 보통이지만, 만행스님의 의견에 따라 '어미타불'로 수정하였습니다.

⑤ 본문에는 '서장'이라고 한 것을 한국독자들의 이해를 돕기 위

해 '티벳'이라고 하였습니다.

 ⑥ 글 중간중간에 편집자 주석을 했고, 내용이 긴 것은 그 장의 하단에 주석으로 처리하였습니다. 이는 오로지 독자들의 편의를 위해 편집자가 주석한 것으로, 혹여 잘못 주석한 곳이 있으면 연락 주시기 바랍니다.

목차

【1권】 부처가 되는 길을 향해서

■ 머리말 5 / 일러두기 7 / 목차 9

제 1부 부처가 되는 길

1강. 무엇을 하는 것이 수행인가? 17
2강. 신앙은 성불수행의 근본이다 27
3강. 성불수행은 자기의 체득과 소감이 있어야 한다 41
4강. 부처를 믿는 것과 성불수행 51
5강. 성불수행은 어떻게 하는가? 67
6강. 총림叢林의 규칙 85
7강. 사원의 규칙 91
8강. 불문의 규칙과 예의 97
9강. 성불수행을 하는 사람은 달라야 한다 103
10강. 옳고 그름에 대해 121
11강. 열두 띠의 원리 135

제 2부 식견의 중요성

1강. 성불수행은 자기의 부처님사상이 있어야 한다 151
2강. 수행자는 자기를 관리할 줄 알아야 한다 161
3강. 무엇을 정지정견正知正見이라고 하는가? 173
4강. 만물은 한 몸이다 189
5강. 성불수행은 식견이 첫째다 203
6강. 식견은 수행의 처음이자 끝이다 219

7강. 노인도 수련하면 성공할 수 있는가? 233
8강. 몸과 마음을 같이 수련해야만 원만하다 249
9강. 『아미타경』에서 말한 임종의 참뜻 269
10강. 수행에 있어서 몇 가지 중요한 문제 287
11강. 수행의 세 가지 요소, 식견 수증 행원 303
12강. 실제적인 수련이 없다면 식견도 원만할 수 없다 319
13강. 도를 닦으면 경계가 생긴다 323
14강. 빙의(附體)는 어떻게 오는가? 331
15강. 자기의 마음을 똑똑히 보아야 한다 351

제 3부 수행자의 종합적 자량

1강. 선지식에 대해 369
2강. 자아반성이 곧 수련이다 379
3강. 공경하게 바치는 정신 385
4강. 종합적인 자질 399
5강. 부처와 비교해야 비로소 자기를 알아본다 413
6강. 수련은 쉬우나 사람노릇은 어렵다 425
7강. 성불수행은 사람노릇을 배우는 공부다 437
8강. 아집을 없애야 부처와 하나가 될 수 있다 453
9강. 성불수행을 하고 사람노릇을 하려면
　　　반드시 실증적 수련을 해야 한다 463
10강. 복과 지혜는 함께 닦아야 한다 475
11강. 성불수행을 어떻게 사용하는가 491
12강. 남녀쌍수男女雙修라는 것이 있는가? 501

- 만행스님은 508
- 역자 후기 510
- 찾아보기 512
- 항복기심 중국어판 찾아보기 516
- 남은 이야기 - 도록 521

【2권】 부처가 되는 수련의 길

■ 머리말 5 / 일러두기 7 / 목차 9

제 4부 스승의 역할

1강. 수행의 진정한 진보는 마음의 변화이다	17
2강. 불법의 시작과 머무는 곳	31
3강. 수련방법을 어떻게 보는가?	53
4강. 어떻게 자기의 마음을 열어놓을 것인가?	73
5강. 우란분회란 무엇인가?	87
6강. 법맥을 전승받으려면 겸손하고 공손해야 한다	101
7강. 마음을 한 곳에 두면 못할 일이 없다	119

제 5부 염불

1강. 염불은 어떻게 하는가?	125
2강. 어떻게 정확히 염불할 것인가?	137
3강. 염불한 씨앗을 어떻게 8식심전에 심을 것인가?	149

제 6부 입정과 무아

1강. 수행과정의 4가지 반응	167
2강. 마음을 가라앉히는 것이 수행이다	171
3강. 어떻게 도를 알고, 수도하고, 증도할 것인가?	183
4강. 무엇이 일심불란인가?	201
5강. 일심불란으로 일을 하는 것이 바로 수행이다	207
6강. 어떻게 하면 잡념에 머무르지 않는가?	221
7강. 순기자연과 무아	235
8강. 잠드는 것과 입정	247
9강. 지관止觀과 입정入定	265

10강. 입정의 네 단계 275
11강. 어떻게 정확하게 입정해서 머무를 것인가? 289

제 7부 좌선

1강. 매일 두 시간 이상 좌선해야 한다 303
2강. 정좌하는 방법 307
3강. 좌선하는 과정에서 자발동공이 생기는 원인 339
4강. 진심을 지키는 것은 모든 수련방법을 초월한다 351
5강. 체내의 에너지가 깨어나면 어떤 현상이 있는가? 373
6강. 머리가 몽롱하고 혼란한 것을 어떻게 다스리는가? 389
7강. 무엇이 분명한 경계인가? 403
8강. 화두는 어떻게 참하는가? 415
9강. 선칠 수련의 의의(打七的意義) 427

제 8부 동공과 음념법

1강. 불법은 실증에 의거한다 441
2강. 「육자대명주」 음념법(六字大明咒音念法) 453
3강. 연화생동공 469
4강. 진리의 깨달음 479
5강. 어떻게 에너지를 활성화 하는가? 505

- 찾아보기 513
- 만행스님 글씨 517

【3권】 부처와 한 몸이 되다

■ 머리말 5 / 일러두기 7 / 목차 9

제 9부 명심 견성

1강. 명심과 견성과 증과의 구별   17
2강. 수행인과 팔상성도八相成道   31
3강. 수행의 단계 – 명심 견성   45
4강. 정기신과 열   65
5강. 견성한 다음의 수련(1)   87
6강. 견성한 다음의 수련(2)   99

제 10부 무문관수련

1강. 영성을 어떻게 수련할 것인가?   121
2강. 신체수련과 육조의 실천   131
3강. 수행자들의 병폐는 청정한 것을 즐기는 것이다   145
4강. 무문관수행의 규칙   161
5강. 무문관수련할 수 있는 조건   175
6강. 무문관수행의 경계에서 나와야 한다   187

제 11부 무위법과 연꽃이 활짝피다

1강. 유위법과 무위법의 수련방법   201
2강. 향불을 관하면 좋다   211
3강. 선禪 정淨 밀密의 관계   221
4강. 성불수행은 공空부터 배워야 한다   233
5강. 대광명을 뿌린 다음 어떻게 수련해야 하는가?   243
6강. 어떻게 우주법계와 하나로 융합할 수 있는가?   257
7강. 무상대법 수련   281

8강. 수련방법의 수련과 도를 수련하는 것의 차이   301
9강. 화신化身은 어떻게 오는가?   317
10강. 관상은 아주 효율적인 수도방법이다   331
11강. 생리수련과 수도   341
12강. 자기가 변해야만 성불한다   383
13강. 연꽃이 활짝 피다   397

제 12부 성불과 보살행

1강. 근본지와 후득지   415
2강. 『단경』과 선종   437
3강. 어떻게 하면 관자재가 되는가?   451
4강. 잡념과 4대와의 관계 - 우리 몸에 있는 풍수   467
5강. 세상일을 겪으며 마음을 연마하는 것은
      복과 지혜를 함께 닦는 일이다   483
6강. 화신化身과 8식의 단계   497
7강. 어떻게 만물과 한 몸이 될 것인가?   507

■ 찾아보기   524

제 1부 부처가 되는 길

1강

무엇을 하는 것이 수행인가?

사상과 심성을 함께 수련하는 것이 수행

　수행이란 결국 무엇을 수행해야 하는가? 모두가 '마음'을 수련해야 한다고 한다. 마음이란 또 무엇인가? 마음이 무엇인지 모른다면 어떻게 마음공부를 할 수 있겠는가? 마음은 눈으로 볼 수도 없고 손으로 만질 수도 없는데 어떻게 수련하겠는가? 그래서 마음을 수행하고자 하면 우선 마음을 이해해야 한다. 마음을 이해하지 못하고 무엇이 마음인지 모른다면, 어떻게 마음을 수련하고 또 이 마음을 사용하겠는가?

　불문에서 말하는 '마음'이란, 절대로 심장을 말하는 것도 아니고 단지 사상思想만 말하는 것도 아니다. 만약 사상만 공부하면 된다고 하면, 우리들은 벌써 자기의 본래면목을 보았을 것이고 벌써 부처가 되었을 것이다. 하지만 사상은 아주 우수하지만 깨달음도 얻지 못하고 성불도 못하는 사람도 있다.

　사상을 수련하는 것은 수행의 기초라고 해야 할 것이다. 사상을 완벽하게 수련해야만 비로소 도를 수련한다는 말을 할 수 있고, 점차 심성을 수련하는 차원으로 들어갈 수 있는 것이다. '마음을 수련한다'의 '마음'을 본래면목이라고 하지만, 목전상황에서 본래면목까지의 거리가 너무 멀다. 어떻게 어디서부터 손을 써야하는 지를 모르기 때문에, 다만 제일 가까운 사상부터 손을 써서 수련하는 것이다.

만약 자기가 무엇을 하고 있는지를 모르고 무엇을 하고자 하는지도 모른다면 도를 수련할 수 없고, 사람노릇을 하고 일을 하는 것은 더욱 어렵다. 이것이 바로 갈피를 잡지 못하는 원인이기도 하다.

🦁 세속에서 성공한 사람은 불문에서도 성공한다

자기가 부처를 믿고 도를 수련한다고 생각하지만 사실은 그런 것이 아니다. 부처를 믿고 도를 수련하는 대다수 사람들은 인생살이가 순조롭지 못하고, 가정생활이 순조롭지 못하며, 사업도 마음대로 되지 않는다. 갖가지 순조롭지 못한 일 때문에 불문을 선택해서 들어오게 된 것이다. 성불수행을 하고 도를 수련하면 인생이 아주 순조로워질 것이라고 생각한 것이다.

사실은 그렇지 않다. 설사 이런 사람들이 불문에 들어왔다 해도, 성불수행을 어떻게 해야 하고 도는 어떻게 수련하는지를 모른다. 이런 사람들은 이미 인생의 방향을 잃었으므로, 자기가 무슨 생각을 하고 무엇을 하고 싶은지 모른다. 이런 사람들이 어떻게 성불수행을 하고 도를 수련하겠는가? 살아온 인생의 길이 순탄하지 못하다고 성불수행을 한다면 더욱 평탄하지 않다.

나는 그 원인을 감히 말할 수 없다. 말을 하면 사람들이 부처도 믿지 않을 것이고 도를 수련하지도 않을 것이다. 나는 다만 남들이 하는 말을 받아 전할 뿐이다.

세속에서 방향을 잃지 않는 사람은 불문에 들어와도 방향을 잃지 않는다. 내가 항상 이런 말을 했다. 호랑이는 세상 어디를 돌아다녀도 고기를 먹을 수 있다. 세속에서 실패한 사람은 불문에 들어와도 여전히 실패하고, 세속에서 성공한 사람은 불문에 들어와도 역시 성공한다.

어제 장춘에서 신도 한 분이 오셨는데, 아주 감정적인데다 불안하고 초조해 하면서 어쩔 바를 모르고 방황하고 있었다. 오자마자 다급하게 어떻게 수행해야 하며 어떻게 성불하는가를 물었다. 그래서 "당신의 지금 상황은 나도 방법이 없소. 방법이 있다고 해도 알려 줄 수 없거니와 알려주어도 당신에게는 아무 소용이 없소."라고 말했다.

사실을 말하자면 나는 담이 작다. 담이 큰 사람 같으면 다짜고짜 그 사람의 따귀를 불이 번쩍 나게 때리고 한바탕 욕을 퍼부어주면서 당장에 그 병을 치료했을 것이다. 하지만 이 방법은 옛날이라면 허용되었지만 현시대에는 허용이 안 된다.

그 사람은 자기가 아주 경건한 신도라고 생각하겠지만, 사실 그 사람은 아주 무책임하고 나태하며 실패한 사람이다. 가정과 직업을 포기하고 재산을 전부 팔아서 도를 수련하는 것이 아주 잘 하는 일이라고 생각한다. 하지만 아주 그릇된 일이다. 가정도 책임지지 못하고 진취심도 없으며 고생을 견딜 정신도 없는 사람이, 어떻게 성불수행을 하고 도를 수련할 수 있겠는가?

내려놓으라는 말은 집착하는 마음을 버리라는 것이다

이른바 "집착하지 말고 내려놓으라."라는 말은, 집착하는 마음을 버리고, 자기가 해야 할 일은 반드시 하며, 책임져야 할 일은 반드시 책임을 지라는 말이다. 이를테면 "금전을 내려놓으라."라는 말은, 손에 든 재산이나 돈을 당장 버리라는 말이 아니라, 금전에 대한 욕심을 내려놓으라는 말이다. 옛날의 고승·대덕들도, 돈이 없으면 스님들이 수련할 도량을 지을 수 없었다.

다만 그들은 탐욕심이 없는 것이다. 탐욕심이란 유형유상의 물건을 말하는 것이 아니라 욕심 부리는 마음을 말한다. "포기하고 내려놓으라."라는 말은 욕심과 집착하는 마음을 내려놓으라는 것이지, 손에 있는 돈과 재산을 내려놓으라는 것이 아니다. 설사 손에 있는 재산을 포기한다고 해도, 내심의 욕심과 집착하는 마음을 버리지 못하면 아무 소용이 없다.

세속에서 부귀영화에 열이라는 힘을 바치면 그 중 하나는 성공할 수 있다. 하지만 도를 수련하고 득도하고 성불하는 데 백이라는 힘을 바치면, 성공하는 것은 열이 아니라 겨우 하나밖에 되지 않는다. 세속에서 대가를 지불하기 싫어하는 사람은, 도를 수련해도 여전히 대가를 지불하기 싫어한다. 이런 사람들은 조사들의 전기를 많이 보되, 조사들이 깨우친 뒤의 일만 보고 조사들이 어떻게 노력을 했는지는 관심이 없다. 사람이 성공하기 위해 겪은 고통과 어려움은 모른 체하고 득도한 찰나의 찬란함과 수확의 결과에만 신경을 쓴다.

어제 왔던 그 사람은 한평생 다시는 나를 찾지 않을 것이다. 뿐만 아니라 만행이라는 이름만 들어도 '만행은 아무것도 아니고 개똥보다 못하다.'고 할 것이다. 정신 차리고 이런 상태에서 깨어나야만, '왜 만행이 자기를 욕하고 가르치지 않았는가?'를 알 수 있다.

이런 유형의 사람은 누구의 말도 듣지 않는다. 자기 딴에는 '얼마나 경건하고, 도를 위해 얼마나 많이 노력하였으며, 또 얼마나 만행을 그리워하며 만나서 가르침 받을 것을 갈망하였는지 모른다.'고 할 것이다. 그런데 어떻게 두 시간도 견디지 못하고 가버리는가?! 이런 사람을 어떻게 수련할 것을 갈망하며, 만행의 가르침을 받겠다고 갈망하는 사람이라고 하겠는가? 이런 사람을 위해 가르칠 가치가 있겠는가?

이 말을 들은 여러분들은 만행을 분별심이 아주 큰 사람이라고 생각하면서, 자비심을 베풀고 선심을 베풀면 안 되는 것이냐고 할 것이다. 하지만 이런 사람에게 어떻게 선심을 베풀 수 있는가? 그는 가정을 버리고 직장을 버리고 재산을 다 팔아 도를 수련한다고 생각하고, 도심이 누구보다 대단해서 자신이 고귀하다고 착각하기 때문에 기고만장인 것이다. 유형유상의 일을 너무 많이 했기 때문에 도리어 자기를 해친 것이다.

　하물며 그 사람의 동기는 자기가 말한 것과 같지도 않다. 조건이 구비되지 않았고, 인연이 구족되지 못했으며, 자기가 얻고 싶은 것을 얻지 못했기 때문에 할 수 없이 세속의 일을 포기했으면서도, 도를 수련하기 위해 포기했다고 구실을 대는 것이다. 설사 정말로 도를 수련하기 위해 이러저러한 것을 포기했다고 해도, 그 사실을 마음에 둘 뿐 만나는 사람마다 말하고 다니지 말아야 한다. 도를 수련하는 것은 자기가 하고 싶어서 한 일이지 누가 강요한 일이 아니기 때문이다.

수행은 시간의 길이와 상관이 없다

　나는 7년을 무문관수련을 하였다. 설사 70년을 무문관수련을 해도 도를 깨우치지 못하고 성불하지 못한다면 아무것도 설명하지 못한다. 수행은 시간이 길고 짧은 것과 관계가 없다. 오로지 완전하게 철저히 깨달을 수 있고, 성불할 수 있으며, 무상의 지혜를 얻을 수 있어야만 진정한 것이다.

　또 설사 성불하고 무상의 깨달음을 얻었다 해도 자랑할 것이 아니다. 옛날 사람들은 벌써 무상의 지혜를 얻었지만 절대 자랑하지 않았다. 왜냐하면 이미 철저히 무아無我가 되었기 때문이다. 무아의 사람이 어떻게 '나'라는 것이 있고 자랑이라는 것이 있겠는가?

옛사람들은 법을 위해 몸을 바치고, 도를 위해 모든 것을 포기하면서 고생과 원망을 두려워하지 않았다. 어째서 그렇게 할 수 있었는가? 그들은 자기가 갖고자 하는 것이 무엇인지를 아주 잘 알았기 때문이다. 하지만 지금의 중생들은 환경의 핍박 때문에 하는 수 없이 한다.

어쩔 수없이 수행을 하므로 원망하는 마음을 안고 있어서, 아량과 내재의 지혜의 문을 열 수 없다. 마음에 지혜의 문을 열고자 하면 반드시 자발적인 무위의 힘이 구비되어야 한다. 원망하는 마음이나 유위有爲, 지나친 욕망으로는 열 수 없다. 유위의 마음은 유위의 인因처럼 단지 유위의 과果밖에 얻지 못한다.

사람노릇을 잘하지 못하면 성불수행을 할 수 없다

여러분은 성불수행을 하고 도를 수련하는 수준과 거리가 아주 멀다. 아직 사람노릇을 하는 것조차도 수련하지 못한 상태이다. 그런데 어떻게 성불수행을 할 수 있는가? 성불수행은 사람노릇부터 수련해야 한다. 사람노릇을 잘 하지 못하면 성불수행을 할 수 없다.

사실은 나 자신도 스스로를 비웃을 때가 많다. 사람노릇을 하는 일은 제일 간단하고 제일 쉬운 일인데도 하기 싫고, 제일 복잡하고 제일 어려운 일인 성불을 하고자 하니 말이다! 조사·대덕님들의 인품과 덕행을 보면 모두 수없이 많은 시련을 겪은 다음 득도하고 성불하셨다.

  성불수행이 쉬운 일이 아니라는 것을 알고는, 감히 다시는 성불수행을 하고 성불하겠다는 지나친 욕망을 내지 못했다. 오로지 분수에 만족하고 착실히 본분을 지키면서 사람노릇을 하고, 착실하게 주어진 일을 잘 하면서 지금 여기에서 잘 살아가리라고 생각하였다. 하지만 사람노릇을 못해서 사람도 아니며, 성불을 못해서 부처도 아닌 상태여서는 안 된다. 사람도 아니고 부처도 아니면 무엇이겠는가? 아무것도 아니다.

  만약 성불하고자 하는 욕망을 포기하고 분수에 만족하며 본분을 지키면서 착실하게 사람노릇을 할 수 있다면, 무슨 일이든 잘 해낼 것이고 완벽한 사람이다. 이렇게 하면 당신은 반은 성공한 것이고, 사람들은 당신을 성공한 사람이라고 할 것이다. 사람노릇을 나무랄 데 없이 완벽하게 하는 그 기반을 토대로, 신선이 되고자 하면 신선이 되고 성불하고자 하면 성불할 수 있는 것이다.

  만사만물은 모두 대지 위에 세워져 있다. 오행의 금·목·수·화도 토를 떠나지 못하고 모두 토의 기반 위에 세워진 것이다. 사람노릇을 잘 하면, 아주 비옥하고 두터운 토양처럼 무엇을 심어도 수확이 많게 된다.

절에서는 주방일과 재무가 제일 힘들다

절에는 두 가지 일이 제일 힘들다. 하나는 주방일이고 하나는 재무이다. 예로부터 발심해 절에 와서 봉사하는 사람들은 대부분 주방에서 일을 하게 된다. 주방은 사람들을 단련시키기에 아주 좋은 곳이다. 왜 그런가?

이를테면 오늘 갑자기 몇 사람 더 오면 주방에서는 곧바로 그 사람들의 음식을 만들어야 한다. 혹은 200명의 음식을 만들었는데 갑자기 50명이 가버렸다. 그러면 다음날에는 모두 남은 음식을 먹어야한다. 혹은 원래는 200명 음식을 준비하였는데 50명이 더 와서 음식이 부족하게 된 경우도 있다. 또 사방팔방에서 오는 사람들이기 때문에 모두 입맛이 다르다. 주방에서 음식을 만들 때 이런 사람들의 입맛도 생각해야 한다. 많은 사람들의 입맛을 다 맞추기는 어렵다. 주방일은 아주 어려운 일인 것이다.

사원의 재무도 흐르는 물처럼 끝이 없다. 시주하신 분들은 모두 각기 다른 소망을 가지고 있어서, 이 사람은 자기 돈을 이 건축항목에 쓰고자 하고, 저 사람은 자기 돈을 저 건축항목에 쓰고자 한다. 재무담당자는 이 사람들의 소원을 다 만족시켜야 한다. 혹여 그 소원을 만족시키지 못할 때는 반드시 세심하게 설명하면서 이해시켜야 한다.

수행 중 열에 아홉은 후득지 수련이다

진정하게 자기가 얻고 싶은 것을 안다면, 무슨 일이든 노고를 마다하지 않고 원망을 두려워하지 않으면서 착실하게 잘 할 것이다. 일을 해야만 경계가 생기고 자기의 마음 씀씀이를 똑똑히 볼 수 있다. 아무 일도 하지 않고 책임지거나 접촉하지 않는다면 어떤 일도 마주하지 않게 된다. 당연히 마음 씀씀이도 없고 번뇌도 없다.

마음을 연마하고자 하면 반드시 일을 해야 한다. 일을 하는 길밖에 더 다른 길이 없는 것이다. 만약 수행하는 시간이 10년이라면, 근본지根本智 수련은 1년이면 되지만 후득지後得智를 원만하게 수련하려면 9년이라는 시간이 들어야 한다.

왜 옛날사람들은 수도, 오도, 득도한 다음에 최후에는 양도養道(도를 돌보며 기름)까지 해야 했는가? 도를 깨우쳐 득도하였는데 왜 기르기까지 해야 하는가? 우리들은 아직도 이 물건을 찾지 못하였는데 무엇을 기르는가? 우리는 지금 수련하는 단계이다. 오직 그 물건을 닦아서 찾아내고 보아야만 비로소 천천히 기를 수 있다. 수련은 수련이고 기르는 것은 기르는 것이다. 이것은 두 개의 다른 단계인 것이다.

2강

신앙은 성불수행의 근본이다

출가한 사람은 인과를 굳게 믿어야 한다

출가한 사람은 무엇을 구비해야 하는가? 사람마다 모두 마음속에 자기의 답안이 있다. 지금 나의 마음속에도 답안이 있다. 출가한 사람이든 집에 있는 신도이든, 그냥 한 개인이든 반드시 인과因果를 굳게 믿어야 한다.

더욱이 출가한 사람이 인과를 믿지 않으면 말할 가치도 없다. 아무리 모든 정력을 다해서 수행한다고 해도, 『능엄경』에서 말한 것처럼 "상품은 마왕魔王이 되고, 중품은 마왕의 자식(魔子)이 되며, 하품은 마왕의 백성(魔民)밖에 되지 못한다."

사람들은 나를 보고 "당신은 도력이 있습니다."라고 말하는데, 이것이 바로 인과가 있다는 말이 아닌가? 이를테면 기공 수련하는 사람들은 "우리들은 수행자들보다 더 열심히 수련한다."라고 하는데, 그들은 인과를 믿지 않고 기공을 '도道'라고 하며 수련한다. 결국 그들은 착마着魔(귀신에게 홀린 사람)가 되지 않으면 빙의(憑依:附

體)가 되는 사람들이 아주 많다.

몸에 기맥이 움직이는 느낌이 있으면 '기맥이 잘 통했다'고 생각하지만, 사실은 진정하게 통한 것이 아니다. 또 어떤 사람들은 몸에 기감氣感이 좀 생기고 작은 병 같은 것을 치료할 수 있다고 '도'라고 한다. 이런 '도'는 정통적인 도가 아니라 좌도방문左道旁門이다. 인과는 '도'보다 더 중요하다.

성취의 근본은 인과를 믿는 것이다

불교에 삼현三賢2이 있는데 첫 번째 조건이 '십신十信'3이다. 십신을 구비하면 불퇴보살不退菩薩(보살의 과위에서 아래 단계로 떨어지지 않는 보살)이기 때문에 '십주十住'와 '십행十行' 그리고 '십회향十回向'을 하지 않아도 서방정토로 왕생할 수 있다. 염불할 줄 모르고 절할 줄 모르고 향불 올릴 줄 몰라도, 오직 굳건하게 믿기만 하면 임종 때 문제없이 서방극락으로 왕생한다는 것이다.

자고로 성취한 사람은 첫째는 믿는 힘(信力)에 의거하고, 두 번째는 원력願力에 의거하며, 세 번째는 공부功夫의 힘에 의거한다. 이 셋의 뿌리는 하나이다. 그 기초는 굳건하게 믿는 것이다.

---

2 대승불교에서는 보살의 수행 계위階位를 셋으로 나누는데, 십주十住의 보살 십행十行의 보살 그리고 십회향十會向의 보살이다.
소승불교에서는 오정심위五停心位, 별상념주위別相念住位, 총상념주위總相念住位로 나눈다.
3 보살이 수행하는 10가지 단계로, 신심信心, 연심念心, 정진심精進心, 혜심慧心, 정심定心, 불퇴심不退心, 호법심護法心, 회향심廻向心, 계심戒心, 원심願心이다.

우리 주위의 도반가운데 어떤 사람은 향불도 올리지 않고 독경도 하지 않으며, 심지어 빈둥거리는 사람도 있다. 지난해 요녕성에서 비구니 세 분이 왔는데, 그들 중 두 사람은 아주 열심히 수행하고 수행하는 시간도 많았다. 그런데 그 세 사람 가운데 한 사람은 일이나 좀 하는 정도였지만, 아주 굳건하게 인과를 믿고, 자기의 모든 마음씀씀이를 전부 지킬 수 있었고, 항상 출가한 사람의 표준에 부합되는가를 자기에게 묻곤 했다. 그래서 그 사람의 정신에서 아주 좋고 선명한 반응이 있었다.

다른 두 비구니는 이해할 수 없었고 영문을 몰랐다. 그 두 사람은 복보를 수련하는 데만 공을 들인 것이다. 그러므로 육조께서 "어리석은 사람은 복만 수련하고 도를 수련하지 않으며, 복을 수련하는 것을 도라고 한다."라고 말씀하셨다.

민간에는 "잿밥을 먹든 안 먹든 오직 마음만 바르면 된다."는 말이 있다. 이 말은 많은 수행자들, 더욱이 출가한 사람들의 마음상태를 말한 것이다. 사실 신앙이 없는 사람 중에도 마음씀씀이와 인품이 우리 수행자들보다 더 좋은 사람이 있다. 다른 사람은 속일 수 있지만 자기는 절대 속이지 못한다. 세상에는 '상대에게 속았다'라는 것이 존재하지 않는다. 모두 자기가 자기를 속인 것이다.

마음상태를 초월하지 못하면 아무리 기능을 익히고 수련을 한다고 해도, 그것은 단지 기능일 뿐 절대로 지혜가 생긴 것이 아니다. 지혜의 근원은 마음상태를 모두 변화시키고 초월하는 데 있다. 마음상태를 모두 변화시켜야만 비로소 선정공부의 단계가 올라갈 수 있다. 마음상태를 바꾸지 않으면 기능은 생길 수 있지만, 더 높은 차원으로 올라가지 못한다. 마치 화분에서 자라는 묘목을 땅에다 옮겨 심지 않으면 영원히 거목으로 자랄 수 없는 거와 같다.

보살과 나한은 발심이 다르다

왜 보살은 영원히 보살이고 나한은 영원히 나한인가? 나한은 반드시 자신의 작은 공덕을 우주법계로 회향해야만(回小向大) 보살이 된다. '나한의 토대 위에서 계속 수련하면 보살이 되지 않는가?' 하고 묻지만 절대 안 된다.

마치 십 층 아파트까지만 지을 수 있는 지반 위에 백 층 높이 아파트를 지으면 안 되는 것과 같다. 백 층의 아파트를 지으려면, 십 층 아파트의 지반을 파 버리고 다시 백 층의 지반을 닦아야 되는 것이다. 같은 이치로 보살이 되려면 반드시 나한의 마음상태를 뒤엎어 버리고, 처음 시작부터 보살의 마음상태를 배양해야 한다.

보살과 나한은 발심發心이 다르다. 나한이 매일 가부좌를 하고 수련한대도 기껏해야 나한밖에 되지 않는다. 보살은 매일 가부좌를 하면서 좌선하지 않아도, 이미 마음상태부터 보살이다. 다만 선정공부가 부족할 뿐이다. 일단 선정공부가 따라가 주면 아주 빠를 것이다. 마치 화분의 묘목과 대지의 묘목처럼, 후자는 화분의 구속을 받지 않기 때문에 아주 쑥쑥 잘 자라는 것과 같다.

보살은 시공時空의 한계가 없다. 개산開山하는 승려는 모두 왕생해서 온 보살들이다. 범부는 절대 개산하지 못한다. 하지만 범부라도 개산하겠다는 소원을 발원한다면 그 역시 보살이다. 원력과 과위果位는 같지 않다. 이 자리에 앉은 여러분도 보살의 원을 발원發願한다면 역시 보살이다. 단지 보살의 과위를 증득하지 못했을 뿐이다.

불교에서 말하기를 "도를 수련하기 전에 발원부터 한다."라고 한다. '발원'과 '욕망'은 어떻게 다른가? 이를테면 내가 '경전을 강의하고 설법하며, 스님들이 수련할 수 있는 터(절)를 짓는 큰스님이 되겠다.'고 하면 욕망인가? 원력인가?(누군가 욕망이라고 한다) 어떻게 욕망이라는 것을 알 수 있는가? 언어로는 욕망과 원력을 구별할 수 없다. 오직 마음을 쓴 그 사람 자신만이 아는 것이다.

이를테면 어떤 사람은 우리들을 도우러 절에 와서 같이 일하지만, 또 어떤 사람은 새로 짓는 절이니, 권력을 얻을 기회라 생각하며 우리 절에 와서 일한다. 혜안이 구비되지 않으면 사람들의 목적을 보지 못한다. 단지 그 사람 자신만 알고 있다. 심지어 시간이 오래 지나면 그 사람 자신도 자기는 절을 도우러 왔다고 생각한다.

어떤 마음상태로 왔든지, 삼보를 위해 일한다면 모두 복보가 있다. 하지만 진정하게 발심하지 않으면 복보로 구속하는 긴고주(緊箍呪)[4]가 된다. 진정하게 절을 위해 무상봉사 한다면, 마치 밝고 눈부신 햇살처럼 우주 허공을 환히 비추게 된다. 왜냐하면 무상봉사 하는 사람의 마음상태는 빛나는 햇살 같아서 시방(十方)의 귀신까지 다 알고 존경하기 때문이다.

---

[4] 손오공의 이마에 두른 테를 조여서 꼼짝 못하게 조종하는 주문. 석가여래는 이 주문을 삼장법사에게 가르쳐 주어서 손오공을 제어하도록 하였다.

경계와 공부의 차이

무엇을 '경계境界'라 하고 무엇을 '공부功夫'라고 하는가? 이 문제를 참구參究하는 사람은 적다. 사람들은 경계를 어떤 물건이라고 이해하지만, 사실 경계는 심령에 속한 것이다. 다시 말하면 세속에서 말하는 사상이고 무형적인 것이다. 공부라는 것은 신체에서 생기는 반응을 말한다.[5]

도교의 장자양張紫陽은 "등 뒤를 비추는 광채도 환각에 불과하고, 연꽃을 딛고 서있어도 진실한 것이 아니더라."라고 하였다. 등 뒤의 광채 같은 형상이 있는 물건은 생길 수도 있고 없어질 수도 있다. '경계'도 세세생생 내려오면서 수련한 것이다.

어떤 사람은 천성적으로 우아하고 점잖으며 시원시원하고, 어떤 사람은 천성적으로 인색하다. 이것은 배운 것이 아니다. 만약 주위 사람들이 모두 시원시원하고 우아하면 자기도 시원하고 우아한 척하지만, 중요한 일에 있어서는 여전히 다른 사람의 이익보다는 자기의 이익을 앞세운다. 하지만 천성적으로 우아하고 점잖으며 시원시원한 사람은 중요한 일에서 자기를 희생시키고 다른 사람을 성취시킨다.

절에 온 스님들도 어떤 사람은 인색하고 어떤 사람은 시원시원하다. 인색한 사람은 절의 이익을 희생시키고, 시원한 사람은 틀림없이 자기의 이익을 희생시키고 절의 이익을 유지하고 보호할 것

---
[5] 편집자 주 : 이렇게 보면 경계는 마음이 만들어낸 세계이고, 공부는 몸과 마음을 수련해서 기맥이 잘 통하고 잘 느끼게 되는 상태를 뜻한다고 볼 수 있다.

이다.

비록 후자의 기능공부는 높지 않지만 그와 같은 마음상태와 행위는 틀림없이 장래에(후반생 혹은 다음생) 복보로 사용될 것이다. 하지만 전자는 수행도 하지 않고 마음상태도 바뀌지 않으면 복보의 그릇이 점점 작아진다. 이를테면 이번 생의 화분 직경이 50cm라면, 다음생의 화분 직경은 30cm도 안될 수 있다.

진정하게 도를 수련하는 사람은, 절대로 환경이 좋고 나쁨에 따라 자기를 변화시키지 않는다. 소원을 해서 이 세상에 다시 태어난 사람(乘願再來人)은 환경이 변한다고 자기의 원력(지향)을 바꾸지 않는다. 원력이 있는 사람도 환경이 좋든 나쁘든 자기의 마음상태를 바꾸지 않는다. 환경이 어떻게 변하든지, 그들의 내심세계는 영원히 좋은 방향으로 나아간다.

도량의 도풍이 나쁘다고 도심을 잃는 사람은, 아무리 도풍이 좋은 도량이라고 해도 여전히 마음이 나쁘고 여전히 도심을 잃는다. 북방사람은 영원히 북방사람이고, 남방사람은 영원히 남방사람이다. 북방사람이 남방으로 갔다고 남방사람이 되는 것이 아니다. 중국 사람은 어디가든지 영원히 중국 사람의 본색을 잃지 않는다.

속담에 "첫해는 촌티가 나더니 이듬해는 서양사람이 되고, 삼년만에 애미 애비도 모른다고 하더라."는 말이 있다. 농촌에서 나온 젊은 사람들은 대부분 이 말을 벗어나지 못한다. 지금 출국한 많은 젊은 사람들도 이 말을 벗어나지 못한다. 벼슬해보지 못한 사람들이 어쩌다가 벼슬하니, 흥분해서 모든 것을 다 잊고 기고만장이다. 돈이 없던 사람이 돈이 생기면 머리가 아찔할 것이다. 이것이 바로 사상경계이다.

'공부'는 시간을 두고 천천히 수련하는 것이고, '경계'는 찰나에도 바뀔 수 있다. 신체가 건강하고 공부에 열심인 사람은 1~3년을 수련하면 대성취를 할 수 있다. 하지만 일정한 차원에 도달하면 제자리걸음을 하게 된다. 쉬지 않고 계속 노력하지만, 앞으로 나아가지 못하고 점점 더 힘들어진다. 그 이상의 것은 시간으로 축적해서 올라가는 것이 아니라, 사상에 의거해야 되고 마음상태가 크게 바뀌어야 가능하기 때문이다.

성실함은 평등한 인생을 차이나게 한다

인생을 들여다보면 '재·색·명·리'에 불과하다. 임종 때에는 가난한 사람도 두 손에 아무것도 쥐지 못하고, 돈 있는 사람도 아무것도 쥐지 못한다. 이름이 있는 사람도 죽어야 되고, 이름 없는 사람도 죽어야 한다. 세상에는 죽음이 가장 공평하다. 신분이 높고 낮고 귀하고 천하고를 막론한다. 벼슬이 높은 귀인이라고 죽음이 찾아오지 않는 것이 아니고, 가난하고 비천하다고 죽음이 눈에 들어오지 않는 것이 아니다. 사람은 누구나 다 죽음을 겪는다.

사람은 누구나 할 것 없이 모든 사물을 겪고 지날 뿐 영원히 점유하지는 못한다. 세상의 그 어떤 사물이든 똑같다. 올 수도 있고 갈 수도 있다. 단지 일이 발생하면 겪고 실행해 보아야만 지나고 나서 미련이 남지 않는다. 마치 사과를 먹을 때 사과 맛을 열심히 보지 않았기 때문에 사과에 미련을 두는 것과 같다. 만약 열심히 맛을 봤다면 바로 초월하고 내려놓는다. 어떤 일이든 열심히 겪고 지나야만 초월할 수 있다. 미련이 남아 있다는 것은, 아직도 열심히 실험하고 겪지 않았다는 뜻이다.

시간은 사람을 기다리지 않는다. 우리 주위에 발생하는 모든 일들은 회피할 수도 없고 밀어버릴 수도 없으며, 자기 몸에 끌어 들일 수도 없다. 형상이 있는 것은 눈으로 보고, 무형의 것은 심령으로 느끼면 된다.

무엇을 무형이라고 하는가? 욕을 하거나 칭찬하는 것은 무형이다. 그것은 볼 수도 없고 만지지도 못하지만 소리가 있다. 더 미묘한 것은 보이지도 않고 만질 수도 들을 수도 없다. 오직 깊은 선정에 들어야만 심령으로 느낄 수 있다. 하지만 말로 할 수도 없다. 그것은 이미 언어로 묘사할 수 있는 범주를 초월했기 때문이다.

많은 수행인들이 자기는 아주 둔하다고 생각한다. 사실 수행하는 길에서 만난 사람마다 모두 둔하다. 타고난 수행자는 없다. 다만 어떤 사람은 좀 일찍 배우면서 수련하였고, 어떤 사람은 좀 늦게 배우면서 수련하였을 뿐이다. 어떤 사람은 애써 공부하고 어떤 사람은 공부하기 싫어하며, 어떤 사람은 공부할 줄 알고 어떤 사람은 공부할 줄 모를 뿐이다. 어떤 유형의 사람이든지 5년, 10년, 20년 수련하면 틀림없이 양적인 변화를 넘어서 질적인 변화를 가져오게 된다.

또 주변의 사람들은 모두 잡담하기 좋아하고 큰소리치기 좋아하지만, 당신만 매일 말없이 조용하게 공부한다면 10년 후면 그 사람들과 당신은 천지차이가 되어 분명하게 구별될 것이다.

사람들이 "어떤 누구는 글공부를 한 사람이다." 혹은 "어떤 누구는 글공부를 2년 밖에 못하였다."라고 말하는 것은, 단지 그 사람이 학교를 얼마만큼 다녔다는 말일 뿐이다. 어떤 사람은 글공부를 몇 년 잘 했더라도 학교를 떠난 이후로 책을 펼쳐보지 않은 반면에, 어떤 사람은 항상 손에 책을 들고 읽는 사람도 있다. 이것이 바로 차이가 나게 하는 원인이다.

심신동체에 대해

선정공부를 좀 했다하더라도 수행을 포기하고 장기간 수련하지 않으면, 그 보잘것없던 선정기능도 전부 사라져 없어진다. 불조佛祖께서는 이미 득도하셨지만, 계속해 매일 제자들과 좌선하고 설법하며 도를 논하셨다. 경전에서는 "불조와 제자들이 모두 탁발해서 밥을 먹고 발을 씻은 다음 좌선했다."라고 기록하였다. 왜 좌선해야 하고, 좌선하는 것이 이렇게 중요한가? 앞에서 이미 수행은 마음상태가 중요하다고 말하였는데, 왜 부처님께서는 이와 같이 좌선에 집착하셨는가?

『능엄경』에 "산하대지山河大地는 모두 묘명진심妙明眞心 속의 물건이다."라고 하였다. 이 말의 뜻은 산하대지는 모두 마음이 드러나 구체화 된 것이라는 말이다. 다시 말하면 마음과 사물은 한 몸(一體)이고 근원도 같으니(同源), 마음 수련은 바로 몸 수련이고 몸

수련은 바로 마음 수련이라는 말이다. 초학자들은 신체를 바꾸지는 못하지만 마음상태는 바꿀 수 있다는 말이다. 오직 아주 높은 경계에 도달한 사람만이 심신동체心身同體(몸과 마음이 하나) 할 수 있고 심물동원心物同源(마음과 사물의 근원이 같음)에 도달할 수 있다.

참선의 자세조절

많은 사람들은 어떻게 수련하는지 모른다. 이미 여러 번 여러분들에게 '무위법無爲法'을 말하려고 시도하였다. 무엇이 무위인가? 할 일을 하면 된다. 하지만 반드시 자기의 모든 마음 움직임을 똑똑히 볼 수 있고 선악을 똑똑히 볼 수 있어야 한다. 만약 이렇게 수련할 수 있다면 반년이면 제 길에 들어설 수 있다.

만약 이렇게 할 수 없다면 좌선(유위법)을 할 수밖에 없다. 척추를 쭉 펴서 몸무게의 중심을 두 무릎에 놓고, 시선은 앞의 1m쯤 되는 곳을 보면 된다. 이것이 바로 자세를 조절하는 것이다.

참선의 호흡조절

두 번째는 호흡을 조절한다. 들숨을 한 모금 깊이 단전까지 들이쉰 다음 약 5초 멈추었다가 다시 날숨으로 내쉰다. 날숨은 코 혹은 입으로 내쉬어도 된다.

만약 마음이 들뜨고 조용하지 않으면, 코로 들숨을 들이쉬고 입으로 날숨을 내쉰다. 코로 들숨을 들이쉴 때 천천히 들이쉬고 적게 들이쉰다. 입으로 날숨을 내쉴 때 내쉬는 기는 들숨보다 조금 더 세게 하고 많이 내쉰다.

또 처음 좌선해서 자리에 앉을 때는, 코로 들숨을 힘차게 들이쉬고 입으로 날숨을 힘차게 내쉬는 것을 몇 번 한 다음, 좀 전에 설명한 호흡을 하면 좋다.

🐚 참선의 사상조절

다음은 사상을 조절한다. 우리들의 두뇌는 일거리를 주지 않으면 잡생각이 많아진다. 마치 할일 없는 사람들이 마실을 가거나, 사람들을 찾아다니며 잡담하는 것과 같다. 두뇌에 무슨 일을 시킬 것인가? 평시에 염불하면 염불만 하고, 주문을 독송하면 주문만 독송하며, 관상하면 관상만 한다. …….

묵념默念할 때는 반드시 마음과 귀가 똑똑히 들을 수 있어야 하고, 관상할 때는 반드시 연꽃도 똑똑히 볼 수 있어야 한다. 동시에 망상妄想도 똑똑히 볼 수 있어야 한다.

어떻게 연꽃을 관하는가? 자신의 머리는 연꽃봉오리, 목은 연꽃 줄기이며, 몸은 존재하지 않는다고 생각한다. 연꽃이 눈 깜빡할 사이에 활짝 피었다고 관상하면서, 연꽃 위에 부처님·보살님 혹은 자기가 존경하는 스승님이 앉아 계시거나 서 계신다고 관상한다.

만약 그런 근기가 있고 패기가 있다면, 직접적으로 자기를 관상할 수 있다. 연꽃 위에 자기와 생김새가 똑같은 사람이 자기와 같은 방향으로 앉아 있다고 관상한다. 망상이 생기면 처음부터 다시 관상을 시작한다. 관상할 수 없다면 아예「육자진언」을 독송해도 좋다.

어떤 방법이든 능숙하게 수련하는 것은 사람이고, 수련한다는 것은 방법이다. 능숙하게 사용하지 못하기 때문에, 수련이라는 방법을 통해서 정신을 조화할 수밖에 없다. 어떤 방법으로 수련하든지 정신에 반응이 있다. 정신의 반응에 대처할 방법을 알면 다스리고, 반응에 대처할 방법을 모르면 상관할 필요 없다. 꾹 참고 견디면 자연히 사라진다.

■질문 : 좌선할 때 경전을 볼 필요가 있습니까?
■만행스님 : "오랜 기간 좌선하면 필연적으로 선禪이 생긴다(久坐 必生禪)."는 말이 있다. 하지만 이 말이 많은 사람을 오해하게 했다.

선종을 수련하는 사람에게 제일 먼저 필요한 것은 이론에 통달해야 한다는 것이다. 이론에 통달해야만 공부가 올라갈 수 있다. 좌선하는 방법을 배우고 수련하려면 『원각경』과 『능엄경』을 꼭 보아야 한다. 경전은 정신이 흐려지고 마음이 산만하며 조용하지 못한 것을 대처하는 방법을 알려준다.

3강

성불수행은 자기의 체득과 소감이 있어야 한다

성불수행을 왜 하는가?

수행하려면 일정한 수련법과 초인적인 인내가 있어야 하며, 생사에서 해탈하고 성불하려면 반드시 경건한 마음을 갖춰야 한다. 그러나 경건한 마음만으로는 성불하고 해탈하는 것이 불가능하다. 세속에서 어떤 일을 하거나 목적을 이루기 위해서는 수단이나 방식이 필요한 것처럼, 성불수행을 하고 도를 닦는 데는 더욱더 특별한 수련방법이 필요한 것이다.

지금 우리들이 성불수행을 하는 목적은 무엇인가? 이 문제에 대해 여러분들은 각자의 답을 찾기 바란다. 이 문제의 답이야말로 자신의 수준을 나타내며 각자의 차원을 말한다.

내가 생각하는 성불수행의 목적은 성불하고 부처가 되는 것이다. 내가 생각하는 성불의 목적은 세속을 완전히 떠나는 것에 있다. 세속을 떠난다는 것은 철저히 세속에 들어가는 것이며, 세속에 들어가는 것은 또한 철저하게 세속을 떠나는 것이다. 성불하려면 어디서부터 시작하고 어떻게 닦아야 하는가? 성불한 다음 또 무엇을 하여야 하는가? 이 문제는 세속에서 돈을 벌기 위해 어떻게 일하고, 돈을 벌어서는 어디에 쓰겠는가와 같은 문제이다.

오늘 내가 여러분들에게 돈을 벌어 오라고 한다면 여러분은 어디에 가서 벌겠는가? 또 돈을 벌어서는 어디에 쓸 것인가? 산동에서 오신 스님께서 말씀해 보시라.

■답 : 수희공덕隨喜功德(남이 공덕을 쌓는 것을 보고 함께 즐거워함) 하겠습니다.

■만행스님 : 수희공덕이라고 했는가?

■답 : 예! 『보적경寶積經』에 미륵보살께서 수희공덕이라고 말씀했습니다.

■만행스님 : 스님은 왜 옛 사람의 말을 가져다가 대답하는가? 수행자는 자신만의 불교사상 체계가 세워져야 하며 자신의 사상으로 답하여야 한다. 문수보살과 관세음보살의 사상이 같은가? 달마대사님과 6조대사님의 사상이 같은가? 6조대사님의 사상은 석가모니 부처님의 사상과 같은가? 용수보살과 무주보살無住菩薩의 사상이 같은가? 전부 다 다르다.

부처님들의 사상도 각기 다른데, 어째서 지금의 불교사상이 부처님의 사상과 똑같아야 불교사상이라고 말하는가? 우리들이 성불 수행에서 얻은 체험과 소감은 불교사상이라고 할 수 없는가?

바라건대 우리 동화선사에 상주하고 있는 모든 분들은 반드시 자기의 불교사상이 있어야 할 것이다. 설사 그것이 한쪽으로 기울어진 사상이라고 하여도 반드시 각기 자기의 사상이어야 한다. 자기의 사상이 없다면 아직 깨닫지 못하였다는 뜻이다. 그 사상이 사지(邪知, 삿된 지혜)이고 사견(邪見, 삿된 견해)일망정 성불수행을 한 결과로 얻은 수확인 것이다.

우리들이 성불수행을 하여 조금이나마 깨달은 것이 있다면 그것이 진보이다. 성불수행을 몇 십 년 하였다는 사람들이 자기의 불교사상이 없고, 체계가 서지 않아서 부처님·보살님께서 말한 것을 그대로 따라 말한다면, 그것은 다만 옛날 사람들의 불교사상일 뿐 자기의 불교사상은 아니다.

부처님·보살님들과 조사·대덕들의 사상은 각기 다 다르다. 그분들은 다른 사상을 가질 수 있는데, 왜 우리들은 다른 사상을 가지면 안 되는가?

돈이라는 것은 세속에서 버는 것이고, 그 벌어놓은 돈은 세속에서 사용하는 것이다. 우리가 수련해서 얻은 '도道' 역시 이와 같은 것이다.

❸ 세상은 완벽한 균형을 이룬다

산동에서 온 사미[6]가 물었다.

---

[6] 불교 교단에 처음 입문하여 10계를 받고 수행하는 남자 승려. 여자는 사미니(沙彌尼)라고 함.

■질문 : 스승님! 부처님 한 분이 출세하면 천 분의 부처님이 옹호하십니까?

■만행스님 : 확실히 부처님이 한 분 출세하면 천 분의 부처님이 옹호하나, 동시에 만 명의 마귀도 막아서며 부처님의 길을 어지럽힌다.7 부처의 힘이 커지면 마귀의 힘도 커지고, 부처가 많아지면 마귀도 많아지니, 이를 균형이라고 한다. 세상의 만사 만물, 그것이 유형이든지 아니면 무형이든지 모두 균형을 이루고 있는 것이다.

만약 우리들이 평형상태를 지킬 수 있다면 성불할 수 있고 부처가 될 수 있다. 균형이 유지되지 않는다면 그 어떤 직업에 종사하더라도, 발전도 없고 원만히 성공할 수도 없는 것이다.

확실히 "부처님 한 분이 출세하면 천 분의 부처님이 옹호한다."라는 말은 맞는 말이지만 진실을 다 표현한 것은 아니다. 하지만 사람들은 이 말만 기억하고 이 말에 중독된다. 결국 당신을 옹호하는 사람만큼 해치고자 하는 사람들도 와서 수작을 부리고 당신을 못살게 군다. 마치 산이 높으면 골짜기도 깊고, 키가 큰 만큼 두 손을 좌우로 펼친 길이도 길어지는 것과 같은 이치이다. 만약 그들의 비례가 맞지 않으면 '불균형'이라고 한다. 불균형인 사람은 아주 선한 사람이거나 아주 나쁜 사람이다.

'항복기심降伏其心(마음을 다스림)'이라는 것은 생리적인 힘과 심리적인 힘을 모두 다스리는 것을 말한다. 이 두 가지 힘을 균형있게 전부 다스려야만 비로소 그 힘을 쓸 수 있는 것이다.

---

7 원문은 "일불출세一佛出世 천불옹호千佛擁護 만마조란萬魔阻攔"이다.

경험이 안심시켜 줄 것이다

신도 한 분이 여쭈었다.

■질문 : "큰 스님! 어떻게 해야 마음이 편안해집니까?" 산동 사미가 답하기를 "편안해진 마음에 집착하지 마세요. 경험이 당신을 안심시켜 줄 것입니다."

■만행스님 : 경험이 안심시켜 줄 것이다! 참으로 적절한 말이다! 사람들은 난생 처음 어떤 일과 맞닥뜨리게 됐을 때는 당황하지만, 다양한 경험을 함으로써 자연스레 마음이 안정된다.

성불하겠다고 생각하면, 처음에는 마귀들이 날마다 와서 당신을 성가시게 하고 못살게 굴 것이다. 하지만 마귀에게 시달리다 보면 그들이 오히려 당신을 도와 성불시킨다는 생각이 들 것이다. 때문에 "경험이 안심시켜 줄 것이다."라는 말은 이치에 맞는 말이다.

번뇌가 있으면 그 번뇌에 대응해야 하고, 탐습貪習이 있으면 탐습에 대응하고, 진습嗔習이 있으면 진습에 대응하며, 치습痴習이 있으면 치습에 대응해서 그것을 소멸하여야 한다.8 밀종密宗은 자기가 어느 방면에 나쁜 버릇과 습성이 있으면, 그 방면의 경계를 찾아서 직접 마주하고 대응하는 방법을 쓴다. 밀종의 이런 수행 방법을 중국불교는 받아들이지 못했는데, 그래서 밀종이 중국불교를 능가하는 것이다.

비록 오늘은 회피할 수 있지만 내일은 어떻게 회피할 것인가?

---

8 욕심의 세 가지 유형으로 탐냄, 성냄, 어리석음을 말한다.

끝내는 회피할 방법이 없을 것이다. 예를 들면 중국을 떠나 외국으로 도망가더라도 그곳 나름의 곤란한 상황이 생길 것이다. 중국에서 배가 고프다면 다른 곳에서도 그럴 것이며, 중국에서 탐심이 있었다면 다른 나라로 가도 탐심이 있을 것이다. 장소가 바뀐다고 성격이 바뀌는 것이 아닌 것처럼 회피한다고 해결되는 것은 없다.

인연이 구비되어야 완성된다

▪질문 : 대응이 끝나면 그것을 철저히 소멸할 수 있습니까?
▪만행스님 : 완전히 소멸할 수 있다. 당신이 70%를 대응하면 70%가 소멸되고, 80%를 대응하면 80%가 소멸된다.

▪질문 : 모든 일이 성사되려면 반드시 모든 인연이 구비되어야 합니까?
▪만행스님 : 아주 좋은 질문이다. 성불도 자기 마음대로 되는 것이 아니고, 중생 제도도 자기 마음대로 하는 것이 아니며, 절을 짓겠다고 해도 내 마음대로 짓는 것이 아니다. 불문에는 "모든 인연이 구족되어야만 비로소 성사된다."라는 말이 있다. 만약 한 사람을 망치고자 작정해도 인연이 되어야만 망쳐 놓을 수 있는 것이다. 한 사람을 성공시키겠다고 해서 성공하는 것도 아니고, 망치겠다고 해서 망쳐지는 것도 아니다. 모든 인연이 구비되어야만 비로소 완성되는 것이다.

■ 질문 : 큰스님! 무위법無爲法이 무엇입니까?

■ 만행스님 : 유위와 무위는 본래 한 가지다. 겉과 속이 한 곳으로 돌아오고, 진실과 거짓이 하나[9]'라는 것이다. 자비로운 부처님께서 중생들이 이해하게끔 하나를 둘로 나누어 해석하셨는데, 중생들이 집착이 많은 까닭에, 왼손으로 잡으면 오른손의 것을 부정하고 오른손으로 잡으면 왼손의 것을 부정한다. 자고로 한 발만으로는 걷기 힘들며 한 손만으로는 균형을 잡기 어렵다.

예수와 마호메트는 모두 도를 닦아 성공한 성인聖人들이다. 주요 종교 교주들의 사상과 기원을 보면 비록 다른 시대 다른 지역에서 살았지만 핵심 사상은 완전히 일치한다. 다만 표현하는 방법이 다를 뿐이다.

현재 각 종교 신도들은, 자기의 종교 서적 외에도 다른 종교의 서적과 경전들을 모두 읽을 수 있다. 이전 같으면 불교 신도는 절대로 도교나 천주교, 이슬람교의 경전을 읽으면 안 되었다. 만약 이를 위반하면 사도에 빠져 스승의 문하를 배반한 것이라고 했다. 하지만 지금 사람들은 아주 다행히도 어느 종교의 경전이든 읽고 싶으면 서점에 가서 사서 읽을 수 있다. 이에 대하여 그 어느 누구도 비난하지 않는다. 지금 중생은 참으로 복을 많이 받았다.

■ 질문 : 인연이 다가오면 받아들여야 합니까?

■ 만행스님 : 인연이 되면 바로 받아들여야 한다. 인연을 받아들이는

---

9 '표리동귀表裏同歸 진가일여眞假一如'를 말한다.

것이 인연을 푸는 것이다. 인연을 받아들이지 않으면 그 인연을 끝맺기도 어렵고 풀리지도 않는다. 마치 업장을 끝내려면 반드시 업장을 받아들여야 하는 것과 같은 이치이다. 성불하고 싶으면 부처님과 인연을 맺어야만 한다. 일단 부처님과 인연을 맺게 되면 그 힘은 영원히 이어지는 것이다.

얻고 싶은 것 하고 싶은 것이 분명해야 한다

여러분들은 반드시 자기가 얻고 싶은 것이 무엇인지 분명하고 똑똑하게 알아야 한다. 얻고자 하는 게 분명하지 않다면, 스승이나 부처님·보살님들이 당신을 도와주지 못할 뿐만 아니라 도와줄 방법도 없다. '무엇을 갖고 싶은가?'는 자기가 얻고 싶은 목표를 명확하게 하고 자기의 위치를 결정하라는 질문이다.

저녁에 감원스님과 대화를 나눴다. 주제는 '사람은 무슨 일을 하든지 맡은 직무에 최선을 다해야 한다'는 것이었다. 금방 내가 말한 것처럼, 반드시 자기의 위치를 알아야 하는 것이다. 그래야만 비로소 맡은 바 직무에 최선을 다할 수 있다. 어디에 서 있는지 모른다면 자기가 무엇을 해야 하는지 모르는 것과 마찬가지다.

성불수행을 하는 여러분들은 이도저도 아닌 상태이다. 왜냐하면 자기의 위치가 명확하지 못하고 원하는 게 무엇인지 모르기 때문이다. 그저 성불수행을 하면 좋다고 하니 남을 따라서 공부를 하고, 풍문에 어떤 스님이 훌륭하다고 하면 그 스님께 귀의한다. 한

동안 배우다가 다른 스님이 대단하다고 하면 그를 찾아가서 귀의한다. 이런 사람은 옳고 그름을 분별하는 지혜가 없기 때문에 단지 사람들의 꽁무니만 따라 다니는 수밖에 없다.

성불수행을 하는 사람도 한동안 여론에 휩쓸릴 수 있다. 하지만 이를 전부 나쁜 습관이라고 할 수는 없다. 나 또한 예전에는 남의 뒤를 따라다녔다. 문제는 따라다니는 게 아니라 깨닫는 것이다. 어떤 사람은 일찍 깨달아서 남의 꽁무니를 따라다니는 일을 그만두지만, 어떤 사람은 깨닫지 못하고 일평생 남의 꽁무니만 따라다닌다. 바로 이것이 나쁜 예이다.

지금 내 제자들 가운데도 아직 이런 사람이 적지 않다. 심지어 어떤 이는 1년에 스승 세 분을 모신다고 한다. 10년이면 서른 명이 되는데 나중에는 자신도 몇 분이나 모셨는지 모를 것이다.

4강

부처를 믿는 것과 성불수행

성불수행을 해야만 부처가 된다

성불수행은 천천히 배워야 하고 또 일정한 방법도 있어야 한다. 사람들은 '성불수행을 그렇게 오래 하였는데 왜 아무런 감응도 없고 진보가 없냐?'고 묻는다. 사실 우리는 무엇이 부처를 믿는 것이고 무엇이 성불수행을 하는 것인지를 잘 모르고 있다. 그저 부처를 믿기만 해서는 성불을 못하며 부처도 될 수 없다. 성불수행을 하여야만 성불도 할 수 있고 부처도 될 수 있다.

부처를 믿는 것은 성불수행을 포함하지 않는다. 하지만 성불수행은 부처를 믿는 것을 포함한다. 성불수행은 부처를 믿는 단계에서 더 높은 단계로 올라가는 것으로 믿음의 단계를 초월한다. 성불수행에는 일정한 방법이 필요하다. 석가모니 부처님께서도 당초에 수행을 시작하실 때는 여러 스승님들을 참배했고 그들에게 방법을 배웠다.

🕉 경건한 믿음만으로는 성불할 수 없다

수행은 경건한 신앙만으로 부족하다. 일정한 수련방법이 필요하다. 따라서 경건한 신앙, 의지력, 아울러 천부적으로 총명하고 지혜로운 자질(선천의 근기) 등이 전부 결합되어야만 성불수행을 할 수 있고 도를 깨우칠 수 있다. 신앙만으로는 수행하여 깨우치기에 부족한 것이다.

많은 사람들이 채식을 하고, 부처님께 향을 올리고, 절을 하며 경을 읽는 것을 성불수행라고 여긴다. 이것은 제일 처음 부처를 뵙고 믿는 기초이자 시작일 뿐이다. 성불수행을 오래 했다는 사람들이 아직도 향을 올리고 절을 하고 경을 읽는 데만 머무르면 안 된다. 성불수행을 오래한 사람이 이런 기초에만 안주하면 틀린 공부를 하는 것이다. 몇 년 동안 초등학교 1학년에만 머물러서야 어디 좋은 학생이라고 할 수 있겠는가!

그래도 부처를 존경하면 다행이지만, 귀신이나 도깨비를 존경하게 되면 그들과 소통하여 상응하게 된다. 그러면 임종 때 그들이 와서 여러분을 데리고 갈 것이다. 어디로 데리고 갈 것인가? 귀신, 도깨비들의 세상으로 인도하여 그들의 백성이 되게 한다. 여러분이 존경하는 대상과 소통하고 상응하게 된다. 부처를 존경하면 부처와 호응하고, 귀신·도깨비를 존경하면 귀신·도깨비들과 호응한다. 이것은 아주 간단한 이치다.

귀신 도깨비를 경배하면 귀신 도깨비가 된다

우리는 이미 부처님께 귀의하였다. 부처님께 귀의하고 성불수행을 하였다면 다시는 귀신이나 도깨비들을 경배하지 말아야 한다.[10] 그들을 경배하면 자신을 그들에게 맡긴 것이기 때문에, 그들이 당신을 책임지고 인도하여 그들의 백성이 되게 하고 귀신·도깨비가 되게 하는 것이다.

올바른 믿음을 가진 불교도는 부처님만 경배하고 귀신이나 도깨비를 경배하지 않는다. 우주 전체의 각 차원마다 각기 다른 중생들이 있겠지만 부처님의 힘이 제일 세다. 불교 신도는 부처님만 경배하고 믿으면 된다. 기타 민간의 정령이나 귀신을 경배하지 말아야 한다.

어째서 많은 사람들이 몸에 귀신이나 정령을 붙이고 다니는가? 이치는 아주 간단하다. 귀신·도깨비를 경배하고 상응하며 소통하였기 때문이다. 경배한 대상이 '신神'의 차원이면 괜찮겠지만, 그들은 귀신·도깨비가 아닌가?

정령과 좋은 인연이 되면, 정령은 여러분의 몸에 달라붙어 자그마한 신통력으로 돈을 좀 벌게 하거나 이름을 날리게 한다. 생전에 이런 것들의 힘을 너무 많이 사용하였으므로, 임종할 때면 그들의 자손이 되거나 백성이 되어 갚아야 한다. 아울러 빚을 다 갚을 때까지 그 차원에 머물러 있어야 한다. 빚을 다 갚아야만 차원을 이

---

10 "귀의불경歸依佛竟, 녕사신명寧舍身命, 종불귀의終不歸依, 자재천마自在天魔."

탈할 수 있고 다시 사람으로 환생할 수 있다.

수행을 한 스승의 지도를 받아야 한다

깨달은 스승의 가르침을 받지 못했다면, 여러분이 매일같이 경배한 대상이 부처가 아닐 수도 있다. 평소 일을 할 때도 스승의 지도가 필요한데, 하물며 성불수행에 있어서랴! 사람들은 자기는 부처님만 믿고 성불수행은 하지 않는다고 한다. 부처님을 모르면서 어떻게 부처님을 믿을 것인가? 부처님을 믿으려면 부처님을 알아야 한다.

차를 운전하려면 운전대를 사용할 줄 알아야 한다. 사용할 줄 모르고 차를 운전하면 방향을 잃고 금방 전복될 것이다. 성불수행도 방향이 중요하다. 함부로 혼자 공부하지 말고, 수행을 하고 나온 스승을 찾아서 지도를 받아야 한다. 대충 아는 스승을 모실 바에야 시작하지 않는 게 좋다.

사실 한 가지 수련방법을 터득하고 사용할 줄 알면, 다른 방법도 따라서 터득할 수 있고 사용할 수 있게 된다. 하지만 한 가지도 사용할 줄 모른다면, 아무리 좋은 수련방법도 소용이 없고 파악할 수도 없는 것이다. 차를 운전하는 원리도 마찬가지다. 당신이 BMW를 운전할 수 있으면 자연 벤츠도 운전할 수 있듯이, 한 차를 운전할 줄 알면 다른 종류의 차도 수월하게 운전할 수 있다. 수행하는 방법도 그렇다. 한 가지 방법만 파악하면 다른 방법도 파악하게 되는 것이다.
　어떤 사람은 정토종이 좋다 하고 또 어떤 사람은 선종이 좋다고 하는데, 어떤 수련법을 수련하든 모두 마음으로 닦는 것이다. 어떤 방법이든 능숙하게 사용할 수 있다면, 그 수행이 당신에게는 아주 적합한 것이다. 하지만 그 방법이 맞지 않았던 사람은 그 수련법이 좋은 방법이 아니라고 할 것이다. 때문에 어떤 방법이든 그것을 좋다, 나쁘다로 결론을 지으면 안 된다.
　수행의 방법에서 근기根器와 인연은 밀접하다. 과거 세대 때 당신이 수련하던 방법을 지금 이 생에서 다시 수련하게 되면 아주 손쉽다. 게다가 당신이 부처님의 너그러운 자비심을 가지고, 마음을 활짝 열어 놓게 되면 부처님의 지혜로 들어갈 수 있고 부처님의 신통력을 갖게 된다.

마음이 너그럽고 도량이 커야 한다

　성불수행의 첫 걸음은 마음을 넓히는 데 있다. 부처님의 자비로운 마음은 우주 전체와 허공을 포용한다고 한다. 하지만 지금 성불수행을 하는 사람들은 자기의 부모, 처자, 친구들도 포용하지 못하고 있다. 이런 사람들이 성불수행을 어떻게 할 수 있을 것인가? 성불수행을 하는 사람들은 마음도 너그럽고 국량도 커야 한다.
　부처님의 마음은 얼마나 큰가? 부처님은 각기 다른 차원의 중생들과 갖가지 유형의 사람들을 전부 포용한다. 부처님의 안광에는 좋고 나쁨을 분별함이 없다. 어린아이가 장난감을 가지고 노는 것을 어른의 입장에서 보면 재미없을 것 같지만 아이에게는 너무 재미나는 것과 마찬가지이다. 즉, 현명한 부모는 아이들의 놀이를 제한하지 않고 놀고 싶은 대로 내버려 둔다.

부처님은 우리의 생활에 간섭하지 않으시며 각자의 생활습성에 따라 살아가도록 내버려 두신다. 그러던 어느 날 스스로 문득 깨닫게 되면, 그때서야 '그것은 애들의 장난감인데 왜 이제야 깨달았는가?' 할 것이다. 깨닫기 전에는 아무리 말해 주어도 소용이 없다.

다시 말하면 부처님과 성인들은 우리의 생활을 변화시키지 않고, 우리가 신나게 놀고 몰입하고 느끼게만 한다. 그래야 철저하고 빠르게 깨닫는 것이다. 하지만 지금 우리는 어떤 일을 하든지 전심전력으로 몰입하지 못하고 있다. 세상의 일도 전심전력으로 몰입하지 못하는데 어떻게 성불수행을 전심전력으로 할 것인가?

환경에 적응해야 성장한다

일상생활의 갖가지 일들은 모두 수행의 일부이다. 온갖 경험들이 우리를 사람답게 만들고 성숙시킨다. 특히 성불수행은 우리에게 다른 환경과 현실에 적응하는 능력을 길러준다. 성불수행을 하지 않는 사람도 각기 환경과 현실에 적응할 수 있어야 한다. 그렇지 못하면 환경과 상황에 밀려 도태될 것이다. 도태가 되면 다른 사람을 탓하기 쉽지만, 그것은 누군가가 여러분을 밀어낸 것이 아니라 여러분이 환경에 적응하지 못한 탓이다.

환경과 현실이 잔혹하고 무정하다고 하지만 그것은 이치를 깨닫지 못하고 하는 소리다. 어째서 여름에는 여름의 화초가 있고 겨울에는 겨울의 화초가 있는가? 어째서 여름의 화초는 겨울에 피지 못하고 겨울의 화초는 여름에 피지 못하는가? 이처럼 화초도 계절과 기후에 따라 피고 지듯이, 우리가 사람이 되고 수행하는 것도 같은 이치다. 환경에 적응하면 성숙하고 성장할 것이며, 환경에 적응하지 못하면 환경에서 도태될 것이다. 그런데도 하늘을 원망하고 남 탓을 하면서, 끝내 자기한테서는 문제점을 찾지 않을 것인가?

우리가 성숙하고 진보하는 방법은 자기 몸에서 결점을 찾는 것이지, 남을 나무라고 원망하고 트집 잡는 것이 아니다. 환경은 모든 개인에게 동일하다. 다른 것은 각자의 마음상태이다.

🕉 만행은 옹원현에 뿌리를 박았다

내가 옹원현에 왔을 당시에는 나만 출가한 사람이었으니, 내가 불법을 옹원현에 가지고 온 셈이다. 그 당시는 동화산 위에 6조께서 도를 닦던 동굴 하나밖에 없었다. 원래는 무문관수련을 마치고 복건성으로 가려고 하였는데, 옹원현 통전부와 신도들이 여기 남아 동화사를 복구해달라고 부탁하였다. 내가 동화사를 복구하려면 나의 십여 년의 심혈이 모두 소모될 것이며, 또 동화사 복구경비는 중국 돈으로 몇 억도 더 되는데, 내가 어디에 가서 그 큰돈을 구하 겠는가? 나는 그만한 힘도 능력도 담력도 없다고 생각했다.

　일 년을 주저하다가 동화사를 복구하기로 결정했다. 이렇게 결심한 이유는 두 가지다. 하나는 그때 내 나이 겨우 서른이라, 10~20년 동안 동화사를 복구해도 40~50세밖에 되지 않으니 여전히 젊은 스님이라는 것이고, 두 번째로 옹원현은 당시 절도 없고 불법도 없던 곳이다. 어디든 나를 필요로 하고, 어디라도 불법이 없는 곳이면 출가한 스님으로서 그곳에서 불법을 펼쳐야 한다고 생각했기 때문이다. 이제는 인연이 갖추어지고 성숙했기 때문에 여기에 뿌리를 내리게 되었다.

　절을 짓는 일은 확실히 힘들고 어려운 일이며 신경도 많이 써야 한다. 하지만 후에 생각해 보니 아무리 큰 대가를 치렀다고 해도 내가 얻은 것이 지불한 것보다 훨씬 더 많았다. 무엇을 얻었는가? 물건이나 돈은 아니지만 수많은 체험과 느낌과 이치이다. 이런 이치는 경험이 없다면 얻을 수도 느낄 수도 없는 것이다.

　내가 절을 짓지 않고 계속 공부했거나, 돌아다니면서 법문을 했다면 지금과는 느낌이 달랐을 것이다. 절을 짓는 과정에서 각 계층의 여러 사람들을 만나고 겪으면서 얻은 느낌도 이전과는 완전히 달랐다. 항상 똑같은 환경, 똑같은 형식과 차원에만 머무르게 되면 얻은 체험과 느낌도 한 가지밖에 안 될 것이다.

주위의 일체를 있는 그대로 받아들여라

주위에서 발생하는 일체를 느끼고 받아들여야 한다. 거절하지도 붙잡지도 말아야 한다. 불교의 말로 하면, 모든 일체는 전부 무상하며 영구하지 않다. 오늘 여러분이 나를 찾아왔는데 내가 거절할 수 있는가? 오늘 내가 여러분을 거절했는데, 내일 다른 지방에서 다른 친구들이 또 찾아오면 어떻게 거절할 것인가? 반대로 여러분을 내 옆에 붙잡아 두고 싶다고 여러분이 내 곁에 있을 수 있겠는가? 하루 이틀은 될 수 있겠지만, 시간이 오래되면 여러분은 필연코 집으로 돌아갈 것이다. 오는 사람이 있는가 하면 가는 사람도 있다. 이것은 아주 간단한 이치이다.

옛말에 이런 것이 있다. "강철로 만든 절이요, 흘러가는 중이라." 절은 그대로 움직이지 않지만 스님들은 일 년에 몇 번씩 바뀐다. 이런 이치를 알게 되면, 마음을 조용히 가라앉혀서 사람을 상대하고 일하는 데에 정신을 집중할 수 있다.

우리는 이런 이치를 발견하게 된다. '하고 싶고 즐거운 일들은 남겨 두려야 둘 수 없고, 싫어하고 꺼리는 일들은 회피하지 않아도 자연히 아주 빠르게 가버린다.'는 것이다. 모든 것은 무상하다. 차분하고 평온한 마음으로 옆에서 지켜보고 관찰하기만 하면 되는 것이다. 내가 하는 이 말을 다 알아들었는가?

(대중 답 : "잘 알아들었습니다.")

내 성격은 걸걸하고 급하다. 동화선사를 복구하는 동안 많이 다스렸지만 여전히 급하다. 일을 할 때마다 '항상 조급해 하지 말고 천천히 해야 하고, 절을 짓는 일은 혼자 하는 일이 아니라 남의 얼굴도 봐야 하고 환경과 상황도 봐야 하며, 전체적인 커다란 환경 속에 있기 때문에 혼자 급히 한다고 되는 것이 아니다'라고 나 자신을 일깨우곤 했다. 사실 나는 사람을 사귀고 왕래하는 것을 즐기지 않는다. 항상 혼자 있기를 좋아하고, 하고 싶은 일만 하는 사람이다. 하지만 사회에 나와서 일을 하고 생존하고 발전하려면, 주위의 환경에 적응해야 하는 것이다.

여러분이 동화선사로 온 이유는 불법을 배우기 위해서다. 때문에 동화선사의 갖가지 환경에 적응해야 한다. 적응하지 못한다면 바로 동화선사 환경에 밀려 도태될 것이다.

사람은 환경에 적응해야 하며, 환경이 사람에게 적응하는 법은 없다. 여름에 날씨가 무더우면 옷을 한 겹 벗어 버리면 되고 날씨가 추우면 옷을 한 겹 더 입으면 된다. 사계절 내내 입을 옷 때문에 자연을 자기에게 적응하라고 할 수는 없는 것이다. 우리가 기후의 변화에 적응해야 하고 자연에 적응해야 한다. 이치는 이렇게 간단하다.

성불수행을 하고 사람 노릇을 하는 것도 이렇다. 영원히 그들에게 적응해야 하며 그들을 우리에게 적응하라고 하면 안 된다. 그들에게 적응해야만 우리는 생존할 수 있고 발전할 수 있다. 그렇게 되면 결국은 그들이 우리에게 적응한 것이 된다. 즉, 처음은 우리가 그들에게 적응하지만, 나중에는 그들이 우리에게 적응하게 되고 우리들에게 쓰이게 될 것이다.

견해가 맞지 않으면 한 걸음 물러서라

견해가 맞지 않아 서로 대치되는 상황에서는 한 걸음 물러서서 양보하는 것이 상책이다. 이렇게 해야 두 사람의 합의가 이루어지게 된다. 이것은 누가 누구에게 적응한 것인가? 두 사람이 오랫동안 서로 양보하지 않고 대치하면 둘 다 상처를 입게 되고, 이상도 실현되지 않을 것이며 실패하게 될 것이다.

사람 노릇을 하거나 일처리를 할 때, 서로 조그마한 문제로도 의견 충돌이 생긴다며 말을 하지 않거나 일을 안 하면 안 된다. 견해가 같은 부분을 먼저 함께 끝내고, 견해가 다른 부분을 천천히 하면 되는 것이다. 작은 일 때문에 큰일을 포기하는 것은 부처님 사상에 어긋나는 일이다.

이와 마찬가지로 스님을 참배하거나 저작을 읽어볼 때, 그분의 말씀이 자기 사상에 부합되지 않거나 혹은 듣기 싫다고 스님을 전부 부정하거나, 혹은 책을 버리면서 그의 이론마저 부인하면 안 되는 것이다. 당신이 듣기 싫어한 말들이, 다른 사람에게는 촌철살인의 명언이 될 수도 있는 것이다.

자신의 견해가 자신을 묶어놓는다

성불수행을 하는 사람들은 이 세상에서 부처님만 제일 으뜸이고 제일 위대하다고 생각하는 맹목적 시각을 갖고 있다. 하지만 기독교나 천주교 신도들은 예수나 하나님이 제일 위대하다고 하며, 도교 신도들은 태상노군이 제일 으뜸이고 위대하다고 한다. 이처럼 사람들은 전부 자기의 입장과 신앙으로 판단한다. 신앙의 울타리를 벗어나서 생각해 본다면 세상의 모든 것이 다 좋을 것이며 훌륭할 것이다.

과거에 형성되었던 개념과 견해를 타파하고 울타리를 벗어난다면, 그것이 바로 해탈이고 성불수행이다. 해탈하지 못했다는 것은 누가 당신을 밧줄로 동여 매놓은 것이 아니라, 당신의 고유한 견해와 형성된 개념들이 당신을 동여 매놓은 것이다.

③ 사람들은 승려를 통해 부처를 이해한다

불교에는 "스님은 악수를 못한다."라는 규약이 있다. 내가 삭발한 지 얼마 되지 않았을 때 스승께서 "스님은 규약이 많다. 이것도 안 되고 저것도 안 되는데, 특히 남의 손을 잡고 악수하면 더욱 안 된다."라고 하셨다. 하지만 나는 규약을 지키지 않는 스님이라서 사람들의 손을 잡고 악수도 하고 합장도 한다. 상대방이 손을 내밀면 나는 "어미타불! 나는 스님이기 때문에 악수를 못합니다."라고 하지 않는다. 상대방이 합장하면 나도 합장하고 상대방이 손을 내밀면 나도 손을 내밀어 악수한다.

지금 성불수행을 하는 사람들 가운데도 이런 사람들이 있다. 자기가 채식을 하기 때문에 가족에게도 모두 채식하라 하고, 자기가 쓰던 수저와 그릇을 남들이 손대지 못하게 하고, 건드리면 성질을 부리면서 야단법석을 떨거나 원한까지 품는다. 성불수행을 하는 사람들이 이런 풍격이라면 어떻게 대중을 마주하고, 대중은 어떻게 당신을 받아들이고 더구나 당신을 따라 부처님을 믿고 성불수행을 하겠는가? 부처님은 중생을 대신하여 업장을 소멸하는 사람이 아닌가!

사람들은 어떤 것이 부처인지 모른다. 부처를 믿는 신도들을 통하여 부처를 이해한다. 성불수행을 하는 사람들은 부처님의 형상, 부처님 마음, 부처님의 손과 입을 대표한다.

다른 사람들은 나의 제자를 통하여 나의 됨됨이를 짐작하는데, 나의 제자가 자기 스승이 어떤 사람인지 모른다면 다른 이도 제자의 입을 빌어서 나를 이해할 수 없는 것이다. 때문에 성불수행을 하는 우리는 우선 부처님을 잘 이해하고 알아야 한다. 아니면 다른 이들이 우리로 인해 부처님을 잘못 인식할 수 있다.

삼계로 온 목적을 잊지 말자

삼계三界(욕계·색계·무색계) 안의 생명체는 삼계 밖에서 온다. 삼계 밖에서 이곳으로 와서 삼계의 것을 가지고 가는 것이다. 그들이 왔다가 수준이 낮게 바뀌면 삼계로 가고, 높게 바뀌어 가면 삼계 밖이 된다. 소위 '육도윤회六道輪回'라는 것도 '천도, 인도, 귀도, 축생도…' 이렇게 둥그런 원형으로 바뀌고 또 바뀌면서 돌고 돌아 멈추려 해도 멈출 방법이 없는 것이다.

■질문 : 스승님! 그렇게 되면 우리는 자기가 이전에 누구였는지 모르지 않습니까? 삼계 안에서 형성된 생명체라면 도를 닦아도 삼계를 못 벗어날 것인데 도를 닦아도 되겠습니까?
■만행스님 : 닦아도 되고말고! 확실히 될 수 있다.

■질문 : 스승님! 그럼 우리는 모두 희망이 있겠네요?
■만행스님 : 모두 희망이 있다. 희망이 있고도 남는다. 우리 자체가 바로 삼계 밖에서 온 생명체다. 무엇 때문에 이 삼계로, 이 사바세계로 왔는가? 바로 사바세계를 정화하러 왔고 이 사바세계를 보살피러 왔다. 하지만 여기에 머무는 시간이 길어져 우리 몸에 탐·진·치 등과 같은 습성들이 형성되어 여기로 온 사명을 잊어버린 것이다.

　예를 들면 여러분이 동화선사에 봉사를 하러 왔다고 하자. 하지만 동화선사 사람들이 모두 게으르고 일하기 싫어하는 것을 보고, 여러분도 같이 게을러지고 일하기 싫어져 급기야 동화선사로 온 목적도 시간이 갈수록 점점 잊어버리게 된다. 이치가 이렇다.

　무엇 때문인가? 바로 경계에 빠져서 마음이 바뀌었기 때문이다. 당신의 영성이 아직도 깨어있는 상태라면, 동화선사 사람들이 모두 일을 하지 않아도 당신만은 일을 할 것이다. 왜냐하면 동화선사로 온 목적을 잊지 않았고, 자기의 사명과 최초의 동기와 출발점을 잊지 않았기 때문이다. 보통사람은 그렇지 않다. 처음은 아주 강한 마음으로 여기에 왔지만, 결국 이곳의 환경에 동화되어 자기의 최초 목적을 잊게 되는 것이다.

우리가 삼계 밖에서 삼계로 온 이유는 바로 이 사바세계를 보살피고 정화하고 중생을 깨우치기 위해서다. 하지만 삼계 중생을 제도하려는 목적은 잊고 도리어 중생들에게 제도된 것이다.

집착이 윤회를 만든다

■질문 : 삼계를 초월한 다음, 스승께서 말씀하신 것처럼 고차원의 생명체들이 삼계의 생명을 가피하는 것 외에, 변질되어 가라앉거나 수준이 떨어질 가능성도 있습니까?

■만행스님 : 나쁘게 변질되지 않는다. 지금 이 자리에 앉은 분들은 장래에 필연코 삼계 밖으로 올라갈 것이다. 삼계 안에 하늘이 있는 것처럼 삼계 밖에도 하늘이 있다. 서방 극락세계, 동방 유리광세계 東方琉璃光世界[11]는 삼계 밖의 하늘이다. 어째서 지금 갈 수 없는가? 그것은 사바세계의 습성과 습기들에 너무 많이 오염되었기 때문이다. 이것도 저것도 버릴 수 없고 마음을 놓지 못하는 일들 때문에 윤회하는 것이다.

남편을 걱정하여 내려놓지 못하면 남편으로 인해 윤회해 다시

---

[11] 약사여래가 부처의 경지를 성취해서 세운 정토가 유리광세계琉璃光世界이다. 약사여래는 그곳에서 중생들의 질병을 치료하는데, '동방'이라는 말이 앞에 붙은 것은 약사여래의 정토가 동쪽으로 무수한 불국토를 지난 곳에 세워졌기 때문이다.

오고, 자식을 걱정하여 내려놓지 못하면 자식으로 인해 윤회하여 다시 오고, 또 집이 아까우면 그것으로 인해 또 다시 윤회한다. 어떤 것에 미련을 두고 머무르며 걱정하면 바로 그것으로 인해 윤회해서 사바세계에 다시 오는 것이다.

사바세계의 것에 단 한 가지라도 취미가 있다면, 이 한 가지 취미로 인해 윤회하여 다시 오는 것이다. 이상과 포부가 커서 이번 생에 달성하지 못했다면, 필연코 이상과 포부로 인해 윤회되고 다시 돌아와 이상과 포부를 이루기 위하여 분투할 것이다.

예를 들어 내가 지금 동화선사 복구공사를 하는데, 이생에 공사가 끝나지 못하여 근심걱정하게 되면 필연적으로 다시 윤회하여 동화선사 복구공사를 끝마칠 것이다. 하지만 나는 살아서는 복구공사를 하되 죽으면 상관하지 않을 것이다. 나는 이 복구공사로 인해 다시 윤회를 해서 돌아오지는 않을 것이다.

5강

성불수행은 어떻게 하는가?

귀의하면 성불수행을 해야 한다

여러분은 무엇 때문에 귀의하려 하는가? 보통 사람들은 이득이 있는 일만 하고 없으면 하지 않는다. 여러분은 모두 귀의하려는 사람들이니 귀의하면 좋은 점을 이미 알 것이다. 이득이 없으면 여러분이 귀의를 하겠는가?

세상엔 해야 할 일이 많고도 많은데 왜 귀의하려 하는가? 귀의하면 많은 규율들이 여러분을 속박하고, 또 불편하게 할 것이다. 제일 기본적인 규율은 5계 10선五戒十善이다. 하지만 '귀의'와 '5계'는 조금 차이가 있다. 보통 사람들은 5계를 모두 준수해야만 귀의할 수 있다고 여기지만 실제로는 그렇지 않다. 물론 5계를 모두 준수하면 더욱 좋겠지만, 준수할 수 없으면 먼저 귀의해도 괜찮다. 귀의한 다음 잠시 5계 받는 것을 미루고, 준수할 수 있는 계율부터 지키면 계율의 공덕과 복보福報가 따를 것이다.

일단 귀의했다면 성불수행을 시작하고 또 착실히 해야 한다. 귀의한 다음은 스승이 차츰차츰 수행할 방법을 가르쳐줄 것이다. 수행하기 싫다면 귀의하지 말고 그냥 부처를 믿으면 된다. 귀의는 성불수행을 시작한다는 것을 말하며, 성불수행을 해야만 성불할 수 있고 부처를 믿는 것만으로는 성불할 수 없다. 부처를 믿는 것은 아주 간단하다. 그저 천당과 지옥이 있고 인과응보와 윤회가 있다는 것만 믿으면 되니까 말이다.

❸ 성불수행은 부처님을 따라 배우는 것이다

성불수행은 무엇인가? 바로 부처님을 따라 배운다는 것이다. 싯다르타(悉達多)와 부처님·보살님 및 고대 조사님들의 모든 사상과 행위 그리고 우리에게 남겨놓은 진리를 탐구하는 방법 등을 모두 따라 배워야 한다.

일반 사람의 입장에서 성불수행을 하면 소용이 없다. 부처님을 따라 배우겠다고 결심했다면 부처님의 시각에서 성불수행을 해야만 성불할 수 있다. 하지만 현재 성불수행을 하는 사람들은 일반인의 마음으로 하니 무슨 소득이 있겠는가? 일반인의 마음으로 부처를 믿을 수는 있지만 일반인의 마음으로 성불수행을 하면 안 된다.

무엇 때문에 성불수행이 어렵고 힘들다고 하는가? 10여 년을 수련했는데 실력이 나아지지 않았다면, 이것은 일반인의 마음으로 성불수행을 하였기 때문이다. 이는 엄격히 말해 성불수행을 하는 사람이라고 할 수가 없으며, 부처님을 믿는 정도밖에 되지 않는다.

성불수행은 어떻게 하는가? 성불수행은 일종의 봉사이며 희생적 지출이기 때문에 무엇을 얻어가지는 것이 아니다. 성불수행은 모든 것을 이바지하는 데에 있다. 부처님의 마음과 부처님의 아량만 있으면 능히 자기의 신·구·의를 모두 중생들에게 공양할 수 있다. 우리가 흔히 말하는 '전심전력으로 백성을 위해 힘쓴다'는 것이고, 불교의 말로하면 '중생을 널리 제도한다'이다.

성불수행을 하는 사람은 인류의 본보기이다

성불수행은 아주 어려운 일이며, 인류에게 본보기를 보이는 일이다. 자신의 마음을 혁신하고 부처님의 마음으로 공부를 한다면 진도가 빨라짐을 스스로도 느낄 수 있다. 공부에 진전이 없는 것은 보통사람의 마음을 버리지 못했기 때문이다.

소위 '초월한다, 해탈한다'는 것은, 우선 사상적인 측면에서부터 자기를 혁신시켜야 한다. 인류의 본보기라고 하면 인류가 감당할 수 없는 어려운 일들을 감당하고 이겨나가야 한다. 왜냐하면 당신은 사람이 아닌 부처가 되고 싶은 것이기 때문이다. 그 뿐만 아니라, 사람이 감당할 수 있는 일들에서도 더욱 모범이 되어야 하고 힘들어도 이겨내야 한다. 아니면 성불수행을 하지 말아야 한다. 성불수행은 부처님과 발을 맞춰야 하며 부처님을 위하여 일을 해야 한다. 즉 부처님의 일을 하는 것이다.

분수도 만족하고 직분에도 최선을 다해야 한다

여러분이 손에 든 책의 표지를 열어보면 "분수에 만족하고 본분을 지키며, 직분에 최선을 다하라."라는 글귀가 적혀 있다.

본분을 지키면서 자기가 맡은 바 직분에 최선을 다해야 한다. 많은 사람들이 현재에 만족을 하고 그럭저럭 하루하루를 보내는데 이것은 직분을 다하는 것이 아니다.

어떤 스님들은 스님이 된 것에 만족하고 자기가 하는 일을 열심히 하지 않으며, 어떤 노동자는 노동자가 된 것에 만족하면서 일을 열심히 하지 않는다. 때문에 본분을 지키는 것만으로는 부족하다. 직분을 다해야 한다. 일터에서 자기가 해야 할 일에 최선을 다해야 하며, 주위의 환경을 통해 자기를 수련해야 한다.

자신이 불문에 귀의하여 거사가 되고 스님이 되었다고 해서, 귀의하지 않은 사람, 부처를 믿지 않는 사람들을 깔보면 안 된다. 수행하지 않는 사람이 어디에 있는가? 맡은 바 직분에 최선을 다하는 것이 수행이니 누구나 다 수행하는 셈이다. 채식을 하고 염불을 하니 자기가 수행자라 생각하지만, 염불이나 채식을 안 하는 일반 사람도 머리 깎은 중보다 수행이 더 높을 수 있다.

윗사람이 시키는 일을 정성스럽게 하는 것이 수행이다. 즉 일을 통해 자기를 수련하면 되는 것이다. 그저 채식을 하고 염불을 하며 경이나 읽고 좌선하는 것을 수행이라고 생각하면 안 된다. 부모라면 가정에서 자식을 잘 키우는 과정에서 수행하고 수련하며, 집을 잘 치우고 음식을 잘 만들면서 마음가짐을 바르게 하고 인생을 연마하면 된다. 즉 일상생활에서 하는 빨래나 청소도 몸과 마음의 수련 과정으로 삼을 수 있으며 또 자기의 마음을 수련하는 과정으로 삼을 수 있다.

주변 사람들에 의해 연마되는 것이 수련이다

작은 일은 하기 싫어하고 큰일만 고집하는 것은 수행이 아니다. 수행하는 사람은 일이 크고 작음을 따지지 않고 어떤 일이든 심혈을 기울여서 열심히 해야 한다. 우리 앞에 있는 모든 일, 모든 사람들이 우리를 연마시킨다. 연마가 바로 수련이다.

나는 여러분이 동화선사로 오신 것을, 나를 단련하고 나의 마음가짐을 더욱 넓히고 평온하고 부드럽게 하는 데 쓸 것이다. 다시 말해 지금 나는 좌선하는 대신 여러분을 만남으로써 나 자신을 연마하는 것이다. 연마가 곧 수련이다. 이것은 내가 경을 읽고 좌선하는 것보다 훨씬 더 좋은 수련이다.

만약 오늘 내가 여러분을 피해 산에 올라가 문을 닫아걸고 좌선만 하였다면, 겉으로 보기에는 아주 청정한 것 같아도, 내일이 되어서 사람이 더 많아지고 해야 할 일도 더 많아지면 어떻게 할 것인가? 그러면 난 또 복잡하다고 생각하며 성질을 낼 것이다. 이런 마음을 가지고는 수행이 될 리 없다. 차라리 오늘 하기 싫은 일, 즉 사람을 만나기 싫어하는 마음을 다스려서 여러분을 정성껏 접대하면 오늘의 이 일은 연마가 된 것이고 관문을 넘긴 것이다. 때문에 내일은 괜찮을 것이다.

연마가 한 번에 안 되면 열 번을 하고, 열 번에 안 되면 백 번을 하면 된다. 때문에 우리 앞에 다가서는 모든 사람, 일, 이치 등을 모두 우리를 도와 성사시키고 수련시키는 것으로 봐야 한다.

맡은 일을 충실히 하는 것이 수행이다

직장을 버리고 가정을 버린 채 깊은 산으로 가서 염불을 하고 좌선을 하면 이것이 바로 사도외문이다. 이렇게 하는 것은 도道와 상관이 없고, 이것을 본말이 전도되었다고 한다.

우리가 성불수행을 하는 목적은 사람 노릇을 잘 하고 사리가 명백한 사람이 되자고 하는 일인데, 사람 노릇도 못하고 일처리도 할 줄 모르면서 사람을 피하고 일을 피하면 그것은 성불수행이 아니다.

차라리 사람을 만나고 일을 하는 와중에 자기를 연마하면서 수련하는 편이 낫다. 다시 말해 무문관수련을 3년 하느니, 차라리 더 듣고, 기고, 뒹굴고, 맞붙어 싸워 시련을 얻더라도 세속이 낫다는 말이다. 무예를 3년 배우는 것보다 싸움을 3년 하는 게 나은 것처럼!

지금의 수행자들은 성불수행을 모두 뒤집어 생각한다. 사회와 가정에서 벗어날 것만 생각하기 때문에 가정은 화목하지 않고, 환경을 탓하며, 직장에서는 일을 하기 싫어 항상 도망갈 궁리만 한다. 때문에 성불수행을 하는 사람들은 사람도 아니고 귀신도 아니며, 부처님은 더욱 아닌 생활을 하고 있다.

부처님을 믿지 않는 사람들은 매일매일 아침 일찍 일어나 저녁 늦게까지 열심히 일하면서 착실하게 집을 꾸리며 살아간다. 그들은 '성불이요, 신선이요, 깨달았다' 하는 개념은 전혀 없지만 분수에 만족하고 맡은 바 일들을 열심히 잘한다.

하지만 성불수행을 한다는 사람들은 본분을 지켜 맡은 바 일을 잘하는 것이 아니라, 자기와 상관없는 일들을 하겠다고 헤맨다. 사람 노릇이 제일 간단한데, 할 줄 모르면서 하기 싫어한다. 그러면서 성불하겠다고 망상한다. 그렇기 때문에 성불수행을 하라고 권하지 않고 그냥 부처님만 믿으라고 하는 것이다.

성불수행을 하면 도리어 운이 나빠질 수 있다

부처님을 믿기만 한다면 심리상태와 심리행위를 바꿀 필요가 없다. 그저 하고 싶은 대로 하면 된다. 또 다른 사람의 모범이 될 필요도 없다. 하지만 성불수행은 다르다. 성불수행을 하는 사람은 인천사표人天師表가 되고 다른 이의 본보기가 되어야 한다. 다른 사람의 본보기가 된다는 것은 아주 어려운 일이다.

지금 성불수행을 하는 사람들은 비정상적인 심리상태를 가지고, 사람만 보면 "귀의하여 성불수행을 하면 운이 좋아질 것이니 공부를 시작하라."고 하지만, 이것은 그렇게 간단한 일이 아니다. 성불수행을 시작하면 도리어 운이 나빠질 수도 있기 때문이다.

성불수행을 하기 전엔 운이 좀 좋았을지 몰라도 일단 공부를 하면 할수록 고난도 많아지고 장애도 많아진다. 이렇게 되는 데는 까닭이 있다. 성불수행을 하는 원인은 삼계를 초월하고 사바세계를 벗어나서 또 다른 시공으로 가려는 것인데, 그러려면 세세생생으로 내려온 사바세계의 빚을 갚아야 한다. 이생에서 갚지 못하면 사바세계에 계속 머물러야 하기 때문에 떠나지 못한다.

성불수행을 하는 사람들은 몇 십 세대에 걸쳐 지은 빚을 모두 갚아야 하고, 채무와 채권관계는 물론 인과를 철저히 청산하여야 한다. 그래야만 극락세계로 왕생할 수 있다. 성불수행을 시작하면 이런 문제를 해결해야 하기 때문에 운이 더욱 나빠질 수 있는 것이다. 성불수행을 하지 않는 사람은 사바세계를 떠나기 싫어하고 극락세계로 가고 싶지 않기 때문에, 무량겁 이래로 지어놓은 빚과 사바세계에 만들어 놓은 업장을 청산할 필요가 없다.

예를 들어 나를 호북성 사람이라고 치자. 그리고 지금 호북성에서 광동성으로 이사를 가려 한다고 가정하자. 그럼 나는 이사 가기 전에 호북성에서 발생한 채무를 모두 갚아야 한다. 그렇지 않으면 호북성 빚쟁이들이 광동성까지 쫓아와 나를 가만 놔두지 않을 것이다. 호북성을 떠나기 전에 채무와 채권을 모두 철저히 청산해야만 광동성에서 편하게 살 수 있다. 이 비유가 여러분이 이해하는 데 도움이 되었으면 한다.

우리는 사바세계에서 많이 윤회하였고 업장도 많이 지었다. 무량겁 이래 원수 같은 악연, 얽히고설킨 복잡한 정! 빚쟁이들은 당신이 사바세계를 벗어나 극락세계로 가면 빚을 받을 수 없다. 그래서 평생 찾아오지도 않던 빚쟁이들과 각 계층에 있던 유정무정有情無情한 채권자들이 모두 찾아와서 극락세계로 가기 전에 빚을 받아내려고 하는 것이다. 그래서 성불수행을 하면 운이 더 나빠질 수도 있다고 한 것이다.

③ 성불수행을 하면 시험이 많아진다

성불수행을 하면 시련도 있지만 시험은 더욱 많다. 유형, 무형의 시험이 있는데, 특히 무형의 시험은 우리 주변에서 발생할 수 있다.

석가모니 부처님께서 도를 닦겠다고 발심하시고 삼계를 초월하겠다고 마음먹었을 때 마궁(마귀의 궁궐)이 흔들렸다. 어째서 부처님이 발심하였는데 마궁이 먼저 흔들렸는가?

삼계의 내부는 모두 마왕의 지역이라서 마왕의 지배를 받으며, 사는 백성은 모두 마왕의 자손이다. 이 자리에 앉으신 분들이 갑자기 모두 성불해서 부처님의 자손이 되겠다고 하면 그만큼 마왕의 자손이 줄어든다. 그래서 마왕이 온갖 방법으로 유혹하고 장애물을 놓아 가로막는 것이다. 이때 우리의 의지가 견고하지 못하면 마왕의 수법에 기만당하고 수렁에 빠지게 된다.

수행을 하다보면 어쩌다 조그마한 이득이 생길 수 있다. 여러분은 "아이구나! 부처님께 귀의하였더니 운이 확실히 좋아졌다."라고 기뻐할 것이다. 하지만 이것은 사실 마귀들이 당신을 찾아와서 유혹하고 수행을 못하게 하려는 수작이다. 그들은 당신이 물질적 풍요를 누리게 함으로써, 물질로 당신을 묶어 놓고 삼계를 초월 못하게 타락시키는 것이다. 때문에 성불수행을 하는 사람에게 기백이 없으면 앞으로 나아갈 수 없다.

먼저 가정·직장·나라를 책임져야 한다

　귀의하였다고 성불수행을 한 것이 아니다. 또 부처를 믿지 않고 귀의를 하지 않았다고 해서 성불수행을 하지 않은 것도 아니다. 여러분이 향을 올리고 부처님께 절을 하고 경을 읽고 좌선하며 채식을 한다고 성불수행이 다 된 것이 아니라는 것이다. 일상생활의 모든 일, 크게는 적진으로 돌격하여 적을 무찌르는 영웅의 일도 수행이요, 작게는 밥을 짓고 빨래를 하는 일도 수행이 될 수 있다.
　성불수행은 우선 가정을 책임져야 하고, 다음은 직장을 책임져야 하며, 나아가서는 나라를 책임져야 한다. 성불수행을 하는 사람은 책임감부터 길러야 한다. 이 책임감을 갖추지 못하면 당신은 성불수행을 할 수 없다. 겉으로는 날마다 경을 읽고 좌선하는 것 같지만, 그것은 거드름만 피우고 도깨비처럼 위장했을 뿐이다.
　가정은 환경 중 제일 작고 기본적인 곳이다. 가정이 편안하지 않고 화목하지 않다면 무슨 마음으로 성불수행을 할 것인가? 집에 돌아가면 남편과 싸우고, 시어머니와 싸우고, 시아버지를 괴롭힐

텐데 마음이 조용하겠는가 말이다. 또 직장에서 사장뿐만 아니라 같이 일하는 사람과도 사이가 안 좋다면 결국 직장을 잃고 수입도 끊길 텐데 이런 심정으로 성불수행을 어떻게 할 것인가?

성불수행을 하는 사람은 나라를 사랑하고 나라의 이익을 지켜야 한다. 왜냐하면 나라가 태평하지 않으면 수행을 할 수 없기 때문이다. 한창 전쟁 중인 나라의 종교 성지는 이유 없이 파괴되고 종교지도자들도 폭격에 맞아 죽는데 수행을 어떻게 하겠는가?

이 세 가지 부분을 전심전력으로 수호하고 책임지지 못한다면, 중생들이 우리를 통해서 이익을 보지 못할 뿐만 아니라 우리 자신도 이익을 보지 못한다. 성불수행은 먼저 내적으로 수련한 뒤에 외적인 부분을 해나가야 한다. 무엇인가를 추구하고 얻으려하거나 탐욕을 부린다면 그것은 성불수행이 아니다.

3️⃣ 보시가 모든 수행의 첫째이다

왜 보시布施를 '육도만행六度萬行'의 첫 자리에 놓는가? 어째서 얻으려는 마음을 버리고 보시만 하라고 하는가? 보시를 많이 하면 많이 할수록 마음의 공간이 점점 커지고, 모든 시련을 받아들이고 이겨나가는 힘이 점점 커지기 때문이다.

원래 오늘은 산에 올라가서 참선하려던 참이었다. 그렇지만 수행의 차원을 더욱 높이고 나를 성숙시키고 성장시키기 위하여, 마음을 바꿔 아주 기꺼운 마음으로 여러분들을 만난 것이다. 이것은 여러분이 나를 도와서 나의 심량心量을 한 층 더 넓혀놓은 것이다.

오늘 산에서 참선만 하고 여러분을 만나지 않았다면, 겉으로 볼 땐 내가 이긴 것 같아도 본질적으로는 나의 심량이 줄어들고, 수행도 퇴보했을 것이다. 하지만 오늘 즐거운 마음으로 여러분들을 만났기에 나의 마음 상태가 더 높은 단계로 올랐고 수행도 더 진전되었다.

우리 절의 어떤 스님은 일을 하는 것이 느리다. 한 번 일을 시키면 '세월아 네월아' 몇날 며칠을 끈다. 그들이 일하는 모습을 보면서 스스로 이렇게 질문한다. 나도 저 사람처럼 맡겨진 일에 집중하지 않고 몇 날 며칠을 질질 끄는 것은 아닐까? 또 욕심을 부리는 사람들을 보면, 욕심 많다고 욕하는 것이 아니라 나도 욕심이 많지 않나 하고 돌이켜 생각해 보곤 한다. 나는 이런 방법으로 다른 사람에 비추어 나를 늘 일깨우곤 한다.

31 수행은 몇 십 년을 꾸준히 해야 한다

남을 보고 반성해야만 앞으로 나아갈 수 있다. 아니면 제자리를 벗어날 수 없다. 지금 성불수행을 하는 사람들의 제일 나쁜 버릇은 수행의 속도를 급히 재촉한다는 것이다. 사람들은 기다리기 싫다며 빨리 자라는 나무를 심곤 하는데, 아무리 그래도 2년이 지나야 꽃이 피고 3년은 되어야 수확을 거둘 수 있다. 1년 만에 꽃피게 하고 수확을 거둘 수는 없는 것이다.

옛날 조사님들도 몇 십 년을 하루같이 수행하고 노력한 결과 궁극의 성취를 얻으신 것이다. 하지만 지금의 수행자들은 오늘은 이 수련법을 배우다 내일은 저 방법을 배우고, 모레는 또 새로운 스승을 따르고 있다. 이런 사람은 일생 아무리 많은 스승을 모시고 수행해도 아무런 진보가 없다. 그리곤 안타깝게도 스승의 수행이 높지 못하고, 스승의 법이 시원치 않아 이렇게 된 것이라며 자기의 환경을 탓하고 스승을 탓한다. 이렇듯 수행하는 사람이 밖에서만 원인을 찾고 늘 환경과 조건만 따진다면 내면의 경계를 티끌만큼도 초월하지 못할 것이다.

수행자가 환경에 적응해야 한다

우리가 적극적으로 환경에 적응해야지 환경이 우리에게 적응하는 법은 없다. 동화선사에 오면 동화선사의 음식과 규칙에 적응해야지 그렇지 못하면 도태될 수밖에 없다. 동화선사의 음식과 규칙을 단 한 사람 때문에 고칠 수는 없지 않은가?!

겨울에 북방으로 가면 솜옷을 입어야 한다. 남방 사람이 북방에 갔다고 북방의 날씨가 갑자기 따뜻해지지는 않는다. 사람이 환경에 적응해야지, 환경이 어떤 개인을 위하여 변하지는 않는다. 때문에 환경은 영원히 공평하며 우리의 수행을 촉진한다. 하지만 환경에 적응하지 못하면 필연코 도태될 것이다.

"스승이 너를 이끌어 문에 들어갔어도 수행은 자기 스스로 해야 한다." 불조께서 우리를 선 자리에서 성불시켜 주신다면 우리는 지금처럼 수고스럽게 어려운 수행을 하지 않을 것이다. 사실 자비로운 부처님은 벌써 우리를 이끌어 부처의 자리에 데려다 놓으셨다. 부처님께서 우리에게 부처의 힘이나 신선의 힘을 주시면 쉽게 성불할 것인데, 왜 열심히 수행하라고만 하시는가? 그것은 무량겁이래 우리 몸에 배인 나쁜 버릇과 습관들이 많아서, 열심히 수행해야만 바꿀 수 있기 때문이다.

몸에 배인 나쁜 습성 때문에 사는 것이 힘들고 해탈하지 못한다

수행의 이론은 금방 알 수 있고, 금방 바꿀 수 있다. 하지만 세세생생으로 내려오면서 몸에 배인 나쁜 습관은 금방 고칠 수 없다. 여러분의 성불수행 이념이 뒤바뀌었고, 오늘 내가 "성불수행에는 어떤 마음가짐이 필요하며 또 어떻게 해야 하는가?"에 대해서 강의한 말을 듣고 여러분이 이치를 깨달았다고는 하지만 온몸에 배인 나쁜 버릇들을 근절하기엔 아직 멀었다.

무엇 때문에 사는 것이 이렇게 힘들고, 또 해탈할 수 없는가? 그것은 몸에 배인 나쁜 습성들이 많기 때문이다. 무엇을 나쁜 습성이라 하는가? 바로 탐욕이다. 욕심이 많아 만족하지 못하면 한을 품게 되는데, 이것이 계속 커지면 노하고 화를 낸다. 사람이 이 탐욕을 적당하게 삼가고 거둘 수 있다면 반은 성인이라고 할 수 있고, 사는 것도 수월하고 슬기로울 것이다.

우리의 욕망이 진짜 만족될 수 있는 것이라면 어디 한 번 만족시켜 보아라. 하지만 욕망이란 끝이 없는 것이다. 오늘은 혹 만족할 수 있더라도 내일은 또 다른 욕망이 생기기 마련이다. 오늘 백만 가지 욕망이 생겼다면 내일은 천만이요, 오늘 한 가지를 해소했다면 내일은 두세 가지를 해소하려 할 것이다. 결국 끝이 없다.

사람의 탐욕은 영원히 채워질 수 없기 때문에, 애당초 갖질 말아야 한다. 성불수행을 하는 사람이 수련해야 할 것은 바로 이 무량겁 이래 세세생생으로 내려오면서 몸에 배인 나쁜 버릇들이다. 사람의 6근六根은 6진六塵을 상대하여 6식六識이 생겨났는데[12], 우리의 마음가짐이 근본이고, 눈·귀·코·혀·몸은 도구에 불과하다. 외부의 재財·색色·명名·리利가 우리의 몸과 마음을 유혹하지만, 근본을 올바르게 세운다면 거기에 유혹되어 빠지지 않는다.

작은 욕망을 승화시키고 확대시켜서 성불을 한다

우리는 모두 욕계천欲界天에서 내려온 중생들이기 때문에, 마음 속 깊은 곳에 고질적인 욕망으로 채워져 있다. 어떤 수행자는 자기 몸에 배인 나쁜 버릇을 한탄하며 원망하지만 그럴 필요 없다. 우리

---

[12] 6근(눈·귀·코·혀·몸·마음의 여섯 기관)이 각각의 감각 대상인 6진(모양, 색·소리·냄새·맛·촉감·심리 현상)을 만나면, 각각의 기관에 해당하는 여섯 가지 의식(6식 : 눈의 의식(안식眼識), 귀의 의식(이식耳識), 코의 의식(비식鼻識), 혀의 의식(설식舌識), 몸의 의식(신식身識), 마음의 의식(의식意識)) 이 생기게 된다.

에게 욕망이 없다면 성불을 못한다. 성불이라는 것은 작은 욕망을 승화시키고 확대시킨 것에 불과하다.

우리에게 자신을 이롭게 하려는 사심이 없다면 부처님·보살님의 크고 넓은 박애한 마음을 이해할 수 없다. 왜냐하면 사심이란 한 알의 작은 종자로, 이 종자가 자라나고 승화되고 또 커지면서 부처님·보살님의 자비로운 마음이 되기 때문이다.

사실 우리 몸에 배인 모든 습성과 버릇은 성불할 수 있는 뿌리이다. 일반인의 습성과 버릇은 저쪽 방향으로 나아가고, 성불수행을 하는 사람의 습성은 성불하는 방향으로 나아갈 뿐이다. 사람에게 이런 힘이 없다면 성불수행 하는 방향으로 나아가기 어렵다. 어느 방향으로 나아가든지 모두 일종의 힘이다. 이런 힘이 없다면 어떤 일을 하든지 성사할 수 없는 것이다.

말하자면 당신의 성내고 원망하는 마음이 백 근이라면, 이 힘을 자비심으로 돌리면 자비심도 백 근이 되는 것이다. 열 근이라면 자비심으로 돌려서 나오는 힘도 열 근밖에 안 된다. '도살용 칼을 버리면 당장 부처가 된다'는 말이 있는데, 어떻게 도살용 칼을 버리면 당장 부처가 되는가? 한 사람이 살생할 수 있는 용기와 힘을 가졌다고 했을 때, 이를 좋은 쪽으로 바꾸면 성불수행을 하는 용기와 힘이 된다는 의미이다.

이런 용기와 힘이 없다면 어떤 일도 이룰 수 없다. 이 힘은 수많은 생을 살아오면서 모인 것으로 이번 생에 비로소 드러나게 된 것이다. 보통 근기根器라고 하는데, 사실은 이 근기도 차츰차츰 닦아서 된 것이다. 이 자리에 앉은 여러분이 성불수행을 할 수 있는 것도 바로 전생에 이런 근기가 있었기 때문이다. 성불수행을 하는 종자가 우리의 아뢰야식(제8의식)에 저장되어 있어서 우리의 영혼이 기억하는 것이다. 아뢰야식에 이런 기억이 없었다면 이생에서 성불수행을 하기는 힘들다.

몸과 마음을 다스리고 평형을 유지해야 한다

그 어떤 방법을 사용하여 성불수행을 하든지 간에, 우리의 몸과 마음을 다스려 평형상태에 도달하게 하는 데 목적이 있다. 우리의 몸과 마음은 불안한 것이기에 진언을 읊고, 관상을 하며, 좌선하거나, 아니면 염불을 하는 등의 방법을 통해서 심신을 다스리는 것이다. 몸과 마음이 조용하고 안정되었다면 이런 방법과 수단은 모두 필요 없다. 때문에 성취한 사람은 일이 없는 사람이고, 수행하는 사람은 일이 많은 사람이다.

성불수행을 하는 사람은 관념을 다 바꿔야 한다. 수행의 첫 걸음은 관념을 다 바꾸는 것인데, 천천히 하겠다고 하면 이생에서는 희망이 없다. 말하자면 과거에 살생하던 사람이 살생이 나쁘다는 걸 깨달았다면 즉시 칼을 놓고 다시는 살생하지 말아야 한다. 차일피일 미루면 영원히, 다음 생, 다음 생, 또 다음, 다음 생에도 고치지 못한다.

🕉 신·구·의로 재앙을 짓지 말라

　사람은 자기도 모르는 사이에 방종하고 타락한다. 좋은 습관을 기르고, 나쁜 습관을 고치기는 아주 힘들고 어려운 일이다. 불교의 계율로 나쁜 버릇을 고칠 수 있는 이유는, 계율이 우리의 몸과 마음을 단정하게 해주며, 또 우리가 사람 노릇을 하도록 생각을 고쳐 운명을 바꿔주기 때문이다. 마치 우리가 큰 길을 걸을 때 사람은 인도로 걷고, 차는 차도로 가야 사고가 나지 않듯이 말이다.
　어떤 신도님이 나에게 '인연이 있다'는 말이 무슨 뜻이냐고 물었다. '연緣'이라는 글자를 자세히 보면 안에 있는 실이 얽히고 설키고 뭉쳐서 이리저리 칭칭 감겨져 있는데 '연緣'이라는 글자는 바로 '실이 한데 뒤엉킨 것'을 말한다. 확실히 말로 하기 어렵고, 이치로도 해석하기 어려운 것이 인연이다.
　또 '삼보三寶'가 무엇인가 묻는데, 삼보는 불·법·승을 말한다. 삼보 중에 승보僧寶가 제일 중요하다. 승보가 없다면 불법은 지금까지 이어져 내려올 수 없었다. 승보의 몸에는 부처도 구현되어 있고, 불법도 구비되어 있으며, 승려자신 또한 갖춰있다. 때문에 승보 한 사람이 삼보三寶를 모두 포괄한다. 승보를 공경하는 것은 시방삼세의 부처님·보살님을 공경하는 것과 같다.
　귀의하기 전에 만든 모든 업장은 부처님·보살님께서 모두 감당하지만, 귀의한 다음에 새로 만든 업장은 자기가 감당해야 한다. 때문에 귀의한 다음 시시각각으로 자기의 신·구·의를 지켜보고 새로운 재앙을 만들지 말아야 한다.

6강

총림叢林의 규칙

범부는 계율로 자신을 구속해야 발전한다

당나라 때 마조馬祖께서 총림을 창건하시고 백장百丈께서 청규淸規를 세우셨는데, 총림과 청규를 지금까지도 사용하고 있다. 이 두 조사님께서 총림을 창건하고 청규를 세우기 전에는, 출가한 사람들은 모두 동굴에 들어가 수련하거나 초가집을 짓고 혼자서 수행하였다. 가끔씩 대중들이 모여 같이 수련하기도 했다. 한나라 명제明帝 때 불교가 중국에 전파되어 들어온 이후 당나라 때까지 도를 깨우치고 증과證果를 얻은 분들이 많았지만 불교를 보급하고 추진하는 일은 매우 더뎠다.

총림 창건 이후 불교가 본격적으로 보급되었는데, 불교의 발전도 이루어졌지만 쇠락도 시작되었다. 총림이 생기면서 모순도 발생했기 때문이다.

사람들이 모두 성불수행을 한다지만, 부처님이 아니기 때문에 내면의 경지와 자질이 부처님과 달랐다. 옛날에는 부처님 곁에 있던 사람들도 보살과 나한이 되었다. 두 조사님께서도 아마 이것을 생각하셨을 것이다. 그래서 총림을 창건하신 것이다. 아니면 왜 총림을 창건하고 청규를 세웠겠는가? 유익한 점이 해되는 것보다 더 많다고 판단하셨기 때문이다.

대만의 불교는 각기 자기의 산을 가지고 있고 독립적인 관리를 하고 있어서 서로 왕래가 없다. 서방국가의 종교단체들도 모두 독립되어 스스로 관리한다. 다만 중국 대륙은 정치적으로 통일된 관리를 하였기 때문에, 독립적으로 운영하지 못하였다.

조사들께서 세워놓은 규칙들은 시대의 변천과 요구에 따라 계속 변화하였고 개선되었다. 시대에 적응하지 않으면 필연적으로 도태되기 때문이다.

출가한 사람들의 계율은 수백 가지도 넘는다. 아무리 시대가 바뀌었다고는 하지만 다섯 가지 근본 계율에는 변함이 없다. 총림의 공동규약 10가지 조례도 마찬가지이다. 비록 총림마다 규약은 다를 수 있지만 이 10가지 근본 규약을 벗어나지 않는다.

청규계율은 우리들을 속박하는 것이 아니다. 우리들의 나쁜 습성과 버릇을 고쳐서 운명을 바꾸게 하고 우리들을 성취하게 한다. 범부들은 스스로를 단속하지 못하기 때문이다. 몇 사람이나 공자의 말씀처럼 "자기 마음대로 행동해도 그 행동이 규범을 위반하지 않는다(從心所欲而不逾矩)."는 경지가 될 수 있겠는가?

성인은 이미 초월하였기 때문에 계율을 지킬 것도 없고 위반할 것도 없지만, 삼계를 초월하지 못한 범부들은 반드시 인과因果의 속박을 받게 된다. 그러므로 반드시 계율로써 우리들의 행위를 규범화해야 한다.

🙂 타인을 포용할 줄 알아야 한다

  수행하는 사람은 반드시 인과를 믿어야 한다. 믿지 않는다면 다른 모든 것은 말할 가치도 없다. 수행을 할수록 인과를 더욱 깊이 믿어야 한다. 인과를 믿어야만 '내면의 질質'에 비약적인 변화를 가져올 수 있다. 왜 범부들의 지혜는 잘 나타나지 않는가? 자비심이 생기지 않았기 때문이다.
  수행자들은 자기를 단속할 줄 알아야 한다. 자기 혼자 있을 때는 아무렇게나 해도 무방하지만 두 사람 이상 있으면 서로가 거울인 것이다. 그것을 사용할 줄 알면, 서로의 결점을 볼 때 거울을 비춰 보듯이 자기 몸에 그와 비슷한 결점이 있는지를 비춰볼 수 있다. 그래서 조사님들은 취향이 같지 않은 사람들이 공동으로 같이 수행하는 것을 각별히 중요하게 여기시는 것이다.
  총림에서 배운 사람들은 자질부터 일반인들과 다르다. 그들은 규약을 지킬 줄도 알고 사람들과 화목하게 지낼 줄도 안다. 작은 절에서 수행한 사람들은 내면의 경지는 높을 수 있지만, 취향이 다른 사람과 함께 수행하지 않았기 때문에 자신의 습성과 버릇을 고치기 힘들다.
  단체생활에 적응하고 주위 사람들과 화목하게 지낼 수 있는 사람의 내면은 이미 일정한 경계에 도달한 것이고, 그 사람의 습성과 버릇도 비교적 가볍다. 왜 한평생 혼자 있으면서 자유롭게 살고 싶어 하는가? 청정한 것을 좋아하는 것도 원인이겠지만, 더 큰 원인은 다른 이들의 각종 습성들을 받아들일 수 없기 때문이다. 다시 말하면 그 사람의 습성 자체가 다른 사람들을 포용할 수 없는 것이다.

계율을 초월하면 계율이 존재하지 않는다

단체에서 나온 사람은 그 단체를 대표한다. 단체에 규율이 없어 제각기 행동하고 스스로를 관리할 수 없다면, 그 단체의 모습은 좋을 수 없다.

세상에는 총림이 매우 많다. 총림마다 각기 자기들의 규율이 있다. 규율이 있으면 사람이 도량을 관리하는 것이 아니라 규율이 사람을 단속한다. 이 단체의 규율에 적응할 수 없다면 그 단체에 있을 수 없다. 단체에 적응할 수 있다면, 내면의 경지가 바로 그 단체와 같아졌다는 뜻이다.

일반적으로 사람들은 '여기와는 인연이 있고 저기와는 인연이 없다.'고 말한다. 인연이란 무엇인가? 서로 만나고 적응한다는 것이다. 이 도량의 규율에 적응하면 이 도량과 인연이 있는 것이고, 규율이 자기를 속박하고 불편하다고 생각하면 이 도량과 인연이 없는 것이다.

마땅히 규율에 적응할 줄 알아야 한다. 일단 규율에 적응하면 규율은 당신에게 아무것도 아니고 없는 것과 같다. 채식하는 것도 처음엔 매우 괴롭다. 하지만 몇 달 혹은 반년이 지나면 채식하는 것도 습관이 된다. 일단 채식에 습관이 들면 육식을 하지 않아도 불편함이 없게 된다. 이 계율을 초월하면 당신에게는 이 계율이 존재하지 않게 된다. 초월하지 못했을 때는 바위에 짓눌린 것처럼 괴로운 것이다.

어떤 단체에 가든지 그 단체에 적응하고 그 단체의 규율을 준수하면서 대중들과 화합해야 한다. 그 단체에 적응하면 그 단체에 사는 것이 편하고 속박을 느끼지 않게 된다. 주관이 강하지 않은 사람은 어느 단체에 가든지 적응할 수 있고 그 단체와 화합할 수 있다.

7강

사원의 규칙

승려를 공경하라

 출가한 사람들은 두 눈을 두리번거리면서 게슴츠레 사람을 보면 안 될 뿐 아니라 사람들 앞에서 큰 소리로 웃고 떠들어도 안 된다. 노스님들이 계시는 절에는 큰 소리 치면서 웃고 말하는 소리가 나면 절대 안 된다. 지금 여기에 온 사람들은 대부분 젊은이들이지만 내가 별로 계율을 강조하지 않았다.
 많은 사람들이 계율은 중요하지 않다고 생각한다. 계율을 배우지 않을 때는 중요성을 모르지만, 배우고 나면 계율의 중요성을 알게 된다. 계율을 모를 때는 비구와 비구니가 같이 있어도 정상적이라고 생각하지만, 계율을 배우면 비구와 비구니는 같이 있으면 안 된다는 것을 알게 된다.
 우리는 이미 출가한 사람이다. 우리들은 각기 개인을 대표하는 것이 아니라 '삼보三寶(부처, 불법, 승려)'를 대표한다. 삼보는 승려라는 보물에 의해 구체화된다. 승려가 없다면 부처님도 없고 불법도 없다. 그러므로 승려를 공경하는 것은 아주 중요하다.

어떤 사람은 부처님과 불법만 공경하고 승려는 공경하지 않아도 된다고 생각한다. 나무조각이 부처님인가? 중생은 승려가 교화한다. 승려가 있기 때문에 비로소 부처님이 있게 되고 불법도 있게 된다.

모든 부처님·보살님을 존경하는 것보다 청정한 비구를 존경하는 것이 더 낫다. 부처님 형상에 절하고 불법에 절을 하는 것보다 승려에게 절하는 것이 낫다. 하지만 이렇게 공경을 받는 승려는 반드시 청정한 승려이고 현성승賢聖僧[13]이어야 한다.

부처님과 불법은 승려들이 이어간다. 승려가 없으면 부처님도 없고 불법도 없다. 하지만 사람들에게 공경하는 마음이 생기지 않는 원인은, 우리 출가한 사람들 자신이 잘 하지 못하기 때문이다. 수행도 재가자보다 못하고 설법도 재가자보다 잘 하지 못하는데, 어떻게 우리를 존경하겠는가?

하지만 승려가 재가자보다 못하다고 해도 부처님과 불법을 대표하였다. 옛날의 부처님을 보고자 하면 지금의 승려를 보아야 한다. 부처님의 형상은 승려를 통해 구체화되기 때문이다.

---

[13] 현승과 성승을 말한다. '성승'은 이미 과위를 증득한 스님이고 '현승'은 아직도 수행 도중에 있는 스님이다.

자기가 맡은 일부터 착실히 하라

수계受戒를 받은 비구와 비구니들은 반드시 계본戒本을 능숙하게 독송할 수 있어야 한다. 다만 독송하는 것이 너무 빠르면 의미를 깨닫지 못하기 때문에 도움이 안 된다. 계율을 체득體得해야만 언행으로 구체화된다. 출가한 사람의 행동과 재가자의 행동에 구별이 없다면 어떻게 출가한 사람이라고 하겠는가? 출가하는 목적은 생사를 해결하기 위한 것인데, 가장 간단한 일도 하지 못하면서 어떻게 가장 어려운 일을 할 수 있는가? 가능한가?

부처님은 어떤 모습인가? 소위 '활불活佛'이라고 하는 사람들을 보았으리라고 생각한다. 우리와 무슨 차이가 있는가? 뚱뚱한 사람도 있고 날씬한 사람도 있다. 사람들은 가까운 것을 버리고 먼 데서 찾기를 좋아하기 때문에, 부처님을 생각하면 어려워한다.

부처님의 마음은 침착하고 성급하지 않다. 하지만 우리들의 마음은 아주 성급하고 탐·진·치로 가득 차있다. 성불수행은 어떻게 하는가? 우선 사람노릇부터 시작해 수행한다. 그런데 여러분들은 가장 기본인 자기가 맡은 일도 하기 싫어하면서 단숨에 성불하려고 한다.

대부분은 승복을 입음으로써 자기를 단속하는데, 어떤 사람들은 승복을 입었어도 자기를 단속하지 못하고 자기를 감추기만 한다.

절에서 출가한 사람들끼리는 누구도 남의 얘기를 하려하지 않는다. '스님'이라는 지위 때문에 신도님들도 그 앞에서는 감히 말을 못하고, 집에 돌아가서 말한다. 그러므로 출가한 사람들은 사람들의 의견을 못 듣는다. 게다가 조사님들께서 하신 말씀도 참조하지 않으므로, 자기 딴에는 꽤나 잘한다고 생각한다.

③ 인과를 믿고 복보를 아껴야 한다

많은 사람들이 도를 깨닫지 못하였는데도 자기는 도를 깨달았다고 생각한다. 무엇이 '도를 깨달았다'고 하는지를 모르기 때문이다. 왜 경전을 보는가? 깨닫지 못했기 때문이다. 경전은 여러분이 깨달음을 얻도록 지도하고, 깨달음을 얻은 사람에게는 그 깨달음을 인증해준다. 마찬가지로 자기의 식견을 가지고 깨달은 스승을 찾아가면, 그 스승은 그를 지도할 방법이 없다(이미 자신의 식견으로 자기 마음을 무장했기 때문이다).

수행인들이 진정하게 부처님의 가르침대로 실행할 수 있다면 사원에는 많은 규칙이 필요 없다. 교리와 교법은 그렇다고 하지만, 규칙 자체는 사람노릇 할 수 있는 기초이기 때문이다. 규칙을 위반하면 처벌을 받아야 한다. 마치 나라의 법률에 벌칙이 있는 것과 같다.

출가하였으면 절을 집으로 삼아야 한다. 단 하루를 살아도 집처럼 생각해야 한다. 절을 집으로 생각하지 않으면 거처할 곳 없이 떠돌아다닌다는 느낌이 생긴다. 절을 흥성하게 발전시키려면 모든 사람들이 함께 마음을 내야 한다.

옛날 사람들은 "가난해도 깨끗하게 가난하고, 부유하게 살아도 품위가 있게 부유해야 한다."라고 말한다. 도량은 청정해야 한다. '청淸'이란 오염되지 않는다는 말이고, '정淨'은 난잡하지 않다는 말이다. "부유하게 살아도 품위 있게 부유해야 한다."라는 말은, 돈이 있다고 잘사는 체 겉치레하면서 흥청망청 먹고 입고 쓰면서 살지 말라는 말이다. 모든 것은 적당하게 해야 한다.

나라와 단체는 먹고 써서 가난해지는 것이 아니라 누군가 망쳤기 때문에 가난해진다. 무슨 물건이든 그의 가치를 충분히 발휘하도록 해야 한다. 바로 '물진기용物盡其用(사람이나 물건은 그 용도를 다 해야 함)'을 해야 한다.

③ 중생의 업력은 부처님·보살님의 신통보다 강하다

수행자들은 우선 인과부터 믿어야 한다. 출가한 사람들의 대부분은 인과를 믿지 않고 복보만 믿는다. 복보는 닦아서 얻은 것이 아닌가? 아무리 큰 복보라고 해도 아끼지 않으면 망쳐버릴 수 있다. 이를테면 80세까지 살면서 3만근의 쌀을 먹어야 되는데, 20년만에 그 쌀을 다 먹어 버리면 어떻게 되겠는가? 살 수가 없다. 수명이 짧으면 복보를 닦을 기회도 없다. 복을 닦으려면 장수해야 한다. 장수하려면 자기의 복보를 아껴야 한다.

(어떤 거사가 당시의 전염병 사스를 말하면서, 이곳은 스승님의 가피력이 있기 때문에 괜찮을 것이라고 하였다.)

나는 인과를 믿는다. 목건련존자目犍連尊者14께서 어머니를 구하던 이야기를 들어본 적이 있으리라고 생각한다. 아무리 부처님·보살님의 신통이 크다고 해도, 중생의 업력은 그보다 더 큰 것이다. 석가모니부처님 시대의 제자들은 모두 병으로 임종하는 상을 나타냈다. 사람이 죽을 때 사대四大가 분산된다. 병이 있게 된 이유는 사대가 조화되지 못했기 때문이다.

---

14 목련존자木蓮尊者라고도 한다. 사리불과 절친한 친구로 사리불과 함께 부처님에 귀의하였다. 부처님의 제자 중에 신통력이 가장 뛰어났다고 하며, 지옥에서 고통 받고 있는 어머니를 구하기 위해 지옥을 모험한 이야기가 전해진다.

8강

불문의 규칙과 예의

심한 변화를 겪은 후에 몸과 마음이 평안해진다

오늘 저녁의 법문은 과지果志스님이 하신다.

- 과지스님 : 스승님께서 법문을 계속하여 주시기를 바랍니다.
- 만행스님 : 두려워 말고 성불수행을 어떻게 하였는지 마음의 체험을 말하면 된다.

- 과지스님 : 제 자신의 체험으로 말하면, 금방 성불수행을 시작하였을 때는 담력과 열정이 하늘을 찌를 듯이 높아서 '무엇이 그렇게 어렵다고 그러냐?'고 대수롭지 않게 생각하였는데, 하면 할수록 하늘을 올라가는 것보다 더 어렵습니다.
- 만행스님 : 이것은 아주 정상적인 상태이다. 일정한 정도까지 수행하게 되면 모두 이런 심리상태가 된다. 현대인뿐만 아니라 옛날 고인들께서도 이런 단계에서는 이런 심리상태가 된다. 앞으로 나아

가면 갈수록 점점 더 어둡고 캄캄해진다. 하지만 몇 개의 산을 넘는 것 같은 기복이 심한 변화를 겪으면서 지속적으로 오르고 내리고 또 오르고 내리고 하여야만 고요해지고 평온해지는 것이다.

일반인들은 기쁘고 즐거운 일이 생기면 흥분해서 어쩔 줄을 모르고, 슬픈 일을 만나면 기운을 잃고 실의에 빠져 정신을 못 차린다. 그러다가 경험이 많아지면 몸과 마음이 평온하고 담담해지는 것이다. 출가한 스님들은 세속의 이런 경험이 많지 않지만, 선정 중에는 이와 비슷한 경계들이 자주 나타나게 된다. 스님들 역시 몇 번 오르내리는 변화를 겪은 후에 몸과 마음이 평온하고 조용해진다.

우리가 어쩔 줄을 모르는 까닭은 선정 중에서 겪은 경계들이 적기 때문이다. 즉 본 것이 적으면 괴이하게 생각하는 것이 많고, 본 것이 많으면 괴이함도 적기 마련이다.

한 사람의 내적인 경계가 얼마나 높은지 보통 사람들은 알기 어렵다. 그의 인품과 일처리 과정을 봐야만 판단할 수 있다. 왜냐하면 어떤 사람의 인품과 일처리 과정 중에 그의 사상경계가 드러나기 때문이다. 하지만 수행자들의 공통된 병은 혼자 청정하게 수행하는 것을 즐긴다는 것이다. 당연히 어떤 단계에서는 '청수淸修'도 아주 중요하다. 하지만 시종일관 이렇게 수행하는 것은 안 된다.

불문의 규칙과 예의는 중생과 연결하는 방법이다

　불문에는 각종 규칙과 예의들이 많다. 특히 출가한 스님들은 불문의 규칙과 예의들을 배워야 한다. 나는 과거에 대총림大叢林에서 살았고 절 생활을 하지 않았기 때문에 불문의 규칙과 예의를 배우지 못하였다. 어떤 일도 신경 쓸 필요가 없었는데, 오늘날 절을 짓고 보니 잘 모르지 않는가?

　우리는 젊은 스님이므로 모든 것을 다 배워야 한다. 배우지 않을 때는 그 중요성을 이해하지 못하겠지만, 모든 것을 배우고 다 파악하게 되면 이후로 크게 쓰일 것이다.

　불문의 규칙과 예의는 중생들과 연결하는 방법이다. 신도들은 평소에 절에 올 시간이 없다. 보통 명절이나 큰 행사가 있을 때 오는데, 불문에 이런 규칙과 예의가 없다면 누구도 신도들의 마음을 북돋기 어렵다. 옛 사람들이 만들어 놓은 법칙과 예의들은 모두 이치가 있으며 쓸모가 아주 많다. 앞으로 여러분도 나가서 홍법弘法하게 되면, 조사님들께서 만들어 놓은 법칙이 필요함을 절실하게 느낄 것이다.

　어떤 단체에 법칙과 예의가 없다면, 이 단체는 견고하지 못하며 뿌리가 깊지 못할 것이다. 제대로 된 법규가 없다면 모르는 사이에 나쁜 버릇과 습성들이 자라게 된다. 때문에 법칙과 예의를 통하여 마음과 행동거지를 단정하게 해야 한다.

　우리 동화선사에 상주하는 스님들은 대부분 젊다. 젊은이의 사상은 활발할 뿐만 아니라 주의해서 행동하지도 않으므로, 법칙과 예의까지 없다면 신도들의 눈에는 법규가 없는 사람으로 보일 것이다.

노스님들은 법규가 있고, 비교적 정확하게 불법을 널리 펴고 계율을 지킨다. 중생들의 공통된 심리는 모두 노인들에게 배우고 싶어 한다는 것이다. 장래 우리 절에 노스님들이 오시게 되면 한두 분을 모셔서 젊은이들의 본보기로 하려고 한다. 비구니들은 비구들보다 법칙과 예의를 더 잘 알고 지킨다.

과거에 일을 하지 않을 때는 그 중요성을 모르겠더니, 일을 맡고 보니 모르는 것이 많고 불문의 법칙과 예의가 얼마나 중요한지를 절실히 느끼게 되었다. 어떤 단체건 통일적인 법칙과 예의가 있어야 사람들의 몸과 마음이 단정하고 규범화 되는 것이다.

예의와 규칙은 겉에서 안으로 수행하게 해준다

수행방법은 안에서 겉으로 하는 방법과 겉에서 안으로 하는 방법 두 가지가 있다. 일반인들은 안에서 밖으로 하기는 힘들지만, 불문의 법칙과 예의를 배우는 가운데서 자기의 몸과 마음을 단정히 하고 점차적으로 속으로 침투하며 수행을 시작한다. 독각불獨覺佛과 나한이 산에서 수행할 때는 법칙과 예의를 배우지 않지만, 일단 대중을 거느리고 홍법할 때에는 필연적으로 이 모든 것을 배우게 되는 것이다.

광저우의 큰스님 한 분이 방장으로 승좌升座하셨는데, 분향焚香

하는 것조차 모르셨다. 큰스님은 난처하고 쑥스러워 홀로 작은 절에 찾아가서 거의 반년을 불문의 법칙과 예의를 배우는 데 썼다.

사람을 대하는 것을 봐도 불문의 법칙과 예의를 아는 사람들의 행동거지는 확실히 다르다. 마치 수행자들의 식견이 명확하면 방향을 잃지 않는 것처럼, 큰 행사를 할 때 아주 침착하고 늠름하게 잘 지휘하는 것이다. 이 자리에 앉은 분들, 특히 출가하고 싶은 사람들은 3년 내에 이런 것들을 모두 배워야 한다. 왜냐하면 출가한 다음에는 게을러지고 나태해져서 배우는 데 늦어지기 때문이다. 어떤 지식을 막론하고 3년 내에 배우지 않으면 어정쩡해지기 때문에, 처음 시작할 때 제대로 배워야 한다.

보살도를 행하여야만 성공할 수 있다

■ 질문 : 스승님! 제 생각이 맞는지 잘 모르겠습니다. 스승님께서 매일 그렇게 바쁘시고 고생하며 힘들어 하시는 것을 보면 성불하고 싶은 생각이 없어집니다. 성불하거나 못하거나 모두 고생하는 것인데 구태여 할 필요가 어디에 있습니까?

■ 만행스님 : 여러분이 믿을지 모르겠지만, 내가 지금처럼 10년, 20년을 고생한다면 성불은 못할망정 보살은 될 수 있을 것이다. 고생을 마다하지 않고 원망을 두려워하지 않으며, 대중을 위하여 봉사하고 이바지한다면 큰 성취를 이룰 것이다.

이런 시련은 집안에서 홀로 연마하는 것보다 훨씬 빠른 것이다.

여러분 보기에는 내가 힘들고 고달파 보이지만, 하루 밤이면 바로 피로가 풀리고 회복된다. 하지만 심리의 연마는 오랜 시간을 보내야만 회복될 수 있다.

어떤 사람들은 시련이 오게 되면 원망하거나 저주를 하지만, 어떤 사람들은 아주 태연하고 침착하게 마주친다. 이런 사람의 아량은 한량없고 자비스럽기 때문에 각종 시련을 이겨낼 수 있는 것이다. 때문에 옛날 조사님은 "보살도를 행하여야만 성불할 수 있다."라고 하셨다.

사람들이 출가하여 수행하는 것을 '발심發心'이라고 한다. 하지만 자신의 이상理想이고 자기가 하고 싶은 일이기 때문에 '발심'이라고 할 수 없다. 자기는 하기 싫지만 상대가 필요로 하고, 자기는 이익을 보지 못할 뿐만 아니라 괴롭기까지 하지만 남을 위하여 하는 일이라면 그것을 '발심'이라고 할 수 있다.

9강
성불수행을 하는 사람은 달라야 한다

노동도 복보이다

우리 절은 이제 한창 건설하는 중이다. 일손이 부족해서 여기에 온 사람들은 매일같이 나가서 노동을 해야 한다. 매일 하는 일이 너무도 힘들고 많아서 노신도님들과 여성분들 보기에 마음이 아프다.

하지만 계절은 사람을 기다려주지 않는다. 이번에 성도에서 운반해온 3만 7천 그루의 관상용나무를 이틀 사이에 다 심어야 한다. 1m 남짓의 묘목은 한 그루에 중국돈으로 1원이고, 큰 묘목은 한 그루에 70원이다. 지금 임시로 묘목을 옮겨 심고, 건물을 다 지었을 때 맞는 자리에 다시 옮겨 심어야 녹화가 된다.

우리는 모두 열심히 일하고 있다. 체력이 따라가지 못하면 일을 적게 하고 물을 날라 주는 쉬운 일을 해도 된다. 모두 성심껏 열심히 하면 된다. 젊은이들은 체력이 좋기 때문에 일을 많이 하되, 일을 적게 하는 사람들을 보아도 불만을 가지지 말아야 한다.

소쎄 양(젊은 여성신도의 이름)은 아직도 어린애인데, 오전에 어떤 스님이 뭐라고 했다고 얼굴색이 다 변하였다. 성불수행을 한다고 여기에 왔기 때문에 모두가 다 아주 잘 깨우친다. 어려서부터 도시에서 자란 사람들은 현장에 와서 보는 것만으로도 아주 좋다. 하지만 어떤 사람은 올 때부터 생각이 건강하지 못한 사람도 있다. 여기 왔으면 보고 배워야 한다. 이미 자기 잘못을 인정한 사람에게 그 잘못을 계속 지적하면 잘못한 사람보다 더 나쁘다.

모든 사람들이 바쁘다. 현장을 관리하는 저 두 사람은, 날마다 일을 제일 오래하지만 한마디 원망도 없다. 지금은 초창기라서 여기에 온 사람들이 다 일을 해야 한다. 모두 이 도량을 위한 것이고 중생을 위한 것이다.

평상시 우리들은 복보와 지혜를 수련한다고 하는데, 복보는 어디서 오고 지혜는 어디에서 생기는가? 5년 후 이곳에 다시 오게 되면 마당을 청소할 기회조차 없게 된다. 도량이 다 완성된 다음 동화선사에 다시 와서 묵을 때면 그때의 마음은 틀림없이 다를 것이다.

내가 불교대학을 다닐 때도 4년 동안 계속 일을 하였다. 한편으론 일하고, 한편으론 글공부를 배웠다. 앞의 5기 학생들도 4년 동안 전부 일하였다. 이것도 그들의 복보이다. 복보가 없었다면 그들이 어떻게 이렇게 일할 기회를 만나겠는가? 노동이란 체력과 인내력에 대한 단련이다. 인내력이 없다면 아무 일도 못한다.

도량을 짓는 일은 일이 년 사이에 다 하지 못한다. 하루에 3시간 정도 일하면 된다. 노동하는 시간이 너무 길면 모두 힘들어 한다.

다만 현장에서 일할 때는 게으름 피우지 말고 열심히 하라. 늦장 부리면 더 힘들어진다. 다 같이 빨리 빨리 일을 해치우고 돌아가서 휴식하면 얼마나 좋은가?

지도자는 모범을 보여야 한다

더욱이 지도자들은 모범을 보여야 한다. 무엇이 지도자인가? 앞장서서 일하고 대가는 제일 나중에 누리며, 사람들이 싫어하는 일을 도맡아하는 사람은 지도자가 될 수 있다. 사람들이 신임하고 존경하며 우러러보게 하려면 반드시 모범을 보이며 사람들을 이끌어야 한다. 지도자는 일을 하지 않는 것이 아니라 반드시 일을 해야 한다. 아울러 방안과 계획을 세워야 하고 앞장서서 일을 해야 한다. 성공을 하면 그 공로는 대중들의 것이고, 잘못한 일이 생기면 지도자가 책임지고 감당해야 한다.

지도자라면 사전에 계획부터 작성하고 계획에 근거해 일을 해야 한다. 제안한 계획이 정확하지 않으면 사람들의 신임을 잃게 된다. 어떤 일은 누구도 해보지 못했기 때문에 일을 하는 과정에서 관찰하면서 방법을 구해야 한다. 어떤 일은 몇 번도 더 반복해야 한다. 심지어 몇십 번 몇백 번 해야만 성공할 수 있는 일도 있다. 자기 혼자서 일하면 어떻게 해도 좋지만, 여러 사람들과 같이 하면 잘못할 때가 있다.

정定과 관觀은 하나이다

 오랫동안 앉아있기만 한 사람은 움직이기 싫어한다. 설령 움직여도 입으로만 한다. 오랫동안 선방에서 좌선하던 사람도, 단지 가부좌를 틀고 좌선만 하려하고 말하기도 싫어하며 일하기도 싫어한다. 하지만 어떤 사람은 앉아있지 못하고 줄곧 움직이려고만 한다.
 진정한 수행자라면 움직일 때는 움직이고, 조용해야 할 때는 조용해야 한다. 사람은 반드시 환경에 적응해야 한다. 아니면 환경에 도태된다. 일을 할 때는 관찰을 잘해야 한다. 문제라는 것은 일하는 과정에서 계속 생기기 때문이다.
 왜 불문에서는 '정定(고요히 참선하며 집중하고 있음)'과 '관觀(고요히 참선하며 관찰하고 있음)'의 관계를 말하는가? 진정한 '정'은 자리에 앉아서 아무것도 생각하지 않는 것이 아니고, 진정한 '관'도 '정'이 없는 것이 아니다. 사실상 '정'과 '관'은 둘이 아니라 하나이다. 진정하게 '정' 속에 있는 사람은 틀림없이 '관'하고 있다. 진정하게 '관'하는 사람은 틀림없이 '정'에 있다.
 무엇을 '정'이라고 하는가? 한 가지 일에 일심전력으로 몰두하고 있는 것을 '정'이라고 한다. 일심전력으로 한 가지 일에 머무르고 있다면 틀림없이 '관'찰하고 있는 것이다. '관'찰하지 않는다면 어떻게 일심불란으로 그 일에 머무르고 있겠는가? 멍하니 앉아 있는 것은 얼빠졌다고 할 뿐, 한 가지 일에 머무른 것(定)도 아니고 '관'한 것도 아니다. 진정한 '관'은 반드시 그 일에 머무르고 있는 것이고, 그래야만 비로소 '관'하는 힘이 생긴다.

옛날 사람들은 '정'과 '관'을 표현할 때, 중생들의 이해를 돕기 위해 다른 이름을 지어 주었다. 이를테면 지혜를 말하려면 먼저 무명無明을 말한다. 그러므로 무명을 이해하면 지혜도 이해하는 것이다. '관'을 하려면 틀림없이 '정'에 있게 되고, '정'에 있을 때는 틀림없이 '관'을 할 때이다. '관'이 없으면 '정'도 없고 '정'이 없으면 '관'도 없다.

지도에서 북경을 찾으면 틀림없이 북경이라는 한 점에 주의를 집중한다. 이때 우리는 북경도 '관'하게 된다. 아울러 '관'하는 동시에 생각은 북경이라는 한 점에 '정'하고 있다. 진정한 '관'은 틀림없이 '정'을 가지고 있고, 진정한 '정'은 틀림없이 '관'을 한다.

이를테면 채소를 심는데 깊이 심기도 하고 얕게 심기도 한다면, 마음이 채소 심는데 있지 않고 또 세심하게 관찰하지 않았음을 의미한다. 이런 '정'은 아주 얕은 '정'이고 원만한 '정'이 아니다. 만약 일심전력으로 채소를 심는다면 어떻게 깊고 얕은 차이가 있겠는가?

지혜 속에 있어야 자신을 관觀할 수 있다

성불수행을 하는 사람들은 보통 '내려놓는다'는 마음을 가지고 있는데 이것은 오해이다. 일을 잘 하지도 못했고 또 끝내지도 않았는데 '내려놓았다'고 한다. 사실상 이것은 궤변이고 핑계이다. 겪어 보지 못한 사람이 어떻게 "일을 간파하고 내려놓는다."라고 하겠는가? 오직 겪어보아야만 초월할 수 있다. 재산을 내려놓으려면 재산이 있어야 한다. 금전을 만져 보지도 못한 사람이 자기는 '아주 청렴하고 결백하다'고 하고, '정'을 수련해 보지도 못한 사람이 자기는 '집중을 아주 잘한다'고 한다.

왜 좌선하면 자신이 아주 산만하다는 것을 발견할 수 있는가? 사실 평상시도 아주 산만하였지만 발견하지 못했을 뿐이다. 자리에 앉으면 마음이 다소 조용해지므로, 비로소 자기 마음이 아주 산만하였다는 것을 발견하는 것이다. 마치 찻잔을 흔들면 찻잎이 보이지 않지만, 가만히 놔두면 찻물이 맑아지면서 가라앉은 찻잎이 보이는 것과 같다.

오직 지혜 속에 있어야만 무명에 처해 있다는 것을 발견한다. 무명에 처해 있을 때는 무명에 처해 있다는 것을 모른다. 착오를 범할 때는 자기가 착오를 범했다는 것을 모른다. 오직 정신이 맑아야만 비로소 자기가 착오를 범했다는 것을 알게 된다. 물속의 물고기는 물의 존재를 느끼지 못하지만 잡혀 나오면 물이 중요함을 느끼게 된다. 공기 속에 있을 때는 공기의 존재를 모르지만, 입과 코를 막으면 공기가 얼마나 필요한지를 알게 된다.

모두 성불수행을 한다고 하는데 도대체 성불수행은 무엇을 배우는 공부인가? 말을 하라고 하면 누구나 다 말할 수 있고 누구나 자기의 이론이 있겠지만, 진정하게 행동이 따를 수 있는지에 대해서는 잘 모른다. 불법은 말로 하는 것이 아니라 행동이 확실해야 하고 일상생활에서 구체화되어야 한다.

시시각각으로 자신이 성불수행을 하는 사람이라는 것을 깨닫는다면 행동거지가 지금과 다를 것이다. 우리들이 모두 자기관리를 잘한다면, 이 도량에 오는 사람들은 자연 우리를 따라 배울 것이다. 외부에서 오는 사람들이 상주하는 사부대중의 장점을 발견하지 못하면, 어떻게 여기에 머무르고 우리들을 따라 배우겠는가? 여기에 온 사람들은 다 손님이다. 그들이 마음만 단정하다면 틀림없이 이 도량을 자기 집으로 생각할 것이다.

지도자의 자질과 마음자세

지도자가 사람을 이끌며 일하려면, 첫째는 체력이 사람들보다 더 좋아야 하고, 둘째로 덕행도 사람들보다 더 깊어야 하며, 셋째로 능력도 사람들보다 뛰어나야 한다. 만약 체력과 능력 그리고 덕행과 담력과 식견이 모두 부족하다면 어떻게 지도자가 될 수 있겠는가? 이런 것들을 다 갖추어야 한다. 왜냐하면 지도자이기 때문이다. 사람들이 오해해도 받아들이고 감당해야 한다. 지도자라면 언제라도 모든 것을 감당하고 책임질 각오가 있어야만 사람들을 이끌고 일할 수 있다.

당나라 때 도안선사道安禪師님께서 처음 설법하실 때 한 사람도 듣는 사람이 없었다, 하지만 그분은 듣는 사람이 없다고 실망하지 않고 계속 설법하셨다. 심지어 돌을 보면 돌에게 설법하셨다. 일반인의 마음은 흔들릴 수 있지만, 지도자의 마음은 흔들리면 안 된다. 전쟁터에서 지휘관의 마음이 흔들리면 안 될 뿐만 아니라, 주위 사람들의 마음도 안정시켜 주어야만 싸워 이길 수 있는 것과 같다.

대중들은 일만 하고 머리를 쓰지 않아도 되므로 비교적 쉽다. 하지만 책임자는 문제를 생각해야 하므로 비교적 힘이 든다. 하나의 단체를 구성하는 사람들은, 서로 상대방의 입장에서 문제를 생각할 줄 알아야 한다. 이를테면 사람들이 나의 입장에서 문제를 생각한다면, 나는 사람들의 입장에서 문제를 생각해야 한다.

어떤 사람들은 내가 법문하는 월, 수, 금요일이 아니더라도 나를 찾아 산으로 올라온다. 나는 법문하는 날이 아니지만 그들에게 법문을 해준다. 이렇게 되면 나의 시간을 전부 빼앗기게 된다. 나는 하는 수 없이 밤늦게까지 일을 해야 하는데, 보통 새벽 한 시가 넘어야 그날 해야 하는 일이 끝나게 된다.

그렇지만 그날 일은 그날에 끝내야 한다. 내일은 또 내일 해야 하는 일이 있다. 그날에 벗어 놓은 옷은 그날 빨아야 한다. 그날 빨지 않으면 쌓이게 되고, 쌓여서 많아지면 더 빨기 힘들어진다. 마찬가지로 습성과 결점은 그날 발견하면 그날에 고쳐야지, 내일로 미루거나 천천히 고치면 안 된다.

사람들이 당신의 나쁜 습성을 지적하면 받아들여야 한다. 나쁜 습성과 결점이 없다면 사람들이 어떻게 당신에게 잘못되었다고 말하겠는가? 당신 몸에 그런 낌새가 보이기 때문에 지적하는 것이다. 설사 그 사람이 틀린 말을 할지라도 받아들이고 감당해야 한다. 왜냐하면 우리들은 성불수행을 하는 사람들이기 때문이다.

그러므로 우리들은 부처님의 아량이 있어야 하고 부처님처럼 감당해야 한다. 속인이라면 반박해도 무방하다. 성불수행을 하는 사람들의 마음은 대지와 같다. 대지는 황금을 쏟든 쓰레기를 쏟든 전부 받아주고 감당하지 않는가!

성불수행을 하는 자세

성불수행을 하는 사람들이 사회인처럼 옳고 그름을 분별한다면 어떻게 성불수행을 하는 사람이라고 하겠는가? 일을 할 때 득실을 생각하는 마음 자체가 이미 틀린 것이다. 사람들이 일할 때 하지 않으면 미안한 마음을 가져야 하고, 사람들이 일하지 않을 때 자기 혼자 애쓰며 일하더라도 대범한 마음을 가져야 한다. 일하기 싫어하는 사람도 틀렸지만, 그 등 뒤에서 지적하는 것 역시 틀린 것이다.

날씨가 추워서 감기에 걸린 사람에게 약을 주지 않고 "왜 몸 관리를 못했느냐!"고 꾸지람하면 잘못이다. 마치 채소밭에 잡초가 자라면 내가 가서 잡초를 뽑으면 그뿐인데, 뽑지는 않으면서 여러분에게 한바탕 욕을 해대는 것처럼 틀린 행동이다. 여러분이 잡초를 뽑지 않은 자체도 틀렸지만, 내가 잡초를 뽑지 않고 여러분을 지적하는 것도 틀린 것이다.

사람마다 체력이 다르고, 밥 먹는 양도 많고 다른 데, 왜 똑같이 요구하는가? 마음이 평등하면 무엇을 보아도 다 평등하고, 마음이 왜곡되면 무엇을 보아도 다 바르지 않다.

성불수행을 하고, 도를 수련하고, 사람의 도리를 하고, 일처리를 하는 이 모든 것이 자기 자신부터 해야 하는 일일 뿐, 주변사람들과 비교하지 말아야 한다. 이미 성불수행을 3년 한 뒤에, 옛 친구 혹은 같이 일하던 사람을 만났는데 아무런 변화를 느끼지 못했다면, 이 몇 년간 아무런 진보도 없다는 것이고 성불수행도 하지 않았다는 것을 의미한다.

성불수행은 일하는 것과 같다. 참선할 줄 알든지, 아니면 경전을 강의하고 법문을 할 줄 알든지, 아니면 목탁이라도 치며 염불할 줄 알아야 한다. 사람 노릇하는 것도 마찬가지다. 체력이 있든지 아니면 능력이 있든지 해야 한다. 아무런 장점이 없다면 어떻게 인재라고 할 수 있겠는가?

내가 왜 돈한스님에게 장부를 관리하게 하는가? 돈한스님은 아주 세심하고 인과因果를 굳게 믿기 때문이다. 도홍스님은 공평하게 규율을 집행하고, 사람들의 미움 사는 것을 두려워하지 않기 때문에 지객知客을 맡겼다. 상도스님은 일상적인 물건을 아주 아낀다. 그러므로 창고를 관리하게 하였다. 사람마다 모두 자기의 능력을 발휘한다면 못 해낼 일이 없고 불사佛事도 한시름 놓을 것 같다.

이곳에서는 이곳의 지도자를 따라야 한다

우리 절은 초창기이다. 그러므로 한 푼이라도 절약하고 한 푼을 열 푼으로 쪼개 쓰며, 한 사람이 열 사람 일을 해야 한다. 십 년,

이십 년이 지난 다음 우리 절의 힘이 커지면, 한 푼은 한 푼으로 쓰게 될 것이고, 사원의 모든 일을 여러분에게 전부 맡겨도 될 것이다.

왜 한 번에 할 수 있는 일을 두 번 세 번 나누어서 하는가? 나무뿌리를 파고 땅을 고르는 일을, 불도저기사는 '트랙터로 갈면 되니깐 불도저로 밀지 않아도 된다.' 하고, 트랙터기사는 '불도저로 나무뿌리를 파고 흙을 밀어내지 않으면 갈지 못한다.'고 한다. 이렇게 그들은 일을 서로 미루면서 잘 하려하지 않는다. 만약 현장감독이 엄하고 독하게 관리한다면, 틀림없이 불도저기사가 나무뿌리를 파내고 땅을 깔끔하게 밀 것이다. 나무뿌리를 파내고 땅을 밀어야만 트랙터기사가 땅을 갈 수 있다.

여러분들이 성불수행 하러 동화선사에 왔는데, 스승이 세심하지 않고 일처리가 소홀하면, 제자들은 더더욱 세심하지 않고 무슨 일이든 모두 소홀히 할 것이다. 그러므로 나는 아주 엄격하게 한다. 단체수련 시간에는 반드시 단체수련을 해야 하고, 예불시간에는 반드시 예불을 해야 하며, 좌선시간에는 반드시 좌선을 해야 한다. 이렇게 엄격하게 요구하였는데도 집행할 때는 제대로 하지 못한다. 그러므로 문자기록이라는 것이 필요하다. 문자기록이 있으면 우리 모두가 틀림없이 하나가 될 수 있다.

이곳에 왔으면 지도자의 방식을 따라야 한다. 지도자의 방식에 맞으면 남아서 수련할 수 있고, 지도자의 방식에 어긋나면 떠나가야 한다. 이를테면 사령관의 말은 기관총 쏘듯이 빠르고 걸음은 바람처럼 빠른데, 대중들의 걸음은 구렁이처럼 느리면 어떻게 사령관의 지휘에 발을 맞추겠는가? 물론 상하간에 서로 양보하면서 적응해야 하지만, 원칙적인 문제에는 반드시 지도자와 일치해야 한다.

어떤 마음 상태로 여기에 왔든지 모두 다 이해할 수 있고, 또 그 마음은 여러분들의 권리이다. 하지만 지도자의 마음은 단 하나, 도량을 위하는 마음뿐이다. 사람들이 모두 다른 마음을 가질 수 있어도 지도자는 다른 마음을 가지면 안 된다.

무슨 일을 하든지 동화선사로 오는 것을 포함해 모두 각자의 선택이다. 어느 누구도 강제하지 않는다. 기왕 성불수행을 선택하였다면, 왜 그 일에 열중하지 않고 일심전력으로 몰입하지 않는가? 불문에 "비구는 칠진칠출七進七出할 수 있다."[15] 고 하였다. 누구도 강제하지 않고 또 결정해주지도 않는다.

무슨 일을 하든지 부딪치고 다투는 경우가 있다면 일을 잘 하지 못할 뿐만 아니라 아주 힘들어진다. 하지만 부딪치는 마음도 없고 적극적이라면 모든 것이 다 아름답고 마음도 가볍다. 무슨 일을 하든지 책임을 부가하는 것이 없어야 한다. 이런 상태로 일심전력으로 도를 배운다면 내가 보증하건대 좌선으로 인한 병도 없게 된다.

부딪치는 것이 없기 때문에 몸과 마음이 잘 통한다. 몸과 마음이 잘 통하였는데 어떻게 병이 생기겠는가? 좌선할 때 신체가 잘 통하지 못하는 이유는 마음이 편안치 않기 때문이다. 마음이 들떠 있으면 기혈이 막히고 풀리지 않는다. 또 기가 가라앉지 않으면 마음

---

15 비구 계율에 비구는 7번을 환속했다 다시 출가를 해도 된다고 하였다.

이 들뜨고 조급하다. 마음이 가라앉은 사람은 일할 때도 힘이 들지 않는다.

정신을 집중하고 관찰하라

지도자라면 말을 적게 하고 많이 관찰해야 한다. 말을 잘못했으면 책임져야 한다. 지도자가 아니라도 말을 잘못하면 책임져야 하지만 지도자의 책임과는 다르다.

지금 이 자리에 나이 많은 분들이 있는데, 아마 부모가 된 분들일 것이다. 가정에 문제가 생기면 누구의 탓인가? 가장의 탓이지 아이들을 나무랄 것이 아니다. 어린애들은 무슨 일을 하더라도 생각 없이 하기 때문에 일 전체에 신경 쓰지 않아도 된다. 하지만 가장은 일도 해야 하고 신경도 써야 되기 때문에 배로 노력을 해야 한다. 가장은 일을 하지 않아도 신경 쓰고 문제를 고려해야 하기 때문에 아주 힘든 것이다.

좌선하고 관觀을 하며 일처리를 하는 것은 가장의 책임과 같다. 관을 해서 지혜가 나타나지 않았다면 관을 제대로 하지 않은 것이다. 관을 제대로 했다면 어떻게 지혜가 생기지 않겠는가? 정신을 고도로 집중해 한 가지 일을 관찰하는 자체가 바로 정定이다.

오늘 나와 축군이 관음동 앞의 길을 삽질하면서 정리하였다. 관음동 앞의 길은 비록 몇 분 거리도 안 되지만, 사람들이 매일 걸어야 하는 길인데도 길이 나빠서 걷기가 아주 불편했다. 하지만 누구도 삽질하고 정리하지 않았다. 이런 마음가짐으로 도를 수련하면 틀림없이 세심하게 하지 않고 대충할 것이다.

나태한 사람은 항상 남보다 10분 더 잔다. 이것은 무엇을 의미하는가? 부지런한 사람은 항상 남들보다 일 분 먼저 깨어나서 일 분 더 좌선한다. 이렇게 정진하면 한 달이면 남보다 30분 더 좌선한다. 이와 같이 오늘도 10분, 내일도 10분, 이렇게 장기적으로 계속해 나간다면 틀림없이 성불수행의 효험이 늘어날 것이다.

"배우면 나날이 증가되고 도를 수련하면 나날이 줄어든다(爲學日增, 爲道日損)."는 것은 무슨 뜻인가? 학문을 하면 학문이 나날이 늘어나고, 도를 수련하면 탐·진·치가 나날이 줄어든다는 말이다.

말은 적게 하고 행동으로 보여라

왜 부처님께서는 우리의 머리카락을 빡빡 깎으라고 하셨는가? 항상 출가한 사람이라는 것을 일깨워 주기 위한 것이다. 왜 거사居士들은 귀의하고 수계를 받아야 하는가? 항상 자신이 거사라는 것을 일깨워 주기 위한 것이다. 왜 중국 공산당에 입당할 때 선서해야 하는가? 항상 자신이 중국 공산당원이라는 것을 인지하기 위한 것이다.

사실 '오계五戒'는 성불수행을 하는 거사들만 준수해야 하는 것이 아니라 사람 노릇의 기본이고 계율이다. "불살생不殺生, 불투도不偸盜, 불사음不邪淫, ……." 사람이라면 마땅히 이렇게 해야 하는 것이다.

사실 주변 사람들의 마음씀씀이와 행동거지는 전부 우리로부터 나온다. 우리들의 마음이 아주 정직하고 순진하면 주변 사람들이 자연적으로 감화된다. 감화되지 못하면 그들은 자연스럽게 떨어져 나간다. 왜냐하면 그들은 우리와 화합할 수 없기 때문이다. 이것이 바로 내가 항상 말을 적게 하고 일을 많이 하라고 강조하는 까닭이다.

우리들의 사상은 반드시 일상생활 속에서 구체화되어야 한다. "말보다 마음이 움직여야 하고, 생각보다 행동이 따라야 한다." 이 말은 불문에서 가르치는 행동으로 중생을 교화한다는 말이다. 이렇게 교화하는 효과는 언어로 교화하는 것보다 몇 배 더 높다.

성불수행은 말은 하기 쉽지만 실제적으로 큰 결심을 내지 못하면 하지 못한다. 아울러 아주 강한 의지력이 있어야만 추진해 나갈 수 있다. 이것은 말로만 지킬 수 있는 일이 아니다. 반드시 행동이 따라야 한다. 그러므로 나는 사람들에게 성불수행을 하지 말라고 한다. 내가 보리심을 잃었다고 할 수 있겠지만, 진정하게 보리심을 발원한 사람이라면 나의 몇 마디 말에 자기의 처음 뜻을 변치 않을 것이다.

일을 하면 어려움이 있기 마련이다. 도를 수련하는 것도 마찬가지다. 어떤 일은 한시도 지체하면 안 되지만, 어떤 일은 미루었다 하면 문제해결이 더 쉬워진다. 오직 포기만 하지 않으면 해결할 방법이 있고, 오직 지켜만 나간다면 틀림없이 성공할 것이다.

자기를 먼저 다스려라

　자기에 대한 요구가 엄격하지 않은 사람은 영원히 나아질 수 없다. 사람의 습성과 결점은 자기를 제멋대로 방임했기 때문에 길러진 것이다. 우리들은 욕계천欲界天에서 왔다. 또한 수없이 많은 생을 윤회하던 힘을 현재까지 가지고 왔다.

　만약 자기에 대한 요구를 엄격하게 하지 못하고, 스승님과 지도자들이 엄격하게 자기를 관리해 줄 것을 요구한다면 사는 것이 힘들어진다. 자기에 대한 요구가 엄격하면, 그 어떤 일에 마주쳐도 스스로 그 문제를 해결하게 된다. 이는 동시에 자기를 성취시키는 것이다.

　(한 남성거사를 가리키며) 거기에 앉은 거사님! 당신은 왜 줄곧 자리에 앉아서 움직거리며 방황하시는가?

■ **거사** : 아마도 빙의가 된 것 같습니다.

　지금 우리들의 내심은 아주 어지럽고 탐·진·치도 많다. 이런 몸에 어떻게 오랫동안 수련한 차원 높은 고급 중생이 붙겠는가? 자기 몸에 나타나는 현상과 원인에 대해 연구하고 분명히 알아야 한다.

　이런 현상은 당신 몸의 상태가 나쁘다는 것을 의미한다. 좌선하면서 생기는 이런 현상은, 기가 잘 통하지 못하고 위로 치고 올라가지 못하기 때문에 이리저리 부딪쳐서 생기는 것이다. 따라서 몸이 좌우로 흔들린다. 기가 위로 치고 올라가게 되면 자기도 모르게 허공에 뜨게 된다.

　나의 한 제자는 요가를 수련했는데, 좌선하는 과정에서 위로 1m를 떴다. 자기 딴에는 아주 대단한 것으로 여겼다. 원인은 간단하다. 우리 몸은 마치 기구氣球와 같기 때문에 기가 위로 치고 올라가면 자연스레 허공에 뜨게 되는 것이다.

　좌선할 때 어떤 사람이 곁에 와서 자기와 대화하는 것 같을 때가 있다. 이것은 전생 혹은 금생에 8식심전에 입력했던 정보들이 조용할 때 자연스럽게 방출된 것이다. 어떻게 처리하는가? 마음을 비워야 한다. 마음을 비울 수 없다면, 의념으로 자기에게 "내 몸은 이미 비었고 존재하지 않는다. 이미 허공으로 변화되어 몸과 마음이 모두 존재하지 않는다. …." 이렇게 암시하면 된다. 몸과 마음을 느슨하게 풀지 않은 상태로 시간이 오래되면 몸이 경직되고 머리도 멍하게 된다.

 10강

옳고 그름에 대해

시와 비를 분별하지 마라

오늘은 '시是'와 '비非'에 대해 말하기로 한다. 성불수행의 측면에서 볼 때 무엇을 '시'라고 하고 무엇을 '비'라고 하는가?

일반적으로 맞는 것을 '시'라 하고 틀린 것을 '비'라고 한다. 하지만 성불수행을 하는 사람들은 '시비'도 없고 '시비'를 논하지도 않으며, 선악도 구분하지 않으며 좋고 나쁜 것도 없다. 이렇게 말하면 '성불수행 하는 사람들과 어떻게 교류하겠는가?' 할 것이다. 진정하게 성불수행 하는 사람은 확실히 '시'와 '비'가 없고 좋고 나쁨도 없다. 항상 시비를 분별하는 사람은 진정하게 성불수행을 하는 사람이 아니다.

그렇다면 성불수행 하는 사람은 무엇을 분별해야 하는가? 아무 것도 분별하지 않고 단지 자기의 마음 움직임만 지킨다. 바로 내심의 움직임을 지켜보는 것이다. 아무리 맞는 말이라고 해도 동기가 나쁘면 틀린 것이다. 반대로 비록 말을 잘 못했지만 동기만 맞다면 성불수행을 하는 각도에서 보면 맞는 것이다.

성불수행을 하는 사람이라면 진리를 지켜야 된다고 생각한다. 만약 사람들이 우리들의 신앙을 모욕하면 어떻게 하는가? 상대가 불교를 모르고 또 성불수행을 반대하면, 어떻게 이런 사람들을 상대해야 하는가? 여러분은 '설복시킬 수 있다.'라고 말하지만, 부처님을 믿지 않는 사람들을 설복하려고 하면 할수록 더 믿지 않는다.

부처님께서 "내가 49년 동안 세상에 있으면서 한 마디 말도 하지 않았고, 중생 한 사람도 제도하지 않았다. 여러분이 제도된 것은 여러분 자신이 발심했기 때문이다. 여러분이 발심을 하지 않았다면 여러분을 제도할 수 없다. 내가 여러분을 제도한 것이 아니라 여러분 스스로 자기를 제도한 것이다."라고 말씀하셨다.

정지정견으로 말하고 행동하라

진정하게 성불수행을 하는 사람은 틀림없이 몸소 체험하고 힘껏 노력한다. 마치 자발적으로 공부하는 학생은 선생이 독촉할 필요가 없는 것과 같다. 하지만 공부하기 싫어하는 학생은, 설사 선생이 옆에서 지킨다 해도 아무 소용이 없다. 그러므로 부처님께서 "보리심을 발심한 사람은 자연 '체해대도體解大道(스스로 대도를 깨우침)'한다."라고 하셨다. 즉 스스로 우주의 진리와 진상을 체험하고 이해한다는 것이다.

일생동안 부처님은 사람들과 시비를 하지 않았고, 옳고 그름을 가리지 않았다. 오로지 사람들로 하여금 진리를 인식하게 하고 자기의 내심세계를 인식하게 하면서, 그 기초 위에서 우주를 인식하게 하셨다. 하지만 지금 성불수행을 하는 사람들은 남을 비판하기 좋아하고, 옳고 그름을 평하기 좋아하며 시비를 논하기 좋아한다.

어떤 사람은 이 만행 앞에 와서 묻는다. "석가모니 부처님께서 말씀하신 이러이러한 말은 맞습니까, 틀립니까?" 그 다음 이 사람은 내가 대답한 말을 가지고 사람들에게 "그 누가 말하는데, '석가 부처님의 이러이러한 말은 틀리다.' 혹은 '맞다.'고 하더라."라고 한다. 만행이 총명하면 정법(진리)만, 즉 정지正知 정견正見만 말할 것이다. 이렇게 되면 자연스레 사지邪知 사견邪見이 무엇인지 알게 된다.

여러분이 앞으로 나가서 홍법할 때도 정지정견만 말하고 정법의 깃발(법당法幢)을 내세워야 한다. 정지정견은 말하지 않으면서 사지사견만 비판하면 사람들을 설득시키지 못한다. 사지사견을 가진 사람들이 우리 앞으로 다가올 때, 단지 사람 노릇하는 도리만 말해도 그들은 어떻게 해야 하는지를 알게 된다. 만약 교화할 수 없다면 반드시 송구스러운 마음을 가져야 한다. 자기의 덕행이 부족해서 감화시키지 못한 것이기 때문이다.

성불수행 하는 사람이 너무 똑똑하게 시비를 가리면, 아무리 진리를 널리 알리고 진리를 수호한다고 해도 그 사람의 마음상태는 건강하지 못하다. 사회에는 말주변이 좋은 사람들이 아주 많다. 말로는 진리를 수호한다고 하지만, 사실 이런 사람들은 경쟁심이 강하고 자기를 드러내고자 하는 부류이다. 아무리 자기는 정지정견이라고 해도 출발점이 이미 틀린 것이다.

시와 비는 함께 존재하며 모든 것은 존재할 가치가 있다

대학생이 어떻게 초등학생과 변론하려고 하겠는가? 단지 초등학생이 대학생과 변론하고자 한다. 그러나 초등학생이 입을 열면 대학생은 초등학생의 수준임을 알아본다. 그런데도 초등학생은 입만 열면 대학생이 틀렸다고 한다.

혹 여러분은 그들과 '변론하지 않으면 그만이다.'라고 할 수 있다. 그러면서도 속으로 저 사람은 불법에 대해 잘못 이해하고 사지사견을 갖고 있으며 자신보다 못하다고 생각한다. 이런 생각 중 한 가지만 있어도 이미 '비(틀림)'가 된다. '시(옳음)'에 대해 너무 집착하면 다른 극단인 '비'에 들어선다. '시'에 집착하는 사람은 자기가 맞으며, 상대방 보다 훌륭하다는 것을 증명하려 하는 것이다.

'시'와 '비'에서 '시'만 말하고 '비'를 말하지 않으면 집착이다. 즉 '시'만 말하면 '시'도 '비'가 되는 것이다. 이것만 '시'라고 하는 것은 저것이 '비'라는 것을 증명하기 위한 것이다. 옛날 사람들은 "시와 비는 지혜로운 사람 앞에서는 멈춘다(是非 止于智者)."라고 말한다.

전에 한 법사님과 변론한 적이 있었다. 내가 "성불수행 하는 사람은 좋고 나쁜 것이 없고, 향기요 악취요 하는 것을 가리지 않는다."라고 말하니, 법사님은 "그렇다면 사람들이 당신을 좋아하든 싫어하든 무슨 구별이 있는가?"고 한다. 나는 "나를 좋아하든 싫어하든 그것은 그 사람의 일이고, 그 사람이 나를 좋아하거나 싫어한 다고 해서 나도 따라서 그를 좋아하거나 싫어하지 않는다."라고 하였다.

이를테면 여러분이 '만행을 어떻게 평가하느냐?' 하는 것도 여러 분 각자의 권리이다. 나를 찾아온 사람 중에 어떤 사람은 출가한다 고 왔고, 어떤 사람은 법을 얻으러 왔으며, 또 어떤 사람은 무문관 수행을 하겠다고 왔다. 또 어떤 사람은 '저 만행이라는 사람이 도 대체 얼마나 대단한 능력을 가졌는가?' 살피러 오기도 한다. ……. 이것은 모두 그들의 권리이다.

하지만 나는 한 가지 마음가짐과 한 가지 기준으로 누구든지 차 별 없이 대한다. 바로 여러분을 이끌어 성불수행 하는 길로 나아가 겠다는 것이다. 이렇게 하면 다른 목적과 마음 씀은 자연스럽게 사 라진다. 이곳은 수행도량이다. 여기로 왔다면 성불수행을 해야 하 고, 성불수행을 한다는 생각만 있어야 한다. '시비를 분별하지 않 고 좋고 나쁨을 분별하지 않는다.'라고 생각하면서, 성불수행을 하 는 방향으로 노력해야 하고 자기의 마음씀씀이를 지켜보아야 한 다.

'시'와 '비'는 영원히 함께 존재한다. 초월한 사람의 마음으로 사 물을 보면, 지금 존재하는 모든 것들은 마땅히 드러나고 존재해야 하는 것들이다. 우주는 어떤 사물은 존재해야 하고 어떤 사물은 존 재하지 말아야 한다는 말을 하지 않는다. 하지만 사람들은 모두 자 기의 감각과 필요, 그리고 호오에 따라 그것을 모두 분별한다.

이를테면 어떤 물건을 사용할 줄 모르면 '쓸모없다'고 하고, 사용할 줄 알면 '쓸모있다'고 한다. 또 의학을 모르면 석회석의 용도를 모르지만, 의학을 알면 석회석이 혈압을 내리는 작용을 한다는 것을 안다. 아는 만큼만 쓸모를 알 수 있다.

③ 시비분별에만 집착하면 경계에 끌려 다닌다

세상의 만사만물은, 심지어 보이지 않는 것들도, 모두 쓸모가 있다. 바르게 인식하지 못하면 거꾸로 인식하게 된다. 왜 세간에 인과응보라는 것이 있겠는가? 사람은 인과응보를 겪어보아야만 후회하고 반성한다. 마치 사람들이 한번 맞았을 때는 저항하지만, 연거푸 계속 맞아 쓰러지면 굴복하는 것과 같다.

출가한 사람들의 생활을 체험해 보지 못한 많은 사람들은, 단지 겉만 보고 절생활이 아주 한가하고 자재로우며 출근하는 사람들처럼 엄격하게 시간준수를 하지 않아도 된다고 생각한다. 하지만 절에 와서 생활해 보면, 특히 출가한 사람들은 절생활이 사회생활보다 더 어렵고 엄격하다는 것을 알게 된다. 사회 사람들은 단지 '몸(身)'과 '입(口)'만 관리하면 되지만, 출가한 사람들은 '의식(意)'까지 관리해야 한다. 유형의 것도 관리해야 하고 무형의 것도 관리해야 하는 것이다.

유형은 무형의 지배를 받는다. 여러분이 자리에 앉아서 쉬지 않고 다리를 이리저리 바꿔 앉는 것은, 지금 여러분의 마음이 아주 산만하고 조용하지 못하기 때문인 것과 같다. 마음을 다스리면 자연스레 신체도 조용해진다. 이것이 바로 유형은 무형의 지배를 받는다는 것이다.

　진정하게 성불수행 하는 사람들은, 좋고 나쁨을 분별하지 않고 향기와 악취를 가리지 않는다. 성불수행을 하지 않는 사람들은 이런 관점을 받아들이지 못한다. 예를 들어서 당신이 어떤 사람에게 잘 대해주었는데, 그 사람이 그를 욕한 사람과 당신을 똑같이 대한다면 어떤 느낌이 드는가?

　만행의 많은 제자들은 이 만행을 "좋고 나쁜 것을 분별할 줄 모르고, 악취와 향기를 가릴 줄 모른다."라고 말한다. 사실상 나는 아직까지 이런 경계는 도달하지 못하였다. 다만 그렇게 하려고 노력하고 있다. 용돈을 주든 안 주든, 나에 대한 태도가 좋든 나쁘든 똑같이 상대한다. 나에게 머리를 조아리며 절을 많이 했다고, 혹은 용돈을 많이 주었다고 특별대우하지 않는다. 자기의 마음씀씀이를 똑똑히 보지 못하면 틀림없이 경계에 끌려 다니게 된다.

🌀 마음을 내려놓고 일념을 유지하라

　성불수행 하는 사람은 반드시 "자기가 진정하게 요구하는 것이 무엇이고, 왜 이 도량에 왔고, 스승의 곁으로 온 목적은 무엇인가?"를 스스로 계속 물어야 한다. 이 도량에 1~2년 있으면서 마음 상태도 변하고 동기도 변하고 있다는 것을 깨달았는가? 이를테면 원래는 도를 수련하러 왔는데, 있어보니 돈벌이도 되고 권세도 가질 수 있을 것 같다는 마음상태의 변화를 살필 수 있는가?

　도를 수련하려면 마음이 죽어야 한다. 마음이 죽지 않으면 성도成道할 수 없다. 성불수행을 하든 하지 않든, 그 어떤 직업에 종사하든지 상관없다. 십년 동안 마음이 변하지 않고 일관된 마음상태를 유지한다면, 일념一念을 십년 동안, 즉 십년 동안 단 한 가지 생각뿐이라면 필연적으로 대성취할 것이다. 설령 권력과 이익을 위한 싸움이라고 해도 십년이면 대성취한다. 하지만 몇이나 되는 사람이 십년에 일념, 일념을 십년을 할 수 있는가?

　십년에 일념은 확실히 어렵기는 하지만 해낼 수 있는 일이다. 나는 십년을 한 가지 목표로 살았다. 이를테면 세 차례 무문관수행을 한 전체기간이 모두 십년을 하였고, 지금 무문관센터 건설도 십년을 계획해서 실천하고 있다. 앞으로 다른 일을 해도 시간상의 목표를 정해 해낼 것이다.

31 자만심과 겸공심

　불교에 '자만심'이라는 단어가 있는데 '오만한 마음'을 말한다. 불교학에서 '자만심'에 대해 아주 심오하고 투철하게 분석하였다. 이를테면 얼굴을 맞대고 사람들과 논쟁하는 것을 '조잡한 자만심'이라고 한다. 겉으로는 논쟁하지 않지만, 속으로 '저 사람은 나이가 어리고 성불수행을 시작한 지 얼마 되지 않으니 논쟁할 가치가 없다.'고 생각하는 것도 자만심의 표현이다. 다만 전자의 표현보다 정도가 낮을 뿐이다.

무엇을 '겸손하고 공경하는 마음(겸공심謙恭心)'이라고 하는가? '겸謙'이란 겸손하다는 말이고, '공恭'이란 공경한다는 말이다. 성불수행 하는 사람은 일에 부딪칠 때, 반드시 자신에게서 원인을 찾아야 하고 다른 사람에게서 원인을 찾으면 안 된다.

만약 우리들의 지혜가 많고 덕행도 높다면, 설령 사람들이 다른 마음과 사상을 가지고 우리 앞으로 다가와도 우리들에게 융화되고 우리들의 화신化身이 될 것이다. 마치 옛날 부처님 제자들이 부처님 앞으로 왔을 때, 모두 부처님께 동화되고 부처님의 화신이 된 것과 같다. 그들 몸에는 모두 부처님의 형상이 나타났다.

상등인은 마음을 잡고, 중등인은 사람을 잡고, 하등인은 일을 잡고, 최하등인은 물건을 잡는다. 이 설법에 따라 자기는 어떤 차원인지 판단하기 바란다.

③ 마음의 질적 변화가 중요하다

세간의 모든 사물은 좋다는 사람이 있으면 필연코 나쁘다는 사람도 있다. 이 점을 우리들은 반드시 알아야 한다. 불교신도는 석가모니 부처님이 진리의 대표라는 것을 다 알고 있지만, 세계인구 70억도 넘는 사람가운데 부처님을 믿는 사람들이 얼마나 되는가?

이것은 마치 기독교 신도는 예수그리스도를 믿지만, 기독교 신도가 아닌 사람들은 믿지 않는 것과 같다. 여러분이 한 번 『성경』

을 읽는다면 예수를 믿을 수도 있다. 왜냐하면 예수그리스도 역시 크게 깨우친 대성인이기 때문이다. 단지 다른 시대 다른 지역에서 진리를 전파하였을 뿐이다.

성불수행 하는 사람들은 모두 싯다르타의 사상을 배우고 있다. 하지만 왜 자기의 부처님사상은 형성되지 않았는가? 이것은 아주 심각한 문제이다. 우리들은 반드시 자기의 식견을 형성하도록 노력해야 한다. 항상 나는 '도반들에게 법문할 줄 알아야 된다.'고 말한다. 법문할 줄 모르면 자신만의 불교학 식견이 없는 것이다.

자고로 강경설법에는 두 가지 유형이 있다. 첫째는 책에 쓰여진 그대로를 말하는데, 이것은 싯다르타의 사상이고 자기 내재의 '심경心經(마음에서 우러나오는 경전)'이 아니다. 왜 자기의 부처님사상이 없는가? 도에 들어서지 못했고 도와 소통하지 못했기 때문이다.

옹원현의 지형을 말할 수 없는 이유는, 현지에 가서 직접적으로 관찰하지 않고 단지 사람들의 말만 들었기 때문이다. 만약 성불수행을 할 때 몸소 실천하고 힘껏 노력했다면, 즉 몸소 겪고 이해하여 도를 깨달았다면 틀림없이 자기의 부처님 사상이 있을 것이다.

출가한 사람들과 거사들은 이미 다년간 성불수행을 했지만 말을 할 줄 모른다. 모두 단지 부처님을 믿는 정도이고, 근본적인 성불수행을 한 게 아니기 때문이다. 그들은 부처님이 있고 천당과 지옥이 있다는 것만 믿는다. 하지만 자기 눈으로 직접 보지 못했기 때문에 말은 못한다. 말한다고 해도 지식에 불과하고 경험이 아니다. 앞으로 법사들의 법문을 듣게 되면, 그들이 경전을 강의하는지 아니면 자기의 심경心經을 말하는지 보아야 한다.

옛날 선방에서 나온 법사들은, 싯다르타의 경전을 법문하지 않고 전부 자기 내재의 심경을 말했다. 자고로 법문은 경전을 강의하는 것보다 어렵다. 경전을 강의하면 싯다르타의 사상이지만, 법문은 자기의 부처님사상이기 때문이다. 경전을 강의하는 사람들은 법문을 잘 하지 못한다.

사실상 불경을 강의하는 것도 세 가지 차원으로 나뉜다. 하나는 문자에 따라 뜻을 해석한다(依文解義), 둘째는 마음속으로 깨닫고 이해한 것을 강의한다(心領神會), 셋째는 직접 길거리 풍경(수련 중 입도해서 겪은 경계)을 보고 온 것(親履本地風光)을 강의하는 것이다.

지식이 있고 문화수준이 높은 사람은 불경의 문자 뜻을 강의한다. 좀 더 깊이 이해하는 사람은 깨닫고 이해한 것을 강의하고, 자기가 직접 도에 들어갔다가 나온 사람은 직접 보고 겪은 도의 경지의 풍경을 법문하는 것이다.

강원을 졸업한 학생들은 보통 문자에 따라 뜻을 강의한다. 차원이 조금 높다하는 사람들은 깨닫고 이해한 것을 강의한다. 대부분의 출가한 사람들은 불교대학을 졸업하였다. 그들은 문자에 따라 불경의 뜻을 해석하므로 깨닫고 이해하는 차원에도 도달하지 못한다. 만약 선방에서 나왔다면 조금 깨닫고 이해하는 정도는 될 수 있다.

진정하게 자기의 마음씀씀이를 똑똑히 볼 수 있다면 틀림없이 질적인 도약과 변화가 있게 될 것이다. 성불수행을 하였지만 입도하지 못한 것은 질적인 변화를 가져오지 못했기 때문이다.

부처님이 없으면 마도 없다

　많은 사람들은 양적으로 부족해 질적인 변화를 가져오지 못했다고 하지만 그런 것이 아니다. 양적으로 아무리 많아도 반드시 질적으로 변하지는 않는다. 예를 들어 많은 사람들이 매일 독경한다. 심지어 어떤 경은 몇만 번도 더 넘게 독송한다. 하지만 내용을 모른다.

　어떤 사람들은 『화엄경』을 거의 암송할 정도까지 독송했지만 『화엄경』의 경계는 그림자도 보지 못했다. 왜냐하면 실천이 없기 때문이다. 아울러 독송하는 시간이 많다보니 자기도 모르는 사이에 자만심이 생긴다. 주위의 사람들은 모두 독경하지 않는데, 자기는 매일 독경한다는 것이다.

　이런 미세한 자만심을 자기는 깨닫지 못한다. 어느 때 가서 깨달을 수 있는가? 오직 육지보살 칠지보살이 되어야만 비로소 자기의 미세한 자만심을 깨달을 수 있다.

　불교에 이런 이야기가 있다. 비구 한 분이 연못가를 지나가다가 자기도 모르게 "연꽃은 참 향기롭구나!"하고 감탄했다. 이때 하신河神이 나타나서 "향기 있고 없고를 분별하지 말아야 된다."면서 비구를 비평하였다. 비구는 당장에 하신에게 참회하였다.

　이 이야기를 통해 한 가지 도리를 알아야 한다. 향기 있고 악취나며, 맞고 틀리며, 시와 비가 있다면 이것은 모두 자만심이다. 진정하게 성불수행 하는 사람은 좋고 나쁨을 분별하지 않는다. 사회에서 성불수행을 하지 않는 사람이 분별하는 것과는 다른 문제다.

그러므로 성불수행을 하는 사람은 반드시 자기의 마음씀씀이를 똑똑히 알아야 한다.

　마음속에 '부처님'의 형상을 세워놓으면 반드시 '마魔'가 존재한다. 만약 마음속에 '부처님'이 없다면 '마'도 없다. '성불'이라고 하는 것은 바로 분별심과 집착을 내려놓는 것을 말한다. 하루는 내가 나를 돌아보고, 음식과 집안의 장식에 특히 집착한다는 것을 발견하였다. 아마 이것도 세세생생 형성된 버릇인 것 같다.

11강

열두 띠의 원리

12지지와 달마일장경

 (누군가 스승님께 열두 가지 띠의 원리에 대해 법문을 청하였다.)

 12가지 띠에 대한 지식은 중국의 음양오행설의 범주에 속한다. 수행이 3선禪의 차원에 도달하면 자연적으로 이 문제에 통달한다. 옛날 사람들은 모두 선정 중에 이 이론을 통달하였다. 『역경易經』의 팔괘八卦를 포함해서, 모두 선정 속에서 보고 깨달은 것을 선정에서 나온 뒤에 기록한 것이다. 하지만 지금 여러분들은 선정에 들어갈 수 없기 때문에 이 학문에 통달할 수 없고, 또 어떤 사람들은 한평생 연구하였지만 투철하게 연구하지 못한다. 만약 선정수련을 하면서 연구한다면 아마도 쉬울 것이다.

 당나라 때 일행선사一行禪師라는 천문학자가 있었다. 그분은 성상星象과 지리 그리고 음양오행과 풍수를 연구하였는데, 아주 깊은 조예가 있었고 저작도 많았지만 단지 『달마일장경達摩一掌經』 하나만 남아있다. 사람들은 『달마일장경』을 알아보지 못한다. 지금 사람들이 볼 수 있는 『달마일장경』은 이미 불문에서 수정해서 고친 것이다. 이 책은 음양오행 등에 대해 아주 깊이 있게 말하였다.

보통 사람들은 좋은 운명이라고 하면 좋다고 받아들이지만, 나쁜 점을 말하면 아니라고 하고 거짓말이라고 한다. 심지어 비방을 하며 업장을 만들기까지도 한다. 수행하지 않은 사람이라도 음양오행 학설로 사람의 사주팔자로 다른 사람의 인생을 아주 정확하게 해석할 수 있다. 하지만 종교를 믿는 사람들은 다를 수 있다. 믿음이 깊고 수련을 잘 한 사람에게는 이 학문이 소용이 없다.16

옛날에는 벼슬한 사람들이 이 학문을 장악했다. 출가한 스님들도 제자를 받아들일 때 『달마일장경』으로 출가할 운명이 있는지 없는지를 추산했다. 운명에 도화살桃花煞17이 왕성하면 출가하지 못하게 하고 집에서 염불하라고 했다. 이런 사람은 고독하고 적막한 것을 견디지 못하고 외로운 생활을 싫어하므로 출가할 수 없다.

일반적으로 출가한 사람들은 모두 고독한 운명을 가지고 있다. 항상 자기 혼자서 자유롭게 마음껏 생활하는 것을 즐기고, 고독한 것을 일종의 누리는 것이라고 생각한다. 이런 사람의 인생에는 '고독'이라는 단어가 없다. 그러므로 출가해 스님이 되는 것을 고독하다고 생각하지 않는다. 지금 젊은이들은 이런 학문을 연구하지 않기 때문에 믿지 않는다.

---

16 수행을 하면 오행의 범주 밖에서 존재하기 때문이다.
17 성욕과 관련된 살로, 남자는 호색하는 성질이 있어 주색잡기에 빠지고, 여자는 음란한 성질 때문에 한 남자로 만족하지 못하는 운을 부른다고 한다.

12지지와 인간의 본성

12지지(띠)는 서로 상생상극하고 또 띠마다 모두 다른 에너지장을 가지고 있다. 상극이란 당신 곁에서 당신과 서로 극하는 사람을 말한다. 여기서 말하는 '극克'이란 당신의 에너지장과 상극되는 것을 말한다. 광光으로 비유하면, 상대방의 광이 당신의 광을 방해하고 파괴하며 약화시키고, 당신의 광을 막아서 밖으로 나오지 못하게 한다. 결국 당신의 두뇌가 무뎌지면서 지혜문이 열리지 못하는 것이다.

반대로 주변에 상생相生하는 사람이 있다면 서로 에너지장을 보충하는 작용을 한다. 왜 어떤 사람은 초면인데도 인연이 깊은 것처럼 느껴지는가? 그의 에너지장과 당신의 에너지장이 잘 어울리기 때문이다.

오행 밖으로 벗어나야만 비로소 주변의 모든 사람과 화합할 수 있다. 세간에는 이에 관한 책들이 참 많지만 알아보지 못한다. 사실 아주 간단한 이치인데 문자로 해석하면서 아주 복잡하게 된 것이다. 12띠는 불문에서 말하는 '십이연기'와 완전히 일치된다. 왜 불교의 발원지는 인도이고 12띠의 발원지는 중국인데, 이 둘이 이와 같이 완전히 일치되고 내재한 본질도 이렇게 비슷한가?

12띠의 첫 번째 자리 '자子'시(밤 11~새벽 1시)는 하루에서 가장 어둡고 깜깜한 시각이다. 불교의 '12인연'에서는 '무명無明'을 첫자리에 놓는다. 왜 무명을 첫자리에 놓는가? 무엇을 무명이라고 하는가? 내심이 어둡고 깜깜해서 사리가 명확하지 못하며 지혜문이 막

힌 것을 무명이라고 한다.

띠마다 모두 자기의 본성과 천성 그리고 개성과 습성을 가지고 있다. 이런 '성性'들은 모두 다 다르다. 옛날의 제자백가諸子百家들은 사람의 '성'에 대해 아주 투철하게 논술하였다. 가장 대표적인 사람이 공자, 맹자, 순자, 고자告子이다.

공자는 "인간성은 선량하지도 않고 악하지도 않다."라고 말했고, 맹자는 "인간성은 선량하다."라고 말했다. 순자는 "인간성은 악하다."라고 말했고, 고자는 "인간성은 선하기도 하고 악하기도 하다."라고 했다. 그들은 서로 치열한 논쟁을 하였고 몇천 년 동안 그들을 따르는 사람들도 많았는데 저마다 모두 자기의 주장을 펼쳤다.

옛날에는 문파끼리 편견이 아주 심했기 때문에 서로 왕래하지 않았다. 혹은 어느 누가 상대방 문파를 배우고자 하면 스승의 문하를 배신한다고 하였다. 그러므로 우물 안 개구리처럼 자기의 식견이 제일이라고 한 것이다. 그 후 사상을 개방하는 과정에서 제자백가의 사상을 전면적으로 연구하게 되었는데, 제자백가 사상가들이 말한 내용이 모두 정확하다는 것을 알게 되었다. 다만 다른 각도와 차원에서 연구하고 찬술되어서 다르게 보일 뿐이다.

맹자께서 말한 "인간성은 선하다."라는 말은 사람의 본성을 말한다. 이것은 불교에서 말한 "사람마다 모두 불성이 있다."라는 것과 같다. 범부의 측면에서 불성이 일어날 때 나타나는 현상으로 말한, '불성은 착한 것'과 같은 뜻이다.

다른 세 문파는 천성과 습성 그리고 개성에서 모두 자기의 주장을 논술하였다. 사람의 '습성'으로 말하면 '악惡'하다고 할 수 있다. 사람마다 모두 나쁜 습성에 물들기 쉬운 것이다. 하지만 사람의 천성은 선도 아니고 악도 아니며, 선하기도 하고 악하기도 하기 때문에, 착한 사람을 따르면 착해지고 악한 사람을 따르면 악한 사람이 된다. 소수를 제외하면 사람들은 주변 환경의 영향을 받기 마련이다.

편벽되지 않게 많은 수행법을 공부하라

범부들에게는 몽매함을 일깨워주는 스승이 아주 중요하다. 만약 최초의 식견에 착오가 생긴다면 평생 고치지 못하고, 심지어 다음 생에도 영향을 미친다. 그러므로 불문에서 수행의 첫걸음은 무명을 타파하는 것이고, 그래서 무명을 첫자리에 놓은 것이다. 그래서 조사님들은 "백 날 천 날 동안 깨달음을 얻지 못하더라도 단 하루라도 마魔에 홀리면 안 된다."라고 말씀하신 것이다.

부처님은 아주 밝음을 잘 열어주신다. 제자들로 하여금 각 곳을 돌아다니면서 배우도록 하고 한 사람의 스승만 따르라고는 하지 않으셨다. 스승마다 모두 자기의 독특한 사상체계가 있기 때문에, 제자들의 학식과 식견을 높이는데 아주 도움이 된다.

나는 제자들이 배우는 내용이 많아 갈피를 잡지 못하고 극단으로 나갈까봐 두려운 것이 아니라, 배운 것이 너무 적어서 극단으로 나갈까봐 두렵다. 불문에서 말하는 '문자장文字障(문자로 인한 장애)'

이라는 것은 배운 것이 너무 적어서 생긴 것이다. 배운 것이 많고 통달하면 갈피를 잡지 못할까 근심하지도 않고 장애가 생길까봐 두렵지도 않다.

대부분의 스승들은 제자들에게 한 집의 말만 들으라 하고, 한분의 스승만 따르라고 한다. 이렇게 하면 제자들은 한정되어 쉽게 극단으로 나아간다. 부처님은 우리들에게 "많은 수행법을 모두 다 배울 것을 맹세하라."라고 말씀하셨지 단 한 가지만 배우라는 말씀은 하지 않으셨다.

단계별로 심신의 반응도 다르기 때문에 대처하는 방법도 다르다. 한 가지 수행방법에 통달하면 그 밖의 다른 방법도 모두 사용할 수 있다. 예를 들어 선禪을 배우고 통달하면, 정토종을 배우든 밀종을 배우든 모두 마음으로 체득해서 응용해 쓸 수 있다.

독경을 하되 그 뜻을 깨우쳐라

수행은 지혜도 중요하지만 의지력도 중요하다. 지혜만 있으면 견도見道할 수 있지만 성도成道하기는 어렵고, 의지력만 있으면 도는 수련할 수 있지만 견도하기 어렵다. 그러므로 수행은 지혜뿐만 아니라 의지력도 있어야 한다.

경전이란 본래 우리들의 수행을 이끌어주는 것인데, 여러분들은 일 년 내내 단 한 권의 경전만 읽을 뿐 불교의 교리를 연구하는데 힘을 쏟지 않는다. 육조께서는 "독경을 오랫동안 했는데도 뜻을 모르면, 그 뜻과 원수가 된다(경전의 내용을 잘못 이해함으로써, 잘못 이해한 경전의 뜻이 독경을 한 사람에게 잘못된 행동을 하게 함)."라고 말씀하셨다. 독경을 아무리 많이 해도 의미를 모르면 무슨 소용이 있겠는가? 독경은 읽는 속도가 빠르기 때문에 생각할 새도 없이 읽고 지나가버린다.

모든 경전이 이치와 경계를 논술하였다. 다만 기술내용이 다른 것은 각기 다른 입장에서 논술하였기 때문이다. 후에 부처님은 사람들로 하여금 이해하고 깨닫기 쉽게 하기 위해 각기 다른 시기에 각기 다른 방식으로 말씀하셨다. 그랬더니 사람들이 부처님의 말씀에 교파를 나누고 구분하게 되었다. 그 당시 부처님은 이런 것들을 생각지 않으시고, 단지 중생들의 필요와 요구에 따라 말씀하셨을 뿐이다.

후세 사람들이 부처님께서 일생동안 각기 다른 단계에서 하신 말씀을 정리하였는데, 겉으로는 모두 독경하고 불교교리에 대해 연구하는 것 같이 보였지만 부처님의 본래의 뜻을 망쳤다.

어떤 일이든 틀에 맞춰 넣으면 사상이 한정되어 빠져나오지 못한다. 이를테면 중국의 전통적인 아동교육은 『삼자경三字經』, 『백가성百家姓』, 『천자문千字文』을 낭독하게 하고 암송하게 하는 것이다. 중국의 아동교육은 이와 같이 틀에 고정되어 있다. 뿐만 아니라 이런 교육방식은 몇천 년을 내려오면서 지금까지 계속되고 있다. 어린이들이 당시唐詩를 몇 수만 낭독해도 부모들은 기뻐서 어쩔 줄 모른다. 하지만 부모들은 이런 시 몇 수가 어린이들의 영성의 지혜를 덮어버린다는 것을 모르고 있다.

서구의 교육방식은 어린이들로 하여금 자유롭게 발전하게 한다. 어린이들에게 충분히 자성의 지혜가 나타날 수 있도록 가르치는 것이다. 역사적으로 크게 성취한 사람들은, 전통적인 교육방식에 의해서가 아니라 자기만의 독특한 사유방식에 의해서이다.

현재의 불교 특히 중국불교는 큰 절이든 작은 절이든 간에 아침예불과 저녁예불을 하고 「능엄주」를 독송한다. 하지만 한평생 「능엄주」를 독송해도 그 뜻을 모르는 사람들이 아주 많다. 어떤 사람들은 아예 "뜻을 알 필요가 없고 단지 읽기만 하면 된다!"라고 한다. 이렇게 평생 독송 해봐야 무슨 소용이 있는가? 재앙은 소멸할 수 있을 것이다. 하지만 그 뜻을 알고 독송한다면 그 작용은 더 무궁해질 것이다.

주문을 독송해서 지혜문을 연 사람은 거의 없다. 지혜문을 열 수 없는 것이 아니라, 경장經藏(여기서는 불교교리를 담은 서책)에 깊이 빠져서 선정수련을 하지 않기 때문에 지혜문이 열릴 수 없는 것이다. 산만한 마음으로 독경해봐야 형식에 불과하다.

노력에 따라 운명도 바뀐다

지금 사회에는 점보는 방법, 관상보는 방법, 예측하는 방법을 강의하는 학원들이 도처에 있다. 그들은 모두 문자로부터 시작하기 때문에 일정한 수준이 되면 더는 연구하지 못한다. 지금 사람들은 옛날 사람들처럼 깊은 선정공부로 사물의 본질을 깨치면서 느끼는 것이 아니라 표면적인 것만 보는 것이다.

중국의 음양오행을 연구하고 싶다면 우선 기본이론을 공부한 뒤에 선정공부를 통해 안팎으로 공부하고 탐색해야만 통달할 수 있게 된다. 이를테면 12띠의 첫 번째는 쥐띠인데, 쥐띠는 재정관리를 잘 하는 재간이 있다. 아주 꼼꼼하게 먹고 입고 쓰는 것을 따지고, 충실하게 모든 물건을 사용하고 절대 낭비하지 않는다. 사람들 눈에는 별 쓸모없는 작은 물건이지만 그것을 모아두었다가 다시 쓰는 것이다.

사상에 변화가 생기는 이유는 환경의 영향이다. 그렇지만 사람의 행위를 주재하는 것은 여전히 그 사람의 본질이다. 중요하지 않은 일에서만 습성의 지배를 받는 것이다. 평상시 행동이 아주 좋거나 혹은 아주 나쁜 사람들을 자주 보게 된다. 하지만 이런 사람들은 중요한 일에서는 평상시와 완전히 다른 행동을 한다. 이때는 바로 그 사람의 본성이 작용했기 때문이다.

불문에서 "법은 고정된 법이 없다(法無定法)."라고 말한다. 아무리 운세를 잘 본다고 해도 완전히 정확하게 보지는 못한다. 사람의 생각은, 앞의 것과 뒤에 오는 생각이 완전히 같을 수 없기 때문에 그에 따르는 결과도 같지 않기 때문이다. 이를테면 출가한 스님들이 세속에 나가면, 점쟁이로 생각하고 자신의 운세를 봐달라 하고, 혼인·가정·사업 같은 것을 봐달라고 한다.

그냥 책에 나오는 대로 "정월에 태어난 쥐띠는 아주 귀한 운명이고 벼슬할 수 있다."라고 말한다. 이런 사람은 확실히 이런 경향을 가진 운명이다. 하지만 사람의 생각은 잠깐 사이에 천번만번 변한다. 착한 일도 할 수 있고 악한 일도 할 수 있기 때문에, 전생에서 가지고 온 팔자의 운명을 바꿀 수 있다. 그래서 어떤 사람은 마땅히 벼슬할 운명인데 벼슬을 못하게 된다. 그렇다면 이 사람의 운명을 잘못 본 것이 아닌가!

공의 마음으로 대하라

옛날에 "사미승이 개미를 구했다."는 이야기가 있다. 꼬마 사미승이 아주 무심한 상태에서, 바로 무심무주無心無住의 상태에서 개미떼를 구하였다. 바로 '공空'의 마음으로 일했기 때문에 자연스럽게 우주의 힘과 융합해 한 몸이 된 것이다.

우주의 힘은 무한하다. 그러므로 비록 작은 선행이지만 불가사의한 공덕을 얻게 됨으로써, 사미승의 인과를 바꾸고 전체적인 운명을 바꾼 것이다. 만약 고의적으로 집착해 이런 일을 하였다면 그 공덕이 많이 줄어들 것이다. 왜냐하면 상相에 머물러서 일하였기 때문이다. 상은 한계가 있기 때문에 얻는 힘에도 한계가 있다.

조사님들은 이런 이치를 깨달았기 때문에, 후대 사람들에게 "하등인은 생김새(상相)를 보고 사람의 운명을 알고, 중등인은 정신(신神)을 보고 사람의 운명을 알며, 상등인은 '마음(심心)'을 보고 사람의 운명을 알아서 봐준다."라고 하였다. 우리들도 가장 상등의 방법으로 사람들에게 나쁜 일을 하지 말고 좋은 일을 많이 하며, 살생하지 않고 고기를 먹지 않으면 가장 좋은 방생이라고 말해야 한다.

　전에 내가 이런 이야기를 하였다. 활불이라 불리는 친구와 법왕이라고 불리는 친구가 있었는데, 그날 오전 열시에 나와 같이 방생하게 되었다. 방생이 끝난 다음 같이 점심식사를 하였는데, 그 활불과 법왕이라는 두 친구가 배가 실컷 부를 때까지 닭고기며 오리고기를 먹었다. 그것을 본 내가 "나는 날마다 방생하지 않지만 날마다 방생하고 있다. 하지만 너희들은 날마다 방생하지만 날마다 살생하고 있다."라고 하였더니, 그들이 "당신은 방생도 하지 않았는데 어떻게 방생한다고 하는가?"하였다. 그 말에 "나는 날마다 채식하기 때문에 날마다 방생하는 것이지만, 너희 둘은 날마다 고기를 먹기 때문에 날마다 살생하는 것이다."라고 하였다.

　그들은 "우리들이 그들을 먹어주면 그들이 제도되는 것이다."라고 궤변詭辯을 늘어놓는다. 그래서 내가 "왜 먹는 방법으로 그들을 제도해야 하는가? 그들을 방생하고 그들을 위해 독경하면 더 좋게 제도가 되지 않겠는가? 먹을 욕심이 아니고 무엇인가?"하였다. 그들은 계속 구실을 만들어 자기들을 위해 변명하였다.

　소위 수행이 높다고 하는 사람들이 동물의 고기를 먹는 방법으로 그들을 제도한다고 한다. 세상에는 제도하는 방식이 많고 많은데, 왜 하필이면 배를 채우는 방식으로 제도해야 하는가?

　심지어 고기를 안 먹고 결혼도 안 하는 스님들을 보면 수행이 높지 못하고 세속을 초월하지 못했다고 한다. 반대로 고기도 먹고 결혼도 하는 출가인들을 수행도 높고 초월하였다고 한다. 거꾸로

된 것이다. 초월하였다면 어째서 부부생활을 해야 하고 고기를 먹어야 하는가? 이것은 초월하지 못하였다는 것이 아닌가!

우리들은 하루 세 끼를 필요로 한다. 하지만 배가 고프지 않으면 먹지 않아도 된다. 음식을 초월하면 먹지 않아도 되듯이, 배가 고프지 않은데 왜 기어이 먹어야 되는가?

지혜의 문을 열려면 대정에 들어가야 한다

초월하지 못한 것은 나쁜 일이 아니다. 자기는 초월했다고 하면서 초월하지 못한 행동을 하는 것이 나쁜 것이다. 사람은 본래 욕계천에서 왔다. 그러므로 욕망을 초월하기 아주 어렵다. 예를 들면 일과一果와 이과二果의 나한도 또다시 욕계로 돌아가야 하고, 삼과三果18의 나한을 '불래不來(사바세계에 다시 오지 않는다)'라고 하지만 무색계로 돌아가야 한다.

우리들의 내심이 얼마나 초월하였는가는 자기 자신이 제일 잘 안다. 책을 보며, 자기의 선정공부가 어느 차원이고 몇 층의 천天에 있는가를 찾아볼 필요도 없다. 조금만 신경 쓰면 자신이 범부가

---

18 아라한이 되는 4단계 : 1과 수다원은 미혹을 끊음으로써 성자의 대열에 들어선 사람. 2과 사다함은 탐욕과 증오와 미망을 줄임으로써 한 번 다시 태어나면 다시는 재생하는 일이 없는 사람. 3과 아나함은 욕계欲界의 번뇌를 모두 끊음으로써 결코 다시 태어나는 일이 없는 성자로, 죽은 다음 색계나 무색계에 태어나 아라한의 경지를 이룬다. 4과 아라한은 고귀한 사람 또는 완전해진 사람으로, 존재의 본질에 대해 깊이 통찰함으로써 열반 또는 깨달음에 이른 사람이다.

틀림없다는 것을 발견하게 된다. 사람들에게 속임 당하는 것이 아니라 자기에게 속임을 당한 것이다.

사람들이 출가한 사람들을 '스님(師父:중생을 이끄는 스승)'이라 하고 '법사法師(석가모니불의 수련방법을 가르쳐서 중생을 불문으로 이끄는 스님)'라고 하는데 부끄러운 마음이 있어야 한다. 우리들이 어떤 마음상태와 어떤 경계를 구비하였다고 '법사'라고 하는가? 자세히 살펴보면 어느 하나도 구비하지 못하였다.

사실 지혜에서 생기는 즐거움은 선정 중에 생기는 즐거움을 훨씬 초과한다. 하지만 여러분은 길을 잘못 들어서서 선정에서 생기는 즐거움만 추구하고 지혜에서 생기는 즐거움을 소홀히 한다. 즐거움이 오랫동안 유지되려면 반드시 지혜문을 열어야 한다. 지혜문이 열리면 산만한 상태에서도 즐거움이 있을 수 있고 즐거움도 영원히 존재하게 된다.

하지만 선정 중에 생기는 즐거움은 오래가지 못하고 아주 미세하며 선정에서 나가면 바로 사라진다. 세상사를 겪으면서 마음을 연마하는 목적은 지혜문을 열어 즐거움을 얻기 위한 것이다. 좌선한다고 하지만 하루에 몇 시간 정도를 할 수 있는가? 두 시간만 앉아도 몸이 아파서 이를 악물어야 하지 않는가? 지혜문이 열려서 즐거움이 생기면 어떻게 몸이 아플 수 있겠는가?

불교에서 정定(삼매)과 혜慧(지혜)를 함께 수련한다고 말하지만, '혜'는 '정'보다 쉽게 생기고 '정'에 들어가기는 쉽지 않다. 일반적으로 세간의 지혜를 얻고자 하면 대정大定(깊은 삼매)에 들어갈 필요가 없다. 하지만 불경의 진면목을 알아보려면 반드시 큰 지혜문이 열려야 한다. 큰 지혜문을 열려면 반드시 대정에 들어가야 한다.

❸ 부귀하면 도를 수련하기 어렵다

'대활불大活佛'이라고 칭송되는 사람들은 모두 가짜이다. 하지만 그들의 복보福報는 진짜이다. 복보가 있어야만 '활불'이라는 칭호를 감당할 수 있다.

복보는 어떻게 오는가? 세세생생에 걸쳐 보시하는데서 온다. 이 복보를 절대로 얕잡아 보지 마라! 복보가 없으면 어떤 일이든 성사하지 못한다. 복보가 있어야만 신의 도움을 받게 되고 소원을 성취할 수 있다.

하지만 생사는 해탈하지 못한다. 왜냐하면 집착하는 것이 많고 눈앞의 안락한 생활에 미련을 두면 보리심이 생기지 않기 때문이다. 오직 가난해야만 생사를 끝마칠 수 있다. 그러므로 불문에서는 "부귀하면 도를 수련하기 어렵다."라고 하는 것이다.

제 2부 식견의 중요성

1강
성불수행은 자기의 부처님사상이 있어야 한다

이번 생이 마지막 생이라고 생각하라

1990년 민남 불교대학에서 공부할 때 여름방학을 이용해 공유 큰스님을 찾아 친견하였다. 그분을 보고 나는 "즉신성취即身成就(이번 생에서 지금 가지고 있는 이 몸으로 성취함) 하겠습니다."라고 말씀드렸다. 이 소리를 들은 그분은 "허황한 망상을 하다니! 불문에서는 3대 아승지겁阿僧祇劫을 말한다. 네가 어찌 이번 생에서 성취한다고 생각하는가?"라고 말씀하셨다. 그 말에 나는 "이번 생은 저의 마지막 생입니다. 큰스님께서 어찌 제가 3대 아승지겁을 겪지 못했다고 하십니까?" 하였더니 그분은 눈을 크게 뜨면서 쏘아보셨다. 내가 궤변을 늘어놓고 있다는 것을 아신 것이다.

그렇지만 나는 지금의 소원을 다음 생으로 넘기지 않는다. 수행자는 반드시 이런 담력과 패기가 있어야하고 지금 생이 마지막 생이라고 여겨야 한다. 이번 생에서 반드시 삼계를 초월하고 성불한다고 굳게 믿어야 한다. 누구나 할 것 없이 모두 이번 생에서 성취하겠다고 마음먹으면 이번 생에서 성취할 수 있다. 만약 다음 생에서 성취하겠다고 한다면 이번 생에서는 희망이 없다. 그럼에도 불구하고 극히 적은 사람들만이 이번 생에서 성취하겠다고 생각한다.

많은 사람들이 그릇된 마음상태를 가지고 있다. 그릇된 마음상태가 생기는 원인은 편견 때문이다. 특히 정토종을 수련하는 사람들은 모두 임종 때에 극락세계의 방편유여토[19]에 왕생할 것을 희망한다. 심지어 범성동거토에 살기를 희망하기도 한다. 어째서 희망을 이번 생에 두지 않는가? 이것은 근기根器 문제이다.

본래 선종은 미래 또는 임종 때에 성취하겠다고 희망하지 않는다. 과거도 없고 미래도 없으며 오직 지금 뿐이다. 만약 매 순간마다 각성할 수 있다면 그것이 바로 부처이다. 하지만 이렇게 하는 것은 어려운 일이다. 지금 순간은 각성할 수 있지만 다음 순간에서는 갈피를 잡지 못할 수도 있다.

자기만의 부처님사상이 있어야 한다

선종과 밀종의 조사들은 사람들에게 '왜 성불수행을 하느냐?'고

---

19 천태종의 4토 : ① 범성동거토凡聖同居土 : 범부와 성자聖者가 섞여 사는 국토. ② 방편유여토方便有餘土 : 방편도方便道인 공관空觀과 가관假觀을 닦아서 견혹見惑과 사혹思惑을 끊은 사람이 사는 곳으로 아직 무명 번뇌가 남아있다. ③ 실보무장애토實報無障礙土 : 중도관中道觀을 해서 무명을 끊고서 얻는 국토. ④ 상적광토常寂光土 : 법신여래와 자수용보신自受用報身의 국토.

종종 묻는다. 이 질문에 대해 우리도 생각해 보아야 한다. 지금 속으로 생각한 그 답이 바로 그 사람의 근성을 말해준다. 옛날 사람들도 모두 같은 답을 말하지 않았다. 왜 같은 일과 사물을 마주할 때 판단이 서로 다른 것일까? 사람마다 자기의 식견이 있기 때문이다.

대다수 사람들은 성불수행을 한지 10년, 20년이 되어도 자기의 부처님사상이 없고, 다른 사람의 부처님 사상을 배우고 있다. 어쩌다 어떤 사람이 자신만의 부처님사상이 있다고 하면 그것을 사문외도라고 말한다.

어떻게 조사·대덕님들은 자신만의 부처님사상이 있을 수 있었는가? 그때 당시 많은 조사·대덕님들도 사문외도라고 낙인이 찍혔다. 청나라 때『심등록心燈錄』을 쓰신 담우湛愚노인은 큰 성취를 이룬 분이셨지만, 옹정雍正황제는 이 책을 사문외도라고 하며 인정해 주기를 싫어하였다. 그리하여 이 책은 첫 번째 금서가 되었다.

사람들은 늘 남의 생각을 사지사견邪知邪見(어긋나고 치우친 지식과 견해)이라고 평가한다. 자기는 깨달음도 얻지 못하면서 무슨 근거로 남을 그렇게 폄하하는가? 깨달은 사람들이 쓴 책은 모두 그 나름대로 성불수행의 체득이고 사상이다. 자기는 그런 것도 없으면서 창피한 줄 모르고 도리어 남을 틀렸다고 한다. 성불수행을 하였는데 어째서 자신만의 부처님사상이 있으면 안 되는가? 반드시 본인들이 이해한 싯다르타의 사상만이 정확하고 다르면 틀렸다는 것인가?

어떤 사람이 나에게 이런 말을 하였다. "대장부는 원래 충천沖天

하는 뜻이 있으니 여래가 걷던 길을 걷지 마라."[20] 성불수행을 하는 사람들은 모두 자기의 견해가 있어야 한다. 단지 당신이 이해하는 부처님사상만 정확하고 당신 것과 부합되지 않는다고 사문외도라 여겨서는 안 된다. 많은 보살님들과 조사·대덕님들은 모두 자기만의 부처님사상이 있었다.

나의 공부만이 진리는 아니다

성불수행을 하는 대부분의 사람들은 자기와 다른 길을 걷는 사람을 틀리다고 생각하고, 성불수행을 하지 않으면 가여운 사람이라고 생각하는데 나는 이렇게 생각 하지 않는다. 뿐만 아니라 성불수행을 하라고 권하지도 않는다. 자기만의 사상을 말할 수 있어야 하고 사람들에게 인정을 받아야 한다.

예로부터 각 종교는 자기 교파의 성인이 제일이고 지고무상至高無上이라고 한다. 기독교는 예수가 제일이라고 하고, 이슬람교는 무하마드가 제일이라고 하며, 도가는 노자를 제일이라 하고, 유가는 공자를 제일이라고 한다.

나는 혹시 내가 석가모니 부처님을 존중하지 않고 따르고 있지 않은지 내심세계를 분석해 보곤 한다. 나는 부처님을 제일로 여기지만 다른 사람이 제일로 여기는 그 종교의 성인을 부정하지는 않

---

[20] 大丈夫自有冲天志 不向如來行處行.

는다. 또 성불수행을 하지 않는 사람들을 가엽다고 생각하지도 않는다.

나는 『성경聖經』, 『도덕경道德經』, 『코란경(古蘭經)』, 『사서四書』를 모두 읽어 보았다. 그분들은 모두 성인이고 대단한 분들이며 존경할 만한 분들이다.

사람들은 모두 자기 집의 참외가 제일 달다고 외친다. 출가하기 전 집에 있을 때 나도 참외를 심어보고 팔아 보았다. 하지만 나는 단지 맛만 보라고 했을 뿐 나의 참외가 제일 달다고 하지 않았다. 또 맛을 보지 않으면 그만이고, 억지로 맛보라고 하지도 않았다.

인연에 따라 나아간다

나는 성불수행을 시작한 지 이미 십여 년이 넘었다. 하지만 적극적으로 중생을 제도하지 않았다. 인연에 따라 제도해야 하는 일도 싫어하였다. 어떤 때는 인연이 되어 찾아온 사람도 밀쳐냈다. 왜냐하면 그들은 잘 살았고 이제껏 고통을 느끼지 못하였는데, 구태여 사바세계가 고통스러운 불구덩이라고 말해 줄 필요가 없었던 것이다.

말을 듣고 사바세계가 고통스럽다고 인정할 수도 있고 인정하지 않을 수도 있다. 많은 사람들이 찾아다니며 말해주는 방식으로 중생제도를 한다. 찾아다니면서 선전하는 사람들을 보면 감탄하지 않을 수 없다. 하지만 나는 이렇게 할 생각이 없다.

한 친구가 나에게 무문관수행에 성공하게 된 힘이 무엇이냐고 물었다. 나는 "특별한 힘은 없었는데, 옛날 사람들의 방법대로 동굴에 들어갔더니 무문관수행에 성공하게 되었다."라고 하였다.

지금의 무문관센터(대규모의 단체 무문관수행터)를 창건할 때도 발원이라는 것이 없었다. 그때는 아마도 나의 마음보가 작았지 싶다. 무문관센터 인근에 사는 사람들이 동굴 근처로 와서 도끼질을 해서 땔감을 만들고, 폭약을 터뜨려서 돌을 캐며, 산불을 놓아 화전을 일궜다. 그것을 본 나는 당신들이 이렇게 하면 이곳의 자연풍광이 파괴되니 그러지 말라고 하였다. 그들이 대답하기를, "이 산은 너의 산이 아니라 우리 산이다. 어째서 남의 일을 간섭하느냐!"라고 말했다.

나는 너무 화가 나서 그만 그 산을 사버렸다. 산은 샀는데 무엇을 해야 할까? 이렇게 생각하다가 아예 무문관센터를 세워야겠다는 생각이 들었다. 모든 것은 이렇게 인연의 힘에 의해 추진되어 가는 것이다.

출가한지 십여 년을 돌이켜 보면, 모든 일이 어떤 힘에 의해 추진되어갔다. 옛날 사람들은 "인연을 따르면 과거의 업이 소멸된다."라고 말했다. 내가 지금 과거의 업을 소멸하고 있는지 아니면 새로운 재앙을 만드는지 알 수 없다. 국내의 상황을 보면 아직까지 무문관센터를 만든 사람이 없다. 이 일을 잘 해보고 싶지만 잘 될지 모르겠다. 무문관센터를 만들기는 쉽지만 대중들을 이끌어 수행하는 일은 어렵기 때문이다.

사람들은 "100사람이 무문관수행을 하면 99명은 착마着魔(귀신에

홀림)가 된다."라고 말한다. 사실 무문관수행을 한다고 착마가 되는 것은 아니다. 어떤 경계가 나타날 때 집착하지 않는다면, 설령 착마한다고 해도 당신에게 이익이 생긴다. 결국 집착하냐 집착하지 않냐에 달린 것이다. 집착하면 마가 들어오고 집착하지 않으면 도업道業을 쌓는다.

자기 자신부터 명확하게 이해하라

일단 중생에게 이익이 되는 일을 하겠다는 신념만 있으면, 바로 감응이 있게 되고 호법 신장님들이 나타난다. 더욱이 그 일을 위해 진심으로 마음을 다해 노력하면 천지의 귀신들도 나타나 도움을 준다.

성불수행을 하는 많은 사람들이 용천신장님(龍天護法)과 귀신鬼神이 있는지를 의심한다. 우주 만사만물은 고립되어 있지 않고 상대적으로 존재한다. 하늘이 있으면 땅이 있고, 흙이 있으면 돌이 있으며, 보이는 것이 있으면 보이지 않는 것이 있는데 어떻게 귀신이 없겠는가? 어떤 귀신은 사람이 변한 것이고, 어떤 귀신은 정령들이 수련해 된 것이다.

성불수행은 다른 일과 다르다. 세상의 모든 일은 밖에서 찾지만 유독 성불수행을 하고 도를 수련하는 것만은 안에서 찾아야 한다. 밖에서 하는 일은 쉽지만 안에서 하는 일은 어렵다. 사람에게 가장 어려운 일은 바로 자기를 이해하는 일이다. 다른 사람도 이해하지 못하는데 어떻게 자기를 이해할 수 있겠는가? 자기를 이해할 수 있다면 다른 사람을 이해하는 것은 쉬운 일이다. 옛날 사람들은 모두 자기를 이해한 다음 다른 사람을 이해하고자 하였다.

성불하려면 우선 자기부터 명확하게 이해해야 한다. 어떤 사람은 "자기를 이해하는 일이 무엇이 어려운가?" 하겠지만 자기를 이해한다면 성불수행에 이미 입문한 것이다. 자기를 이해하지 못하기 때문에 성불수행도 어려운 것이다. 자기에 대해 글을 써서 분석해 보면 어떤 유형의 사람인지 알 수 있다. 그다음에 자기에 대한 주변 사람들의 평가를 들어 보면 자신의 생각과 다르다는 것을 알 수 있다.

부처님은 자기를 철저히 이해한 다음 중생을 이해했다. 이 두 가지 이해(자기의 이해와 중생에 대한 이해)가 결합해 하나가 될 때 중생과 화합되어 한 몸이 되는 것이다. 그래서 부처님은 중생들과 소통할 수 있다. 우리들은 매일 부처님과 소통할 것을 갈망하지만 자기 주변에 있는 부모와 중생과는 소통하기 싫어한다.

오늘 내가 친구들에게 전화 두 통을 받았는데, 모두 같은 문제였다. 자기들은 다른 사람을 잘 이해하는데 사람들은 자기를 이해하지 못한다며 울며 하소연하였다. 내가 말해주었다. "진짜 네 말대로 네가 다른 사람을 이해한다면 그들과 소통할 수 있다. 하지만 너의 생각처럼 사람들이 너를 알아주지 않았다면, 실제로는 사람들을 이해하지 못하기 때문에 울고 있는 것이다. 그렇지 않고 서로 이해가 되었다면 당신은 웃음이 나왔을 것이다." 우리도 마찬가지이다. 다만 걷는 길이 다를 뿐이다.

수행이란 중생과 접촉해야 하고 중생과 화합해 한 몸이 되어야 한다. 중생이 우리를 성취시켰기 때문이다. 중생이 없다면 무상의 보리(無上菩提)도 있을 수 없다.

2강

수행자는 자기를 관리할 줄 알아야 한다

스스로 깨닫고 관리해야 고칠 수 있다

부처님을 믿고 성불수행을 하면서 힘이 든다는 느낌이 없는가? (누군가 대답한다 : 처음에는 힘들었는데 지금은 괜찮습니다.)

무엇 때문에 힘들었다고 생각하는가? 부처님을 믿는 일에는 어떤 행동도 할 필요가 없다. 다만 천당 지옥이 있고, 인과가 있고, 육도윤회가 있다는 것만 믿으면 된다. 하지만 성불수행은 실질적인 행동이 있어야 한다. 아울러 일상생활 가운데에서 체험되어야 하고 실제 활동 가운데서 확실하게 해야 한다.

지금 모두 성불수행을 한다는데 도대체 무슨 수행공부를 하고 있는가? 어떻게 해야만 성불수행을 한다고 할 수 있는가? 왜 성불수행은 자유롭거나 쉬운 일이 아니며 힘든 일이라고 하는가? 술과 담배에 중독된 사람에게 강제로 끊으라고 하면 매우 힘들어 하고 고통스러워한다. 하지만 스스로 느낀 바가 있어서 술과 담배를 끊으면 그 마음상태는 강제로 끊으라고 한 것과 완전히 다르다.

여러분들은 성불수행을 하러 여기에 왔지만, 자기 몸에 배인 각종 습성과 버릇을 변화시키려 하지 않는다. 혹 변화하더라도 그 변화하는 속도가 매우 느리다. 그래서 나는 종종 여러분들을 나무란다. 회초리를 들고 벌하지 않았을 뿐이다.

어째서 자기 몸에 배인 각종 습성을 없애는 것이 이리도 힘든 것인가? 스스로 생각해 자기 자신이 고치려고 하면 순조롭게 바꿀 수 있지만, 스승이 강압적으로 바꾸라고 하면 고치지 못한다. 우리 자신이 진보를 갈망하고 열심히 고치면 그 속도는 빠르겠지만, 스승이 반복적으로 진보하라고 강조하면 진보할 수 없다. 억지로 약간의 진보가 있을지라도 그것은 아주 고통스러운 과정일 것이다.

마치 용수철을 누른 것처럼, 스승이 없는 자리에서는 용수철이 튕겨져 원래자리로 되돌아 올 뿐만 아니라 오히려 원래보다 퇴보하게 된다. 그래서 스승이 진보하라고 강박하면 진보할 수 없을 뿐만 아니라 불가능하다. 수행자는 반드시 자기관리를 할 줄 알아야 한다. 그것은 스스로 자기를 관리하는 것이지 핍박에 의해 자기를 관리하는 것이 아니다.

나의 경험을 말하자면, 나는 13살에 외가에서 나와서부터 자신을 관리하기 시작하였다. 16~17살 즈음에 출가하였는데, 그때 역시 나 자신이 스스로를 관리하였고 이후로 다른 사람의 간섭이 없었다. 어떤 단체에 가든지 규범을 벗어나지 않았으며 사람들과 잘 어울렸다. 단체라는 것은 나 하나가 더 있다고 커지는 것도 아니고 나 하나가 없다고 작아지는 것도 아니다. 그래서 나는 어떤 곳에 가든지 아주 편했다.

나는 하고 싶은 일은 하고 가기 싫은 곳은 가지 않는다. 어떤 사람들은 가기 싫은 곳도 가고 하기 싫은 일이라도 계속한다. 한평생 살면서 자기가 하고 싶은 일을 한다는 것은 행복한 일이다. 하기 싫은 일을 억지로 한다는 것은 정말 괴로운 일이다.

마음이 시키는 대로 무문관센터를 창건하다

이 무문관센터(대규모 단체 무문관수행터)를 창건할 때 몇십 명이 해야 하는 일을 나 혼자서 도맡아 하였다. 물론 초기공사를 시작할 때 공사를 지휘하는 팀을 만들고 여러 사람이 같이 하면 좋겠지만, 사무비용, 접대비용, 교통비용 등등 갖가지 비용이 굉장히 많이 든다. 그래서 나 혼자서 모든 일을 도맡아 하게 된 것이다. 비록 몸은 많이 힘들었지만 마음은 힘들지 않았다. 힘들 때는 다리도 아팠지만 아침에 일어나면 정신이 번쩍 들었다. 이 무문관센터를 창립하는 일은 내가 하고 싶고 즐거워서 하는 일이기 때문이다.

어떤 사람은 한평생 많은 일을 한다. 하지만 나는 둔한 사람이기 때문에 함부로 어떤 일을 해야겠다는 마음을 내지 못한다. 출가하는 것도 3년이나 망설이다가 출가하였다. 하지만 출가한 다음 한 번도 환속하겠다는 생각을 가져 본 적이 없었다. 4년간 불교대학을 다니면서, 앞으로 외국에 가서 더 배울 것인가 아니면 무문관수행을 할 것인가 하는 문제를 고민하였다. 결국 무문관수행을 선택하고 동굴에 들어가 수련하기 시작하였다.

무문관수행을 마치고 중국 각지를 두루 돌아보았고 동남아 국가에도 가보았지만, 내가 무엇을 해야 되는가 하는 것이 문제였다. 노스님의 슬하에 가서 일을 볼 것인가? 아니면 어떤 절에 가서 집사를 맡을 것인가? 그것도 아니라면……. 이렇게 많은 생각을 하다가 결국은 무문관센터를 창립하고 내가 걸어야 할 길을 선택하였다. 반드시 내가 성공할 것이라는 말은 못하겠지만 결심했으면 주저없이 앞으로 나아갔다.

중국에는 아직 무문관센터가 없다. 티벳에도 단지 '선수센터(禪修中心 : 단체 참선수행원)'라는 것밖에 없다. 전에 중국의 누군가가 무문관센터를 창건하고자 하였다. 실력은 나보다 더 출중했지만 감히 시도하지 못했다. 왜 그렇게 신중해야 했는가? 100명이 무문관수행을 하면 99명은 착마着魔(마가 들림)하기 때문이다.

무문관센터를 창건한 다음 또 다시 다른 선택을 해야 한다는 것을 알고 있다. 하지만 이것은 앞으로의 일이다. 내가 하는 모든 일은 내가 즐기고 하고 싶은 일이기 때문에 어느 누구도 강제할 필요가 없다.

절진동에서 첫 번째 무문관수행을 했던 것도 스스로 선택하여 간 것이다. 조건도 나쁘고 고생스러웠지만 힘든 줄 몰랐다. 두 번째 수행터인 티벳 연화도의 조건은 더 나빴지만 힘들고 고생스럽다는 생각은 없었다. 왜냐하면 그때의 나는 이미 물질을 초월했기 때문이었다.

1997년 내가 광동성 옹원현 동화산 혜능동(혜능동굴)에서 세 번째 무문관수행을 하기로 결정했을 때 환경이 좋고 나쁘고는 고려

하지 않았다. 내가 이 혜능동을 성역화 하고자 결정하고는 삼성동 三聖洞이라고 이름을 고쳤다. 그때의 동굴 앞은 아주 가파른 산비탈 길뿐이고 마당도 없었다. 만약 그때 동화산에 있기 싫어했다면 결국 다른 곳으로 가버렸을 것이다. 하지만 여기에 남아 있겠다고 결정한 다음에는 마음을 다른 곳에 두지 않았다.

현재를 즐기며 환경에 적응하면 성공한다

사람의 생은 짧다. 백 살 넘게 사는 사람도 있지만, 당장 내일도 계속 숨을 쉴 수 있을지는 누구도 알 수 없다. 그래서 나는 미래의 일은 생각하지 않는다. 다만 오늘 하는 일에 집중하고 열심히 할 뿐이다.

과거의 아름다운 일을 추억하면 미련 때문에 집착하게 되고, 아름답지 못한 일은 유감스럽게 생각하고 후회하게 된다. 과거를 회상하는 것도 머무르는 바가 있다는 것을 의미하고, 미래를 희망하는 것은 바라는 것이 있는 것이기 때문에 역시 머무르는 바가 있는 것이다.

머무르는 바가 있으면 당하當下, 즉 '지금 당장 여기에서'를 놓아 버린다. 바라는 것도 없고 머무르는 바도 없다면 떳떳하고 자유롭게 살아갈 수 있다. 희망하고 바라는 것이 있다면 힘들게 살고 항상 자기는 남보다 못한 것 같다. 머무르는 바가 있으면 앞으로 나아갈 수 없고 더욱이 자기를 초월할 수 없다.

사람은 누구나 자기가 하고 싶은 일을 선택할 권리가 있고, 자기가 가는 길을 선택할 권리가 있다. 하지만 사람은 고립된 존재가 아니라 사회 및 단체와 밀접한 관계가 있다. 그래서 어떤 시간과 여건은 개인이 선택하거나 결정할 수 없고 주변이 선택하고 결정한다.

기왕 이렇다면 여러분과 나 그리고 모든 이들은 어떻게 해야 하는가? 답안은 두 가지다. 하나는 주변 환경을 바꾸는 것이고, 다른 하나는 환경에 적응하는 것이다. 환경에 적응했을 때, 환경이 여러분을 변화시킨 것이 아니라 여러분이 환경을 이용한 것이라는 것을 알게 될 것이다.

"적응하는 자는 생존하고 거역하는 자는 도태된다."[21]라는 말이 있다. 예로부터 어느 누구를 막론하고 환경에 대항해 이긴 사람은 없었다. 성공한 사람들은 반드시 환경에 적응하고, 시대의 발전에 순응하며, 시대와 같이 나아가야 한다는 것을 잘 알고 있었다. 모택동은 위대한 사람이다. 그는 "하늘과 투쟁해도 무궁한 즐거움이 있고, 땅과 투쟁해도 무궁한 즐거움이 있으며, 사람과 투쟁해도 무궁한 즐거움이 있다."[22]라고 말했다. 하지만 모택동은 "적응하는 자는 생존한다."는 원칙을 지키고, 항상 자기 곁에 있는 사람들과 군대에게 지역의 풍속을 따르라고 가르쳤다.

---

21 適者生存 逆者淘汰
22 與天鬪 其樂無窮; 與地鬪 其樂無窮; 與人鬪 其樂無窮.

자발적으로 수련하며 복보를 닦아라

나의 경험과 조사·대덕들의 경험에 의하면 자발적으로 발심해 도를 수행하겠다는 사람은, 3년만 꾸준히 노력하면 반드시 큰 성취가 있게 된다. 하지만 지금 십 년 이상 성불수행하는 사람들의 마음상태를 분석해보면, 부처님을 믿지 않을 뿐만 아니라 성불수행을 하기 전의 마음상태보다 더 건강하지 못하다.

여러분이 여기까지 온 수고로움만큼, 나도 항상 여러분을 나의 마음속에 넣고 이리저리 뒤척이면서 반복적으로 살펴본다. 지금 여러분은 진보하고 있지만 그 속도가 너무 느리고 힘들어 한다. 이와 같은 속도로는 열 번의 생을 지나며 수행해도 성취하지 못한다. 뿐만 아니라 다음 생에 사람의 몸을 가질 수 있을지도 의문이다. 여러분은 모두 복보를 수행하지 않았기 때문이다.

복보란 무엇인가? 십선十善을 가진 것을 말한다. 승천하려면 반드시 십선을 잘 수련해야 하고 인도人道를 잘 수련해야 한다. 이 자리에 십선을 모두 잘 수련했다고 할 사람이 있는지 모르지만, 십선을 잘 수련하지 않는다면 어떻게 승천하고 어떻게 도를 깨우치며 어떻게 생사를 해탈하고 성불하겠는가?

자신에게 엄격하라

　사람은 반드시 자기에 대해 엄격해야 하고 자신에게 분노할 줄 알아야 한다. 자기에 대한 요구가 낮고 너그럽게 자기를 대하면, 어느 누구도 자신을 다듬고 배양하지 못한다.
　인재가 될 수 있는 조건은 스승의 가르침이 아니라 자기의 노력이다. 스승은 다만 여러분을 이끌어 대문 안으로 들어가게 할 뿐이다. 스승이 이끌고 대문 안으로 들여보내주면 수행은 자기가 해야 된다. 밥을 스스로 먹어야 하듯 수행도 자기가 해야만 끝을 볼 수 있다. 진정한 수행자라면 남의 결점만 보는 것이 아니라 자기 결점도 볼 줄 알아야 한다. 눈에 보이는 것은 다 나쁘고 오로지 자기만 옳다는 사람이 제일 나쁘다.
　자기 잘못을 모르는 사람은 용서되지만, 자기 잘못을 알고도 또 나쁜 사람이라는 것을 알면서도 고치지 않는 사람은 절대 용서할 수 없다. 자기를 이겨내는 사람은 위대한 사람이고, 앞으로 더 나아가는 사람은 성인이다. "천하를 태평하게 하려면 자신의 마음부터 평정해야 한다."라는 말이 있다. 자기부터 잘 관리해야 한다는 말이다.
　어떤 사람은 말하기를 좋아한다. 하지만 잘못 말한 말은 고치기 어렵다. 그래서 "말할 줄 모르는 사람은 마구 말하고, 말할 줄 아는 사람은 가려가며 말한다."라고 한다. 민간에 "말하지 않는다고 벙어리로 보지 않고, 말을 잘한다고 해서 총명하다고 하지 않는다."는 속담이 있다. 사람은 말보다 행동이 앞서야 한다. 상등인은 신광神光23을 보고, 중등인은 오관五官(용모)을 보고, 하등인은 언행(말과 행동)을 본다.

자신을 알고 자신에게 솔직하라

장사를 하면 일심으로 장사를 하고, 전장에 나갔으면 일심으로 싸우고, 도량에 왔으면 일심으로 수행해야 한다. 이 도량의 성질을 위반한다면 근본계根本戒를 위반하는 것이다. 이 도량에 왔으면 언행도 반드시 이 도량과 일치 되어야 한다. 일치가 되지 않는다면 결국은 자기가 자기를 속이는 것이며, 자기를 팔아먹는 것이고, 자기를 부정하는 것이다.

어째서 어떤 사람은 뒤죽박죽 말하고, 마음과 말이 다르고, 정신이 어지러운가? 근본적인 원인은 바로 자기가 하기 싫은 일을 하고, 자기가 하기 싫은 말을 하고, 자기가 가기 싫은 곳을 가기 때문이다. 그들은 그 환경을 바꿀 방법도 없고 또 자기를 고칠 방법도 배우지 못했다.

여러분이 수행자이든 아니든, 자기 내심세계를 해부하고 자기 사상을 분석할 줄 알아야 한다. 자기를 똑똑히 안 다음 모든 일을 결정해야 한다. 사람에게서 가장 큰 무명은 자기를 모르는 것이고, 가장 큰 착오는 자기를 고치지 못하는 것이며, 가장 불쌍한 것은

---

23 마음의 다른 말. 인간의 본성인 마음은 불매不昧하고 아름답다는 뜻.

자기가 자기를 속이는 것이다.

　자기를 모르는 사람이 어떻게 남을 알 수 있겠는가? 자기 자신도 관리하지 못하는 사람이 어떻게 다른 사람을 관리할 수 있겠는가? 자기가 자기를 관리할 줄 아는 사람은 고상한 사람이고, 다른 사람의 관리를 받는 사람은 천박한 사람이다.

㉛ 보시하고 겸손하며 대담하게 일을 수행하라

　성불수행을 하고 도를 수련하는 것은, 봉사하는 가운데서 배우고 봉사하는 가운데서 얻는다. 결코 손을 내밀어서 배우고 얻는 것이 아니다. 대담하게 봉사하고 봉헌하면 내심의 경계가 올라가고 용량도 늘어나며, 자비심과 지혜 그리고 신통력도 넓어지고 커진다. 그렇지 않으면 작아져서 사라지기까지 한다.

　오늘 두 사람이 싸웠을 때, '내가 지고 네가 이겼다.'라고 말하는 것은, 내가 감당하는 힘이 몇십 배 증가되었다는 것을 의미한다. 하지만 상대방은 아집과 허영심 그리고 승리에 대한 도취가 자라게 된다.

　성불수행을 하든 하지 않든 자기가 할 일은 자기가 해야 한다. 대담하게 할 수 있는 일이라면 대담하게 해야 한다. 대담하게 할 수 있는데도 하지 못하는 것은 사람이 갖춰야 할 품성이 아니다. 마치 "도박에 지면 굴복 한다."는 것과 같다.

　실제생활에서는 지는 것이 있으면 이기는 것도 있고, 성공하는 것이 있으면 실패하는 것도 있으며, 옳은 것이 있으면 그른 것이 있게 된다. 하지만 자성自性에는 이런 것이 존재하지 않는다. 자성에 있는 것은 불생불멸不生不滅, 부증불감不增不減, 무시무비無是無非이다. 세간법과 출세간법을 하나로 만든다면 그것이 최고의 법문이다. 이 두 가지 법문을 잘 익힌다면 부처나 다름이 없다.

3강

무엇을 정지정견正知正見이라고 하는가?

🥮 우리는 성불수행을 하려고 모였다

사방팔방에서 성불수행을 하겠다고 우리 도량을 찾아 왔다. 모두 성불수행을 한다고 하지만 각자 수준이 다르기 때문에 신앙하는 정도도 다르다. 사람들은 모두 서로 다른 목적으로 나의 앞에 왔다. 어떤 사람은 나에게 배우러 왔고, 어떤 사람은 나의 인증을 받으러 왔으며, 또 어떤 사람은 나와 겨루기 위해 왔고, 심지어 어떤 사람은 돈벌이 수단을 찾으려고 왔다.

그 어떤 마음 상태를 가지고 왔든 각자의 자유이고 권리이며 정상적인 생각이다. 하지만 나는 오로지 단 한 가지 마음으로 찾아오는 이들을 마주한다. 여기에 마음먹고 온 것이니만큼 도를 수련해야 하고, 복을 수련해야 하고, 지혜를 수련해야 한다. 어떤 사람은 이미 여기 온 지 오래되었지만 여전히 습성과 결점이 그대로이고 하나도 고쳐지지 않았다. 이것은 여러분을 탓할 일이 아니다. 이 만행의 덕행이 부족해 여러분을 감화시키지 못한 탓이다.

나는 거목이 아니다. 만약 불문에 들어와 거목을 찾아서 돈벌이 수단을 찾고자 했다면 그것은 잘못된 일이다. 부처님도 믿지 않는 사람이, 불문에서 돈을 벌고 부자가 되어 이름을 날리겠다고 마음먹었다면 그것은 절대 있어서는 안 될 일이다. 또 사회에서 돈을 벌고 부자가 되어 이름을 날리는 것보다 더 어렵다. 이 점을 반드시 알아야 한다.

호랑이의 천성은 고기만 먹는 것이고, 황소는 어디를 가든지 밭을 갈아야 한다. 능력이 있는 사람은 사회에서도 능력이 있고 불문에 들어와도 여전히 능력이 있다. 능력이 없는 사람은 불문에 와도 능력이 없고 또 아무 일도 해내지 못한다.

🧘 다른 사람에게서 장점을 찾고 배워야 한다

불문에 들어온 사람들은 모두 신앙이 있는 사람이다. 다만 신앙의 정도가 같지 않을 뿐이다. 그 중 서너 사람은 불문에서 밥이나 얻어먹고 돈벌이나 했으면 하는 생각으로 들어왔겠지만, 많은 사람이 지켜보는 곳이라서 불가능하다.

이런 사람들은 매일 자기의 본심을 감추고 살아야 하기 때문에 힘이 든다. 감추고 살고 있지만 결국 어느 날엔가 드러날 것이다. 불법도 배우지 않고 중생에게 이익도 주지 않으면서 자기를 감추는 사람이 어떻게 이익을 얻을 수 있겠는가? 만약 진정으로 성불 수행을 하고 중생들을 위해 봉사한다면 약간의 생활비 정도는 받아도 괜찮다.

성불수행을 하는 사람이라면 자기를 똑똑히 알아야 하고 자기를 관리할 수 있어야 한다. 사람마다 자기를 잘 관리한다면 다른 사람의 관리를 받을 필요도 없고 단체도 잘 운영될 것이다. 지금 여러분은 성불수행을 하려고 여기에 왔다. 그러니 서로 결점만 보지 말고 장점을 많이 보면서 배워야 한다. 세상에 완벽한 사람은 없다. 성인도 중생을 제도하는 과정에서 각양각색의 수법을 사용한다. 만약 그것을 이해하지 못하면 의혹이 생기고 보리심이 물러나게 된다. 사람마다 모두 장점과 결점이 있다. 장점이 결점보다 더 많으면 사귀면서 같이 일할 수 있다.

㉛ 각자의 신구의를 다스려라

상대방이 우리에게 업장을 만드는 것은, 우리들 자신이 자기의 신구의를 관리하지 못해서이다. 이를테면 돈이 있는 사람이 돈을 간수하지 못하면 돈을 탐내는 사람에게 훔칠 기회를 주는 것이다. 젊은 사람이 절에 오면 노신도들은 옷을 단정하게 입으라고 충고한다. 하지만 사회에서 하던 대로 속살이 드러나는 옷을 입고 절에 들어온다. 그들이 신구의를 관리하지 않았기 때문에, 사람들을 유혹하고 업장을 짓도록 만드는 것이다. 고귀한 사람은 모두 자기가 스스로를 관리한다.

성불수행은 바로 자기의 신구의를 관리하는 공부이다. 그 외의 수련은 필요 없다고 내가 자주 말하였다. 자기의 신구의를 관리하는 것이 수행이다. 수행이란 이렇게 간단하다. 하지만 사람들은 자기의 신구의를 관리하기 싫어하면서 성불하겠다고 말한다. 부처란 무엇인가? 바로 자기의 신구의를 관리하는 사람이다. 자기의 신구의 관리를 잘 하지 못하는 사람을 범부라고 한다. 부처님의 말씀대로 자기를 다스릴 수 있는 사람은 성인이고 제멋대로 방종하는 사람은 속인俗人이다.

단체는 복잡하기 마련이다. 사람의 생각은 다 다르므로 통일하기 어렵다. 사람들의 사상은 영원히 통일할 수 없다. 무량겁 이래 심어놓은 인因이 다르기 때문이다. 오늘날 각자가 처한 환경인 과果도 다르다. 나한은 네 단계로 나뉘고, 보살은 열 단계로 나뉘며, 부처는 세 단계로 나뉘게 되는데, 어찌 중생이라고 이러한 구별이 없겠는가? 모든 사람의 구미는 다 맞출 수 없고 모든 사람의 마음도 일치할 수 없다.

업장을 만드는 책임은 나에게 있다

진정한 수행자라면 사람들의 장점만 보고 단점은 보지 않는다. 나에게 와서 다른 사람의 옳고 그름을 말하는 사람은 다른 사람에게 가서도 나의 잘잘못을 말하는 사람이다.

『단경』에 "그 사람의 잘못이 나의 잘못은 아니지만, 나의 잘못은 내가 잘못한 것이다."라는 말이 있다. 장씨가 따지는 말에 이씨가 대응한다면, 장씨에게 업장을 만들 기회를 준 것이다. 만약 장씨가 시비를 걸 때 이씨가 대응하지 않고 나가면 장씨는 누구와 따지겠는가? 담력과 기개가 있는 사람이 직접 나서서 장씨를 제지한다면 더 좋을 것이다.

도량에 오는 사람들의 목적은 한가지이다. 바로 성불수행을 하고 도를 수련하는 것이다. 아무리 도량이 난잡하다고 해도, 이 도량에 오는 중생의 목적은 신앙을 위한 것이다. 하지만 어떤 사람들의 생활습관은 너무도 좋지 않아 눈살을 찌푸리게 한다.

이런 현상이 눈에 띄면 자기를 연마하는 좋은 기회로 삼아야 한다. 욕심 많은 사람을 보면 자기 몸에도 그와 같은 탐심이 있는가를 살피면서 반성을 해야 한다. 사람은 모두 거울이다. 다른 사람의 나쁜 습성과 결점을 보면 마땅히 눈을 감고 자기도 그와 같은 나쁜 습성과 결점이 있는가를 살피면서 반성을 해야 한다.

여러분은 어떻게 성불수행을 해야 하는지를 모르기 때문에, 다른 사람의 나쁜 습성과 결점만 보고, 자기 몸에 있는 나쁜 습성과 결점은 보지 못한다. 옛날 사람들이 "시비는 지혜가 있는 사람을 만나면 끝이다."라고 말했다. 장씨가 이씨에게 남의 말을 전할 때, 이씨가 지혜로운 사람이라면 절대로 왕씨에게 전하지 않을 것이다. 말은 전해질수록 커지기 때문이다. 사람들이 남에 대해 말할 때, 마음에 두지 않고 전하지도 않으면 자연스럽게 사라진다. 이렇게 할 수 있다면 여러분은 틀림없이 지혜로운 사람이다.

성인이 되려면 일반인보다 더 노력해야 한다

　일처리의 기본은 자기와 자기 주변의 모든 것을 책임지는 것이다. 책임지기 싫다면 애초에 일을 시작하지 말고 일을 하겠다는 생각도 말아야한다. 사회에서 성취한 사람들은 모두 용감하게 책임을 감당한 사람들이다.
　어째서 우리 성불수행 하는 사람들을 경멸하는 일이 발생하기도 하는가? 사실대로 말하자면, 성불수행을 하는 사람들의 수준이 좀 낮고, 어떤 사람은 직업도 없는 건달이고, 어떤 사람은 세속에서 아무 일도 성사하지 못하고 자기가 얻고 싶은 것도 얻지 못한 사람이기 때문이다.
　극히 적은 사람들만 가정생활도 잘 하고 사업도 순조로우며, 비록 성공하였지만 정신적인 것을 추구하여 성불수행을 하러 불문에 들어왔다. 불문에 들어와 자기가 얻고 싶은 것을 얻지는 못하였지만, 주변 사람들의 도심을 보고 감화되어 성불수행을 시작하게 된 것이다.
　등소평이 이렇게 말했다. "창문을 열면 신선한 공기도 들어오지만 파리 몇 마리가 따라 들어오는 것을 피할 수 없다." 파리와 모기가 들어오는 것이 두려우면 창문을 열지 말고 신선한 공기도 마시지 못한다. 음모와 속임수로는 큰일을 절대 이뤄낼 수 없다. 세상엔 바보가 없다. 덕이 없으면 건립할 수 없고, 능력이 없으면 성공하지 못한다. 이것이 바로 사람 노릇과 일처리의 기본이다.
　큰일을 하려면 원대한 이상과 초인간적인 능력 그리고 체력과 인내가 있어야 한다. 이상과 능력 그리고 감당하는 힘이 일반인과 같다면 어떻게 사업을 할 수 있겠는가? 만약 여러분의 지향점이 성인이라면 성인이 될 수 있다. 하지만 여러분의 지향점이 일반인이라면 어떻게 성인이 될 수 있겠는가? 초인간적인 지향과 품성, 그리고 봉사하는 정신이 없다면 중생이 어떻게 여러분을 높이 보겠는가?

만약 성불수행을 한다고 하면서도 속인들과 마음 상태가 똑같다면, 사람들이 비록 말은 하지 않아도 속으로는 경멸할 것이다.

어리숙하기는 어렵다

어떤 사람은 아량이 매우 크다. 그들은 일이 생겨도 개의치 않고 말이 없다. 사람들은 그들을 멍청이라고 오해하기도 한다. 또 어떤 사람은 아량도 작고 예민하다. 마치 작은 컵에 조그만 돌멩이 하나만 넣어도 넘치듯이 작은 일에도 참을성 없이 금방 자기를 드러낸다. 하지만 사람들은 이들이 총명하다고 말한다. 또 어떤 사람들의 아량은 바다와 같이 넓다. 바다와 같은 아량이라면 무엇인들 담지 못하겠는가!

정판교鄭板橋의 명언 중에 '난득호도難得糊塗(어리숙하기는 어렵다)'라는 말이 있다. 하지만 이말 뒤에 "총명한 것도 어렵지만 어리숙한 것은 더 어렵다. 총명하면서 어리숙하기는 더더욱 어렵다."라는 말이 있다는 것은 잘 모른다. 지금까지 우리는 총명하지 못했다. 하지만 어느 날 우리가 정말 총명해져서 어리숙해질 수 있다면 그것은 진짜 '난득호도'이다. 아직까지 우리들은 총명한 단계에도 도달하지 못하였다. 그런데 어떻게 '난득호도'가 될 수 있겠는가? 이런 말을 하기에는 아직 너무 이르다.

노인들은 모두 빨리 성불하고자 하는데, 이런 마음은 이해할 수 있고 또한 정상적이기도 하다. 하지만 젊은이들이 이런 마음을 가져서는 안 된다. 젊은이들은 마땅히 착실하고 굳건하게 한 걸음 한 걸음 앞으로 나아가야 한다.

지금 이 자리에 앉은 사람들은 제일 젊은 사람이 30세를 넘었고 제일 나이든 사람은 60세가 넘었다. 사람은 누구나 생명과 시간을 소중히 여겨야 한다. 또 사회와 인류에 유익한 일을 많이 하면서 살아야 한다. 우리가 전국각지에서 모인 것을 보면 확실히 서로 인연이 있다. 우리가 함께 힘을 모아 뒷 세대를 위해 일을 한다면 헛된 인생이 아닐 것이다.

무엇을 후대에 남겨줄 것인가? 첫째는 사상이고 둘째는 건축이다. 건축도 일종의 사상이고, 공예와 문화도 모두 사상이다. 엄밀하게 말하면 오로지 사상만을 후대에 남겨줄 수 있다. 성인이 큰 소원을 내고 위인이 큰 뜻을 세우지 않는다면, 결국은 범부이고 속인이다. 성인은 성인의 품성과 원력願力이 있고 위인은 위대한 포부와 사상이 있다.

어떤 일을 확실히 파악하지 못했으면 함부로 말하지 말아야한다. 속담에 "말을 하지 않는다고 벙어리는 아니다."라는 말이 있다. 지금 성불수행을 하는 여러분들의 아량은 보통사람보다 못하다. 그 대부분은 사회에서 아무 일도 성사하지 못했거나 가정관계도 좋지 못한 이들이다. 이들은 도량에 와서 도반들과도 관계가 좋지 않다. 하고자 하는 바도 없고 인연도 없기 때문에 사회에서 성공하지 못하고, 불문에 들어왔지만 여전히 일을 잘 하지 못한다. 이와 같은 습성과 나쁜 버릇이 있다는 것은, 전생에서부터 이어왔다는 것을 의미한다. 만약 이번 생에도 없애지 못한다면 다음 생까지 계속해야 한다. 이것이 바로 업력業力이고 인과이다.

🧘 자기를 알아야 하고 원하는 바를 알아야 한다.

우리는 자기가 무엇을 얻고자 하는지를 명확히 알아야 한다. 만약 도를 배우고자 했다면 온 몸에 오로지 도를 수련하겠다는 생각만 있어야 하고, 색을 탐하거나 돈을 벌고 싶어도 일심전력으로 해야 이룰 수 있다. 마음을 집중하여 해나간다면 궁극적으로 자기가 얻고 싶은 것을 얻을 수 있다.

하지만 많은 사람이 자기가 무엇을 원하는지 모르며, 자기가 어디에 서 있는지 모른다. 자기 위치를 모르는 사람은 인생을 헛되이 살게 된다. 인생이 공허하다고 느끼게 되는 이유는 자기가 무엇을 원하는지 모르고 자기 위치를 모르기 때문이다. 돈을 벌고자 하는 사람은 매일 돈을 벌 궁리를 한다. 이런 사람의 마음은 안정되지 못하고 들떠있기 때문에 돈을 벌기 어렵다. 사랑을 갈망하는 사람의 눈에는, 이 사람도 자기를 사랑하는 것 같고 저 사람도 자기를 사랑하는 것 같아 보인다. 이런 사람은 사랑이 결핍되어 너무도 사랑을 갈망하기 때문에 착각한다. 환상과 망상도 이렇게 생긴다.

　사람이 조잡하고 속되며 이기적이면 사람들에게 좋지 않은 인식을 갖게 한다. 그러므로 자기만 생각하는 사람의 인생은 결국 실패하기 마련이다. 자기가 생각하는 것을 얻고자 하고 자기의 욕망을 만족시키려면, 우선 봉사하는 정신이 있어야 하고 중생을 위해 헌신해야 한다. 그렇지 않으면 자기의 욕망을 만족시킬 수 없다.

　자기를 똑똑히 알지 못하면 자기 위치도 모른다. 사실 사람들은 자기 자신을 잘 모르면서 자기에 대해 잘 안다고 생각한다. 성인과 위인은 물론이고 현명한 사람들도 자기를 아는 것이 가장 어렵다고 하였다. 자기를 완전하게 이해하려면 주변 사람들에게 물어야 한다. 주변 사람들이 오히려 여러분을 잘 알기 때문이다. 대자연이 사람을 만들 때, 자기에게 집착하게 하고 자아도취 하도록 만들었기 때문에 객관적으로 자신을 바라볼 수 없다. 그래서 매일 거울을 보지만 성에 안 차고, 보고 또 보고 하면서 자기가 제일 잘났다고 생각하는 것이다.

　속된 인간은 속된 인간이라 대담하게 자기마음을 열어놓지 못하고, 진실한 모습으로 사람들을 마주하지 못한다. 사람들은 상대방이 마음을 열든 열지 않든, 어떤 사람이 무슨 생각을 한다는 것도 다 알고 있다. 속인의 내심에 단지 살, 도, 음, 공명, 이록利祿 밖에 다른 무엇이 더 있겠는가? 이 말은 굳이 말하지 않아도 다 알 것이다. 사람은 모두 그렇고 누구나 다 그렇다. 문제는 이런 상태에서 어떻게 그 것을 제어하느냐에 달린 것이다.

🕉 자기에 대한 요구가 엄격하면 내면의 힘과 지혜가 용솟음친다

유가에 치밀하고 예리한 말이 있다. "정情에서 시작해 예禮에서 멈춘다."24 또 "희로애락이 나타나지 않으면 상관없지만, 그것들이 나타나면 절제해야 한다."25고 했다.

『성경』에는 사람은 크면 이성관계가 있다고 말한다. 이성관계를 초월하지 못하면 배우자를 찾아야 하고 초월하면 독신으로 살 수 있다. 유가에도 "식욕과 색욕은 본성(性)이다."26라고 말하였다. 음식과 성욕은 누구나 다 피할 수 없다는 말이다. 사람이라면 누구에게나 다 있는 정상적인 감정이다. 이런 이치를 모르고 덮어 감추려 한다면 멍청이는 속일 수 있지만 대부분의 사람은 속이지 못한다.

성욕은 초월하기 쉽지만 정욕情慾은 초월하기 어렵다. 전자는 생리문제이고 후자는 심리문제다. 삼선까지 수련하면 성욕은 이미 초월한 것이다. 하지만 정욕은 사선의 수련을 끝마쳐도 초월했다는 말을 못한다. 성욕을 초월해도 삼악도에 떨어지지는 않는데, 정욕을 초월하면 삼계를 초월할 수 있다.

사람은 참 이상하다. 눈앞에 고기 한 덩이가 생기면 나누지 않고 독차지 하려하고, 곁에 있는 사람 것을 꼭 빼앗으려고 한다. 하지만 자기가 먹지 않고 사람들에게 나눠주면 도리어 사양한다.

---

24 『논어』, 「태백」: 興於詩 立於禮 成於樂 (伊川日 詩 發於人情 止於禮義).
25 『중용』, 「1장」: 喜怒哀樂之未發 謂之中 發而皆中節 謂之和 (기쁘고 성내고 슬프고 즐거움이 일어나지 않은 것을 '중中'이라 이르고, 일어나서 모두 절도에 맞는 것을 '화和'라 이른다).
26 『맹자』, 「고자 상」: 告子曰 食色 性也 (고자가 말하기를 "식욕이나 색욕은 본성이다).

성불수행과 사람노릇은 봉사하는 데서 시작하고 봉사하는 데서 배워야 한다. 줄곧 얻으려고만 하면 결국은 아무것도 얻지 못하고 나중에는 빈털터리가 된다. 점점 더 가난해지고 공허해지며 소견이 좁아지고 지능이 떨어지게 된다. 만약 끊임없이 봉사하면 넓은 바다와 같은 아량이 생기고 허공이 되고 우주가 된다. 만사만물은 모두 다 허공과 우주에 있기 때문에 무엇이든 얻을 수 있다. 이것이 바로 경계이고 담력이며 식견이다. 그렇다면 우리들은 욕심을 부려서 얻을 것인가? 아니면 봉사함으로써 얻을 것인가?

자기에 대한 요구가 엄격하지 않으면 타성이 증가하고, 자기에 대한 요구가 엄격하면 내면의 힘과 지혜가 끊임없이 용솟음치게 된다. 성불수행을 하고 사람 노릇하는 일은 자기에게는 엄격하고 다른 사람에게는 관대하게 하는 것이다. 사람마다 이렇게 할 수 있다면 그 단체 모두가 부처의 경계에 도달한다. 단지 큰 포부와 야심만 있고 큰 아량과 먼 미래를 내다보는 안목 그리고 남들을 뛰어넘는 지혜가 없다면 그 목표를 달성할 수 없다. 왼발을 내딛으면 오른발도 따라가야 한다. 한발만 내딛을 수는 없다. 야심과 포부만 있고 봉사하는 정신과 초인간적인 체력 그리고 심력과 지혜가 없다면 결코 그 포부를 실현할 수 없다.

31 정지정견은 무엇인가!

무엇을 정지정견正知正見이라고 하는가? 부처님이 되겠다는 공부

외에 다른 마음을 가지지 않는 것을 '정지正知(바른 지혜)'라고 하고, 오로지 부처님을 본받아 부처님과 같이 되겠다는 것을 '정견正見(바른 식견)'이라고 한다. 우리가 외부의 영향을 받아 경계에 끌려 다니는 원인은 정지정견이 없고, 부처님을 본받지 않으며, 부처님과 동등한 경지가 되지 않았기 때문이다. 부처님을 본받아 부처님과 동등한 경지가 되었다면 외부의 경계는 우리에게 영향을 미치지 못한다.

옛날 사람들은 "말할 줄 아는 사람은 말을 들을 줄 아는 사람보다 못하다."라고 했다. 내가 법문을 할 줄 안다고 하는 것보다 여러분이 법문을 알아들었다고 해야 한다. 들을 줄 아는 사람은 하나를 들으면 열을 깨우친다.

옛날 사람들은 또 "허풍을 치는 사람보다 그 소리를 들을 줄 아는 사람이 낫다."라고 했다. 내가 아무리 법문을 잘한다고 해도 여러분이 들을 줄 모르면 법문을 할 수 없다. 그래서 말하는 사람의 공도 있지만 듣는 사람의 공이 더 크다는 것이다.

지혜가 낮은 사람은 언어로 사람을 판단하고, 중간 지혜의 사람은 행위로 사람을 판단하고, 지혜가 높은 사람은 마음상태와 동기動機로 사람을 판단한다. 언어와 행위는 외부적인 것이고, 마음상태와 동기는 내재적인 것이다. 하지만 초인간적인 지혜가 있는 사람이 몇이나 되어 사람의 내심을 볼 수 있겠는가? 그래서 단지 언어와 행위로 사람을 판단할 수밖에 없다.

사람의 힘이 크면 큰일을 하고 작으면 작은 일을 한다

어떤 사람은 문제를 보지 못하기 때문에 무엇이 문제인지를 말하지 못한다. 어떤 사람은 문제를 발견했지만 사람들의 눈치를 보거나 스승의 심기를 어지럽힐까 두려워 말하지 않는다. 스승은 여러분 생각처럼 그렇게 아량이 작고 속이 좁은 사람이 아니다. 물론 생각처럼 그렇게 인자하고 너그러운 것도 아니다. 그는 이미 선악을 초월하였기 때문에 선하기도 하고 독하기도 하며 선하지도 않고 독하지도 않다.

경전에서 관세음보살의 화신은 32가지라고 한다. 하지만 어찌 화신이 32가지뿐이겠는가? 관세음보살이 단지 자비롭고 인자하기만 하다면 어떻게 흑룡으로 변해 악귀들을 잡아먹겠는가? 백 근을 들 수 있는 힘을 가진 사람은 좋은 일에도 백 근의 힘을 사용하고, 나쁜 일에도 백 근의 힘을 사용한다. 그 사람의 힘은 그 사람이 하는 일의 크고 작음을 결정할 뿐이다.

온몸에 정기正氣가 가득 차 있으면, 귀신이나 도깨비가 곁에 다가와도 그들을 모두 선하게 변화시킬 수 있다. 만약 그들을 변화시키지 못하면, 덕행과 힘이 부족하다는 것을 의미하기 때문에 부끄럽고 송구한 마음이 생겨야 한다. 만약 우리가 용광로라면 아무리 단단한 쇳덩이라도 녹여버릴 수 있을 것이다. 녹지 않았다면 쇳덩이가 단단해서가 아니라 온도가 충분히 높지 못하기 때문이다.

🕉 에너지의 힘을 키워야 가고 싶은 곳으로 갈 수 있다

성불수행을 한다는 사람들은 입만 열면 서방 극락정토에 왕생한다고 한다. 하지만 내가 보기에는 다음 생에 사람 몸을 유지할 수 있을지도 모르겠다. 이들은 복보도 닦지 않았고, 지혜도 키우지 않았고, 선정력禪定力은 더욱더 수련하지 않았다. 자기 생각에는 복보도 닦고 지혜도 키웠으며 선정력도 수련한 것 같지만, 사실 새로운 재앙을 만들고, 원래 가지고 있던 그 보잘것없는 밑천마저 소진하고 있는 것이다.

이전에 내가 이런 비유를 한 적이 있다. 삼계를 초월하기 위해서 7급의 에너지가 필요하다면, 다음 생에 사람으로 태어나려면 적어도 5급의 에너지가 필요하다. 임종하고 투태投胎하고 입태入胎하고 주태住胎하려면 적어도 각 단계에서 1에서 1.5급의 에너지를 소모해야 한다. 그래서 지금 5급(1.5×3=4.5)의 에너지를 갖춰야 한다. 아니면 다음 생에는 소와 말밖에 되지 못한다. 지금 생에서의 소와 말이 다음 생에 사람이 되려면 4.5 ~ 5급의 에너지를 갖춰야 한다. 지금 생에 소와 말이 된 까닭은 전생에서 5급의 에너지를 수련하지 않았기 때문이다.

기둥 하나에는 직경 50cm의 목재가 필요하고, 대들보 하나에는 직경 20cm의 목재가 필요하다. 만약 목재의 직경이 50cm가 되지 않으면 기둥이 되지 못하며, 직경이 20cm가 되지 않으면 서까래밖에 되지 않는다. 서까래도 만들지 못하면 기껏해야 삽자루나 도끼자루밖에 만들지 못한다. 삽자루와 도끼자루도 만들지 못하면

땔나무로밖에 쓰지 못한다.

　같은 이치로 만약 우리가 수행을 잘 하지 않으면 한 등급 한 등급 뒤로 퇴보한다. 부처에서 보살로, 보살에서 나한으로, 나한에서 위인으로, 위인에서 범부로, 범부에서 짐승으로, 나중에는 벌레가 된다. 만약 수행을 잘 하면 바로 한 등급씩 높은 차원으로 올라가게 된다. 우리는 성불수행을 한다면서 체력도 없고 심력도 없고 기백도 없는 사람을 종종 보게 된다. 이런 사람은 임종 때에도 힘이 없다. 그래서 바람만 조금 불어도 방향을 잃게 된다.

　자신의 에너지의 힘이 모든 것을 결정한다는 말은 그른 데가 없다. 다음 생에 사람이 되고 싶다면 반드시 임종 때에 일심불란해야 한다. 하지만 지금 이 자리에 앉아 있는 여러분은 세 가지 힘 즉, 심력心力, 체력體力, 기백(魄力)을 갖추지 못하였다.

 4강

만물은 한 몸이다

🌀 이해를 해야 신앙할 수 있다

　불교를 믿는 사람들은 모두 석가모니부처님을 믿고 받드는데, 무엇을 신앙하는가? 자기가 신앙하는 사람을 이해도 못하면서 믿는 것은 미신迷信이다. 자기가 믿는 신앙에 대한 깊은 이해는 신앙을 흔들리지 않게 한다. 이해가 깊어지기도 전에 믿는다는 것은 미신에 불과하며, 수시로 동요할 가능성이 있다.
　이것은 동화사에 와서 만행을 참배하는 것과 같은데, 이해하지도 못하면서 어떻게 만행을 믿는다고 하는가? 만행을 알지도 못하면서 믿는다는 것은 미신이며 일시적인 충동에 불과하다. 그러다가 말주변이 뛰어난 사람을 만나 만행에 대한 부정적인 말을 듣고 나면 만행에 대한 믿음을 번복하면서 부정한다.
　출가한 사람들도 마찬가지다. 말솜씨가 뛰어난 사람의 몇 마디 말에 바로 자기의 식견을 버린다. 어떤 사물에 참된 이해가 없다면 그 사물에 대한 굳건한 믿음은 있을 수 없다. 일시적인 필요에 따라 잠시 믿지만, 필요 없게 되면 누가 말하지 않아도 금방 부정해 버린다.

자기가 믿는 사람에 대한 이해가 없다는 것은 아주 괴로운 일이다. 대부분의 사람들은 자기가 신앙하는 대상을 잘 이해하지 못한다. 불교 신도들이 석가모니부처를 믿거나, 기독교 신도들이 예수를 믿거나, 이슬람교 신도들이 마호메트를 믿을 때도 마찬가지이다. 자기가 이해하지 못하는 대상을 믿는데 어떻게 참된 신앙이 생기겠는가?

나 자신도 출가한 지 몇 년이 지나서야 불교에 대한 참된 신앙이 생겼다. 출가하기 전에 이미 많은 불자들을 만났고, 많은 절에도 가보았으며 많은 경전도 읽어 보았다. 하지만 이것은 불교를 이해하는 과정일 뿐 참된 신앙은 아니었다. 그때는 호기심을 충족하고 싶은 마음이 많았기 때문에 수시로 부정하기도 하였다.

참된 신앙과 도심은 내가 출가해서 간 불교대학에 가서 이루어졌다. 당시에 나는 신앙이 깊다고 생각했었는데, 지금의 안목으로 본다면 그때의 신앙과 도심은 가짜였다. 15~16살 되는 청소년들이 친하게 사귀는, 자기 딴에는 연애한다고 생각하는 것과 비슷하다. 30~40이 지나 그때를 회상해 보면, 그것은 연애가 아니라는 것을 알게 된다. 하지만 그때 그 나이에서 보면 그것은 연애였다.

지금에서야 비로소 부처님에 대해 조금이나마 신앙이 생기고 도심이 생겼다고 할 수 있다. 혹은 10년이 지나 서른 살 때의 만행을 돌이켜 보면, 부처님에 대한 참된 신앙과 도심이 없었다고 생각할 수 있다. 곰곰이 생각해보면 지혜문이 열릴 것인데, 매일 멍청하게 사람들 꽁무니를 따라다니면서 절하고 독경을 한다고 지혜문이 열린다고 생각하고 있으면서…! 하지만 지금의 나는 신앙심도 있고 도심도 있다고 생각한다.

모든 만물은 한 몸이다

심혈을 기울여서 불경의 교리를 연구하지 않으면 지혜문이 열릴 수 없다. 심안心眼으로 세간의 사물과 현상을 관찰하지 않는데 어떻게 그 이치를 알 수 있겠는가!
부처님의 깨달음이란 바로 '연기성공緣起性空'27이다. 부처님의 득도는 "중생은 평등하고 불생불멸하며 모든 일체는 원래부터 갖춰져 있고 원만하다."28라는 것이다. 무엇을 "진리를 깨닫는다(悟道)."라고 하는가? "이치에 아주 밝다(明理)."라는 말이다. 부처님께서 우주의 일체 자연현상이 모두 연기성공의 법칙에 의해 이루어지고, 중생은 평등하다는 것을 알게 되신 것이다.
'득도得道'라는 것은 이치를 밝게 깨달은 것이 아니라, 도의 흐름대로 느끼고 받아들이는 것이다. 부처님께서 무엇을 받아들이셨는가? 중생들은 본래 한 몸이고, 동물과 식물 그리고 육도의 중생들

---

27 사물의 본바탕에 자아적 특성이 없다는 것이 '성공性空'이고, 모든 현상은 인연(조건)에 따라 이루어진다는 것이 '연기緣起'이다. 자아적 특성이 없기 때문에 자주성이 없고, 나아가 인연에 따라 변화하는 인과因果가 성립된다.
28 衆生平等, 不生不滅, 一切本自具足圓滿

은 모두 한 몸이라는 것을 받아들이셨다.

A와 B 두 사람이 함께 나쁜 일을 하면 자연히 C에게까지 영향을 미치게 된다. 뿐만 아니라 자연계까지 해를 입게 된다. 우주 전체는 한 몸이라 절대 독립적인 개체로 존재할 수 없다.

하늘을 날던 새 한 마리가 죽거나 땅에서 기던 벌레 한 마리가 죽어도 우리와 밀접한 관계가 있다. 어떤 사람이 좋은 생각을 하든 나쁜 생각을 하든, 그와 거리가 멀든 가깝든, 그를 알든 모르든 모두 그 사람의 영향을 받게 된다. 다만 우리들의 아집이 너무 강하기 때문에 자기를 꽁꽁 묶어 나오지 못하게 해서 받아들이지 못하는 것이다.

우리들이 만물과 한 몸이 되지 못했기 때문에, 이 관음동에 앉아 있으면 밖의 소리를 듣지 못하는 것과 같은 이치이다. 사람들이 살생은 자기를 살해하는 것임을 알지 못하는 것은, 우리들이 육도의 중생들과 한 몸이 되지 못하였기 때문이다. 그러므로 다른 이들이 업을 짓게 되면 자기도 저절로 업을 짓는다는 것을 깨닫지 못하는 것이다.

사람들은 해탈하였지만 해탈했다는 감각을 모르고, 해탈하지 못하였지만 해탈했다고 오해한다. 진정하게 해탈한 사람은 자기는 해탈하지 못했다고 한다. 왜냐하면 육도의 중생들이 해탈하지 못했기 때문에, 영원히 철저하게 해탈하지 못했음을 알기 때문이다. 각기 다른 차원에서 단계적으로 일부분만 해탈하는 것이다.

중생들은 본래부터 한 몸이다. 때문에 서로 아주 밀접한 관계가 있다. 마치 무형의 네트워크처럼 밀접하게 연결되어 있다. 설령 삼계를 초월했다고 해도, 삼계 안의 수많은 중생들이 해탈하지 못했기 때문에 삼계를 철저하게 초월하기는 영원히 불가능하다. 그러므로 부처님·보살님들은 중생들에게 수행을 잘 해야 한다고 신신당부하신다.

사실 중생들이 수행하지 않고 해탈하지 못하면 부처님·보살님들도 해탈에서 자유로울 수 없다. 부처님·보살님들과 중생들은 아주 밀접한 관계가 있기 때문이다. 뿐만 아니라 모든 유·무형의 생명체들도 모두 하나의 동일한 자기장 속에 있다.

가족은 한 몸이고 운명공동체이다

세상에는 이런 현상이 있다. 한 가정에서 한 사람만 운이 좋아도 전체 식구들의 운이 다 좋아진다. 또 한 가정에서 한 사람의 운만 나빠져도 전체 식구들의 운 역시 나빠진다. 한 가정에서 한 사람만 병에 걸려도 다른 식구들이 그 영향을 받는 것이다.

혜안이 열린 사람이라면, 겉보기에 다른 식구들은 병이 없는 것 같지만 그들에게도 병이 생긴 것을 알 수 있다. 왜냐하면 그들의 자기장은 병이 있는 식구와 아주 밀접하게 연결되어 있기 때문이다. 단지 사람마다 각기 가지고 있는 과거생의 업력이 다르기 때문에 나타나는 현상이 다를 뿐이다. 현대과학의 이론으로 해석하면 한 가족 식구들은 같은 유전인자를 가지고 있는 것이다.

5천 년 전의 「감여학堪輿學」을 현대과학으로 해석하면 이같은 현상을 이해하기 쉽다. 어째서 풍수 좋은 곳에 조상의 무덤을 쓰면 후손들이 이득을 보거나 손해를 보는가? 조상의 육체는 이미 죽었지만 무형의 힘은 죽지 않았기 때문이다. 그것이 에너지장의 힘이다. 이것은 어떤 힘으로도 없애지 못한다. 조상의 육체를 풍수 좋은 곳에 묻는 것은 조상의 자기장과 정보를 좋은 곳에 묻는다는 뜻이다.

한 가족은 한 그루의 큰 나무와 같다. 조상의 자기장은 나무의 뿌리이고 후손은 바로 그 나무의 가지들이다. 풍수가 좋은 곳에 뿌리를 묻으면 가지가 무성하게 자라고 우거질 것이다. 만약 이 큰 나무의 뿌리를 일부라도 없애 버리면 큰 나무는 바로 영향을 받게 된다. 하지만 가지 하나쯤 쳐내는 것은 뿌리에 지장이 없다.

우주를 큰 나무에 비유한다면, 사람들은 그 나무의 잎에 지나지 않는다. 그렇다면 우리들의 뿌리는 어디에 있는가? 바로 정수리에 있다. 우리들의 나뭇가지 끝은 어디에 있는가? 발밑에 있다. 허공은 나뭇가지이고 대지는 나뭇가지의 끝이다. 사람을 비롯해서 날짐승 길짐승 식물은 나뭇잎이고 나무 싹이며 나무 열매이다.

'타심통他心通(다른 사람의 마음을 아는 능력)'이 있다는 것은 신기한 일이 아니다. 아집이 별로 없는 사람은 모두 타심통 현상이 나타날 수 있다. 만약 몸과 마음을 고도로 느슨한 상태에 있게 하면, 사람들의 생각과 반응 그리고 마음 움직임 같은 것을 느낄 수 있다. 사람들의 마음 움직임을 느낄 수 없는 원인은, 우리들이 주위 사람들과 융합해 한 몸이 되지 못했기 때문이다.

보살도를 행해야 하는 이유

부처님께서 우주의 각종 현상 중에서 깨치게 된 것은 바로 '연기성공緣起性空, 중생평등衆生平等'이다. 중생뿐 아니라 만물은 모두 한 몸이라는 것을 느끼고 깨쳤다. 이때 부처님은 어떻게 하면 되고 어떻게 홍법해야 된다는 것을 아신 것이다. 부처님께서 어떻게 하셨는가? 이 문제에 어떻게 대답하면 되는가? 금방 강의한 내용과 결합하면 답안이 나온다. 답을 찾지 못한 사람은 내가 강의한 내용을 깨닫지 못하고 다만 '듣는다' 하고 들은 데 불과하다.

부처님께서 앞에서 말한 '세 가지 요소'[29]를 깨쳤다면 자연 네 번째 요소, 즉 '어떻게 해야 하는가?'도 깨치셨을 것이다. 그것은 바로 부지런하게 꾸준히 보살도를 행하는 길이다. 무엇 때문에 보살도를 행해야 하는가?

(대답: 자기의 해탈을 위하고 중생의 해탈을 위한 것입니다. 왜냐하면 그들은 모두 한 몸이기 때문입니다.)

아주 정확하게 해답하였다. 부처님과 중생은 한 몸이기 때문에 보살도를 행하지 않을 수 없다. 수행이 높으면 높을수록 해탈도 더 많이 하고, 중생들의 심령 고통도 더 많이 느낀다.

중생들은 해탈하지 못하고, 깨닫지 못하고, 이치를 모르기 때문에 줄곧 무명 속에서 살면서 언제 어디서나 계속 업을 짓는데, 그러면서도 업을 짓는다는 사실을 깨닫지 못한다. 하지만 부처님·보

---

29 중생평등, 불생불멸, 일체본자구족원만一切本自具足圓滿(일체는 원래부터 구족되고 원만하다)

살님들은 중생의 업을 느끼는 데, 중생이 업을 지으면 부처님·보살님들이 그 영향을 받기 때문에 고통을 느끼는 것이다.

예를 들어 대기층이 파괴되면 누구에게 영향이 있는가? 바로 인류 모두가 영향을 받는다. 물론 우리들도 영향을 받기 마련이다. 절대로 자기와 아무 상관없다고 생각하지 마라. 우주의 모든 사물들은 모두 서로 연관이 있다. 우리들은 원래부터 한 몸인 것이다.

우리들은 모두 동일한 우주에서 살고 있다. 우리들의 수행이 높으면 높을수록 몸이 느끼고 깨닫는 것도 뚜렷한 것이다. 불조께서 만물은 한 몸이고 중생들도 한 몸이라는 것을 깨달았기 때문에, 해탈하셨지만 해탈하시지 못한 것과 같다. 그래서 부처님은 항상 중생들에게 수행을 잘 하고 업장을 짓지 말라고 부탁한다.

만약 우리들이 수행을 잘 하고 업장도 짓지 않으면, 부처님·보살님들은 아주 편할 것이고 시달리지도 않을 것이다. 하지만 중생들이 업장을 짓게 되면 직접적으로 부처님·보살님들이 시달림을 받는 것이다. 마치 자녀들이 밖에서 사고를 쳐서 교도소에 가거나 사형 당하게 되면, 부모들이 더 고통스러운 것과 같은 이치이다.

사실상 부처님·보살님들과 중생의 관계는 부모자식 관계와 다름이 없다. 숫자로 가깝고 멀고를 표시할 수 없다. 왜냐하면 자녀와 부모도 한 몸이고, 중생과 성인도 한 몸이기 때문이다. 세간에서 가장 깊고 무조건적인 사랑은 부모의 자식에 대한 사랑이다. 그래서 부모자식 관계로써 성인과 중생의 관계를 비유할 수밖에 없다. 비록 이런 비유는 성인과 중생의 관계를 충분히 설명하지 못하지만, 이러한 비유가 유일하고 가장 합당하다.

자기가 신앙하는 사람을 이해도 못하면서, 입만 열면 석가모니부 처님은 깨달음을 얻고 득도했다고 한다. 그렇다면 묻겠다! 석가모니부처님은 무엇을 깨달았고 어떤 도를 얻었는가? 그분은 인생의 무엇을 깨우치고 우주의 무엇을 깨달았으며 또 무엇을 얻었는가? 이런 문제는 반드시 해답할 수 있어야 한다. 이 문제를 깨닫지 못하고 득도하지 못하면 외우기라도 해야 한다.

㉛ 식견이 없으면 환경에 휘둘린다

며칠 전에 「광동성 불교협회」에서 미국의 불교협회 회장을 심수공항에서 영접하는 환영회를 조직하였는데, 우리 출가한 사람들에게 성불수행을 해서 깨우친 바를 말하라고 하였다. 그래서 나는 "분수에 만족하고 본분을 지키며(안분수기安分守己), 각기 자기의 직분에 최선을 다하라(각진기직各盡其職). 사람을 근본으로 하고(이인위본以人爲本), 일을 통해 마음을 연마 해야 한다(차사연심借事煉心)."는 말을 하였다.

말이 끝나자 사람들이 모두 박수를 쳤다. 내가 "왜 박수를 칩니까?"하고 물었더니, 그들은 "아주 멋진 말씀을 하셨습니다."라고 하였다. 나는 "금방 내가 헛소리를 했습니다. 나는 완전히 다른 방식으로, 몇 마디 말이면 금방 내가 한 말을 부정할 수 있습니다."라고 하였다.

계속해서 오늘 저녁에 여러분에게 강의한 내용을 말하였다. "불법에 대한 나의 인식은, 앞에서 말한 몇 마디 것이 아니라, 바로 '연기성공, 중생평등, 만물은 한 몸이다'입니다."라고 하였다. 그런데 그들이 또 박수를 쳤다. 그래서 내가 "왜 여러분은 내가 앞서 한 말도 박수를 치고, 나중에 한 말에도 박수를 칩니까? 여러분은 정지정견이 없고, 자기 고유의 부처님사상에 대한 식견이 없기 때문에 다른 사람의 사상을 따르기만 합니다. 사람들이 동이라고 하면 동으로 따라가고, 서쪽이라고 하면 서쪽으로 따라갑니까?" 하고, "나는 세 마디 말이면 금방 내가 한 말을 또 부정할 수 있습니다. 하지만 그것은 아무 의미도 없는 일입니다."라고 말했다.

그 당시 그 자리에는 성불수행을 십여 년 한 사람들도 있었다. 하지만 그들은 자기의 부처님사상이 없는 것이다. 왜냐하면 그들은 참된 도심과 신앙심이 없고, 불교와 불법 그리고 불교학에 대한 정확한 인식이 없기 때문이다. 사람들이 뭐라고 말하면 그것이 옳다고 하며 그들의 꽁무니를 따라다닌다.

이를테면 여러분은 모두 불교를 정교正敎라 하고, 부처님을 성인이라고 한다. 하지만 나는 5분이면 불교와 부처님을 부정할 수 있다. 여러분이 들으면 내가 한 말이 절대적으로 일리가 있다고 생각할 것이다. 믿지 못하면 한번 시험해 볼 수도 있다.

왜 그런가? 불법에 대해 인식이 없고 자기의 부처님사상이 없기 때문에 누구의 부처님사상도 다 맞는 것 같은 것이다. 오직 자기의 부처님사상이 있어야만 흔들리지 않는다. 자기의 부처님사상이 형성되면 마치 척추가 쭉 펴진 사람 같은 것이다.

아파트를 건축하려면 반드시 콘크리트와 철근이 있어야 한다.

만약 그것이 없다면 그 건물은 수시로 흔들리게 된다. 불교에 대한 인식이 정확하고, 참된 자기의 부처님사상이 있어야만 비로소 신앙이라는 말을 할 수 있다. 이런 것이 없다면 단지 미신에 지나지 않는 것이다.

철저한 이해가 없으면 경건한 믿음이 없다

호북성 황강에 제자가 한 사람 있었다. 그는 나에게 "얼마나 스승님을 경건하게 믿고 얼마나 존경하는지 모른다."라고 말하였다. 그래서 다른 제자를 시켜 시험하기로 하였다. "그 사람 앞에서 만행에 대해 나쁜 말을 많이 하면서 만행을 완전히 부정해버려라. 몇 분 만에 그 사람이 만행을 부정하는지 시험해보라."라고 하였다.
이 제자는 황강에 있는 제자를 찾아가서 '만행은 어떻게 나쁘고 어떻게 가짜'라고 말해 주었다. 그 말을 들은 황강의 그 제자는, 만행에 대한 믿음이 얼마나 경건하고, 얼마나 존경하고 있다는 말을 다시는 하지 않았다. 황강에 있는 그 제자는 나를 이해하지 못한다. 이해하지 못하는 사람이, 어떻게 경건한 믿음과 신심을 갖겠는가?
그 사람은 단지 만행이 빈손으로 가업을 일구고, 고생을 두려워하지 않고 혼자서 대담하게 무문관수련을 하고 대담하게 절을 지으며, 혼자서 황폐한 야산의 동굴에 몇 년간 있었다는 것만 알 뿐이다.

이것이 무슨 대단한 일인가? 누구든 하겠다는 마음만 있으면 다할 수 있는 일이다. 7년이 아니라 70년을 무문관수련을 한다 해도 도를 깨닫지 못하면 헛짓이고 아무 소용이 없다. 무문관수련을 하지 않고도 도를 깨달은 사람도 있다. 우리는 그들을 존경하고 성인으로 보아야 한다.

부처도 믿지 않고 종교도 믿지 않는 사람이 많지만, 그들이 하는 말은 도에 부합하며 득도한 사람들이 하는 말이다. 우리들은 이런 사람에게 탄복하지 않을 수 없다. 나의 외할머니는 일자무식이다. 하지만 대학을 졸업한 나의 외삼촌들보다 머리가 더 좋다. 일자무식인 어머니가 대학생 아들딸보다 더 능력이 있다는 것을 믿지 않겠지만, 이것은 인정하지 않을 수 없는 사실이다. 지식이 없다고 지혜가 없는 것이 아니다.

🕉 자신만의 체험과 사상을 가져라

출가한지 30년이 되어도 불법을 철저히 깨닫지 못하면, 이런 출가는 성과가 없는 것이다. 집에서 수련하는 거사라고 해도 수행이 좋으면, 역시 그들에게 허리를 굽히고 인사를 올리고 법을 청하거나 아니면 엎드려 절을 올려야 한다. 이것이 바로 불교에서 말하는 '의법 불의인依法不依人'이다. 사람을 따르는 것이 아니라 법을 따른다는 말이다.

옛날의 장군들은 모두 18반 무예에 정통하였는데, 무엇 때문에 바람에 날려갈 것 같은 서생들에게 승복했는가? 서생들의 지혜와 식견이 장군들보다 높기 때문에 부득불 승복하지 않을 수 없는 것이다. 진리를 존중하는 사람은 절대 외모로 사람을 평가하지 않는다.

비록 자기가 말한 불법이 정확하다고 말 못하더라도 한 가지는 확실히 해야 한다. 바로 자기의 성불수행에 대한 깨우침이고 자기의 부처님사상이다. 틀리게 말할까봐 두려워 할 필요가 없다. 두려운 것은 자기의 성불수행의 깨달음이 없는 것과 자기의 부처님사상이 없는 것이다.

그러므로 여러분도 내가 한 말을 절대적으로 정확하다고 생각하지 말아야 한다. 내가 한 말은 단지 내 개인의 깨달음과 체험이고, 그것을 말하는 목적은 진리를 탐구하는데 참고로 하라는 것뿐이다. 불조의 말씀을 절대적인 진리라고 하지는 않지만, 나 자신은 심혈을 기울여 불조께서 하신 모든 말씀들을 검증해보는 것이다.

옛날 사람은 "책은 공자의 말씀이 아니라도 뜻에 맞으면 따르고, 약은 편작의 처방이 아니라도 병을 치료하면 된다."라고 하였다. 그 말의 뜻은 공자의 말만 진리가 아니므로 누구나 진리를 말할 수 있으니, 그 말이 옳으면 따르면 된다는 것이다. 또 약은 꼭 편작의 처방이 아니라도 병을 치료하면 좋은 처방이라는 말이다.

불교 신도들은 오직 석가모니부처님께서 하신 말만 진리라고 하고, 다른 교파의 교리는 부정해 버린다. 기독교 신도들은 오직 예수의 말만 진리라고 하고 다른 교주들의 말은 전부 최고의 진리가 아니라고 한다.

불교대학에서 공부할 때 어떤 때는 방 안에서 『성경』을 읽어 보기도 하였다. 동창들은 "스님이 불교책을 읽지 않고 기독교책을 읽으니 사도외문이다!"라고 하였다. 세계에는 기독교, 이슬람교, 불교 등 삼대종교가 있다. 기독교를 믿는 신도가 불교를 믿는 신도보다 훨씬 많다. 그렇다고 기독교를 믿는 신도들을 모두 지식이 없고 맹목적으로 믿는 사람들이라고 할 수 있는가?

■ 질문 : 기독교 신도들이 죽으면 극락세계로 갈 수 있습니까?
■ 만행스님 : 불교신도와 마찬가지로 극락세계로 갈 수 있다. 하지만 기독교신도들은 천당이 극락세계보다 더 높다고 말한다.

5강

성불수행은 식견이 첫째다

거사도 설법하면 부처이다

오늘 저녁 명후明厚스님의 법문을 잘 들었다. 명후스님의 부처님 사상이 박식하지는 못하지만 심도는 있는 것 같다. 명후스님은 『원각경』, 『능엄경』, 『용수육론龍樹六論』을 읽어야 한다. 남의 풍에 휩쓸려 다니지 말고 자기만의 부처님 사상을 세우고 식견은 손거사님의 가르침을 받으라.

우리 이 도량은 출가한 스님과 거사님 간에 차별이 없다. 출가한 스님이라고 우쭐해서는 안 된다. 누구든 능력이 있으면 앞에 서고 능력이 없으면 뒤로 물러서야 한다. 출가한 스님이라는 방패로 얼굴을 가리면 안 된다. 출가한 부처님은 싯다르타이고 거사 부처님은 유마힐30이시다.

---

30 유마힐(維摩詰)은 인도 비야사리국의 장자로 부처님의 속가제자이다. 출가하지 않은 채 보살행업을 닦았다. 수행이 높아 10대 불제자도 따를 수 없었다고 한다. 흔히 유마거사라고 한다.

출가한 스님들은 『유마힐경維摩詰經』을 읽어 보아라. 유마힐께서 스님들을 어떻게 욕설하였는지를! 부처님의 10대 제자들도 유마힐께 욕을 많이 먹었지만 감히 대항할 생각을 못했다. 부처님은 이런 유마힐을 칭찬하셨다. 언제나 자기의 실력을 갖추어야지, 실력이 없으면 비구라도 소용없고, 나한이라도 소용없다. 유마힐은 다시 오신 부처님이시기 때문이다. 능력이 다른 사람만 못하면 겸손하게 배워야 한다. "21세기가 되면 일반 재가자가 설법한다(백의설법白衣說法)."는 말이 있는데, 2천 5백 년 전에도 이미 일반 재가자가 설법을 했던 것이다.

출가한 사람이 일반 재가자만 못하면 물러서서 일반 재가자의 가르침을 받아야 한다. 출가한 사람을 승보僧寶라고 하지만, 부처님께서 『요의경了義經』에 "일반 재가자가 설법을 한다면 그를 부처로 봐야 한다."라고 하셨다. 일반 재가자가 당신을 승보로 보느냐 하는 것은 그에게 달렸다.

법이 없고 또 법을 모르면서도 일반 재가자의 가르침을 받지 않고 그를 부처로 보지 않는다면 법을 얻을 수 없다. 그를 부처로 본다고 해서 그가 자기를 부처로 여기는지는 또 그가 판단할 일이다.

🙏 성불수행은 나이와 상관없고, 식견이 첫째다

상화相華! 그대는 『오등회원五燈會元』과 『종경록宗鏡錄』이 두 권을 꼭 보아야 한다. 연구를 깊이하지 않아도 되지만 한 번은 꼭 보아라. 지금의 실력으로 이 책 두 권 정도는 볼 수 있을 것이다.

성불수행은 식견이 첫째이다. 식견이 정확하지 않으면 옳은 길에 들어서지 못할 뿐만 아니라 설사 길에 들어섰다 하더라도 나쁜 길로 들어가 부처님의 길과 점점 멀어지게 된다. 식견이 정확하여야만 수련해 얻은 것도 득심응수得心應手31가 될 것이다.

『원각경』에 이런 말이 있다. "부중구습不重久習, 불경말학不輕末學!" 이 말의 의미는 "성불수행을 오래 한 사람이라고 대단하다고 여기지 말고, 금방 성불수행을 시작하였다고 그를 얕잡아보지 말라!"이다. 부처님 사상의 식견을 놓고 보면, 공부 시간의 길고 짧은 것과는 상관없고 나이와도 상관이 없다. 도를 깨우치지 못하면 80이 넘어도 식견이 없는 것이다.

③ 선천적인 근기를 믿어야 한다

식견은 선천적인 토대(근기)이기 때문에 이 세상에서 배워서 되는 것이 아니다. 이 점이 믿기지 않는다면 아직 혜안이 열리지 않은 것이다. 아무리 배우고 모방한다 해도 식견이 되는 것이 아니고 또 영원히 따라갈 수도 없다.

불교에서 '근기'라고 말하는 원리가 이것이다. 이번 생의 수행만으로 성공한 것이 아니라 세세생생 이 일을 해 왔던 것이다. 어떤

---

31 마음이 터득한 대로 손이 저절로 따라 움직인다는 뜻.

사람은 배우지도 않고 수련하지 않아도 금방 부처가 되는 것이다. 또 어떤 사람들은 공양밥을 먹고 염불을 하며 참선을 하는 것 같지만 겉치레일 뿐 도道와는 거리가 멀어지기만 한다.

수행공덕의 원만은 행원이다

이번 생에 최선을 다하여 수행하지 않고 다음 생으로 미룬다면 다음 생은 지금보다 더 형편없을 것이다. 시간이 지날수록 과거에 배웠던 성불수행은 아뢰야식32에 더 깊이 감춰진다. 그러니 이번 생에 그것을 찾아내 소통하지 않고 다음 생에 수련한다는 것은 아주 어려운 일이다.

전생에 저장했던 기억을 깨워서 소통하지 않고, 이번 생의 수행으로만 깨닫고자 하면 이미 늦고 불가능한 일이다. 이번 생에 깨닫는 것은 모두 전생에서 남겨놓은 것들이다.

수행을 딱히 뭐라 말하기는 어렵다. 일상생활에서 나타나는 것에 그대로 부딪치면 되는 것이다. 세상의 사물과 맞부딪치지 않고 어떻게 심성을 연마하며 단련할 수 있겠는가? 세상과 단절하고 단독으로 수련해야 성공이라 생각한다면, 과거 조사·대덕들께서 수행의 세 번째 순서를 행원行願이라고 하지 않았을 것이다. 공덕이 원만하려면 행원을 해야 한다고 하셨다. 그러므로 우리가 세상과

---

32 불교의 유심론唯心論에서 말하는 인간의 근본 의식意識이며, 제 8식이라고 함.

동떨어지고 사람들과 접촉을 하지 않는다면 잘못된 것이다.

세상사를 떠나서 무문관수련을 한다면 어떻게 행원을 할 수 있겠는가? 잠깐 동안의 무문관수련은 있을 수 있다. 하지만 그것은 더욱 장구하고 훌륭하게 대중들과 융합하기 위한 것이다. 가장 기본적인 식견도 분명하지 못하면서 숨어서 수련하겠다고 하는 것은 그릇된 생각이다. 또 이런 개념으로 공을 들인다면 수증修證[33]은커녕 입문도 불가능하다.

식견이 명석하면 입문한 것이다

달마조사가 다음과 같이 말씀하셨다. "수행은 이입理入(이치로 입문함)이 있고 행입行入(수련하고 실천함으로 입문함)이 있다." 이치로 입문하는 것조차 하지 못했는데 어떻게 행입으로 들어갈 것인가? 어려운 일이다. 진실하고 착실하게 공을 들이는 것을 수련이라고 하는데, 수련에는 행원도 포함된다. 식견이 명석하지 못하고 명확히 정립되지 못하였는데 어떻게 행원을 할 수 있겠는가?

식견이 명확하다면 이미 입문한 것이고, 이미 입류과入流果에 들어선 것이다. 무엇을 입류과라고 하는가? 신심信心과 도심道心이 견고해서 수행의 흐름에 들어섰다는 말이다. 수행의 거센 물살이 밀려들어서 물러설 수 없는 상황이 됐다는 것이다.

---
[33] 수행을 통해 도에 입문하기 전에 나타나는 연도풍광 등의 여러 가지 경계들.

보리심을 잃는다는 것은 식견이 없다는 증거다

보리심을 잃는다는 것은 식견이 없다는 것이고, 맹목적으로 따라가서 남의 장단에 춤을 췄다는 것이다. 오늘 누가 정토법문이 좋다고 하면 정토법문을 수련하고, 내일은 누가 선종禪宗이 좋다고 하면 선종을 배우고, 모레는 누가 지관止觀이 좋다고 하면 또 지관을 수련할 것이다. 이런 사람들은 몇 년 동안 애를 쓰고 헤매며 다녀도 아무런 소득도 없으니 보리심을 잃게 되는 것이다.

식견이 분명하지 못한 사람들은 선정능력이 좀 있다 할지라도 마음을 자주 번복하고 정서가 불안정하다. 어떤 때는 금방 성불할 것 같고, 어떤 때는 도를 닦는 것을 아주 막연한 일로 생각한다.

식견이 명석하고 환한 사람은 시작만 하면 확실하게 발걸음을 내디딜 수 있으며, 한 걸음 한 걸음씩 나아가므로 도에서 벗어나고 싶어도 벗어날 수 없는 것이다. 전체 과정을 아는 사람은 일을 시작하기만 하면 순서에 따라 척척 진행해 나간다.

문희선사가 문수보살을 박대하다

식견이 없다면 돌다리를 두드리며 강을 건너는 사람처럼 한 발자국 한 발자국 더듬어서 길을 걸을 것이다. 잘못 두드리면 잘못 디딜 수도 있다. 식견이 명석하고 환한 사람이라면 부처님께서 눈앞에 계시더라도 함부로 따라가지 않을 것이다.

당나라 무착문희선사无著文喜禪師의 고사를 알고 있을 것이다. 문희선사님께서 하루는 주걱으로 죽을 젓고 있는데 문수보살이 주걱에 모습을 나타내셨다. 선사님은 다짜고짜 주걱을 들어 내리치면서 "문수는 문수이고, 문희는 문희로다!" 하였다. 문수보살이 공중으로 솟아오르면서 선사님께 게송을 읊으셨다. "쓴 호박은 뿌리까지 쓰고/ 단 호박은 꼭지까지 달구나./ 내가 3대겁을 수련하였지만/ 노승의 꺼려함을 받았노라." 문희선사의 선정력과 경계가 얼마나 높으신가?

중생들의 마음속 부처님의 형상은 눈과 코가 있어서 말씀을 하시면 빛을 뿌리고 땅이 흔들린다. 이것도 맞기는 하다. 그러나 식견이 분명하고 명확한 사람들은 주위의 모든 것을 있는 그대로 마주하고 착실하게 대응해 나간다.

식견은 관념을 바꾸기 위한 것이다

수행은 다사다망한 일이다. 왜 그런가? 다사다망하지 않으면 수행을 할 줄 모르는 것이다. '도道'는 본래 간단한 것인데, 무엇이 도인지 명백하지 않기 때문에 다사다망해진 것이다.

성불수행을 하는 사람들은 신통력을 탐하는데, 신통력이란 무엇인가? 주위에 일어나는 모든 일을 잘 처리할 수 있으면 신통력이라고 하며 신통력의 묘용妙用이라고 한다. 반대로 주위에서 일어나는 일들을 처리하기 싫어하고 최선을 다하지 않는다면, 입에서 연꽃을 뿜고 연꽃을 딛고 있다고 해도 그것은 수도와는 아무런 상관이 없다.

소위 '식견'은 관념을 바꾸기 위한 것이다. 관념을 바꾸지 못하면 제아무리 선정능력이 깊어도 부처님 곁으로 가지 못한다. 선정능력이 깊다고 해서 해탈한다고 생각하면 안 된다. 사상을 해탈하지 않고, 관념을 바꿔 초월하지 않는다면 어떻게 해탈할 수 있겠는가? 사상의 경지는 좌선에서 얻는 것도 아니고 염불해서 나오는 것도 아니다.

③ 명심견성을 하면 자성이 법문을 한다

며칠 전 우리 절에 뚱보 스님이 오셨다. 그분에게 법문할 것을 청하여 몇 번 했는데 평가가 비교적 좋았다. 그분의 법문에는 확실히 독특한 견해가 있었다. 몇몇 스님과 거사님들의 말에 따르면 그는 이미 명심견성을 하였고 부처의 경지에 도달했다는 것이다. 그런데 어떤 분이 나에게 "명심견성을 하지 못한 사람도 부처님 사상의 식견이 올바를 수 있는가?" 하고 조용히 물었다.

예로부터 불법을 강론하는 사람에는 두 부류가 있다. 하나는 명심견성을 한 다음 자기의 심법을 말하는 사람인데, 이 부류의 사람은 경전을 보지 않고 설법하지만 부처님 사상에 부합된다.

다른 하나는 수행도 하지 않았고 불학 식견도 없으며 행원도 하지 않은 사람인데, 이 부류의 사람은 불학을 연구하는 학자들이다.

말하자면 전문적으로 한 권의 경이나 논을 3~5년 연구하면, 경이나 논에 대한 일정한 견해가 생긴다. 이런 학자들은 학술의 입장에서 법문을 할 수 있다.

묻노라! 이런 학자들의 사상은 정확하고 부처님 사상에 부합되는가? 답을 하자면 이런 사람들도 부처님 사상이 있지만, 필경 한 권의 경이나 논에서 얻은 견해를 부처님 사상으로 삼은 것이다. 자기는 실증도 하지 않았고 행원도 하지 않은 사람들이, 부처님의 어떤 말은 어떻다고 말한 것이다. 그러므로 경이나 논의 울타리를 벗어나지 못하고 초월하지 못하는 것이다.

명심견성을 하신 법사나 선사님들은 말이 나오는 대로 거침없이 말씀하지만, 그들의 법문은 자성을 떠나지 않았고 부처님의 심법을 떠나지 않는다. 이런 분들의 설법은 경문에서 찾아볼 수 없지만, 그들의 사상과 경계는 모두 부처님의 사상에 부합된다.

불학 연구자들의 법문은 줄곧 불학 술어만 사용하고, 말끝마다 경전의 어구만 인용하는 등 전문가적인 술어를 파고들며 말한다. 하지만 선사님들의 말씀은 경에도 논에도 의거하지 않고 자유자재로 적절하게 핵심을 짚으면서 설법하신다. 조사님들의 설법은 어떤 이름이나 상相으로 '8식八識'이요, '5온五蘊'이요 하는 전문용어들을 사용하지 않는다. 조사님들의 말씀대로라면 그것들은 전부 쓰레기요 우는 아이를 달래는 일인 것이다.

🗨 자기의 불학식견이 있어야 한다

전문용어를 즐겨 쓰는 사람들은, 몇 십 년을 경전 한 권에만 신경을 쓰고 매달려서 자기가 대단한 줄 안다. 학자들이 명심견성을 못하였다고 해서 그들의 법문을 듣지 말라는 말은 아니다. 성불수행을 하는 사람들은 자신만의 불학 식견이 있어야 하며 부처님 사상이 있어야 한다는 뜻이다.

식견을 명석하게 한 다음 공을 들여 수련하는 사람들도 있고, 공을 들여 수련하면서 식견을 단정히 하고 완벽하게 하는 사람들도 있다. 공을 들여 도를 닦는 것과 식견을 단정히 하는 것은 마치 신체의 오른발 왼발과도 같아서, 한쪽 발을 들어 걸음을 떼면 저 쪽 발도 따라서 걷게 되는 것이다. 다른 것은 어느 발을 먼저 떼느냐일 뿐이다.

🗨 열심히 수련하면 두뇌가 당신을 방해하지 않는다

가아假我[34]란 본래 당신을 방해하는 것이 아니다. 그런데 스스로 일을 만들어 앞으로 나가지 않고 서 있기 때문에 양쪽에 다 가아가 있게 된다. 줄곧 앞으로 나아간다면 양쪽의 가아가 당신을 어찌 할 것인가? 가아가 당신을 방해하는 거라고 하지만, 사실 그것은

---

34 여기서 '가아'는 진리를 깨닫지 못한 나, 망상과 허영을 쫓아가는 나, 두뇌를 이용해서 이지적으로 생각하는 나를 말한다.

자신이 앞으로 전진하기 싫어서 하는 소리다.

　머릿속의 잡념을 제거하는 일이 아주 어렵다고 하지만 그것은 진정으로 열심히 수련하지 않았기 때문이다. 당신이 열심히 수련하지 않았기 때문에, 앉아서 두뇌 놀음만 하고 서로 다투기만 하는 것이다. 당신이 진정 열심히 수련해서 잡념을 제거하면 두뇌는 당신에게 방해가 되지 않는다.

■질문 : 가부좌를 할 때 두 다리를 서로 바꾸어 앉을 수 있습니까?
■만행스님 : 바꿔야 되면 바꾸고 바꾸지 않아도 되면 바꾸지 않아도 된다.

■질문 : 스승님! 우리는 전부 우주의 사과나무에서 떨어진 사과라고 하였는데, 그러면 지금 우리는 우주 속에 있는 것이 아닙니까? 우주의 개념은 무엇입니까?

신묘장구대다라니의 "소로소로
(나무열매처럼 매달린 많은 부처
님이 우수수 내려와서 중생을 구
제하시네)"

■ **만행스님** : 내가 말하는 우주는 전체적인 힘을 말한다. 우리는 이 전체적인 힘(통일체)에서 떨어져 내려온 개체이다. 어디에서 어디로 떨어졌는가? 아무 곳으로도 떨어지지 않았다. 여러분이 말하는 극락세계가 어디에 있는가? 진짜로 극락세계에 왕생하는 것이라면 누구도 성불수행을 하지 않을 것이다.

일심전념의 경지에 도달해야 한다

■ **질문** : 좌선할 때 어떻게 해야 일심이 됩니까?
■ **만행스님** : 우리가 한마음 한뜻으로 채소밭을 가꾸는 데 전념할 수 있다면 좌선도 한마음 한뜻으로 전념할 수 있다. 좌선을 한마음 한뜻으로 전념할 수 있다면, 욕을 해도 잠을 자도 모두 한마음 한뜻으로 전념할 수 있다. 왜냐하면 당신은 이미 한마음 한뜻으로 전념하는 능력을 갖추었기 때문에 어떤 일을 하든지 모두 한마음 한뜻으로 전념할 수 있다.

한마음 한뜻으로 전념하는 능력이 없다면 당신은 필연코 산란散亂에 처하기 때문에 어떤 일을 하든지 모두 산란 속에 있게 된다. 오로지 한 가지 방법으로 한마음 한뜻으로 전념하는 경지에 도달하여야만, 어떤 일을 하더라도 한마음 한뜻으로 전념할 수 있다.

불법에 대한 인식이 정확해야 한다

■ 질문 : 수행할 때 어떻게 공을 들여 수련을 해야 합니까?
■ 만행스님 : 불법에 대한 인식이 깊지 못하기 때문에 어떻게 공을 들여 수련할지 모르는 것이다. 지금 사람들은 공부를 시작하자마자 능력을 갖고 경계가 생겨서 부처가 되기를 원한다. 성불수행의 차례와 순서도 모르고, 불법에 대한 인식도 없으면서 어떻게 성불할 것인가? 서방정토에 왕생하는 게 그처럼 쉬운 일인가?

불법을 모르고, 또 어떤 것이 불교인가도 모르면서 서방정토에 왕생할 수 있을까? 식견이 없는 불제자가 서방정토에 왕생할 수 있을지 돌아가서 참선해 보시라. 예를 들어 여러분이 동화선사에 대한 이해도 없고 또 동화선사에 간 적도 없고, 겨우 광동성 옹원현에 동화선사가 있다는 것만 확신한다고 동화선사에 올 수 있는가 하는 문제이다.

식견이 명확해야 수련할 수 있다

■ 만행스님 : 손거사님께서 한번 대답해 보시라.
■ 손거사 : '식견'이라는 것은 들어가는 '문'과 같습니다. 달성해야 하는 목적을 모른다면, 동화선사 입구에 도착해도 잘못 왔나 생각하고 반대 방향으로 갈 수도 있어요. 제아무리 경건하게 노력을 한다고 해도 동화선사를 스쳐 지나가고 말겠지요. 마치 바다를 항해하

는 함선이 방향을 잃으면 아무리 노력하고 힘을 다해도 도착해야 하는 부두와 멀어지거나 아니면 스쳐 지나게 되는 것과 같습니다. 스승님께서 "식견은 수행의 근본이다."라고 하는 이치가 바로 여기에 있습니다. 이것은 아주 쉽게 이해가 되는 원리이므로 어렵게 생각하지 말아야 합니다.

■상화 : 경에서도, 나무아미타불 한마디만 부르면 다 성불할 것이라고 하지 않았습니까?

■만행스님 : 염불을 하면 마음의 문이 열려서 식견이 완성되기 때문이다. 우리는 염불하는 것만 보았고 식견이 형성되는 과정은 보지 못했기 때문에 그것을 알 수 없다. 때문에 염불하는 것만 알고 수행과정을 잊어서는 안 된다. 손거사님이 답을 아주 정확하게 하셨다.

부처님·보살님·조사님들은 수행의 네 순서, 즉 신信·해解·행行·증證을 거듭 강조하셨다. 믿음(신)만으로는 부족하고 방법(해)을 가져야 하고 실천(행)을 해서 분명하게 알아야(증) 한다.

식견이 있어야 한다는 말이다. 식견도 있고 행원도 해야 한다. 끊임없이 행원을 해야만 최후의 원만한 귀착지인 증과證果를 달성할 수 있다는 뜻이다.

신·해·행·증은 선종에서 농축해서 말한 식견·수증·행원과 다름이 없다.

① 성불수행의 첫 걸음은 경건한 믿음에 있다. 경건하게 믿어야만 그것을 이해하는 것이다. ② '해解'란 명백하다는 의미인데 이것

이 바로 식견이다. ③ 식견이 명석하고 정확해야만 행원을 할 수 있다. 알아듣기 쉽게 말하면 경계를 빌어서 마음을 다스린다는 것이다. 어떻게 마음을 다스릴 것인가? 우리 몸에 배인 나쁜 버릇과 결점을 닦아 버리고 복혜를 닦고 공덕을 닦는 것을 다 행원이라고 한다. ④ 공덕이 원만하고 구족되어야만 증과證果를 이룩할 수 있다.

여러분의 식견이 어느 정도인지 스스로에게 물어 보아라. 한 걸음 물러서서 여러분의 식견이 모두 정확하고 원만하다고 하면 정견正見이라고 할 수 있다. 하지만 행원은 아직 멀었다. 게다가 대다수 사람들은 사지사견邪知邪見인 것이다. 입도入道를 못하였으면 바로 외도이고 사도이다. 단지 귀신놀음만 사도가 아니라 식견이 정확하지 않아도 사도인 것이다.

③ 식견이 명백하면 지혜이며 선정이다

식견이 분명하지 않으면 수련을 못한다. 여러분이 매일 공을 들이고 도를 닦는다고 하지만 식견이 분명하지 않기 때문에 수행이 되지 않는 것이다.

이 자리에 앉은 많은 분들이 모두 십여 년 수행을 하였다고 했지만 아직까지 식견이 없다. 향불을 올리고 절을 하며 매일 『금강경』과 『지장경』을 읽는다고 수행하는 것이 아니다. 이것은 잠시 울지 말라고 자기를 달래는 격일 뿐이다.

이것은 아주 간단한 이치이다. 손을 들어도 손가락이 보이지 않을 정도로 눈앞은 컴컴한데 어떻게 길을 걷는다는 말인가? 스스로 길을 걷는다고 하는데 나는 도저히 믿을 수 없다. 식견이 없는 사람이 어떻게 수행을 하는가?

진정 3년 동안 정성을 다해서 식견을 분명하게 한 다음 수행하면, 1년이면 입도를 하게 된다. 여러분이 수행을 이렇게 오래 하였는데 아직도 입도入道를 못한 것은 식견이 없기 때문이다. 어쩌다가 꿈이나 꾸고, 감응이 있고, 불광을 보고, 소리를 들었다고 도를 닦는 것이라고 생각하지 말라. 이것을 경계라고 하는데 도道와는 상관이 없는 것이다.

너무 급하게 삼매경에 들려고 하지 말고 또 너무 급하게 지혜의 문을 열려고도 생각하지 말아야 한다. 우선 식견을 명백하게 하는 것이다. 식견이 명백하면 그것이 바로 지혜이며 선정이다. 당연히 능력도 포함한다. 선정능력, 지혜, 신통력의 70%는 식견에서 이미 완성된 것이다. 나머지 30%의 능력은 일상생활에서 반복적으로 건지고 확인하고 인증하는 데 불과하다. 식견이 없다면 여러분이 하는 모든 일체가 쓸 데 없는 일이다.

어디에 머무르면 제일 원만하며 최후의 원만은 또 무엇인가? 그것은 바로 식견이다. 수행의 첫 걸음은 무엇인가? 그것도 식견이다. 어떻게 착수하여 수행할 것인가? 그것도 역시 식견이다. 수련해서 얻은 능력이 원만한 다음, 소위 '삼먁삼보리'가 된 다음의 귀착점도 역시 식견이다. 신통력이나 선정 능력이 너무 빨리 나타나기를 바라지 마라.

6강

식견은 수행의 처음이자 끝이다

선종에서는 신앙을 말하지 않았다

　수행의 세 가지 단계를 며칠 저녁동안 연속으로 강의하였다. 첫 단계는 식견, 두 번째 단계는 수증修證, 세 번째 단계는 행원, 이것은 선(선종)에서 말하는 세 가지 단계이다. 교종에서는 신信·해解·행行·증證이라고 한다.35

　어째서 교종에서는 신信을 첫 자리에 놓고 선종에서는 신信이란 말이 없고 직접적으로 식견·수증·행원이라고 하는가? 어째서 교종에서는 세 번째는 행行, 네 번째는 증證이라고 하는가? 그들의 차이는 교종은 신앙을 말하고, 선종은 신앙을 말하지 않은 데 있다. 그렇다면 선종에는 신앙이 없는가?

　교종의 '해解'는 선종에서 말하는 '식견'에 해당한다. 종宗이란 교

---

35 종하宗下는 선종禪宗 또는 선종의 문하를 가리키고, 교하敎下는 천태天台 현수賢首(비구) 유식唯識 등 부처님의 말씀과 가르침을 위주로 하는 종맥을 일컫는다. 여기서는 종하를 선종으로, 교하를 교종으로 번역하였다.

敎의 강령이며 교의 핵심이다. 알아듣기 쉽게 말하면 종宗은 중심 사상이고 핵심이며, 교敎는 책의 전체 문장이며 전체 과정이다. 학원 출신이거나 정규 교육 출신들을 교종에서 나왔다고 하고, 선방 출신들을 선종에서 나왔다고 한다.

선과 교를 함께 공부해야 한다

예부터 이런 말이 있다. "선종을 알고 교종을 모르면 헛소리만 하고, 교종만 알고 선종을 모르면 봉사와 같다." 수행자는 교종과 선종에 모두 정통해야 공空에도 유有에도 떨어지지 않는다. 사실 교만 연구한다고 교에 정통한 것도 아니고, 선을 연구한다고 선에 정통한 것도 아니다. 선과 교를 함께 공부해야만 극단에 떨어지지 않게 된다.

사람들은 "저 사람은 늘상 구두선口頭禪만 즐기는 교조주의자敎條主義者이다."라고 말한다. 또 "이 사람은 전문적으로 기능만 수련하고 선종에만 치우쳐서 공부한다."라고 한다. 사실 과거의 조사·대덕들은 한 가지에 치우치지 않고 선과 교를 동시에 수련하셨다.

정상에 올라보지 못하고 산기슭까지 갔다가 돌아온 사람이, 아무리 산을 이러쿵저러쿵 묘사한들 산의 일부분일 뿐이다. 산꼭대기에 올라서야만 뭇 산들을 환히 훑어볼 수 있다.

혹 이런 사람들을 수행이 아주 높다고 한다. 하지만 이런 사람들보다 수행이 더 높은 사람들이 있다. 그들은 산꼭대기까지 올라갔다가 내려올 수 있다. 오르지 못하면 공부가 되지 않은 것이고, 올라갔다가 내려오지 못해도 공부가 완벽하지 못한 것이다.

백 자나 되는 높은 장대 꼭대기까지 힘들게 올랐다고 승리라고 여기지만, 진정한 승리자는 백 자 높은 장대 꼭대기에서 다시 내려와서 원래 출발점까지 되돌아오는 사람이다. 이런 사람을 공덕이 원만하다고 한다. 소위 "백척간두 진일보百尺竿頭 進一步"라고 하는 말의 의미가 바로 이것이다.

선종의 말로 하자면 '경건한 마음만 구비된 것은 도道와는 티끌만 한 관계도 없다'고 한다. 식견에 통달하지 못하면 진정한 의미의 경건한 마음은 있을 수 없다. 소위 '경건'이라는 것은 '정신正信'을 포함하는데 식견이 통달하지 못하면 '정신正信'도 있을 수 없다. 그때의 '정신'이라고 하는 것은 사지사견이요, 사도에 불과하다.

③ 명심견성을 못한 사람은 정지정견이 없다

삭발하고 채식을 하고 염불하며 출가하였다고 정도正道라고 생각하지 말라. 선종의 말로 하자면 '명심明心을 못하면 맹수盲修(맹목적인 수련)요, 견성見性을 못하면 함부로 하는 수련이다'라고 한다. 즉 명심견성을 못하면 바로 사도邪道인 것이다.

식견이 없다면 제아무리 경건한 마음이 있다고 해도, 말주변이 뛰어나고 억센 사람을 만나면 단 몇 마디 말에 곧바로 도심道心이 무너질 것이다. 식견이 없으니 누가 말하든 다 이치가 있다고 생각하기 때문이다.

옛날 선종에서는 명심견성을 못한 사람은 정지정견이 없는 사람이기 때문에 선학禪學을 못하게 하였다. "보살은 하늘도 날고 땅 속에 들어갈 수도 있다."라고 해도 믿고, 또 "보살은 입으로 연꽃을 뿜으며 비바람을 부를 수 있다."라고 해도 믿는다. 이런 사람은 보살에 대한 가장 기본적인 개념과 이해조차 없기 때문에 풍문을 믿을 수밖에 없는 것이다.

지금 사람들은 출가한 지 사흘도 되지 않았는데 선학을 한다고 말한다. 이런 사람들은 수련도 못했고 수증修證도 없는데 어떻게 선학을 할 것이며 또 무엇을 배운단 말인가? '화룡점정畵龍點睛'이란 말이 있다. 자신이 용을 다 그려 성공한 다음, 스승님께서 용의 눈동자에 점을 찍어 넣으면 용이 살아나서 하늘로 날아오른다는 것이다. 깨달은 스승(명사明師)은 용을 그려 주지 않는다. 용의 눈동자에 점만 찍어줄 뿐이다. 용은 자기 자신이 그려야 하는 것이다.

성불해야 부처를 알 수 있다

사람들은 항상 '깨달은 스승님 가르쳐 주십시오' 하는데 아무것도 모르는 당신에게 깨달은 스승이 무엇을 어떻게 가르쳐준단 말인가? 옛날 선종에서는 식견이 스승과 같은 차원이면, 법을 주지 않으며 이치도 말해주지 않았다고 한다. 식견이 스승의 차원을 뛰어넘어야만 법을 말해주고 이치도 가르쳐 주는 것이다.

사람들은 가는 곳마다 깨달은 스승의 지도를 청한다. 하지만 깨달은 스승이 말씀해 주시면 어리둥절해 하고 말귀를 알아듣지 못할 뿐만 아니라 깨달은 스승을 보고 사지사견邪知邪見이라고 지껄인다. 왜냐하면 부처님·보살님·깨달은 스승을 자기 마음속에 마음대로 상상하고, 자신의 차원과 견해로 표준을 세우고 판단하기 때문이다. 그들은 자기가 본 깨달은 스승이 자기 마음속의 깨달은 스승과 같지 않으면 깨달은 스승이라고 인정하지 않는다.

성불해야만 부처를 알 수 있고, 위대한 사람이 되어야만 무엇이 위대한지 알 수 있다. 그래서 군자는 군자를 알고 소인은 소인을 안다고 하는 것이다. 자기가 어떤 유형의 사람이라면 그와 같은 유형의 사람을 알 것이고, 어떤 차원의 사람이면 바로 그 차원의 사람을 알 것이다. 『원각경』에서, 사람들이 부처님·보살님을 이해하지 못하는 이유가 바로 일반인의 마음으로 성인의 마음을 가늠하기 때문이라고 했다.

도와 상응하고 싶으면 아집을 없애야 한다

눈앞에 불빛도 보이고 소리가 들린다고 하더라도, 그것은 수행의 감응이 아니라 수행자 마음속의 감응에 불과하다. 우리가 날마다 빛을 보고 소리를 듣는다고 하지만 마음 속에는 탐(욕심)·진(성냄)·치(어리석음)·만(게으름)·의(의심)가 가득 차 있다. 소리를 많이 들을수록, 많이 볼수록 '아집'이 점점 더 커지는 것이다.

심리상태에 손을 쓰지 않고 관념을 바꾸지 않는다면 입도를 할 수 없다. 입도한다는 것은 당신이 부처님·보살님을 보았다든가 아니면 무슨 소리를 들었는가를 말하는 것이 아니다. 진정한 입도는 관념을 바꾸고 아집을 없애는 것이다. 아집이 가득 찬 사람은 부처님·보살님이라도 그를 어찌할 방도가 없으며 소통할 수 없다. 아집은 물이 가득 찬 컵과 같아 관세음보살의 감로수도 들어갈 수 없는 것이다. 도와 상응하고 싶다면 생각을 바꾸어야 한다.

3️⃣ 식견에 보살행이 있어야 부처가 된다

성불수행을 하는 사람들은 자신의 부처님 사상이 있어야 한다. 자기의 부처님 사상이 없다면 식견이 없다는 뜻이다.

부처님·보살님의 식견으로 따져보면 성문聲聞·연각緣覺[36]·나한羅漢 등은 전부 외도外道. 사람들이 성문·연각·나한을 성인이라고 하는 것은 자신들과 비교해서 하는 말인데, 부처님·보살님들이 보면 또한 일반사람일 뿐이다. 예를 들어 만 원을 가진 사람이 아무 것도 없는 사람과 비교하면 부자이지만, 백만장자에 비하면 거지인 것이다. 또 백만장자를 억만장자와 비교하면 역시 거지이다. 때

---

[36] 불법의 가르침을 따라 공부하되 자신만의 완전한 해탈을 목표로 삼는 사람을 성문이라 하고, 연각은 벽지불辟支佛 또는 독각獨覺이라고도 하며, 성문과 달리 혼자서 공부하여 깨닫고자 하는 사람이다. 이 두 부류는 모두 자신의 깨달음을 중생구제에 사용하지 않는다는 공통점이 있다. 성문·연각·보살을 삼승三乘이라고 한다.

문에 나한은 부처님 지혜의 명맥을 이을 수 없고 중생들의 복전福田밖에 될 수 없는 것이다.

우리의 식견은 영원히 원만할 수 없다. 오로지 '삼먁삼보리'를 증득하는 찰나에만 식견이 원만할 수 있게 된다.

만행은 평가하는 사람도 아니고 평가받는 사람도 아니다

많은 사람들이 동화선사에 와서 나(만행)를 참배하지만, 내가 수행을 해서 성취했다면, 그것은 여러분 마음속에 있는 만행이 성취한 것이다. 내가 성불하고 지혜문이 열렸다고 하는 것 역시 여러분 마음속의 만행인 것이다. 나의 '마음속의 나'는 아직도 문외한이고 겉으로만 조금 알 뿐이다.

솔직히 말한다면, 여러분이 '만행이 정확하다'고 말한다고 해서 내가 정확해지고, '만행이 그르다'고 말한다고 해서 내가 그르게 된다면 나는 곧 끝이 날 것이다. 또 여러분이 '만행의 수행차원이 높다'고 하면 나의 수행차원이 높아지고, '수행차원이 낮다'고 하면 낮아진다면 나는 더욱 빨리 끝이 날 것이다.

우리 모두는 일반인이기에 다른 사람의 수행차원의 높고 낮음을 가늠해서는 안 된다. 마찬가지로 나 역시 일반인이기 때문에 다른 사람을 평가하지 않는다. 사람들의 평가로 내가 성공하고 성공하지 않는 것이 아니다. 과거에는 깨달은 스승들만 평론할 수 있고 인증해 줄 수 있었다. 예를 들어 어떤 물건을 만들어 성공하면 누구에게 가치를 인정받아야 할까? 전문가들만이 평가할 수 있는 것이다. 나는 전문가가 아니므로 다른 사람을 평가할 자격이 없다.

이 말은 모두에게 다 해당된다. 장래에 여러분도 행각을 하거나 혹은 주지스님으로 부임할 때 많은 사람들의 평가를 받게 된다. 사람들이 수행이 높다고 하면 좋아하고, 수행이 나쁘다고 평가한다고 해서 번뇌에 빠져서는 안 된다. 일희일비하는 것은 평가하는 사람과 같은 수준밖에 되지 않는다는 것이며 아무런 발전도 없게 된다.

지향하는 바가 다르다

사람들의 평가를 두려워하지 말라. 부처님을 성인聖人이라고 하는 것은 우리의 인식일 뿐 다른 종교를 믿거나 부처를 믿지 않는 사람들은 부처님을 사도라고 말할 것이다.

물건을 내놓으면 사람들 나름대로 평가하기 마련이다. 그것을 두려워하면 안 된다. 사람들이 이리저리 뒤집으면서 마음껏 옳다 그르다 평판하게 두어야 한다. 석가모니 부처님도 많은 사람들의 비판을 받았다. 우리는 석가모니 부처님을 제일 위대하다고 하지만, 전 세계적으로 보면 천주교나 기독교를 믿는 신도들이 불교도보다 더 많지 않은가?

성불수행을 하는 사람들은 성불수행을 하지 않는 사람들을 업신여긴다. "부처님은 진리의 대표인데 너희들은 왜 성불수행을 하지 않느냐? 우리는 성불수행을 하였기 때문에 위대하고 차원이 높다."라는 것이다. 사람들이 지향하는 바는 각기 따로 있다. 성불수행하는 길을 걸어야만 위대한 것이 아니다. 어떤 길을 걷든지 용감히 가면 위대한 것이다.

식견은 각자 나아갈 방향을 밝혀준다

자꾸 식견에 대해 물으니 한 번 더 정리하겠다. 식견을 모르는 사람은 공부를 열심히 하고 싶어도 하지 못한다. 다만 식견은 각자가 다르고 차원이 다를 뿐이다. 나한은 나한의 식견이요, 보살은 보살의 식견이요, 부처님은 부처님의 식견이요, 일반인은 일반인의 식견이 있다. 때문에 각자 하는 말을 그르다고 하면 안 된다. 다 맞는 말이다.

내 개인적인 이해는 이렇다. 식견은 방향이요, 수행의 차원이며, 공부를 열심히 하는 절차이다. 수행자가 구도하는 방향과 공부하는 절차를 모르면 어떻게 공부가 잘되겠는가? 다시 말하면 당신이 불법에 대한 인식, 수도하는 인식, 수련을 하는 절차 등에 대하여 잘 알지 못하면 발을 뗄 수 없는 것이다. 마치 어떤 일을 시작하기 전에 처음에는 어떻게 하고, 다음은 어떻게 하며, 또 어떻게 들어갔다 나올지 방책을 완전하게 세워야 결과를 훤히 알 수 있고, 또 일하는 도중에 문제가 생겨도 대처할 수 있는 것처럼 말이다.

성불수행의 식견도 마찬가지다. 도를 닦기 전에 이미 도를 닦는 전체 과정과 전체 의념들을 명백하게 알고 있기 때문에 식견만 있으면 지피지기知彼知己인 것이다. 지금 사람들처럼 한 걸음 한 걸음 더듬어 가면서 걷는 것이 아니다.

식견이 명확한 사람들은 결과가 어떻다는 것을 수련을 시작하기 전에 짐작한다. 아울러 수련을 꼭 성공하리라고 확신한다. 왜냐하면 전체적인 식견이 이미 분명하고 명백하게 자리 잡았기 때문이다. 진정 식견이 명백하면 이미 70%의 공능을 얻은 것이다. 나머지 30%는 확인하고 반복적으로 건지고 다시 인증하면 된다.

3) 식견은 수련의 과정과 체계이다

지금 성불수행을 하는 대다수는 '믿음'을 첫 번째로 친다. 그러나 식견이 명백하지 않으면 믿음은 전부 미신이다. 이런 사람은 줄곧 남의 꽁무니를 따라 이리저리 헤매고 다니기만 한다.

왜 그러는가? 식견은 없고 간신히 믿음만 구비했기 때문이다. 때문에 선종에서는 믿음이라는 말을 하지 않고 첫 시작부터 식견을 말한다. 진정한 믿음은 바로 식견이다.

사실 선종와 교종은 하나이다. 다만 알아듣기 쉽고 접근하기 쉽게 하기 위하여 그들을 '선종이다, 교종이다' 하며 갈라놓은 것이다. 진정으로 입도한 사람에게는 선종과 교종의 구분이 없는 것이다. 종에 통달한 사람은 그가 체험하고 하는 말이 바로 교이고, 교에 통달한 사람은 종의 공능을 갖춘 사람들이다.

우리는 주방에서 밥을 지을 때 '제일 처음 무엇을 하고, 두 번째는 무엇을 하고, 세 번째는 무엇을 하나?' 골똘하게 생각하지는 않는다. 이미 밥을 지을 줄 알기 때문이다. 이것을 식견이라고 한다. 발걸음을 떼기 전 수행자의 머릿속에 있는 수련의 전체 과정, 이념, 체계들이다. 이렇게 막힘없이 통달한 식견이 있어야만 수증修證을 논할 수 있고, 식견이 있다고 하며, 수修와 증證의 자격이 구비되었다고 한다. 식견을 갖추지 않고 하는 수행은 자기가 자기를 속이는 격이다.

③ 식견이 명확하지 않으면 업을 짓는다

세 번째 단계는 행원이다. 어째서 세 번째 단계에 와서 행원을 말하는가? 과거 총림의 방장과 주지는 득도한 성인이 맡았다. 그래야만 사원을 올바르게 인도할 수 있기 때문이다. 사원은 하나의 완전한 기계와 같다. 누가 이 기계의 방향을 잡을 것인가? 그것은 방장스님이다. 또 누가 이 기계의 운전대를 잡고 운전하는가? 바로 절의 주지(감원監院)스님과 지객知客스님이다. 그들은 방장스님의 방향 지시를 따르기만 하면 되는 것이다.

과거 총림의 규칙으로 보면 "한 개 총림에는 적어도 한 분 반의 스님은 있어야 된다."라고 한다. 이 말은 총림에는 득도한 한 분과 반쯤 득도한 성인이 있어야 한다는 말이다. 방장스님은 득도한 성인일 것이다. 다음은 수좌首座스님이다. 이 사람은 입도한 사람이어야 하고 명심견성을 한 사람이어야 한다. 사원의 모든 것은 전부 시방에서 오기 때문에, 일을 옳게 하고 그르게 하는 것은 전부 방장스님에게 달렸다.

명확한 식견이 없는데 행원을 하면 착오만 생긴다. 착오를 저지르면서 하는 일이라면 반드시 업을 짓게 된다. 식견이 구비되지 않으면 첫 번째는 수행을 못할 것이고, 다음은 행원도 하지 못하는 것이다. 행원은 좋은 일을 많이 베풀고 중생을 제도하는 것을 말한다. 혜안이 열려야만 보살도를 행하고 좋은 일을 많이 베풀 수 있고 중생을 많이 제도할 수 있다. 행원이라는 것을 알아듣기 쉽게 말하면, 나라와 백성을 위하고, 중생을 제도하며, 자리이타自利利他의 사업을 하는 것이다.

운수가 좋아 당신이 눈이 밝은 사람(식견이 있는 사람)을 만나서, 그의 말을 듣고 그의 행원을 따라 하면, 당신이 하는 모든 일체는 인과응보를 받지 않을 것이고 새로운 업장을 짓지 않을 것이다. 그러나 재수가 없어서 혜안이 열리지 않은 지도자를 따라 행원을 하면, 자기는 보살도를 행하고 자리이타의 사업을 한다고 해도 결국 사람을 해친 것밖에 되지 않는다.

🙏 중생을 제도해야 진정한 보살이다

거듭 강조하지만 '식견'이 가장 중요하다. 식견이 없으면 수증도 못하거니와 행원은 더욱 못한다. 분명 불경에서 명백하게 말을 했다. 네가 도를 깨우치지 못하고 또 궁극의 성취를 하지 못한 채 중생을 제도하고 홍법한다면, '발심發心'을 한 보살일 뿐이다. 즉 겨우 '발심發心'뿐이고 '보살'이라고 말할 수 없다.

석가모니 부처님께서는 지혜가 높아서, 아주 미묘하게 발심만 하면 보살이 된다고 우리에게 큰 모자를 씌워 주셨다. 하지만 궁극의 성취를 하여야만 '여래응세如來應世'라고 하며, 진정한 부처님·보살님이 중생을 제도한다고 하는 것이다.

원만을 증득하지 못하고 중생을 제도하면 기껏해야 발심했다고 밖에 되지 않는다. 하지만 자기가 발심한 것이 옳은지 그른지도 모르고 남을 도우면, 본래 이 사람이 북으로 가면 되는 것을 남으로 가게 하는 것이고, 자기는 좋은 일을 베푼다고 한 것이 도리어 그에게 업장을 짓게 한 것이다. 동시에 자기에게도 업장이 떨어지게 된다.

식견은 수행의 첫 걸음이다. 마치 북방 사람이 남방 동화선사로 올 때 기차표부터 산 다음에 남방은 어디에 있고, 또 광동은 어디에 있으며, 옹원현 동화선사가 어디에 있는지를 생각하는 게 아니라, 갈 곳을 미리 정하고 안 뒤에 표를 끊고 기차에 오르는 것과 같은 이치이다.

 7강

노인도 수련하면 성공할 수 있는가?

노인이라고 수련할 수 없는 것은 아니다

예전이나 지금이나 '노인은 성불수행을 하고 도를 닦아도 성공할 수 없다.'고 말한다. 사람이 늙으면 생리기능이 쇠퇴하기 때문에 아무리 수련해도 성공할 수 없다는 것이다. 특히 도가는 보편적으로 이렇게 말한다. 사실 불문에도 이렇게 생각하는 사람들이 많다. 인도교와 요가에도 이런 관점을 가지고 있는데, 일단 갱년기를 넘어가면 수행하기 아주 힘들다는 것이다.[37]

왜 많은 교파들이 이런 말을 하는가? 진정 이 나이에 들어서면 수행해도 성취할 수 없고, 단지 보리종자만 심고 다음생의 기초밖에 닦지 못하는 것일까? 꼭 그렇지는 않다. 하지만 젊은이들이 수행하면 노인들보다 빠르고, 몸이 건장한 사람도 몸이 허약한 사람들보다 수행하면 빠르다. 남자는 여자보다 생리의 관문을 넘는 것

---

[37] 일반적으로 여성들은 7×7=49세에 신장기능이 약해져서 폐경하고, 남성들은 8×8=64세에 폐경한다. 이 나이를 넘어가면 어렵다고 하는 것이다.

이 늦고, 여자는 남자보다 심리의 관문을 넘는 것이 어렵다.

불교든 도교든 아니면 요가술이든 간에 모두 정·기·신의 수련을 중요하게 여긴다. 옛날부터 수행에 이런 말이 있다. 하늘의 삼보는 해·달·별이고, 인체의 삼보는 정·기·신이며, 불문의 삼보는 불·법·승이다. 아무리 수행은 마음의 수련이라고 하지만, 몸에 병이 있거나 노년이 되어서 생리기능이 쇠약해지면 수행하기 힘든 것이 사실이다. 그렇다고 꼭 성취할 수 없다는 것은 아니다.

확실히 인체의 삼보는 도를 수련하는 데 아주 중요하다. 하지만 신체를 다 수련한 다음 마음상태의 수련에 들어서면 나이는 문제가 되지 않는다. 게다가 노인들의 마음상태는 젊은이들보다 안정적이다.

만약 노인들이 일정한 정도로 수련하면 이미 잃었던 생리기능이 다시 나타난다. 특히 생리가 이미 끝난 여성이라도, 열심히 수행하면 생리기능이 다시 활성화 되면서 젊었을 때의 생리반응이 나타난다. 설사 60~70의 나이도 수행의 어떤 단계에 이르면 그 사람의 몸에서 젊은 사람의 생리반응이 있게 된다. 즉 그 사람의 생리기능이 회복되면서 젊은 사람과 같게 되는 것이다. 그렇다고 해서 성불한 것은 아니고, 다만 수련을 통해서 보조적 작용이 일어났다는 뜻이다.

③ 수행의 순서는 몸을 닦고 마음을 닦고 영성을 닦는 것

불문에서는 수행을 모두 세 단계로 나눈다. 제일 처음 단계는 몸을 닦는 단계이고, 두 번째 단계는 마음을 닦는 단계이며, 세 번째 단계는 영성靈性38을 닦는 단계이다. 사실 이 세 가지 단계는 하나이다. 그러므로 "대도는 심신을 떠날 수 없고, 심신을 떠나면 대도는 없다."39라고 했다. 또 "천지가 있기 전에 성인은 도 안에 있었고, 천지가 있은 다음에는 도가 성인에게 있다."40 비록 도는 없는 곳 없이 어디에나 다 있다고 하지만, 아집의 울타리를 벗어나지 못하면 곳곳이 모두 무도無道이다. 자기의 심신을 돌파해야만 곳곳마다 모두 도라는 것을 알 수 있다.

어떤 일을 하든지 모두 도를 떠날 수 없다. 도는 자연스럽고 평범하며 실제적이다. 어떤 형식으로 나타나고 존재하는 것이 아니라, 공기나 햇빛처럼 모든 시공에 분포되어 있다. 다만 우리들이 자기만의 협소한 공간에서 나오지 못해 도와 상응할 방법이 없을 뿐이다.

마치 스스로 밀폐된 방 안에 들어가서는 햇빛이 없다고 원망하는 것과 같다. 햇빛이 없는 것이 아니라, 방 안에서 밖으로 나오려고 하지 않기 때문에 햇빛을 보지 못하는 것이다. 이 생리의 울타리를 돌파하고 밖으로 나올 수만 있다면, 산하대지가 모두 도의 현

---

38 궁극적이면서 비물질적인 실재實在.
39 大道不離身心 離開身心無大道.
40 没有天地以前 聖人在道裏面 ; 有了天地之后 道在聖人裏面.

현이라는 것을 점차 느끼게 될 것이다.

🌀 생명의 근원과 소통하라

생리를 돌파하는 이러한 단계는 건강한 심리상태와 건강한 신체가 매우 중요하다. 비록 수행은 마음수련이라고 하지만, 건강한 신체가 없으면 아무리 심리상태가 좋다고 해도 '이심전물以心轉物(마음으로 사물을 바꿈)'을 할 수 없다. 소위 '이심전물'이라는 것은 득도하고 성취한 스님들이어야 가능한 말이다. 일반인들은 '피물소전被物所轉(사물에 의해 마음이 바뀜)'이다.

진정하게 입도한 사람이 확실한 생각으로 움직인다면 그의 몸은 청소년 시절로 돌아갈 수 있다. 입도하지 못한 사람은 아무리 젊어지겠다고 생각해도 소용이 없다. 또한 아무리 젊어도 생리의 욕망을 길들이지 못해서 생리욕망에 매이게 되면 노인들과 별반 다르지 않은 것이다.

생명은 '생명력生命力'에서 온다. 생명력은 어디서 오는가? 사실 '상응相應', '소통', '득도得道'는 모두 생명력의 근원(원두)을 가리키는 말이다. 우리들은 이 근원을 볼 수도 만질 수도 없지만, 육근을 막고 영성으로 활동할 때면 생명력의 근원이 어떤 것인지를 느끼게 된다. 확실히 말로는 다 할 수 없지만 그 근원의 존재를 느낄 수 있다. 우리들의 생명력과 그 근원이 소통하면 우리들은 생명을 무한히 연장할 수 있다.

이 근원은 도대체 무엇인가? 그것은 광체도 아니고 기체나 액체도 아니지만 이것들과 성질이 비슷하다. 생각하고 생각해도 적절한 단어를 찾을 수 없다. 하지만 이렇게 말하고 싶다. 즉 생명력은 생명질生命質에서 왔다. 일단 그와 소통하면 아무리 피로한 신체라고 하여도 한두 시간이면 바로 회복한다. 마치 바람이 빠진 타이어에 바람을 넣으면 몇 분만에 타이어가 팽팽해지는 것과 같다. 바로 이런 '생명질'의 힘이 우리들의 주위와 우리들의 신체 속에 있기 때문에 우리들은 건강하고 선정력이 넘쳐난다.

젊은이들은 보약을 쓰지 않아도 선정력이 넘친다. 하지만 70~80이 되는 노인들은 아무리 보약을 써도 별반 효과를 보지 못한다. 늙어서 그렇다고는 하는데, 그것은 다만 현상일 뿐 근본적인 문제가 아니다. 현대과학에서 밝혀놓았듯이 '사람은 잠재력의 백분의 일도 쓰지 못하고, 나머지 백분의 구십구는 깨어나지 못한 상태'이다. 수행이 좋은 사람일지라도 겨우 백분의 삼 정도밖에 쓰지 못한다는 것이다.

영성의 수련은 유위법이 개입하지 못한다

세간법의 모든 학문은 모두 어떤 방법을 써서 달성하지만 영성의 수행은 그렇지 않다. 제일 처음 단계는 수련방법이 필요하지만, 어떤 단계에 이르면 방법이 소용없다. 영성의 수련은 방법으로 달성하는 것도 아니고 세간의 힘으로 들어갈 수 있는 것도 아니기 때문이다. 그러므로 아무리 정·기·신이 왕성해도 영성의 수행단계에 들어서면 아무런 도움이 되지 못한다. 정·기·신은 몸을 닦을 때만 도움이 크고, 확실하게 커다란 촉진작용을 할 뿐이다.

영성의 수련단계에 들어섰을 때 방법을 사용하면 아집의 힘이 바로 작동하게 된다. 아집이 작용하면 이미 도에서 멀어진다. 여러분은 "방법을 사용하지 않으면 도 안으로 들어갈 수 없다는데, 우리들은 줄곧 도 밖에서 기다려야 합니까?"라고 물을 것이다.

물론 전6식인 안·이·비·설·신·의를 닦고 제7의식을 닦을 때는 방법을 사용할 수 있지만, 제8의식을 닦을 때는 방법으로 닦는 것이 아니다. 제7의식을 돌파하고 제8의식을 보았을 때, 즉 아직 제8의식에 들어가지 못하고 다만 제7의식에서 나와 제8의식을 보았을 때는 방법으로 달성하는 것이 아니다.

제8의식의 보물창고를 여는 유일한 방법은 바로 '무위無爲'이다. 무위를 불문에서는 '무無'라고 하는데 이는 이미 '공空'을 초월한 것이다. '공'은 아직도 방법이다. 아직도 '유'의 존재이고 체현의 상태이므로, '유'의 범주에 있는 것이다.

하지만 '도道'는 '무'의 형태로 나타나고 존재한다. '무'의 범주이기 때문에, "보지 못하는 것이 없고(무소불견無所不見), 포함하지 않는 것이 없으며(무소불함無所不含), 없는 곳 없이 어디에나 다 있다(무처부재無處不在)."라고 하는 것이다.

모든 힘이 그(도道)에게 어찌할 방법도 없고 어찌하지도 못한다. 앞의 제7식층까지는 유위법이다. 어떻게 유위의 방법으로 무위의 도에 들어갈 수 있는가? 무위와 상응하고자 하면 반드시 유위를 포기하고 무위로 몰아가야 한다. 그래야 무위의 도와 합쳐져 하나가 될 수 있다.

어느 날 이런 차원에 이르게 되면 모든 방법을 다 포기해야 하고 티끌만한 마음도 있어서는 안 된다. 만약 집착하는 마음이 티끌만큼이라도 있으면 도의 문에 들어갈 수 없다. 그 티끌만한 마음은 두뇌의 힘이 작용한 것이다. 하지만 대도는 이미 몸과 마음을 초월하였기 때문에, 몸과 마음의 힘이 개입할 수 없는 것이다.

도란 바로 이렇다. 알면 대답하는 것이다. 그렇지만 몰랐다고 해서 이리저리 두리번거려도 안 되고, 상대방과 따지거나 혼자 파고들어도 안 된다. 일단 상하좌우로 생각을 하면 이미 도와 멀어지는 것이다.

하나 더하기 하나 하면, 곧바로 둘이라 대답할 뿐이다. 중간에 생각할 틈 없이 대답해 나가야 한다. 두뇌를 초월하지 못했을 때는 생각하고 분석하고 판단하지만, 두뇌를 초월했을 때는 일이 생겨도 금방 결정한다. 뿐만 아니라 이 결정은 틀림없이 정확한 것이다.

도가 몸과 마음을 초월하는 것이라면 당연히 노인들도 수행해서 성취할 수 있다. 신체의 수련단계를 끝내고 유위법의 단계를 끝내면 남녀노소의 구별이 없게 되기 때문이다. 도에는 남녀노소의 구별이 존재하지 않는다. 도는 남녀노소를 가리지 않고, 노인도 젊은 이도 음과 양 어느 곳에도 속하지 않는다. 다만 그것은 어떤 존재이며 어떤 힘일 뿐이다.

3 도는 음양의 구별을 초월한 것

전등이 빛을 낼 때 그 전기는 음인가 아니면 양인가? 전등은 전기선이 있어야한다. 전기선에는 확실히 양과 음이 있다. 전기선은 어디와 연결되는가? 전기선은 발전기와 연결된다. 발전기는 물이 없으면 발전을 할 수 없다.

물을 음이라고 하면 물은 또 어디에서 왔는가? 이렇게 계속 유추하다 보면, 물은 하늘에서 왔고 하늘의 물은 땅의 수증기가 증발해 올라가서 형성된 것이다. 그렇다면 물 자체는 이미 음양이며 이미 음양을 초월하였다. 하늘은 양에 속하고 땅은 음에 속한다. 그러므로 물은 바로 음양이 화합되어 만들어진 것이다.

전기가 발동기에 있을 때는 음양이라는 것이 없지만, 전기선으로 발송할 때는 음전기와 양전기로 나뉜다. 하지만 전등을 통해 밖으로 빛을 뿌릴 때는 또 음과 양이 없다. 무릇 '도道'가 작용할 때는 음양의 형식으로 출현한다. 하지만 작용을 발휘하지 않을 때는 이분성二分性을 초월한 것이다(음양의 구별이 없다).

우리가 볼 수 있는 도교의 '음양어陰陽魚'⁴¹의 그림은 흰색 물고기와 검정색 물고기로 구성된 둥근 원형의 그림이다. 불교에는 '만卍'자가 있고 기독교에는 '십十'자가 있다. 그들이 내포된 뜻은 본질적으로 같다. 다만 각기 다른 형상으로 나타냈을 뿐이다. 이 도안

41

은 각 교파의 교주들이 각기 다른 각도와 시공에서 우주의 다른 방향을 보면서 얻어온 것이다.

마치 우리 동화산의 저 산봉우리처럼, 안에서 밖으로 내다보면 한 떨기 연꽃 같아 보이고 밖에서 안을 들여다보면 신령스런 독수리(영취靈鷲)같이 보인다. 중국의 남북조시대에 인도에서 오신 지약智藥선사께서, 바로 저 산봉우리를 보면서 인도의 영취봉 같다고 하시며 여기에 절을 짓고 이름을 '영취사'라고 하셨다. 십자가이든(十) 음양도이든(☯) 만자이든(卍) 모두 우주의 축소판이다. 다른 각도에서 보았을 때 나타난 다른 상징도안이다.

남자나 여자나 개미나 영성의 힘은 같다

도교에서는 "무극이 태극을 낳는다(無極而生太極)."라고 말한다. '태극'이란 반은 음이고 반은 양임을 말한다. 그러나 '무극'은 음과 양이 없는 것이다.

불문에 "여자들은 성불할 수 없고, 반드시 남자 몸으로 태어나야만 성불할 수 있다."라는 이치에 맞지 않는 말이 있다. 이 말은 당시 사회의 배경에서 나온 말이다. 우리의 본래면목은, 육도 중생의 본래면목을 포함해서 남녀구별이 없다. 설령 개미라 할지라도 본래면목은 사람과 같다. 뿐만 아니라 동일체이다.

어떤 사람은 '사람의 힘이 이렇게 크기 때문에 영성의 힘도 개미보다 더 커야 된다.'고 말한다. 절대로 더 크지 않다. 내가 이런 비

유를 한 적이 있다. 술 한 병의 농도가 50도일 때 100병을 사서
한데 부어 놓으면 몇 도가 되는가? 5,000도인가? 아니다. 그냥 50
도이다. 술이 많아졌다고 농도가 바뀌는 것이 아니다. 한 방울의
술일지라도 그 농도는 여전히 50도이다. 그러므로 개미의 영성과
사람의 영성은 같고 더해지거나 덜어지지도 않는다. 단지 사람의
영성이 열 근의 무게라면 개미의 무게는 0.1냥 정도일 뿐 농도는
서로 같다.

영성은 수련을 통해 우주와 소통한다

　수행자의 심령이 이미 입도하였다면 곧바로 우주의 힘과 소통된
다. 그렇다면 우주의 힘은 도대체 무엇인가? 예로부터 오늘날까지
각 교파와 각 파벌들이 각기 다른 말로 비유하고자 하였지만 제대
로 표현한 말은 없었다. 왜냐하면 그것은 언어로써 말할 것도 아니
고 이해할 수 있는 것도 아니기 때문이다.
　이해라는 차원을 초월한 느낌의 차원인 것이다. 오로지 몸소 느
껴야 되는 것이다. 마치 겪어보지 못한 사람은 겪고 지나온 사람을
이해는 하지만, 그 사람의 마음상태까지 느낄 수는 없는 것과 마찬
가지다. 오직 몸소 겪은 사람만이 겪고 지나온 사람의 마음을 느낄
수 있는 것이다. '이해'와 '느낌' 이 둘 사의 거리는 아득하게 먼 것
이다.
　예로부터 인체수련에 대한 논술들이 아주 많다. 더욱이 도교는

인체의 수련을 '연정화기煉精化氣→ 연기화신煉氣化神→ 연신입허煉神入虛→ 연허입도煉虛入道'42 라는 네 가지 차원으로 나누었다. 사실 이것은 불문에서 말하는 '사선팔정'에 해당하는 데 모두 같은 차원의 기능을 말한다. 수행자들이 '연신입허' 하고 '연허입도' 할 때는 이미 육체를 초월한 것이다. 이때는 노인의 몸이요, 청년의 몸이요 하는 문제가 존재하지 않는다.

보리종자를 야뢰야식에 심어야만 다음 생에 쓸 수 있다

사실 염불하는 방법이 가장 간단하고 빠르며 안전하고 쉬운 수련법이다. 하지만 절대로 '어미타불'을 독송한다고 정토법문을 수련하는 것은 아니다. 이런 방법으로 백겁을 수련한다 해도 득도는 고사하고 입도조차 못하게 된다. 잔혹하게 말하면 보리종자의 인因도 심어 넣을 수 없다. 어떻게 해야만 보리종자의 인을 심어 넣을 수 있는가? 보리 종자를 제8식(아뢰야식)에 심어 넣어야만 인을 심었다고 할 수 있다.

지금 여러분이 염불하는 방식들을 보면 제6의식에도 심어 넣지 못하고 있다. 설사 제6의식에 심었다 해도, 살아서는 기억할 수 있

---

42 생명의 기본 물질인 정을 충실히 쌓아서 기를 건장하게 하며(연정화기)
→ 정과 기를 단련하여 신을 밝게 하고(연기화신)
→ 정·기·신을 닦아 허(무아)에 들어가며(연신입허 또는 연신환허煉神還虛)
→ 마음을 완전히 다스림(비움)으로써 도의 경지에 들어간다(연허입도 또는 연허합도煉虛合道). 즉, 精 → 氣 → 神 → 虛 → 道의 순서로 수련하는 것이다.

지만 죽으면 바로 사라지고 기억을 못한다. 왜냐하면 제6의식은 아직도 육신의 범주이고 생명의 단계에 속하므로 다음 생에는 쓸 수가 없기 때문이다.

오직 보리종자를 제8의식에 심어 넣어야만 다음 생에 쓸 수 있는 것이다. 다시 말하면 보리종자를 진정하게 심어 넣어야만, 비로소 그 종자가 싹이 트고 꽃이 피며 열매가 맺힐 수 있다. 정토법문을 수련해 일정한 차원에 도달하면 도와 상응하게 된다. 설령 80세의 노인이라도 젊은이들과 같은 활력을 갖게 된다.[43]

이것이 바로 모든 종교에서 '절욕節欲'을 주장하는 이유이기도 하다. 대부분의 사람들은 '절욕'을 '금욕'으로 이해한다. 만약 사람들이 생리의 힘을 다스리지 못한 상황에서 '금욕'을 하면 문제가 생긴다. 그 힘을 바꾸어 놓지 못하면 바로 그 힘에 휘둘리는 것이다.

정심이 없이 수련하면 아무 도움이 되지 않는다

불교 등 많은 종교들의 수련방법에는 한 가지 공통점이 있다. 바

---

[43] 편집자 주 : 이 아래에 다음과 같은 글이 있는데 잘 못 들어간 것 같아서 삭제하고 주석처리했다. "연꽃을 피게 하려면 반드시 연꽃 밑의 연뿌리가 정상적으로 자라야 한다. 만약 연뿌리가 정상적으로 자라지 못하고 물과 흙이 서로 소통이 되지 않으면, 영양물질이 연꽃대를 통해 꽃봉오리에 도달할 수 있는 힘이 부족해진다. 결국 연꽃이 피어나지 못한다.
마음과 도는 마치 연꽃뿌리와 물 그리고 흙이 서로 소통하는 원리와 같은 것이다. 사람의 정수리는 연꽃봉오리와 같고, 척추는 연꽃대와 같으며, 허리 아래는 연꽃뿌리와 같다."

로 '정심靜心'에서 시작한다는 것이다. 그런 면에서 보면 나는 좌선 문제를 매우 적게 말한 것이 아닌가?

좌선할 때 정심하지 않으면 도를 수련하는데 아무 도움이 되지 않는다. 또한 좌선하는 목적도 역시 정심하기 위한 것이다. 만약 다른 방법으로 정심을 할 수 있다면, 차를 운전하거나 텔레비전을 보거나 농사일을 하는 과정을 통해 정신을 집중할 수 있고 일심불란할 수 있다면, 불경을 독송하고 절하며 좌선하면서 일심불란할 수 있는 것과 같은 것이다.

다만 어떤 사람은 좌선하고 염불하는 방식으로 일심불란의 효과를 얻고, 어떤 사람은 운전하고 농사일을 하는 방식으로 일심불란의 효과를 얻는 것이다. 어떤 방법을 사용하든 정심할 수 있고 일심불란할 수만 있다면, 우리가 추구하는 첫 걸음은 이미 다 이룬 것이다. 오직 그 걸음에 도달해야만 입도할 수 있다.

그러므로 옛날 사람들이 행·주·좌·와가 모두 참선이고, 어떤 상태로든 모두 참선할 수 있다고 말씀하신 것이다. 하지만 지금 우리들은 행·주·좌·와가 모두 참선이라는 것도 도달하지 못하고, 행·주·좌·와를 통해 참선할 수 있다는 것도 알지 못하며, 행·주·좌·와가 모두 참선을 하고 있는 것이라는 것은 더욱 모르는 것이다. 지금 우리들은 기본적인 '좌(가부좌를 하고 앉음)'의 상태에서도 평안을 이루지 못하는 형편이니, 다른 것은 더 말할 것도 없다.

움직이는 가운데 수행하는 것도 좋은 방법이다

　현재 여러분들이 하는 좌선으로는 일심불란의 경지에 도달할 수 없으므로, 제일 적합한 방법은 '동動' 즉 움직이는 가운데서 수련하는 것이다. 다시 말하면 '동'을 통해 선정력이 생기고, '동' 속에서 일심불란의 경지에 도달하기가 더 쉽다는 말이다. 고대 사람들은 '정靜'을 통해 일심불란에 도달했다.
　좌선할 때 잡념이 많은가? 아니면 어떤 일을 할 때 잡념이 많은가? 틀림없이 좌선할 때 잡념이 유별나게 많아진다. 왜냐하면 우리들의 좌선은 아직 제 길에 들어서지 못했기 때문에 앉아서 온갖 잡생각을 하는 것이다. 좌선 자체가 바로 한 가지 일을 하는 것이다. 무슨 일을 해야 하는가? 이를테면 염불을 하든가, 아니면 정수리를 연꽃이라고 관상하든가, 아니면 공空을 관하든지 등등 한 가지 일을 한다. 하지만 이런 것들이 아직 손에 익지 않았기 때문에, 좌선하려고 앉으면 오만가지 일을 한다. 즉, 잡생각을 한다.
　의외로 움직이며 한 가지 일을 할 때, 혹은 산책을 할 때, 혹은 사람들과 얘기를 나눌 때 정신이 고도로 집중된다. 사람과 얘기를 나눌 때 집중하지 않고 망상을 하게 되면, 상대방의 말을 제대로 듣지 못하고 상대방과 완전한 교류를 못하는 것이다. 여러분은 정신을 고도로 집중하고 상대방의 말을 경청해야만 대답할 수 있다.
　하지만 좌선은 대답해야 할 일도 없고, 주의력을 집중해 한 가지 일을 할 필요도 없으므로 망상을 하게 되는 것이다. 앉아 있다가 몸이 좀 풀리거나 휴식이 좀 되면 좌선해 얻은 효력이라고 생각하면서 환희심도 생기는 것이다.

　좌선이라는 것은 두뇌에 한 가지 일을 시키는 일이고, 염불도 두뇌에 한 가지 일을 시키는 일이다. 염불하는 것도 신체가 하고, 좌선하는 것도 신체가 하는 일이다. 열심히 앉아서 열심히 염불하면, 이미 가부좌를 하고 좌선하는 것을 초월하고 입으로 염불하는 것도 초월한 것이다. 마음으로 열심히 염불하지 않고 열심히 좌선하지 않았기 때문에, 단지 신체로 좌선하고 입으로 염불하는 겉치레에 집착하게 된다.

연꽃은 살아서 수행할 때 피는 것이다

　신체에는 생명력이 있다. 생명력은 생명질生命質에서 온다. 이 생명질은 사람 몸에 제일 먼저 들어오고 제일 마지막으로 사람 몸에서 떠난다. 소위 '상응相應'하고 '왕생往生'하며 '개오開悟'하고 '득도得道'한다는 것은, 죽은 다음에 상응하고 왕생하고 개오하고 득도하는 것이 아니라, 살았을 때 수련하는 과정에서 출현하는 것이다.

　서방 극락세계는 임종 시에만 갈 수 있는 것이 아니다. 진정으로 기능이 있는 사람은, 좌선하고 입정한 다음에 생명질이 몸을 남겨놓고 떠나 서방 극락세계로 가서 돌아다니면서 놀다가 다시 자기 몸으로 들어오기도 한다. 어째서 반드시 "죽은 다음에야 서방 극락세계로 갈 수 있다."라고 하는 것인가? 그것을 어떻게 도력이 있다고 하는가? 서방극락세계는 살아서도 얼마든지 갈 수 있다. 그래야 '임종시 서방극락으로 갈 수 있는가?' 하는 것을 알 수 있게 된다.

살아생전에 연꽃을 피우지 못하였는데 죽었다고 연꽃이 피겠는가? 하지만 한 가지는 확실하다. 죽을 때 연꽃이 피는 것이 아니라, 기운이 빠져 생명질을 품을 힘이 없어지면 생명질이 몸을 떠나는 것이다. 여기서 '품는다(함숨)'는 말은 힘에 의거한다는 의미이다. 일단 이 힘을 잃게 되면, 신체는 생명질을 품지 못하게 된다. 그러므로 생명질이 바로 몸을 이탈하는 것이다.

생명질이 몸을 떠날 때 행운이 있다면, 도반을 만나거나 스승을 만나거나 부처님·보살님을 만나서 그들의 인도를 받을 수 있다. 만약 살아서 자유롭게 오갈 수 있었으며 이미 수없이 왕생하였다면, 도반들 혹은 스승님의 인도가 없어도 극락세계의 길이 아주 익숙한 길일 것이다.

불상의 머리 위에 불상이 있고, 또 그 불상의 머리 위에 또 불상이 있는 것을 생각해 본 적이 있는가? 무엇을 뜻하는가? 이런 것도 화두이다. 돌아가서 참구하기 바란다.

8강

몸과 마음을 같이 수련해야만 원만하다

수련은 먼저 생리현상을 이겨내야 한다

『능엄경』에서 이렇게 말하였다. "음욕을 끊지 않고 선정수련 하는 사람은, 모래로 밥을 짓는 격이라 백천 겁을 삶아도 다만 뜨거운 모래일 뿐이다." 모래를 삶는다고 어찌 밥이 되겠는가? 밥을 짓는 재료가 아닌데 어떻게 밥이 되겠는가?

여러분의 눈빛을 보면 대부분 침침하고 안색도 어둡다. 보기만 해도 정·기·신이 부족하다는 것을 알겠다. 그러면 힘은 다 어디로 갔는가? 육근을 통해 전부 새버렸다. 말로는 임맥과 독맥을 열어야 한다고 하지만 무엇으로 임맥과 독맥을 열겠는가? 사람들은 '진리를 깨친다(개오開悟)'라는 것을 단지 깨닫는 것이라고 생각한다. 이론은 심혈을 기울이면 깨달을 수 있지만 공부기능은 심혈을 기울인다고 되는 것이 아니다. 공부는 수련해 얻는 것이다.

불경에 이런 이야기가 있다. 어떤 존자가 옆의 존자가 빨래하고 있는 속옷에 정액이 묻은 것을 보고, "득도한 아라한은 이런 현상이 있으면 안 된다."라고 하였다. 속옷을 빨던 존자가 "이것은 생리적인 문제이므로 도를 깨치는 것과 상관없다."라고 하였다. 결국 두 존자는 부처님을 찾아가서 묻게 되었다. 부처님께서는 웃으시면서 대답을 하지 않으시다가 몇 분 지난 뒤에 이렇게 말씀하셨다.

"증득證得은 심리적인 문제일 뿐만 아니라 생리와도 관계된다. 몸과 마음이 전부 증도證道하였으면 범부들의 이런 현상은 나타나지 말아야 한다. 이런 현상은 오직 범부에게만 있고 성인에게는 없다."

어떤 사람은 성불수행은 생리와 무관하다고 하면서, 생리 문제만 말하면 자기의 믿음을 모독한다고 한다. 만약 생리와 도를 수련하는 관계를 모른다면 득도하고 성불한다는 것은 불가능하다. 옛날 성취한 사람들은 모두 생리학자들이다. 심지어 어떤 사람들은 의학자이다. 의술은 잘 몰라도 의학의 이치는 다 알고 있는 것이다.

건강에 대한 상식도 모르고 생리구조도 모른다면 어떻게 도를 수련하겠는가? 옛날 의학자들은 모두 수증한 다음 자기의 몸과 마음으로 검증했다. 하지만 지금의 의학자들은 대부분 책으로 배운다.

수행자들은 의학을 잘 알아야 한다. 수행과정에서 신체에 각종 반응이 있게 되는데, 의학을 알아야만 대처할 수 있다. 옛날 수행인 중에는 의학을 모르는 사람이 하나도 없다. 의학은 바로 생리학이다. 불교학은 생리학뿐만 아니라 심리학도 포함한다. 몸과 마음이 모두 그 안에 있다.

세계 최초로 생리를 말한 책은 불교의 『선관정맥禪觀正脈』이다. 최초로 생리학을 강의한 사람은 바로 싯다르타, 즉 우리들의 불조이시다. 사람들은 『선관정맥』이라는 책 이름을 들어도 못 보았다고 한다. 하지만 「백골관白骨觀」을 수련하는 사람들은 모두 이 책에 의거한다.

생리를 모르면 현재 하고 있는 수련방법에 대해, 수련할 수 있고 없고의 여부와 수련할 수 있다면 어느 정도로 수련해야 하는지를 판단할 수 없다. 인체생리의 운행을 알게 되어야 판단할 수 있다. 사회에서 유행하는 기공들을 누가 만들었는가? 기공의 대사大師들이 창립하였다. 그런데 어째서 어떤 사람은 주화입마44가 되고, 어떤 사람은 신체가 건강해지며, 어떤 사람은 아무런 반응도 없는가?

만약 수련하는 방법이 사람의 생리구조와 운행에 부합된다면, 그 방법을 수련하면 할수록 신체도 건강해지고 마음도 유쾌하며 즐겁게 된다. 하지만 생리구조와 생리의 운행을 위반하면 바로 주화입마가 되는 것이다.

사람의 생리적인 기혈은 앞쪽에서는 아래로 하강하고 등에서는 위로 오른다. 만약 창립한 기공법이, 앞으로는 기혈을 하강하게 하고 뒤로는 오르게 한다면, 마음이 정상적이 되므로 극단적인 현상이나 정신착란도 생기지 않는다. 그러나 반대로 수련하면 틀림없이 문제가 생기게 된다. 생리적 기혈의 흐르는 방향을 위반하면 수

---

44 주화입마를 글자대로 풀이하면, 화가 자신의 길로 순서대로 가지 않고 날뛰며, 마(잡념과 환상)가 내 정신을 혼미하게 만든다는 뜻이다. 즉 수련을 할 때 기의 흐름이 뒤틀리고 욕심과 환상에 사로잡혀서 몸과 마음을 통제할 수 없게 되는 경우를 말한다.

련하면 할수록 정신착란이 심하게 된다.

　하지만 사람들은 종종 생리기혈의 흐름과 반대가 되는 공법을 수련한다. 이런 방법으로 수련하면 아주 뚜렷한 느낌이 있게 되고 감응도 아주 빠르다(다시 말하면 억제하는 힘이 특별히 크다). 그러나 이것은 사람을 해치는 방법이다. 이런 방법을 한동안 수련하면 정신착란이 오게 된다. 생리기혈이 흐르는 방향으로 수련하면, 처음 시작할 때는 감응이 빠르지 않지만 오랫동안 수련하면 감응이 빠르고 강하게 된다.

음양오행이 충족되고 균형되어야 한다

　어떻게 불조께서는 「길상와吉祥臥」의 좋은 점을 발견하셨는가? 우측으로 누워서 다리와 무릎을 구부리고, 오른손을 귀뿌리와 뺨에 놓고 엄지손가락을 귀 뒤에 놓으면, 생리의 기혈이 등 뒤로 해서 위로 올라간다. 설령 깊은 잠에 들었다 해도 생리는 여전히 기능상태(功態)에 있게 된다.

　생리와 도의 수련은 절대적인 관계가 없다고 하지만, 최초의 시작은 생리와 직접적인 관계가 있다. 생리를 다스려야 마음상태도 다스릴 수 있는 것이다. 힘이 있어야 할 때는 힘이 없고 마음을 안정시켜야 할 때는 안정을 할 수가 없다. 무엇 때문인가? 바로 몸과 마음을 다스리지 못했기 때문이다.

　지금은 모두 아주 경건하게 부처를 믿는다. 하지만 무명이 너무

심하기 때문에, 하는 일들이 모두 도와 어긋나고 성불한다는 것은 터무니없는 말이 된다. 복과 지혜도 구족하지 못한 사람이 어떻게 지혜문을 열어 성불하며 생사를 해탈할 수 있겠는가? 주위 사람들의 얄팍한 입에 뾰족한 턱 그리고 누렇게 뜬 얼굴을 보면, 어디에 원기가 왕성해 보이고 어디가 큰 복을 갖춘 고귀한 사람 같아 보이는가?

옛날 득도한 조사님들을 보면 모두 오관五官이 단정하고 법상法相도 아주 장엄하다. 오관이 단정하지 못한 사람의 사상은 극단으로 나가는 경우가 많다. 오관이 단정해야만 마음도 건강하고 사상이 극단으로 나가지 않는 것이다.

어떻게 하면 마음을 고르게 발전시킬 수 있는가? 득도한 사람의 음양은 충족되고 균형이 되었다. 즉 음양오행이 모두 조화되고 통일을 이루었으며, 신체의 기혈도 이쪽이 더 많고 저쪽이 더 적거나 하지 않는다.

그런데 지금 우리들의 상황을 보면 육근이 날마다 다투고 있다. 옛날 선사들은 이것을 "여섯 용이 다투며 춤을 춘다(육룡쟁무六龍爭舞)."라고 하였다. 어떻게 다투는 것인가? 눈은 보기 좋은 것만 보고자 하고, 귀는 듣기 좋은 것만 듣고자 하며, 코는 맡기 좋은 냄새만 맡고자 하고, 입은 먹기 좋은 것만 먹고자 하며, 신체와 심리도 자기가 필요한 데 있고자 한다.

이 여섯 용이 각기 자신의 대문을 활짝 열어놓고 서로 자기의 기호와 수요를 먼저 만족시키고자 다투는 것이다. 여섯 마리 용이 주야로 다투는 춤을 추느라 마음이 초췌해지고 힘도 이들이 다 소모해 버린다. 그러니 어디에 남은 힘이 있어서 도를 수련하겠는가?

연꽃에서 수련을 배워라

불교에서는 도를 수련하는 사람을 연꽃에 비유한다. 연꽃은 흙탕물에서 자라지만 더러움에 물들지 않는다는 것을 모두 잘 알고 있다. 연꽃 안에는 연꽃집이 있는데 연꽃집 속에는 연꽃씨가 들어 있다. 이것을 '화과동시花果同時(꽃과 열매가 함께 피고 연다)' 또는 '인과동시因果同時(인과 과가 동시에 발생한다)'라고 한다.

또 한편으로는 연꽃이 어떻게 피는가를 관상하라는 것이다. 만약 충분한 영양분을 줄기를 통해 봉오리로 제공하지 않으면 연꽃이 필 수 없다. 연꽃을 피게 하려면 반드시 대량의 에너지를 뿌리로부터 줄기(연꽃대)를 통해 봉오리에 수송해야 한다. 줄기에 상처가 생겨 진액이 새어 에너지가 공급되지 못하면 봉오리가 피지도 못하고 메마르게 될 것이다.

수행이 일정한 정도까지 이르면 빠졌던 치아가 다시 생겨 자라는 이유를 아는가? 치아는 사람의 골수에서 생겨 자란다. 신체의 선정력이 넘쳐서 위로 오르게 될 때는 치아도 다시 나고 머리도 다시 자라게 된다.

🧘 종교는 초과학이다

수행을 모르는 사람들은 수행을 미신이라 하고 과학적이지 않다고 생각한다. 하지만 과학은 겨우 200년의 역사 밖에 되지 않았고 종교는 이미 오천여 년의 역사를 가지고 있다. 이 200년의 역사를 가진 과학이 어떻게 오천여 년의 역사를 가진 종교를 증명할 수 있는가? 과학은 영원히 종교에서 말한 것들을 증명할 수 없다. 과학은 기계로 검증하지만 종교는 마음으로 검증하기 때문에 초과학이다.

🧘 공덕이 원만해야 성공한다

공덕이 원만해져야 수련하면 성취한다. 쉽게 말하면 복과 지혜가 원만하게 되면 도를 깨치고 성불하는 것이다. 이것을 공덕이 원만하다고 한다. 소위 '생각하는 바는 모두 이루어진다(心想事成).'라는 말은, 복보와 지혜가 원만하기 때문에 생각하는 바가 모두 이루어진다는 말이다.

세속에서 큰 사업을 하고 큰 성취를 거둔 사람들의 상을 보면, 오관이 단정하고 용모도 아주 훌륭하다. 바싹 메마르고 여윈 상을 가진 사람은 하나도 없다. 옛날 사람들은 "오관 중에 하나만 잘 생겨도 10년의 좋은 운이 따른다."라고 하였다. 그렇다면 오관이 모두 잘 생기면 50년의 좋은 운이 따르지 않겠는가!

어째서 "부처님은 32가지 상相에 80가지 좋은 것이 있다."라고 하는가? 부처님의 상을 보면 빠진 곳 없이 모두 원만하다. 부처님께서 무량겁 이래로 계속 수행해 오신 덕분이다. 부처님은 모든 면에서 전부 구족되었기 때문에, 이생에 와서 부처가 되고 조사가 된 것이다.

그러므로 우리들도 성불을 하고자 하면, 반드시 성불할 수 있는 복과 지혜가 구족되어야 하는 것이다. 성불은 하지 않고 단지 생사만 해탈한다고 해도, 반드시 생사를 해탈할 수 있는 복과 지혜가 구족되어야 한다.

세간법으로 말하자면 교수가 되고자 하면 교수가 될 수 있는 수준을 갖춰야 하고, 고등학생이 되고자 하면 고등학생의 수준을 갖추어야 한다는 이치이다. 하지만 지금 우리들은 신앙만 있을 뿐 하나도 갖추지 못하였다. 신앙이 무엇을 대표하겠는가? 아무것도 대표하지 못한다.

🙏 신앙을 기본으로 발원하고 실천수행해야 한다

솔직히 말하면 신앙으로는 생사를 보증할 수 없다. 지갑에 동전 한 푼 없는데 부자가 될 것을 믿는다고 부자가 될 수 있는가? 무엇을 사고 싶어도 지갑에 돈이 있어야 살 수 있는 것이다.

무엇 때문에 "믿으려면 굳게 믿고, 수행을 하려면 꾸준히 힘을 다해 행하라."고 하는가? 믿음과 행동을 동시에 병진해야 하기 때문이다. 마치 길을 걸을 때 오른발과 왼발을 함께 움직여야 하는 것과 같다. 조사들은 모두 신信(믿음)·원願(발원)·행行(실천수행)을 강조한다. 어느 조사님이든지 모두 믿기만 하면 된다거나, 수행하기만 하고 발원만 하면 된다고 말한 적은 없다.

매일 좌선한다고 앉아서 뭘 생각하고 있는가? 정확한 사유가 있어야 한다. 불교의 교리를 생각하고 불법을 생각하면 정확한 사유라고 한다. 앉아서 생각하지 말라는 것이 아니라 사문외도를 생각하지 말고, 도를 수련하는 것과 무관한 일을 생각하지 말라는 말이다.

앉아서 정확한 사유思惟를 하면 그것이 바로 정定속에 있는 것이다. 일심전력으로 이런 것을 생각하는 것이나, 일심전력으로 염불하는 것이나, 일심전력으로 독경하는 것이나 모두 다 같다. 전혀 구별이 없다.

오직 독경해야만 수행한다고 생각하지만, 독경이라는 것은 일심불란에 도달하기 위한 수단이다. 자리에 앉아서 일심전력으로 불법을 생각하고 불교의 교리를 생각하는 것이 일심불란인 것이다.

참화두를 하는 것도 한 가지 일을 하는 것이고, 독경을 하는 것도 한 가지 일을 하는 것이며, 관상을 하는 것도 한 가지 일을 하는 것이다. 모두 한 가지 일을 하는 것인데, 그들 사이에 무슨 구별이 있는가!

🧘 바로 지금 여기에서 안주하는 것이 수도이다

　옛날 어떤 조사는 '수도修道는 생각을 바꾸는 것'이라고 하였다. 이를테면 이 생각에서 저 생각으로 바꾸고 이 일에서 저 일로 바꾸는 것이 도를 수련하는 것이라는 것이다. 이것은 전적으로 잘못된 견해이고, 도를 깨닫지 못한 조사가 한 말이다. 도를 깨닫고 득도한 조사는 절대로 이렇게 말하지 않는다.
　바로 지금 여기에서 안주安住하는 것이 바로 도를 수련하는 것이다. 어떤 일에 종사하든 일심전력으로, 바로 지금 여기에서의 일을 하는 자체가 바로 도를 닦는 것이다. 만약 생각을 바꾸는 것으로 도를 수련한다고 하면 머리 위에 또 머리를 놓는 격이다.
　이미 일심전력으로 독경하는데, 무엇 때문에 생각을 바꾸어 일심전력으로 절을 하려고 하는가? 이미 일심전력으로 참화두를 하고 있는데, 왜 구태여 생각을 바꾸어 관상을 하려고 하는가? 이미 일심전력이 되었는데, 무엇 때문에 생각을 바꾸어 다른 일을 해가면서 일심불란에 도달하려고 하는가? 바로 지금 여기에서의 그 일념 자체가 바로 도인데 왜 다른 것을 찾으려고 하는가? 바로 지금 여기에서가 바로 도인데 무엇을 찾으려고 하는가? 찾는다고 하면 머리 위에 머리를 얹는 격이다.
　오늘 매점을 지나가다가 도복이 도혜에게 "아이구! 스님은 날마다 매점에서 사람만 만나고 있으니, 생사를 해탈하기는 희망도 없고 근처도 못갈 것이다."라고 했다는 말을 들었다. 도복의 생각은 '외부와 접촉하지 않으면서, 동굴 밑에 있는 그 토굴에서 혼자 수련하면 생사를 해결할 수 있다.'는 것이다. 하지만 이런 수행방법은 생사를 해탈하지 못할 뿐만 아니라, 생사를 해결한다고 해도 소승의 나한과위羅漢果位 밖에 얻지 못할 것이다.

나한은 화분에 심은 나무이다

나한이란 무엇인가? 나한은 '하늘이 무너져도 나와는 상관없고, 사람이 다 죽고 없어져도 나와는 관계없다. 나는 나대로 좌선만 하면 되고 염불만 하면 된다.'는 사람들이다. 그들의 사상경계는 화분에서 자라는 나무 같다. 아무리 거름을 주고 정성들여 가꾸어도 영원히 거목으로 자랄 수 없다. 다시 말하면 나한은 '자기 사상경계라는 틀의 제한'을 받는 사람이다.

이 나무를 대지에 옮겨 심어야만 거목으로 자랄 수 있다. 하지만 보살의 경계는 처음부터 대지에 심어놓은 나무라서 화분의 나무보다 아주 크게 자란다. 비록 처음 자랄 때는 늦는 것 같아도 자랄수록 넓고 넓은 대지에서 하늘을 찌르는 거목으로 자란다. 하지만 화분에 심은 나무는 백년이 지나도 화분의 나무일 뿐 절대로 거목으로 자라지 못한다.

그러므로 보살들은 맑고 깨끗한 환경에서 홀로 수련하지 않는다. 그들은 매일 중생과 더불어 살면서 일을 하며, 그 가운데서 자기를 연마하고 심성을 연마한다.

하지만 나한은 사람과 접촉하지 않으므로, 사람이나 일을 통해서 자기를 연마하지 못한다. 일단 사람이나 일에 마주치면 방향을 잃거나 환경에 휩쓸린다. 이들은 오직 자기를 가두는 방법으로 육근을 단절하는 것이다. 하지만 그들이 익숙했던 환경을 떠나게 되면 그들의 육근이 다시 부활한다. 부처님께서는 "사과나한四果羅漢의 숨겨진 습성은, 돌 밑에서 자라는 풀과 같아서 기회만 있으면 돌 틈을 비집고 나온다."라고 하셨다.

공덕은 행원하면서 원만해진다

사람은 단련을 하지 않을수록 점점 둔하고 어리석어진다. 사업하는 능력도 차츰차츰 단련해 얻게 되고, 웅변능력도 단련해 얻게 되며, 식견도 단련하는 가운데서 생긴다. 마찬가지로 공덕이 원만하고자 하면, 앉아서 되는 것이 아니라 행원하는 가운데서 이루어지는 것이다.

복보는 수련해 얻는 것임을 다들 알고 있다. 하지만 복보를 어떻게 수련하는가? 좌선하면 복보를 수련할 수 있는가? 좌선이라는 것은 정定을 수련하는 것이다. 기껏해야 지혜를 좀 수련할 수 있다. 복보는 가부좌를 하고 앉아서 수련하는 것이 아니다.

우리들은 가장 기본이 되는 복과 지혜라는 자본도 구족하지 못하였다. 하지만 극도로 팽창한 욕망은 생사를 해결하고 성불하겠다고 한다. 생각만 해도 가소롭기 그지없는 일이다. 『아미타경』에서 "선근이 적거나 복보가 적고 인연이 부족한 사람은 극락세계로 왕생할 수 없다."라고 분명히 말하였다. 여기 앉은 사람들은 대부분 관상을 볼 줄 알고 운명을 볼 줄 안다. 부귀를 갖춘 사람이 뾰족한 입술에 원숭이 같은 아래턱을 가졌는가?

　수행자들은 백보장百寶藏(보물창고)과 같다. 무엇이 필요하다고 하면 그 무엇이 있게 되는 것이다. 우리 출가인은 사회인이 할 수 있는 일도 할 수 있고 또 아주 정확히 잘 한다. 뿐만 아니라 사회인이 하지 못하는 일도 다 할 수 있다. 이렇게 되어야만 '스님'이라고 할 수 있다. 아니면 '스님'이라고 할 수 없다. 어떤 일은 반드시 해야 되는 것은 아니지만, 그런 일을 할 수 있는 능력은 반드시 갖추어야 한다.

지止와 관觀

■질문 : 스승님! 무엇을 '지止'라고 하고 무엇을 '관觀'이라고 합니까?

■만행스님 : '지'란 몸과 마음을 전부 어떤 일에 몰두함으로써, 외부의 환경을 전혀 신경 쓰지 않는 것을 말한다. '지'의 수련은 '정定'을 생성하기 위한 것이다. 이를테면 일단 '정'에 들게 되면 외부 환경의 변화(소리나 색깔의 변화)를 느끼지 못한다. 마음이 혼란한 사람은 '지'를 수련하는 과정에서 혼란을 다스릴 수 있다.

　'관觀'은 무엇인가? 마음은 경계를 따라 들어가므로, 경계가 어디에 있으면 마음도 그곳에 있고, 경계가 끝나면 마음도 그 경계에서 나온다. 다시 말하면 '지止'는 경계를 따르지 않지만 '관觀'은 경계를 따르는 것이다.

그러므로 '지止'는 뛰어 들어오지 않지만 '관觀'은 뛰어 들어온다. '관'은 자기의 지혜를 계발하기 위한 것이다. 만약 밖에서 오지 않는다면 마음은 느끼지 못하고 지혜도 나타나지 않는 것이다.

지금 우리들에게 필요한 것은 '지'인가, 아니면 '관'인가? 사실상 '지'와 '관'은 갈라놓을 수 없다. 이를테면 뛰어 들어온 경계와 이미 한 몸이 되어도, '지'의 기능이 없다면 정신은 딴 데로 가고 마음이 분산되면서 경계와 맞물리지 못하게 된다. 만약 '지'가 되고 싶어도 지혜의 힘(관하는 힘)이 없다면 '지'가 될 수 없다.

어떤 법사가 말한 것처럼 '지와 관은 연계가 없다.'는 것이 절대 아니다. 지와 관은 갈라놓을 수 없다. 갈라놓으면 안 된다. 만약 그들을 갈라놓으면 '지'도 수련할 수 없고 '관'도 수련하지 못한다.

간단한 예를 든다면, 좌선할 때 다리가 저려오는 원인이 무엇인가? 분석하기 바란다. 혼란함이 심한 사람은, 내 말이 끝나기 바쁘게 마음이 딴 데로 분산되어 '내일은 뭘 할까?' 하는 생각을 할 것이다. 내가 묻는 물음에 생각이 집중되지 않은 사람이 어떻게 내가 물은 말에 답을 하겠는가? 그 사람이 어떻게 좌선하면 다리가 저려오는 원인을 분석할 수 있겠는가?

정신을 집중해야만 내가 묻는 물음에 대답을 할 수 있다. 이 문제에 '지'가 되어 있을 뿐만 아니라 분석도 하는 것이다. 이 분석이라는 것이 바로 '관'이다. 그러므로 '지'와 '관'은 갈라놓을 수 없는 것이다. '지'만 하고 '관'을 하지 않으면 아무런 답도 얻지 못한다.

여러분 중에 어떤 사람은, 일이 없을 때는 반응이 있는 것인지 잘 모르겠는데, 어떤 일을 하라고 하면 눈빛이 굳어지며 멍한 것이 아무런 반응도 보이지 않는다. 혹 그들이 '어떤 문제에 지止가 되었나?' 하면 아니다. 혹 '마음이 분산되어 정신이 딴 데로 가있는가?' 하면 그것도 아니다. 왜 이런 현상이 있게 되는가?

선종禪宗에 의하면 '의식의 흐름이 끊어진 것'이다. 정상적인 사람의 의식 흐름은 끊어지지 않는다. 하지만 이런 사람의 의식 흐름은 끊어졌다 이어졌다 한다. 이런 사람은 '지'도 할 수 없을 뿐만 아니라 '관'도 할 수 없는 것이다.

총명하고 지혜로운 사람의 의식 흐름은 중단되거나 끊어지지 않는다. '의식 흐름이 정지되지 않았으면 입정한 것이 아닌가?' 하고 물을 수 있지만, 입정한 사람은 반드시 의식의 흐름이 중단되고 끊어져야 된다는 것은 아니다.

여기서 말하는 의식은 제6식과 진의眞意(진심)를 말한다. 사실 제6식도 진의의 그림자이다. 제6식에서 차츰차츰 침투되면 진의가 된다. 마치 땅이 아주 두터워서 끊임없이 땅 밑을 파야만 땅속에 있는 보물을 찾을 수 있는 것과 같다. '정을 통해서 지혜로 들어간다(由定入慧)'는 말은 바로 이것을 두고 하는 말이다.

정신을 집중할 수 없고 사상도 아주 난잡하며 마음도 분산되어서, 어떤 문제를 정定할 수 없고 끝까지 연구(참구參究)할 수 없다면, 이 문제의 답도 못 내고 지혜도 나타나지 않는다. 철저히 문제의 답안을 찾고자 하면, 반드시 마음을 이 문제에 집중해서 이 문제에 머물러 있어야 한다.

자기 마음의 주인이 되어야 한다

지금 모두 성불수행을 한다고 하는데 사실 이것은 탁상공론과 같다. 동굴에 앉아서 좌선한다고 하지만 혼이 이미 나가버린 것이다. 이렇게 백년을 수련한들 무슨 소용이 있겠는가? 나중에는 세상을 떠도는 원귀밖에 되지 않는다.

자기의 마음을 주체하지 못해서 마음의 주인이 되지 못한다면 어떻게 서방극락으로 왕생할 수 있겠는가? 혼란하지 않으려고 할수록 더 혼란해지는 사람은, 임종 때도 혼란하지 않으려고 할수록 더 혼란해지기 때문에 신식神識이 떠나버리는 것이다. 어디로 가는가? 허공으로 날아가고 지옥으로 날아가고 육도로 날아간다. 그래서 원귀가 되는 것이다. 반대로 자기 사상의 주인이 되고 일심불란으로 확고부동해서 다른 생각이 없는 사람은, 자기가 가고 싶은 곳으로 가는 것이다.

사선四禪의 각 선마다 모두 다른 차원의 '지'와 '관'이 있다. 초선은 초선의 지와 관이 있고, 이선은 이선의 지와 관이 있으며, 삼선도 사선도 모두 각각의 차원에 따른 지와 관이 있다. 여러분 중의 어떤 사람은 이미 싹이 텄다. 아직 초선에 들어서지는 못했지만 거의 접근했다. 초선까지 수련한 사람은 이미 탐·진·치·만·의를 멀리 떠났다. 하지만 탐·진·치·만·의가 없다는 말이 아니라 아주 조금 남았다는 말이다.

탐·진·치는 독약과 같아서 남을 해칠 뿐 아니라 우선 자기 자신부터 해친다. 세속적으로 말하면 분위기가 전염된다는 말이다. 다시 말하면 자기장이 전염되는 것이다. 탐·진·치가 있는 사람은 나쁜 분위기를 사람들에게 전파시킨다. 하지만 우선 자기가 먼저 해를 입게 되고 자기가 먼저 물들게 된다.

탐·진·치가 적은 사람과 같이 있게 되면, 그 사람의 몸에서 발산하는 분위기가 아주 좋고 부드러우며 청정하다. 하지만 자주 성내는 사람의 곁에 다가서면, 그 사람의 몸에서 나쁜 기운이 발산하는 것을 느끼게 된다. 느슨할수록 평온할수록 민감도가 높아져서 다른 사람의 자기장을 받아들이게 된다.

탐·진·치가 심한 사람이 지은 밥과 반찬을 먹으면 중독되고 영성도 떨어지게 된다. 수행차원이 높은 사람이 지은 밥을 먹으면 가피력을 받게 된다. 그러므로 총림에서 밥을 짓는 사람의 수행차원은 거의 다 높은 것이다.

㉛ 원만한 공덕은 보시로부터 온다

돈 있는 사람과 지위 있는 사람 그리고 수행이 높은 사람들은 좋은 스승과 좋은 절을 만날 수 있는데, 어떤 사람들은 좋은 스승과 좋은 절을 왜 만나지 못하는가? 자세히 분석해보면 운이 나쁘고 복보가 없기 때문이다. 복보가 있으면 좋은 절 좋은 환경에서 출가하고 좋은 스승을 만나서 수행하게 되지만, 복보가 없는 사람은 무엇이나 얻을 수 없다.

운명을 믿지 않으면 안 된다. 운명을 인정하지 않는다면 지혜가 없고 관찰능력이 없다는 뜻이다. 자세히 관찰하면, 복보는 진실하고 허위로 꾸민 것이 아니라는 것을 믿게 된다. 복보는 어디서 오는가? 복보는 보시하는데서 온다. 가장 쉬운 수행은 보시이고, 보시는 곧바로 복보를 얻는 일이다.

오늘 저녁 법문을 들으면 복보가 하나 있게 되고, 어떤 사람이 여러분에게 욕을 할 때 대꾸하지 않고 한걸음 물러서는 것도 복보를 하나 얻는 것이다. 누구나 화장실 청소를 하기 싫어한다. 그런데 말없이 화장실 청소를 하면 복보를 얻는 것이다. 또 공양시간에 한걸음 물러서서 다른 사람이 먼저 공양하도록 하는 것도 복보를 얻는 일이다. 사람들이 아무데나 침을 뱉을 때 침을 뱉지 않는 것도 복보를 만드는 것이고, 험한 얼굴로 여러분을 대할 때 웃는 얼굴로 대하면 이것도 복보를 만드는 것이다. 여러분을 미워하는 사람을 미워하지 않으면 그것도 복보를 만드는 것이다. 이 모든 것은 전부 보시일 뿐, 어디에 특별하게 지혜라는 것이 필요한가? 이와 같은 것은 수행인이라면 다 알아야 하는 상식이다. 그러므로 불조께서 '육도만행六度萬行'에서 보시를 첫자리에 놓으셨다.

공덕이 원만해지는 유일한 방법은 보시이다. 보시는 가장 수련하기 쉽지만 또 가장 어렵다. 성불수행을 하고 도를 수련하는 사람이 이런 이치를 믿지 않는다면 영원히 수행으로 자기를 높일 수 없다.

성불수행은 남이 하는 것을 보지 말고 우선 자기부터 시작해야 한다. 보시를 수련하는 방법과 이치를 안다고 해도 실행하고자 하면 아주 어려운 것이다.

이를테면 상대가 나에게 욕을 하는데 나는 말대꾸를 하지 않는다. 이것이 바로 보시이다. 즉 내가 너에게 나(말대꾸 할 수 있는 나의 권리)를 보시해서, 너로 하여금 욕을 할 수 있게 한다는 것이다. 하지만 일반인들은 이렇게 할 수 없다. 상대가 나에게 욕을 한 마디 하면 나는 두 마디 더 하고, 나를 째려보면 나는 열 번 더 째려본다.

보시를 수련하는 최고의 경계는 무아이다

　우리들이 보시를 잘 수련하면, 계를 지키거나, 인욕, 지혜, 정진, 선정 같은 것을 아주 쉽게 할 수 있다. 계율을 지키는 것이 가장 어렵다고 하는 이유는 '보시'라는 공부를 잘 하지 못하였기 때문이다.
　'보시'를 수련하는 최고의 경계는 바로 '무아'의 경계이다.45 무아는 바로 모든 부처님·보살님들 그리고 우주와 한 몸이 되는 것이다. 보시라는 이 방법만으로 무상삼매無相三昧에 도달하고, 자기를 법신·보신·화신의 삼신三身으로 성취할 수 있게 하는 것이다. 그러므로 구태여 훌륭한 스승을 찾을 필요가 무엇이고, 법을 찾느

---

45 앞서 말대꾸를 안 하는 것을 보시로 생각하는 것 역시 나와 너를 구별했기 때문에 그렇게 생각한 것이다. 말대꾸를 안 하는 것 역시 보시이기는 하지만, 나와 너의 구별을 안 한다면 즉 무아가 된다면 보시하고도 보시 했다는 자체가 없다는 삼륜체공三輪體空의 경지로 들어간다는 것이다.

라 고생할 필요가 어디에 있는가! '보시'는 가장 완전무결한 방법이다.

　법문을 들었으면 느끼고 깨닫는 것이 있어야 하고 자기의 사상이 있어야 한다. 없다면 알아듣지 못한 것이고, 알아들었다면 자기의 몸과 마음에 얻은 것이 있을 것이다.

9강
『아미타경』에서 말한 임종의 참뜻

명탁命濁을 초월해야 왕생할 수 있다

좌선하면서 졸고 있을 때 '자신'은 어디로 갔는가? 자기의 '사대四大'⁴⁶가 앉아서 졸고 있는 것을 볼 수 있는가? 여러분 중에 몇 사람만 이런 경지에 도달할 수 있다. 사대를 벗어나 졸고 있는 자신을 볼 수 있다고 치자. 자기가 가는 방향을 알 수 있는가? 어떤 사람은 이 경계까지 수련하였지만, 아직도 자기가 어디로 갈 지를 모른다.

명사와 부처님·보살님들이 인도할 수 있는 것은 사대를 벗어난 사람이다. 만약 사대를 벗어나지 못했다면 어떻게 우리를 인도할 수 있는가? 죽을 때 사대를 벗어나야 인도할 수 있는 것이다.

『아미타경』에서 "그 사람이 운명할 때 아미타불과 성인들이 앞

---

46 만물을 구성하는 흙(地), 물(水), 불(火), 바람(風)의 네 가지 원소를 말한다. 이 넷이 우주만물에 두루 퍼져 있으므로 사대四大라 하고, 만물을 낳는 원소이므로 대종이라고도 한다. 여기서는 사대로 이루어진 신체(몸, 육체)를 가리킨다.

에 나타난다."라는 말이 있다. 그때가 되어야 아미타불께서 우리 앞으로 오셔서 인도할 수 있다는 말이다. 여러분들은 이 말을 어떻게 이해하는가? 문구 그대로 해석해서, 죽을 때 아미타불께서 인도하신다고 생각한다. 경전에 분명히 '임명종시臨命終時(사대의 명탁을 초월했을 때)'라고 하였는데도 이 말을 모두 왜곡하는 것이다.

불법의 참된 정신은 '당하當下(바로 지금 여기)'를 중시한다. 다시 말하면 살아 있을 때를 중시하는 것이지 죽은 다음을 중시하는 것이 아니다. 만약 살아서 해탈하지 못하고 죽을 때 해탈할 것을 바란다면 아주 가능성이 적은 일이다.

옛날에 중음신中陰身(영혼)으로 제도되고 중음신으로 성취한 사람이 있기는 하다. 하지만 이런 사람이 몇이나 되는가? 봉모린각鳳毛麟角47격으로 극히 적다. 이와 같은 특별한 현상을 불법의 정신이라고 이해하면 안 된다.

『아미타경』에는 '오탁악세五濁惡世48라는 말이 있다. '오탁'이란 '겁탁, 견탁, 번뇌탁, 중생탁, 명탁'을 말한다. 이렇게 배열하는 순서에는 특별한 뜻이 있다. 왜 '명탁'을 가장 뒤에 놓고 '겁탁'을 맨 앞에 놓았는가? 앞의 네 가지 탁은 잠시 미루고 제일 끝의 명탁을 살펴보자.

어떻게 하면 명탁을 초월할 수 있는가? 염불을 통해 일심불란의

---

47 봉황의 깃털과 기린의 뿔이라는 뜻으로, 보기 힘든 아주 희귀한 물건.
48 5가지 더러움이 가득 차 있는 세상이라는 뜻으로, 겁탁(劫濁 : 시대의 더러움), 견탁(見濁 : 사상과 견해가 사악한 것), 번뇌탁(煩惱濁 : 탐·진·치로 마음이 더러운 것), 중생탁(衆生濁 : 함께 사는 이들의 몸과 마음이 더러움), 명탁(命濁 : 인간의 수명이 짧아지는 것) 등이다.

경지에 도달하고 망념의 뿌리를 끊어버리고 번뇌를 다스리며 사대상四大相을 초월한다. 사대상을 초월한 사람의 번뇌는 이미 없어지고 생사의 뿌리도 끊어졌기 때문에 '명탁'을 초월한 것이다. '임명종시臨命終時'의 참된 뜻은 '명탁'을 초월했다는 것이다. 절대로 숨을 거둘 때를 말하는 것이 아니다.

　명탁을 초월하면 자연적으로 어미타불께서 나타나게 된다. 이때가 되면 생사도 없고 가고 오는 것도 없다. 생사도 있고 오고 가는 것이 있다면 부처도 아니고 도는 더욱 아니다. 부처와 도는 무명무상無名無相으로 오고 가는 것이 없다. 일단 사람들이 '명탁'을 끝내면 이미 삼계를 벗어난 것이다.

　동화사에 오셨던 노재공老齋公을 기억하리라고 생각한다. 처음 만나서 연세가 어떻게 되시냐고 물으면 '두 살'이라고 한다. 그분을 '미치광이'라고 부르지만, 생을 한 살, 죽음을 한 살이라고 한 것은 이미 생사를 초월한 것이다. 사람들이 알아듣지 못하면 노재공은 "내 나이는 80세이다."라고 한다. 노재공은 곁에 있는 사람들에게 욕하곤 하는데, 자기의 의중을 알아채지 못하기 때문에 일부러 욕하는 것이다.

문자에 매이지 말고 실증을 중시하라

　사람들은 경전을 읽으면 문자만 해석한다. 마음속에 실증공부가 없기 때문에, 단지 글자의 뜻만 이해하고 헤아리는 것이다. 경전이란 스님들이 도를 깨달은 뒤에 얻은 사상이고, 도道와 부처에 대한 인식이다. 입도하지 못한 사람, 더욱이 증과를 얻지 못한 사람이 어떻게 증과를 얻은 스님의 작품을 알아볼 수 있겠는가? 단지 자기들의 작은 식견으로 문자에 따라 이해할 수밖에 없는 것이다. 부처님께서도 "문구에 따라 뜻을 해석한다면 삼세의 부처님·보살님들이 모두 억울하다고 할 것이다."라고 하셨다.

여러분들은 『아미타경』을 거침없이 유창하게 암송한다. 염불을 일심불란하게 해서 일주일 이상 지속할 수 있다면, 구태여 아미타불께서 우리들을 인도할 필요가 있겠는가? 일심불란하면 혼자서도 갈 수 있고 해탈할 수 있다. 하지만 우리들은 일주일은커녕 7분도 일심불란하지 못한다.

이렇게 말하면 부처님께서 우리들에게 너무 어려운 문제를 낸 것이 아닌가 하고 묻는다. 7분도 일심불란이 될 수 없는데, 우리를 일주일 동안 일심불란으로 염불해야만 극락정토로 왕생할 수 있다고 하니 말이다.

일념 동안 일심불란할 수 있다면, 필연적으로 두 번째 일심불란이 나타난다. 두 번째 일심불란이 나타나면, 세 번째 일심불란도 있을 수 있다. …. '일념'의 일심불란이 무엇이 어려우며 왜 일초동안도 일심불란 할 수 없냐고 하겠지만, 우리들은 그렇게 하지 못한다. 절대로 그렇게 하지 못한다.

『지장경』에서 "남염부제南閻浮提[49] 중생들의 거심동념擧心動念은

---

[49] 세계의 중심에 위치해 있다는 '수미산' 남쪽에 위치한 땅.

업이 아닌 것이 없고 죄가 아닌 것이 없다."라고 하였다. 다시 말하면 남염부제 중생들은 생각마다 모두 혼란 속에 있다는 것이다.

생각마다 모두 혼란 속에 있다면, 불법을 수련한 종자를 8식에 저장할 방법이 없다. 8식에 저장할 수 없다면 불법을 수련한 종자를 다음 생에서 활용할 수 없는 것이다.

어떻게 이생에서 불법을 들을 수 있고 굳게 믿을 수 있는가? 과거의 생 중에 도에 상응한 적이 있었고, 이 종자가 8식에 저장되었다가 이번 생에 와서 쓰였기 때문이다. 불법을 들을 때 내재된 종자가 천천히 싹트는 것이다.

8식에 종자를 심으려면 사상四相을 초월해야 한다

불법을 공부하는 사람들이 8식에 종자를 심으려면 '네 가지 상(사상四相)'을 초월해야 한다. 『금강경』에서 "아상我相, 인상人相, 중생상衆生相, 수자상壽者相이 있다.50 다만 사람 사이에 시비와 분별이 있다면 영원히 번뇌 속에서 헤매게 된다."라고 하였다.

주변에서 발생하는 일들을 듣지도 묻지도 보지도 않는다면 번뇌가 어떻게 생기겠는가? 그런데 왜 그렇게 못하는가? 바로 네 가지

---

50 ① 아상 : 나와 나의 소유물이라는 실체가 있다고 생각함. ② 인상 : 인도人道에서 태어난 사람은 다른 육도에서 태어난 부류 보다 뛰어난 실체가 있다고 생각함. ③ 중생상 : 중생은 오온五蘊(색·수·상·행·식)의 화합으로 태어났으므로 물질적 실체가 있다고 생각함. ④ 수자상 : 태어나서 죽음에 이르는 수명이 실제로 있으므로, 그 동안은 실체가 있다고 생각함.

상을 벗어나지 못했기 때문이다.

  왜 네 가지 상 중에서 '아상'을 첫 번째 자리에 놓았는가? '아상'을 초월하게 되면 나머지 세 가지는 비교적 쉽게 초월할 수 있다. 만약 아상이 없다면 인상, 중생상, 수자상도 있을 수 없다. 마치 육도六度에서 보시를 제일 첫 번째로 놓는 것과 같다. 일단 보시를 잘 수련한다면 뒤에 오는 지계持戒, 인욕忍辱, 정진精進, 선정禪定, 지혜智慧 등도 잘 수련할 수 있는 것이다.

  참으로 '아상'이 없다면 '보시'라는 수련법의 수련은 이미 성공한 것이다. 왜 우리들은 '보시'를 할 수 없는가? 바로 '아상'이 크기 때문이다. '보시'라는 것이 그저 재물을 보시하는 것이 아니다. 일상생활에서도 모두 보시할 수 있다. 이를테면 공양할 때 양보하고 뒤에서 먹거나, 길을 걸을 때 앞장서 길을 걷지 않거나, 상대방이 욕을 해도 맞서 욕을 하지 않거나, 상대방이 싸움을 걸어도 듣기만 하고 응하지 않거나, 스님께서 법문하면 그 법문을 잘 듣는 것 등도 모두 보시이다.

  사람들은 이 방법이 너무 쉽기 때문에 수련하지 않고 어려운 수련만 하려고 한다. '아집'이 너무 크기 때문이다. 난이도가 높은 것을 초월하면 자기가 이겨서 대단한 줄로 안다. 겉보기에는 대단한 것 같지만 본질적으로 보면 '아집'이 한 번 더 팽창한 것이다.

  보시하지 못하는 이유는 아상 때문이다. 아상을 초월하지 못하는 것은 명탁을 돌파하지 못했기 때문이다. 그래서 죽음을 두려워한다. 명탁을 초월한 사람은 생사를 초월한 사람이다. 생사를 초월한 사람이 어떻게 네 가지 상이 있겠는가? 네 가지 상이 없다면 보시라는 경계는 이미 돌파한 것이다. 이때는 그야말로 왼쪽 눈을 달라면 왼쪽 눈을 주고 오른쪽 눈을 달라면 오른쪽 눈을 준다.

"신·구·의를 공양한다."라는 것은 대단한 것이다. 내가 나의 신·구·의를 랍몽스승님께 공양하겠다고 했을 때, 크게 웃으셨는데 무슨 영문인지 도무지 몰랐다. 지금 생각하면 그때 당시 내가 헛소리를 한 것이다. 신·구·의를 부처님·보살님께 공양한다는 것은 네 가지 상을 이미 초월하였고, 오탁을 초월하였으며, 육도六度도 다 수련하였다는 것을 의미한다.

오탁과 육도 그리고 네 가지 상을 전부 초월한 사람은 어떤 사람이겠는가? 이런 사람만이 자기의 신·구·의를 스승에게 공양할 수 있고, 부처님·보살님께 공양할 수 있으며, 중생들에게 보시할 수 있다.

며칠 전 여성 신도 한분이 왔는데, 나를 자기의 스승으로 모시겠다고 하면서, 자기의 신·구·의를 나에게 공양하니 자기를 귀의시켜달라고 하였다. 사흘 동안 그녀를 귀의시켜준다는 말을 하지 않았더니 그만 가버렸다. 자기의 신·구·의를 나에게 공양하겠다고 하는 그분의 원력은 적지 않다. 하지만 귀의가 좀 늦었다고 그만 가버린 것이다.

앞으로 여러분들도 나가서 홍법하게 되면 이런 신도들을 만날 수 있는데 어떻게 하겠는가? 이런 신도들은 어떻게 대해도 불만을 말할 것이니 신경 쓸 필요가 없다.

🈯 큰일을 하려면 그만한 그릇과 아량이 있어야 한다

　아량이 작은 사람은 성취할 수 없다. 성불수행을 비롯해서 세간의 어떤 일도 성취할 수 없다. 왜냐하면 그만한 아량이 없고 그만한 그릇이 아니기 때문이다. 큰일을 하려면 그만한 그릇과 아량이 있어야 하며, 받아들이는 힘이 있어야 하는 것이다.
　우리들은 성불수행을 한다고 간판을 걸었다. 하지만 성불수행이라는 이 간판이 얼마나 크고 들기 어려운지 단 한 번도 생각해 본 적이 없다. 간판을 잘못 걸었기 때문에 삶이 아주 힘든 것이다. 사람도 아니고 귀신도 아니며, 출가승도 아니고 속가 사람도 아니다. 만약 출가한 사람이라는 간판을 걸었다면 그래도 사는 것이 자재롭고 쉬울 수 있다. 출가한 사람이라고 반드시 성불해야 하는 것이 아니고 단지 출가했다는 것뿐이기 때문이다.
　성불수행을 하는 사람은 사회생활 하는 사람보다 명예와 이익을 적게 추구할 수 있다. 하지만 다른 방면의 명리심과 욕망은 그들보다 작지 않다. 추구하는 내용은 다르지만 우리들의 욕망은 속인들의 욕망보다 더 큰 것이다. 성불하고 생사를 해탈하려는 욕망은 그 무엇보다 크지 않을 수 없다.

🈯 이생에서 성불하기를 기원하라

　사회생활을 하는 사람들은 기껏해야 돈을 벌어 부자가 되고 좀 더 잘 살고 싶을 뿐이다. 그들이야말로 지금 현재 여기에서 잘 살고 있는 것이다. 하지만 우리들은 미래에 살고 이상의 왕국에서 살고 있다. 불법에서 상근기上根器 사람들에게는 삼세三世라는 것이 없다. 심지어 이 생이라는 것도 없이 오로지 바로 지금 여기에서뿐이다. 중근기 사람들은 이생이 있다. 하근기 사람들은 3생 뿐만 아니라 4생, 5생 심지어 6생, 아니 그보다 더 많은 생이 있다.

마음속으로 몇 생이 있는 것을 믿고 있으며, 희망을 어느 생에 두었는지 묻기 바란다. 여러분의 답은 바로 지금 여러분의 차원이고, 바로 자신들의 근기(그릇)이다. 밀종에서는 '즉신성취卽身成就(이생의 몸으로 성취한다)'라고 말하고, 선종에서는 '당하 돈오當下頓悟(지금 이생에서 깨우친다)'라고 말하며, 정토종은 '자성미타 현현自性彌陀顯現(자성의 미타가 구체화된다), 심정즉 불토정心淨則佛土淨(이 마음이 깨끗하면 불토 역시 깨끗하다)'이라고 말하는데, 모두 금생今生 금세今世를 가리켜 말하고 '바로 지금 여기에서'를 일컫고 다음 생을 말하지 않았다.

희망을 임종시에 둔다면 임종시에 성취할 수 없다. 만약 희망을 다음 생에 둔다면 이생에서는 성취하지 못한다. 이를테면 오늘 해야 하는 일을 내일로 미루며 내일 완성하겠다고 하면 오늘 완성할 수 없다. 또한 내일도 완성할 수 없다. 내일은 또 내일 해야 할 일이 있기 때문이다.

불경에 말하기를 "겁劫은 시간이 정해진 것이 아니라 마음으로 초월할 수 있고, 또 마음에 따라 결정된다."라고 하였다. 지금 우리들은 '겁'을 아주 긴 시간으로 이해한다. 왜냐하면 작은 겁(小劫)이라고 해도 168만년이라는 긴 시간이라고 하였는데 하물며 큰 겁임에랴! 하지만 한 겁의 시간이 아무리 길다고 해도 일념사이에 초월할 수 있다. 심념心念은 시공간을 초월할 수 있는데, 무엇 때문에 다음 생을 기다려 성취하려고 하는가!

　불경에서 "십지돈초十地頓超 무난사無難事하니 불력승지不歷僧祇 획법신獲法身이라."라고 명백하게 말하였다. 무엇을 '십지돈초'라고 하는가? 바로 지금 여기에서 '일념사이에 십지보살을 초월해서 세 개의 큰 아승지겁을 거치지 않고도 성불할 수 있다.'는 말이다. 여러분은 마지막으로 성불하러 이생에 왔다는 것을 알고 있는가? 왜 자신이 이미 세 개의 큰 아승지겁을 수련했다는 것을 모르는가? 왜 자기가 마지막 겁의 마지막 생이라는 것을 생각하지 않는가?

　왜 이렇게 생각하지 않고 이렇다고 여기지 않는가? 그만한 그릇이 아니며 그만한 패기가 없기 때문이다. 다만 다음 생을 믿고 또 그 다음 생을 믿고 또 그 다음 생을 믿는다. 이 '다음 생'이라는 것이 몇 백 생을 지나야 하는지 모르기 때문에 이생에서 도를 깨닫고 성불하기가 어려운 것이다.

　어떤 이는 어느 누가 성취하였다는 말만 들으면 믿지 않고 일단 의심하고 부정하는 생각을 한다. 왜냐하면 자기 자신이 성취하지 못했고, 식견이 정확하지 못하기 때문에 모두 사지사견이라 생각하고, 성불하려면 반드시 세 개의 큰 아승지겁을 지나야 된다고 여기는 것이다. 우리들이 정지정견만 있다면 그런 오랜 세월을 지나야 성불할 수 있다는 생각을 하지 않을 것이다.

　사실상 선종·정토종·밀종은 모두 지금의 몸으로 성취하고, 바로 지금 여기에서 성취하며, 절대로 희망을 다음 생에 두는 것이 아니다. 우리들이 진리를 모르고 불법을 왜곡하고 중생들을 잘못 이끈 것이다.

다음 시간은 여러분들이 질문하고 함께 토론하는 시간으로 한다.

③ 환경에 적응하지 못하면 도태된다

■ 질문 : 왜 노재공老齋公께서는 스승님처럼 중생제도를 하지 않습니까?

■ 만행스님 : 나는 바보고 탐욕이 있는 사람이다! 일전에 내가 말한 것처럼 여러분을 통해서 내 자신을 연마하고자 한 것이다. 왜냐하면 나의 탐욕도 원만하지 못하고 인지因地[51]에서의 발심도 다르기 때문이다.

1991년 나는 나의 한 동창생과 같이 공유스님을 친견하러 갔다. 그런데 초막집에 들어서자마자 공유스님이 우리 얼굴을 보고 한바탕 욕을 해댔다. 욕을 얻어먹은 우리는 기가 푹 죽어서 나왔다. 그때 나의 동창이 "우리는 잘못한 것도 없고 경건하고 공경하는 마음으로 당신을 친견해 법을 구하려 하고, 더구나 선물까지 가지고 왔는데 왜 이렇게 욕을 하십니까?"라고 하였다.

---

51 원인이 되는 곳, 과위果位를 얻기 위해 수행하는 곳. 만행스님은 과위를 얻기 전에 수련을 할 때, 중생제도를 발원했기 때문에 이를 실천해야 하는 것이다.

나의 동창은 바로 이런 불쾌한 기분 때문에 법을 구하겠다는 마음이 절반이나 줄었다. 그날 저녁 우리는 산 아래 있는 절에 묵게 되었다. 이튿날 우리들은 법을 구한다고 또 공유스님의 초막으로 찾아갔다. 이번에도 공유스님은 우리에게 한바탕 욕을 퍼 부었다. 이번 욕 때문에 나의 동창은 돌아가 버렸다.

사흘 뒤 내가 또 공유 스님을 찾아갔다. 공유스님은 나를 보더니 "욕 몇 마디에 달아나 버리는 저런 사람을 기를 가치가 있는가? 내가 받아들인다고 하더라도 반드시 충돌이 생기고 의견도 맞지 않아 말썽이 생겨 마음을 상할 수 있으니 일찍 그만두는 것이 낫다." 라고 말씀하였다.

어차피 그만둘 것이라면 일찍 헤어지는 것이 쓸데없는 신경을 쓰지 않아도 되니, 감정, 인력, 재력, 물력도 낭비되지 않는다는 것이다. 일찍 헤어지면 각자 갈 길을 갈 것이고 서로 편하다. 성불하고 불법을 구하러 와서 나의 몇 마디 욕과 냉담한 눈빛 때문에 도심을 잃는다면, 성불하고자 하는 마음도 없고 도심도 없는 사람이라는 것을 증명한다.

좀 전에 말한 그 여신도처럼, 나에게 신·구·의를 공양하겠다고 하면서 무릎을 꿇고 당장 귀의시켜달라던 사람이, 내가 사흘을 냉대했다고 그만 달아나 버린다. 이런 사람을 위해 대가를 지불할 필요가 있는가? 노재공께 법을 구하고자 하면 할수록 욕을 더하시고, 머리를 만져주고 재앙을 소멸해 달라고 하면 더 크게 욕하신다. 노재공의 욕을 견딜 수 있다면 도를 얻는 것이고 견디지 못하면 도태되는 것이다.

어려운 일로 시험해 봐서 가르칠만하면 가르친다

■만행스님 : 옛날 총림의 큰스님에게 법을 구하러 가면, 큰스님은 "좋다. 그럼 주방에 가서 일을 하거라!"고 말한다. 이렇게 일을 하다보면 일년, 이년, 삼년까지 계속 일하게 된다. 견디고 남아 있게 되면 큰스님으로부터 법을 전수받고 견디지 못하면 도태되어 나가야 한다. 만약 이 총림에 와서 무문관수련을 하고 싶다면 먼저 발심해야 되고, 상주하는 사부대중들을 위해 3년 동안 봉사해야 한다. 견디지 못하면 도태되고 무문관수련도 할 수 없다.

운문사雲門寺와 운거산雲居山 같은 절에서 먹을 것이 없고 입을 것이 없으며 잘 곳이 없겠는가? 부족한 것이 없다. 부족한 것도 없는데 무엇 때문에 그리 넓은 땅에 농사를 짓는가?

운문조사와 허운 노스님이 득도한 고승이라는 것을 누구나 잘 알고 있다. 모두 그분들께 불법을 배우고자 한다. 과연 불법을 배우고자 하는가? 그것은 탐욕과 아집이다. 조사님들은 이 문제를 아신다. 그래서 오는 사람들을 거절하는 것이 아니라 노동을 시키고 밭을 가꾸게 하는 것이다.

반년이 지난 다음 어떤 사람은 견디며 남아있고, 참고 견디지 못한 사람은 쫓지 않아도 저절로 나간다. 환경에 적응하면 남게 되고 적응하지 못하면 도태되기 마련이다. 이것이 바로 '적자생존'의 법칙이다.

환경은 사람에게 적응할 수 없다. 오로지 사람들이 각종 방법으로 환경에 적응할 뿐이다. 노재공께서 우리 절에 왔을 때는 그래도 점잖게 대응하시는 편이었다. 그분이 사는 산에 남자들이 찾아가면 몸에 침을 뱉지 않으면 오줌을 싼다. 여성들이 찾아가면 품에 끌어안지 않으면 얼굴에 입을 맞춘다. 그것을 견디고 남아 있으면 전체적으로 바꿔주고 새사람으로 만들어 주는 것이다.

득도했다고 중생을 제도할 수 있는 것은 아니다

■**만행스님** : 득도한 사람들은 무엇을 하든지 모두 도에 상응된다. 중생을 널리 제도하는 것도 중요하지만, 득도한 사람이 모두 사람을 제도할 수 있는 인연을 가진 것은 아니다. 어떤 사람은 일생동안 단 한 사람밖에 제도하지 못한다. 깨달음을 얻지 못한 사람이 깨달음을 얻은 사람을 제도하는 일도 있고, 깨달음을 얻은 사람이 중생을 제도하지 못하는 일도 있다. 깨달음을 얻은 스승의 제자가 반드시 깨달음을 얻는 것도 아니고, 깨달음을 얻지 못한 스승의 제자가 깨달음을 얻는 경우도 있다.

"불법은 중생을 널리 제도한다."라고 하지만 참된 수행자들은 절대 이런 생각을 갖지 않는다. 중생을 제도할 수 없다는 것을 너무 잘 알고 있기 때문이다.

"중생이 제도되었다."라는 말은 내재되었던 보리종자를 싹트게 했다는 뜻이다. 중생의 자성自性이 자기 스스로를 제도한 것이다. 내재된 보리종자가 싹트지 않았다면 부처님께서 우리 앞에 오신다 해도 교화될 수 없다. 사람을 설득하고 바꿀 수 있다는 것은, 그 사람이 뉘우치는 마음이 있고 자기를 바꾸려는 마음이 있기 때문이다. 자기 자신에게 바꾸려는 마음이 없는 사람을 어떻게 설득시키고 바꾸겠는가?

확실히 중생을 널리 제도하는 것은 일종의 경계이다. 공자께서 말씀하신 것처럼 "누구에게나 차별 없는 교육을 할 수 있다." 가난하든 부유하든, 총명하든 둔하든, 높든 낮든, 잘났든 못났든 모두 교화하고 제도할 수 있다.

두루 섭렵하고 두루 배워라

■만행스님 : 『원각경』은 꼭 읽어야 한다. 이론을 연구하는 전문가 외에는 많은 책을 읽거나 불교이론에 통달할 필요가 없다. 한 가지 법문을 갖고 깊이 수련하면 되는 것이다. 일단 입도하면 사상과 체험이 자연스럽게 불경의 이치에 부합되기 때문이다. 출가한 사람은 반드시 조금씩이라도 자기의 부처님 사상을 공고히 해야 한다. 출가하면 반드시 불법을 널리 펼칠 기회가 생긴다. 그러므로 불교학에 통달해야 한다.

과거의 많은 조사·대덕님들은 글을 몰라서 불경을 읽지 못하였다. 하지만 그들이 도를 깨닫게 되면 성불수행에 대한 깨달음과 체험, 그리고 그들의 부처님 사상이 불경의 교리에 부합된다.

알다시피 육조혜능대사는 일자무식이고 불경을 읽어 보지 못한 분이다. 하지만 그분의 사상이 바로 부처님사상인 것이다. 우리들은 그분이 말씀하신 내용을 경으로 읽고 법으로 배운다. 육조혜능대사는 싯다르타부처님과 초조달마대사처럼 직접 본지풍광[52]을 겪고 나오신 분이다. 때문에 이 세 분께서 말씀한 이치와 본지풍광에 대한 묘사가 모두 같은 것이다.

여러분들도 본지풍광을 직접 겪고 나올 수 있다면, 그 본지풍광에 대한 서술이 육조혜능대사와 달마조사 그리고 불조석가모니부처님께서 묘사한 것과 같을 것이다.

불교학을 연구하려면 원음노인元音老人의 저작과 대만 소평실蕭平實의 저작, 그리고 남회근南懷瑾의 저작들을 읽어야 한다. 스승들의 저작들은 모두 다 읽을 필요가 있다. 그분들의 책에는 우리들이 배울 것이 아주 많다. 어떤 면이 자기의 구미에 맞지 않다고 해서 부정해 버리면 안 된다. 우리들이 부정한 내용이 어떤 사람에게는 가장 좋은 내용일 수도 있다.

인류의 공통점이라면 각자 자기가 필요한 것을 얻으려 한다는 것이다. 소중한 것은 황금이 될 것이고, 필요 없는 것은 쓰레기이다. 풍문에 누구누구를 사도외문이라고 비난하면, 그들의 사상과 교리를 이해해 왜 사도외문이라고 하는지 알아야한다(자신과 사상이 다르다고, 혹은 자신이 생각할 때 필요 없다고 해서 쓰레기라고 평가하는 경우가 종종 있기 때문이다). 그들은 독특하고 뛰어난 생각으로 옛날 고인들이 말하지 못한 사상을 말했고, 고인들이 할 수 없었던 일을 실천했던 것이다. 고인들이 말하고 실천했던 것대로 했다면 누구도

---

[52] 득도한 사람에게 보이고 나타나는 여러 현상.

사도외문이라고 하지 않았을 것이다.

사람들은 자기가 보지 못했고 듣지 못한 것은 인정하지 않는다. 남달리 기발한 주장을 하게 되면 처음부터 비판 받거나 타도될 수 있다. 그 사람이 죽은 지 오래되어야 그의 사상이 발굴되고 성인으로 모셔지는 경우가 있다. 이런 경우는 문학계와 예술계에서 아주 보편적인 상황이다.

불문의 태두泰斗 성운星雲법사님과 여중女衆태두 증엄証嚴법사님도 당초에는 사도외문이라고 핍박받으셨다. 성운대사께서 40세에 불광산을 창립할 때, 이름이 높다고 하는 장로들과 큰스님들 그리고 법사들은 성운을 모두 사도외문이라고 하였다. 그 당시의 성운은 너무 젊었고 실력도 약하며 자격이 부족했다.

하지만 50년이 지난 오늘날에는 누구든 '정도正道냐 아니냐'를 인정받으려면 성운대사의 판단을 받아야 한다. 성운대사께서 여러분을 정도라면 정도가 되고, 당신을 외도(歪道)라고 하면 바로 외도인 것이다.

10강

수행에 있어서 몇 가지 중요한 문제

좌선할 때 마음을 어디에 두어야 하는가?

좌선하고 있는 여러분의 귀에는 물방울 떨어지는 소리가 분명하게 들린다. 그렇지 않는가? 그 소리는 두뇌가 듣고 있는 것인가, 아니면 심령이 듣고 있는 것인가? 만약 두뇌가 듣고 있는 것이라면, 우리들은 좌선하고 있어서 두뇌가 일을 하지 않으므로 물방울 떨어지는 소리가 들리지 않아야 한다. 만약 심령이 듣고 있는 것이라면, 심령은 지금 열심히 도를 수련하고 있지 않은가? 그렇다면 누가 듣고 있는가? 만약 우리들의 생각을 물방울 떨어지는 소리에 두었다면, 지금 우리들은 도를 수련하고 있지 않고 물방울을 연구한다는 말인가?

도를 수련할 때 주위에서 떨어지는 물방울 소리를 들을 수 있는가, 없는가? 한편으론 물방울 떨어지는 소리를 들으면서 한편으론 도를 수련하는 것이라면, 이 두 가지는 서로 위배되지 않는가? 만약 서로 위배된다면 물방울 떨어지는 소리를 피해야 하지 않는가? 만약 위배되지 않는다면, 일상생활을 하면서 사람·일·사물 등등을 모두 회피하지 말아야 한다.

좌선할 때 마음을 도에 두어야 하는가, 아니면 물방울 떨어지는 소리에 두어야 하는가? 물방울 떨어지는 소리에 마음이 머문다면 그것은 도가 아니다. 도는 본래 머물지 않는 것이기 때문에, 도에 머무르는 것이 아니다.

만약에 '마음이 머무르지 않는다'라고 한다면, 이때 이 순간에 무엇을 하고 있는 것인가? 망상을 하고 있다는 것 말고는 대답이 되지 않는다. '머무르는 곳이 없다'라는 말은 산만함이 가득하다는 말이다. 이치가 명확하지 않으면 일을 모른다. '바람은 자고 있는데 여전히 파도가 일어난다(風平 浪猶侵).'는 말은 무슨 의미인가?

명상은 아주 오래된 수련법

부처님께서 6년 동안 설산에서 아주 힘든 수행을 하셨다. 몸이 몹시 야위고 뼈만 앙상하게 남았는데도 도를 깨닫지 못하였다. 후에 양을 기르던 여인이 공양한 젖으로 쑨 죽을 먹고 보리수 밑에 앉아서 "만약 도를 깨닫지 못하면 이 부들로 만든 방석에 앉아 분골쇄신이 되어 죽더라도 일어나지 않을 것이다."라고 독한 맹세를 하셨다.

이때 부처님은 진정한 명상에 드셨다. 이레가 되던 날 푸르스름한 새벽녘에 밝은 샛별을 보면서 도를 깨달았다. 도를 깨달은 다음

49일 동안이나 계속된 대입정大入定에 드셨는데 오안육신통을 얻으신 것이다.

'명상冥想'이란 현대의 용어로 말하면 '관상觀想'이다. 진정한 명상은 밀종에만 있는 것도 아니고, 요가술에서만 있는 것도 아니며, 석가모니부처님시대에 출현한 것도 아니다. 아주 오래된 고대의 종교는 인도의 요가인데, 그들의 교파에서 유전되는 말에 의하면 이미 만여 년의 역사를 가지고 있다고 한다. 하지만 고고학자들은 오천 년이라고 한다. 누구의 말이 정확하든지 간에 불교의 역사만큼이나 오래된 것이다. 그때의 요가교에는 이미 명상이라는 수련방법이 있었다.

부처님은 출가하기 전 태자의 신분으로 전국 각지의 교파 대사들과 함께 각 교파의 경전저작들을 수집하고 배우면서 수련하셨다. 그들의 법과 경전을 다 배우고 수련한 다음에는 그것들이 원만하지 않다고 느끼셨다(외도外道라고 폄하하지 않고, 단지 '원만하지 않다'고 하셨다). 그래서 부처님은 여태까지 배운 경전과 법문들을 전부 포기하고 홀로 청정하게 명상을 하면서 수련하셨다. 그리하여 부처님은 자신만의 독특한 수행의 길을 개척하고 걸어 나오신 것이다.

하지만 바라문은 불교를 받아들이지 않았다. 왜냐하면 불교에서 말한 이치들은 이미 바라문에서 다 말한 것이기 때문이다. 하지만 비록 부처님께서 말씀하신 내용이 그 이전의 선사들께서 이미 말씀하신 기초 위에 건립한 것이라고 해도, 내용은 확실히 원만해졌다. 이것이 바로 옛날 사람들이 말한 "무에서 유의 창조는 어렵지만, 유를 더 정밀하게 하는 것은 쉽다."라는 것이다.

마치 옛날 사람들이 만든 마차가 없었다면 지금의 자동차는 상상도 할 수 없는 것과 같다. 문장을 쓴 다음 사람들의 교정을 받으면 문장이 아름답고 간결해진다. 하지만 교정하는 사람에게 새로운 문장을 쓰라고 하면 문장을 교정하는 것보다 훨씬 어려운 일이다.

제자의 수련이 무르익어야 스승이 가르칠 수 있다

이것이 바로 수행의 법문이 세세대대로 전승해 내려오는 까닭이기도 하다. 전승도 없이 자기 혼자 힘으로 도를 깨닫는다는 것은 거의 불가능하다.

세상에는 '독각불獨覺佛'이라는 것이 없다. '독각불'이라는 것은 어떤 단계의 생명을 두고 하는 말이다. 또 '독각불'이 될 수 있다는 것은 전생의 수행기억이 금생까지 이어지면서 혜택을 받은 것이다. 전생에 심어놓은 종자가 없다면 이생에서 싹 트지 못한다.

더구나 상승上乘의 대법大法은 반드시 일정한 정도까지 수련을 해야 비로소 명사明師님의 가르침을 받게 된다. 이것은 '화룡점정畵龍點睛' 하는 이치와 같다. 스승께서 제자가 그린 용의 눈에 점을 찍어주려면, 우선 제자 스스로 용을 그려야 하는 것이다.

스승은 제자가 내면의 용을 어느 정도까지 그렸는지 알아야만 그 눈에 점을 찍어줄 수 있다. 어떤 사람은 평소 용을 잘 그렸는데, 어떤 큰 스승의 책을 보았거나 혹은 어떤 명사님의 법문을 듣더니,

손에 들었던 붓이 어찌할 바를 모르며 그리지 못하게 되었다. 왜 이런 일이 생기는가?

어떤 방법을 쓰든지 간에, 쓸 수 있는 것은 마음이고 사용하는 것은 방법이다. 방법은 혼란한 마음에 대처하기 위한 것이다. 만약 마음이 혼란하지 않다면 방법이 필요 없는 것이다.

며칠 전 어떤 사람이 나에게 쪽지 한 장을 주면서 답을 달라고 하였다. 이 기회에 답하기로 하겠다. 내몽골에서 온 그 젊은이는 갔는가?

(대중: 갔습니다.)

자성自性의 근본은 무엇인가?

첫째 문제는 "자성自性의 근본은 무엇인가?"이다.

자성의 근본을 알려면 우선 무엇을 '자성'이라고 하는지를 알아야 한다. 자성은 바로 불성佛性이고, 불성은 본래면목이며, 본래면목은 육진이다. 육진이 바로 본래면목이다.

통속적으로 말하면, 하늘을 날아다니고, 땅을 파고들어가며, 물에서 헤엄치고, 땅에서 기며 자라는 이 모든 것들이 전부 본래면목이다. 우리들은 날마다 본래면목을 찾는다고 하는데 어디 가서 찾을 것인가? 눈앞의 산하대지·화초·나무들이 바로 우리들의 본래면목이다.

이와 같은 것들이 모두 우리들의 본래면목이라면 어째서 그들과 소통할 수 없는가? 바로 무시無始로부터 형성된 아주 견고한 아집이 우리를 그들과 갈라놓았기 때문이다. 우리들이 이 아집이라는 두꺼운 껍질에서 나올 수 있다면 본래면목과 융합해 한 몸이 될 수 있다. 다시 말하면 자기의 불생불멸의 힘을 느끼고 받아들일 수 있는 것이다.

무엇 때문에 사람들은 이렇게 둔한가? 사람들이 아주 두꺼운 아집의 껍데기에서 나오지 못하고 주위의 환경과 격리되었기 때문이다. 만약 우리들이 아집에서 나와서 주위와 융합해 한 몸이 된다면 아주 민감해질 것이다. 일정한 정도까지 수련하면 타심통他心通이 생긴다. 힘이 안으로 들어가는 것이 아니라, 안에서 밖으로 나와 밖에 있는 힘과 융합해 한 몸이 되기 때문이다.

❸ 도에 들어간 상황은 '정'을, 나오는 것은 '혜'를 의미한다

지금 우리들은 걸어 들어가지도 못했고 걸어 나오지도 못한 상황이다. 만약 제대로 걸어 들어갔다면 바로 삼매경에 있게 되며, 다시 걸어 나오게 되면 무상정無想定에 있는 것이다.

만약 진정하게 들어갔다면 한동안 집안에 머물러 있다가 나중에는 걸어 나오는 것이다. 들어간 상황은 '정定'을 의미하고 나오는 것은 '지혜'를 의미한다. 지금 우리들은 한쪽 발은 안에 있고 한쪽 발은 밖에 있는 혼란한 상태이다. 사람도 아니고 부처도 아니다. 세속의 복도 누리지 못하고 불문의 청복淸福은 더욱 누리지 못한다.

첫 번째 단계도 다 걷지 못했기 때문에 두 번째 단계는 말할 것도 없다. 첫 번째 단계를 매듭짓고 다시 걸어 나올 때는, 무시無始로부터 수집하였던 보물들을 가지고 나와서 사람들에게 나누어주면서 함께 누린다. 이때에 가지고 나온 보물은 석가모니부처님의 심경心經이 아니라 진정한 자기 내재의 심경이다. 지금 대부분의 법사들이 말하는 내용은, 전부 불경의 내용일 뿐 자기 내재의 심경이 아니다.

옛날의 조사·대덕들이 도를 깨달은 뒤에는, 불경을 보지 않고 강의 하였지만, 그들이 강의한 법문은 모두 불경의 교리에 부합했다. 그 옛날에 부처님은 방 안에 들어갔다가 안에 있는 보물을 가지고 걸어 나와 사람들에게 나누어 주셨다. 지금 많은 수행인들이 단지 문 밖에 서 있을 뿐 들어가지도 못하는데, 부처님은 보물을 가지고 나와서 우리들에게 말씀하신 것이다.

우리들은 들은 것도 많고 본 것도 많다. 그래서 듣고 본 기억으로 사람들에게 말해준다. 들은 것이 많고 본 것도 많기 때문에 도리어 내재의 심경心經을 잃어버린 것이다.

🙏 아집이 안팎을 나눈다

방 안으로 들어갔을 때가 바로 자성에 들어간 것이고 또한 당신의 불성을 본 것이다. 일단 방에서 나오게 되면, 안이 바로 밖이고,

밖은 바로 안이므로, 안팎이 따로 없다는 것을 발견할 것이다. 혹은 밖은 안의 현현이며, 밖은 안이 아니지만 안을 떠날 수 없음을 발견할 것이다. 이것은 오직 겪고 지나온 사람들만이 그렇게 말할 수 있다. 범부들에게 안팎이 있는 원인은 바로 아집 때문이다.

수행하기 전에는 그래도 아집이 작았는데 수행할수록 아집이 점점 더 커지고, 공부할수록 아집의 벽이 더 두터워져서 뚫고 나올 수 없다. 수행하지 않은 사람이나 수행이 부족한 사람일수록 겸손할 줄 알기 때문이다.

겸손할 때면 몸과 마음이 열리고, 그 안팎이 서로 통하면서 융합되어 한 몸이 된다. 그러나 아집으로 움직일 때면 아집이라는 두터운 벽이 당신과 바깥세상을 단절시킨다. 아집이 크면 어떤 일을 하든지 도에 들어가기 어려운 것이다.

만약 아집이 없는 사람이라고 하면, 주위에서 떨어지는 물방울 소리를 아주 분명하게 들을 수 있어야 한다. 혹자는 '주위의 물방울 소리를 똑똑히 들었으니, 내재의 힘이 밖을 향하고 있는 것이 아닌가?' 라고 반문할 것이다. 만약 당신의 힘이 안으로 향한다면, 육근이 저절로 문을 닫아서 밖에서 나는 물방울 떨어지는 소리를 들을 수 없어야 한다.

여러분이 모두 아집이 없고 수준이 높은 사람이면 여러분은 안팎이 전부 느슨해져서 온 몸이 활짝 핀 한 송이 연꽃이 된다. 이렇게 되면 안팎도 없게 되고 우주의 밝은 빛과 공기가 모두 연꽃에 드러날 것이다. 여러분은 주위의 모든 소리와 형상을 다 들을 수 있고 볼 수 있을 것이다.

만약 소리도 들리지 않고 형상도 보이지 않는다면, 혹은 단 한 가지 소리나 한 가지 형상만 듣고 보았다면, 여러분의 몸과 마음이 머무는 바가 있다는 것을 말한다. 한 가지 소리 혹은 한 가지 형상과 색깔에 머무른 것이다.

진정하게 한 몸이 되었다면, 그 어떤 소리나 형상에도 멈추거나 머무르지 말아야 한다. 이때의 경계는 절대적으로 통합된 한 몸(정체整體)이고 절대적으로 하나인 것이다. 마치 녹음기를 틀어놓으면 주위의 모든 소리가 녹음되는 것처럼 단 한 가지 소리만 녹음되는 것이 아니다. 또 동영상을 찍을 때 책상 위에 사과가 열 개 있다면, 하나하나 따로 찍히는 것이 아니라 열 개 모두 한꺼번에 찍히는 것과 같다.

대부분의 사람들은 일할 때 곁에 있는 사람이 불러도 듣지 못하고 사람이 지나가도 모른다. 이런 사람은 입정한 것인가? 아니면 혼란에 있는 것인가?

(대답: 혼란에 있습니다.)

혼란에 있다면 어떻게 손에 쥔 일을 그렇게 잘하는가? 만약 차를 운전할 때 혼란하게 되면 골짜기에 떨어지거나 나무에 부딪쳐야 할 것이다. 하지만 골짜기에 떨어지지도 않고 나무에 부딪치지도 않으며 아주 안전하게 차를 운전한다. 무엇 때문인가?

이것은 모두 수행의 문제이다. 역시 화두로 참구할 수 있는 문제이고 아울러 평소에 명상할 수 있는 문제이다. 이런 상황을 '소정小定(작은 입정)'이라고 하는데, 한 가지 일에 집중해서 입정한 것을 말한다. 바로 '하나'에 정定이 되었기 때문에 '만 개'를 잃은 것이다. 하나에 정을 두지 않았다면 만 개와 융합해 한 몸이 될 것이다. 하지만 범부는 하나에도 정을 두지 못하고 만 가지 혼란에 있게 된다. 진정하게 하나에라도 정定이 되었다면, 만분의 일에는 이미 집중한 것이다.

수행의 첫걸음에서 한 가지 일에 집중할 수 있다는 것은 괜찮은 일이다. 하지만 이것은 중·하근기의 사람이다. 상근기의 사람은 듣는 그 즉시에 깨우친다. 듣는 즉시 곧바로 깨우친다면, 무엇 때문에 자기의 근본문제를 해결하지 못하는가? 그것은 무시無始로부터 수련공부를 하지 못하고 줄곧 이론으로만 문장을 만들었기 때문이다.

육조께서는 이미 24세 때 득도하고 의발을 전수받으셨지만 15년간 계속 수행하셨다. 이 15년이 바로 육조께서 공부하고 수련한 시간이다. 이론적으로는 24세 때 이미 다 통달하였지만, 진정한 공부의 원만은 15년 후, 심지어는 더 뒤에 완성된 것이다. 『육조단경』은 육조께서 57세 때 완성된 것이다.

일반인들도 화신이 있는가?

두 번째 문제는 "범부들도 천백억 개의 화신이 있는가?"이다.
(대중 : 있다고도 하고 없다고도 합니다.)

■돈한스님 : 일반인들도 천백억의 화신이 있다. 비록 개개인이 모두

다른 개체이지만, 우주에서 생활하기 때문에 줄곧 우주를 떠나지 않는 것이다. 우리와 우주만물은 함께 호흡하고 운명도 같이 하는데 어떻게 벗어날 수 있겠는가?

■ 만행스님 : 만약 승려들이 천백억의 화신이 의념에 의거한다면, 그때의 염두는 절대적으로 일반인과 다르다. 지금 우리들의 '마음 씀씀이(마음을 일으키고 사용함)'는 바로 미래 천백억 화신의 기초이다. 만약 지금 망념이 없다면 미래의 천백억 화신도 있을 수 없다.

우리들에게 천백억의 염두(생각의 싹)가 있기 때문에, 수련해 성공하면 바로 그 염두가 천백억의 화신이 되는 것이다. 천백억의 화신이 되는 염두는, 절대로 일반인들이 처음에 가졌던 천백억의 염두가 아닌 것이다. 이것은 공부와 관련된 말하기 아주 어려운 문제다. 이미 언어를 초월하였다.

지금 얘기한 내용을 단 한마디만 알아들었다면 좋겠다. 지금 우리들의 천백억 개의 염두는 바로 이후의 천백억 화신의 기초가 된다. 수련해서 만들어진 천백억 화신의 염두는 절대로 지금의 수련이 전혀 안된 천백억 염두가 아니다. 염두라는 점은 같지만 완전히 다르다. 그렇지만 지금 (수련이 안된) 천백억의 염두가 있었기 때문에 장래에 천백억의 화신이 만들어지는 것이다.

왜 우리들은 천백억의 염두(지금 우리들에겐 천백억의 화신이 있다고 말할 수 있다.)가 있는데도 그것을 깨달을 수 없는가? 우리들의 마음이 거칠고 조잡해서 그렇다. 천백억이나 되는 염두가 발출되는 힘이, 우리들의 마음보다 몇 억 배도 넘게 정밀하기 때문이다. 다시 말해서 우리들의 마음은 빠져나가 없어지는 생각보다 몇 억 배나 더 거칠고 조잡해서 서로 소통할 수 없는 것이다.

만약 수련을 해서 이 거칠고 조잡한 힘이 사라지게 되면, 우리들의 염두 하나하나가 모두 화신이 된다. 그렇게 되면 우리들은 하나의 염두가 출현할 때마다 완전무결한 '나(我)'가 출입하고 있음을 느끼게 되고, 심지어 들어가지도 나오지도 않았으며 또 들어가고 나오는 것도 느끼지 못하게 되는 것이다.

며칠 전 한 친구에게 전화가 왔는데, "나는 이미 육근을 닫았고 매일 삼매경에 있는데, 동화사에 가서 무문관수련을 하고 싶다."라고 말하였다. 내가 "너는 날마다 대혼란大混亂에 있는데 그것도 모르는가!"라고 하였다.

일단 혼란에 빠지게 되면 절대로 자기가 혼란에 빠졌다는 것을 깨닫지 못하고, 오히려 입정入定하였다고 착각한다. 마치 지나치게 긴장하면 긴장한 줄 모르는 것과 같고, 지나치게 느슨하면 느슨한 상태라는 것을 깨닫지 못하는 것과 같다. 긴장도 느슨하지도 하지 않을 때라야, '긴장하였다, 느슨하다'하는 것을 지각할 수 있는 것이다.

부처님·보살님들은 왜 중생들을 제도하는가?

세 번째 문제는 "부처님·보살님들은 왜 중생들을 제도하는가?"이다.

어느 분이 이 문제를 해답할 수 있는가?

(어떤 사람이 "중생들이 너무 힘들고 괴롭기 때문입니다."라고 대답하였다.)

부처님·보살님들이 전세에 발원을 많이 하였는데, 아직까지 발원도 원만하게 해결하지 못했고 이상도 실현하지 못하였다. 그래서 수련을 해서 부처님·보살님이 된 뒤에 다시 돌아와서, 전세의 인지因地에서 발원한 것을 원만히 해결하기 위해 중생을 제도한다.

만약 인지에서 발원하지 않았다면 중생을 제도할 필요가 없으므로, 부처님·보살님이 되었을 때 그대로 왕생해 가면 된다. 그러나 인지에서 많은 뜻을 세우고 발원도 많이 하였다면, 수련해 성공한 다음 반드시 돌아와 자기의 이상을 실현하고 자기가 한 약속을 실행해야 하는 것이다. 이런 말을 처음 들어보았을 것이다.

파룬공은 불법인가?

네 번째 문제는 "파룬공(法輪功)은 불법인가?"이다.

이 문제는 여러분들이 판단하면 좋겠다. 파룬공은 불법인가?

("불법이다."라는 사람도 있고, "불법이 아니다."라는 사람도 있다.)

파룬공은 불법을 왜곡시키는 사도邪道이다.

불법과 세간법은 어떻게 구분되는가?

다섯 번째 문제는 "불법과 세간법은 어떻게 구분되는가?"이다. 도를 깨치지 못한 사람은 구분이 있지만, 도를 깨달은 사람은 구분이 없다. 구분하지 못한다. 세간법은 불법의 체體이고, 불법의 상相이며, 불법의 용用인 것이다. 세간법이 없다면 불법도 없다. 세간법을 떠나면 불법은 발붙일 손바닥만한 땅도 없는 것이다.

망상과 관조

여섯 번째 문제는 나 만행에 대한 문제인데, "스승님은 '구차제정九次第定'53의 어느 단계를 수련하고 있습니까?"이다.

사실상 나는 지금 어느 차원의 정定을 수련하는지 모르고 있다. 지금의 나는 너무도 바쁘고 몸과 마음을 멈추지 못해 망상할 겨를도 없다. 어떤 때 시간이 좀 있어서 좌선하면 진짜로 망상도 하게 된다. 평소의 나는 언제나 집중해 일하는데 좌선하는 것보다 나은 것 같다.

(돈한스님 : 스승님의 좌선도 한 가지 일을 하는 것이 아닙니까?)

---

53 색계의 초선·이선·삼선·사선의 네 단계와 무색계의 공무변처정空無邊處定·식무변처정識無邊處定·무소유처정無所有處定·비상비비상처정非想非非想處定의 네 단계 그리고 상수멸정想受滅定의 한 단계 등 모두 아홉 단계의 수행 단계를 말한다.

좌선하면 몸과 마음이 멈추는 상태가 되어 아주 넘치는 힘을 얻게 되는데, 힘이 남으면 망상을 하게 된다. 혹은 남는 힘이 있어서 다른 일을 생각하는 것이다. 밖에서 일해서 몸과 마음이 극도로 피로하게 되면 망상할 힘도 없다. 다시 말하면 다른 일을 할 힘이 없는 것이다.

도끼로 나무를 팰 때 모든 힘을 전부 손과 도끼 그리고 찍고자 하는 곳에 두었는데, 망상할 겨를이 있겠는가? 이때가 바로 선정禪定이고 일심불란이다. 또한 채소밭을 매면 모든 신경이 전부 호미에 가 있어야만 한다. 마음이 혼란하면 채소를 파버리고, 마음을 집중하면 채소를 상하게 하지 않는다.

금방 비가 온 길을 걸으면 신발에 진흙이 묻게 된다. 하지만 관조공부觀照功夫를 잘 한 사람의 신발은 젖지도 않고 진흙도 묻지 않아 깨끗하다. 똑같이 길을 걷는데 누구의 신은 젖고 진흙이 묻었는데, 누구의 신발은 젖지도 않고 진흙도 묻지 않아서 깨끗한가? 바로 관조능력의 차이이다.

참으로 관조기능이 있고 또한 계속 유지할 수 있다면, 임종 때도 평소 길을 걸을 때처럼 먼지 하나 가지고 가지 않을 것이다. 이 먼지가 바로 업장이다. 세속에서 80년을 살든 100년을 살든 몸에 조그마한 업장도 지니지 않는 것이다. 왜냐하면 관조공부를 특별히 잘 수련하였기 때문이다.

앞으로 서로가 서로를 관찰하기 바란다. 신발이 더러운 사람은 관조공부를 잘 못한 것이다. 같이 길을 걷는데, 다른 사람의 신발은 깨끗한데 왜 당신의 신발만 진흙이 묻고 물에 젖는가? 함께 살아가는데, 다른 사람은 업장이 없는데 왜 당신은 그렇게 많은 업장을 만들고 몸에 먼지를 붙였는가?

　사람의 인생은 관조기능을 떠나면 안 된다. 관조기능을 떠나면 사람노릇을 하고 일을 한다고 못할 뿐만 아니라, 수행한다는 말은 할 수도 없다. 그러면 당신은 "길을 걷지 않으면 되지 않냐?"라고 말할 수 있다. 이것은 진정한 관조가 아니다. 진정한 관조는 길을 걷지만 신발을 더럽히지 않고, 사람을 때리고 욕을 해도 업장이 없으며, 술 먹고 고기를 먹어도 역시 업장이 없어야 한다.

　그렇지만 진정한 관조인지 아닌지, 분명히 알 수도 있고 모를 수도 있다. 술에 취한 사람은 절대로 자기가 술에 취했다고 하지 않는다.

11강
수행의 세 가지 요소, 식견 수증 행원

첫 번째 요소 식견

성불수행은 우선 정확한 '식견(견지見地, 견해)'이 있어야 한다. 정확한 식견이 없다면 절대로 발을 떼면 안 된다. 많은 수행자들이 식견도 없으면서, 단지 한 가지 수련법으로 수련하면 도를 깨닫고 성불한다고 생각한다. 천하에 이렇게 간단한 일이 어디에 있는가? 어느 교파나 종교를 막론하고 모두 식견을 첫자리에 놓고 두 번째는 수증修証이고 세 번째는 행원行願을 놓는다.

어떤 사람들은 아직까지 무엇을 식견이라고 하는지 모른다. 식견을 쉽게 해석하면 '방향'이라고 말할 수 있다. 이를테면 북경으로 가고 싶으면 북경으로 가는 방향을 알아야 한다. 북경으로 가는 방향을 남방이라고 여기고 남으로 간다면 남원북철南轅北轍[54]이다. 북경과의 거리가 점점 멀어질 뿐이다. 비록 북경이 어디에 있는지

---

[54] '수레의 끌채는 남을 향하고 바퀴는 북쪽으로 향한다.' 즉 남쪽으로 가려고 하면서 수레는 북쪽으로 몬다는 것으로, 마음과 행동이 상반되는 것을 비유하는 말이다.

는 몰라도, 북경이 북방에 있다는 것만 알아서 계속 북쪽으로 걸어간다면 북경과의 거리는 점점 가까워질 것이다.

과거의 종하(종단)의 요구에 따르면, "제자의 불법이나 제자의 식견이 스승을 능가하지 않으면, 스승은 제자와 불법을 논하지 않을 뿐만 아니라 불법을 전승시키지 않는다."라고 했다. 왜냐하면 스승께서 불법을 강의하면 알아듣지 못할 뿐만 아니라 들으면 들을수록 어리둥절하기 때문이다.

금방 '종하'라는 말을 하였는데, 무엇을 '종宗'이라 하고 무엇을 '교敎'라고 하는지를 알아야 한다. '종'이란 교리의 핵심이고 강령이다. '교'는 '종'을 더 넓혀 명백하게 논술(천술闡述)한 것이다.

종은 종이고 교는 교이다. 선지식이라면 종에도 통해야 하고 교와도 통해야 한다. 조사님들께서 "종은 통했지만 교를 통하지 못했으면 입을 열고 헛소리하는 것이고, 교는 통했지만 종을 통하지 못했으면 애꾸눈에 불과하다."라고 말씀하셨다.

두 번째 요소 수증

과거의 종문宗門에 "식견은 삼 년 배우고 견성은 일 년이면 되지만, 행원은 10년을 해야 한다."라고 하였다. '식견 → 수증 → 행원' 이것이 수행의 세 가지 단계이다. 단지 식견만 배우고 정지정견만 배우는데도 3년이라는 시간이 걸린다. 하지만 불교의 교리를 잘 배운 다음 수련하게 되면 일 년이면 충분한 것이다.

여러분들은 요령을 전혀 모르면서 무문관수련을 하겠다고 한다. 아무 요령도 모르는 사람이 10년을 무문관수련을 하고 수련한다고 해도, 아무것도 모르고 어리둥절해 입문조차 못한다. 결국은 도심도 쇠퇴되고, '스승이 나쁘다'느니, '수련하는 수련법이 틀리다'느니, '불법도 진짜가 아니다'느니 하면서 툴툴거린다.

세 번째 요소 행원

식견이 없으면 어떻게 수증修證(수행을 해서 일정 경계에 이르렀다는 증명≒실증)을 할 수 있는가? 어디서부터 어떻게 손을 써야하는가? 당신의 식견이 정확하고 수증도 되었다고 해도, 행원을 십여 년 하지 않으면 당신의 선정기능을 믿을 수 없고 번뇌와 망상이 심할 것이다.

여러분들은 '번뇌가 곧 보리다. 집착하지 말고, 인연을 따르며, 내려 놓으라.'고 말하는 이치는 다 알고 있다. 하지만 도반에게 욕을 먹거나 자신에게 눈을 부라리는 것을 보면, 한참동안 불편하고 마음에서 내려놓지 못한다. 왜 이때는 인연을 따르지 못하고 내려놓지 못하는가? 당신의 식견도 정확하고, 응당 내려놓아야 한다는 이치도 잘 알고 있으면서 왜 내려놓지 못하는가? 당신은 행원이라는 공부를 하지 못했기 때문이다.

일 년 정도 노력하면 근본지를 얻을 수 있다. 하지만 후득지는 10여 년을 행원해야 비로소 원만하게 된다. 후득지를 막힘없이 통달하지 못하면, 근본지는 발붙일 곳이 없고 묘용도 생기지도 않는다.

③ 진한심의 극복 행원

성불수행을 하는 사람들은 탁상공론하기를 좋아한다. 항상 다른 사람을 보고 '탐욕심을 버리고 진한심瞋恨心을 버리라.'고 한다. 사실상 성불수행을 하는 사람들은 사회인보다 욕심도 더 많고 진한심도 더 많다. 다만 사회인처럼 주먹질을 하거나 욕을 퍼붓는 직접적인 행동을 하지 않을 뿐이다.

성불수행을 하는 사람들의 진한심은 어떤 형식으로 나타나는가? 어떤 상대를 만나거나 혹은 그 어떤 곳에 가서, 자기가 이길 수 없다고 생각되면 바로 가버린다. 동시에 '인연이 아니다.'라는 핑계를 만들어 자기의 내심세계를 감춰버리는 것이다.

사회에서는 한 직장에 같이 일하는 사람끼리 화합되지 않더라도, 위에서 말이 떨어지기 전에는 함부로 하던 일을 그만두지 못한다. 함부로 그만 두었다가는 직장을 잃게 된다. 그러므로 반드시 불만을 참고 상대방을 포용하면서 계속 같이 일을 해야 한다.

하지만 불문에서는 그렇지 않다. 천하에는 헤아릴 수 없이 절이 많고 신도들도 많다. 그래서 이 절이 맞지 않으면 다른 절에 가서 살 수 있다. 아울러 아주 뻔뻔스럽게 "너와는 인연이 아니고, 이곳도 인연이 아니다."라고까지 한다.

진한심은 독약과 같다. 자기가 마시면 자기를 해치고 내뱉으면 다른 사람을 해친다. 그것은 성질부리고 화를 내는 것과 다르다. 어떤 사람은 겉보기에는 화내는 것 같지만 참으로 성질부리는 것은 아니다. 왜냐하면 진한심이 없기 때문이다.

습성과 버릇의 극복 행원

사람들의 습성과 버릇은 세세생생 내려오면서 시간이 흐름에 따라 누적된 것이다. 뿐만 아니라 사람으로 태어난 다음에 형성된 것이 아니라, 육도에 있을 때 형성된 것이다. 그러므로 도를 깨닫고 도를 보았다 해도, 생생세세로 내려오면서 형성된 습성들을 전부 소멸하지 못한다. 반드시 장기적으로 행원하면서 차츰차츰 습성과 버릇을 소멸해야 한다.

이를테면 재산에 대한 탐욕심을 소멸하려면, 돈과 재물을 피하는 것이 아니라 돈과 재물을 접촉해야만 탐욕심을 다스릴 수 있다. 만약 권세와 명성을 즐긴다면, 반드시 높은 지위나 관직에 올라야만 권세와 명성을 즐기는 버릇을 다스릴 수 있다. 지금 생에 어떤 습성과 버릇이 있게 된 원인은, 전생에 이런 습성과 버릇을 소멸하지 못하였기 때문이다. 그래서 계속 나타나면서, 수행의 길을 막고 전진하지 못하게 하는 장애가 되는 것이다. 만약 이생에서 돌파하지 못하면 다음 생에도 수행의 걸림돌이 될 것이다.

지혜문을 열기 위한 행원

　성불수행을 하는 사람들은 멍청하고 바보 같은 사람이 많다. 이생에서 바보처럼 멍청한 원인은, 전생에서 지혜문이 열리지 않았기 때문이다. 만약 이생에서 지혜문이 열리지 않는다면 다음생도 마찬가지로 멍청할 것이다.
　성불수행을 하는 사람들은 입만 열면 '지혜문을 열고 해탈한다.'고 하지만, 지혜문이 열린 사람도 많지 않고 해탈한 사람은 더더욱 적다. 사람들이 느끼기에, 그들은 규칙도 지키지 않고 뭐라고 하든 제멋대로 행세하는 등 아주 자유로운 것이다. 이렇게 제멋대로 아무런 구속도 받지 않는 사람을 해탈한 사람이라고 착각하지만, 그들의 뺨을 불이 번쩍하게 때려보면, 그들이 진짜 신경 쓰지 않는 사람인지, 혹은 참으로 간파해 내려놓았는지를 알게 된다.
　옛날 조사님들은 "신통력과 신경병神經病은 쌍둥이"라 하고, "바보와 얌전한 사람(老實人)도 역시 쌍둥이"라고 하였다. 왜냐하면 그들을 분간하기가 어렵기 때문이다. 지혜문이 열리지 않은 사람은 바보멍청이를 성실한 사람으로 본다. 바보멍청이라서 까불지 않고 아주 얌전하게 구는 것이다.
　제멋대로 아무런 구속을 받지 않고 성격이 괴팍하며 사람들과 어울리지 않는 사람을 해탈한 사람이라고 하고, 누구에게도 의탁하지 않는 독립성이 강한 사람이라고 생각하지만, 실제로도 그럴까? 말로 판단하지 말고 행동으로 판단해야 한다. 자기의 습성과 버릇을 고치고 자기의 언행을 정확한 궤도에 들어서게 하려면, 반드시 강박속에서 하는 몇 년 동안의 행원훈련이 있어야 한다. 그렇지 않으면 불가능한 일이다.

적어도 한 생명주기를 겪어내야 바뀐다

이를테면 아주 곧고 긴 나뭇가지의 자라는 방향을 바꾸려면, 반드시 나뭇가지 끝에 한 일 년 정도 돌을 매달아 놓아야 한다. 만약 석 달 동안 매달아 놓았다가 풀어놓으면, 나뭇가지는 여전히 꼿꼿하게 위로 펴지면서 원래의 형태로 돌아가기 마련이다.

왜 반드시 1년 동안 돌을 매달아 놓아야 하는가? 봄에 나뭇가지를 휘어놓으면, 여름과 가을 그리고 겨울을 지나 이듬해 봄이 되어야만 나뭇가지의 자라는 방향이 고정되고 휘어놓은 대로 자라게 된다. 춘하추동은 생명의 한 주기이다. 만약 봄에 나뭇가지를 휘어놓았다가 여름에 풀어놓으면, 이듬해 봄이 돌아오면 다시 위로 자라게 된다. 다시 말하면 현상을 바꾸고자 하면, 반드시 생명의 한 주기를 거쳐야만 비로소 질적인 변화를 가져오는 것이다.

사람의 생명주기는 얼마나 되는가? 7년이 한 주기이다. 식견과 수증이 다 완성되었다고 해도, 자기의 습성과 버릇을 고치는 노력으로 반드시 7년 동안의 행원을 해야 한다. 다시 말하면 반드시 생명의 한 주기를 겪어야 하는 것이다.

만약 첫 번째 생명주기에 바꾸지 못하면, 반드시 두 번째 생명주기를 겪어야 한다. 어떤 사람은 '나는 7년에 안되면 10년을 하겠다.'고 말할 수 있지만 10년은 안 된다. 미안하지만 반드시 14년이 되어야 한다. 나뭇가지를 휘어서 성장하는 방향을 바꾸는 이치와 같은 것이다. 내년 봄이나 여름에 바꾸는 것은 안 된다. 반드시 내년 봄부터 시작해 춘하추동을 지나 일년 사계절이라는 완전한 생명주기를 겪어야만 되는 것이다.

공부功夫는 어떻게 원만하게 되는가? 행원하는 중에 차츰차츰 누적되어서 천천히 원만해지는 것이다. 복보도 지혜도 모두 행원하는 중에 수련해 얻는 것이다. 행원의 전제조건은 정확한 식견이다. 식견이 정확하지 않으면 소용없다. 그래서 어떤 사람들은 공부도 많이 하고, 돈도 많이 들이고, 스승님도 많이 모셨지만 제 길에 들어서지 못하고 도의 문 근처에도 들어서지 못한 것이다.

🙏 배우는 것은 부끄러운 일이 아니다

많은 사람들이 자기는 다른 사람보다 낫다고 하며 가르침을 받으려 하지 않는다. 여러분은 모두 나이 어린 스님들이다. 지금 가르침을 받지 않으면, 앞으로 10년, 20년, 30년이 지나면 더욱 가르침받기가 쑥스러울 것이다.

가르침을 받는 일은 체면이 깎이는 일이 아니다. 그와 반대로 가르침을 받는 사람은, 아주 겸손하고 허심하며 배우기를 좋아하고, 마음과 도량이 넓고 탄탄하며, 아주 활달하고 고상한 품성을 소유한 사람이다. 만약 속이 좁고 허영심이 가득하며 잘난 척하는 사람이라면 사람들의 가르침을 받지 못하고, 또 자기의 마음을 터놓고 참 자기를 드러내지 못할 것이다. 그런 사람은 사람들이 자기의 속마음을 알까봐 두려워하는 것이다.

모르는 것은 수치가 아니다. 모르면서도 묻지 않아서 영원히 모르고 있는 것이 수치다. 물으면 금방 알게 되고 평생 잊혀지지 않는다. 사람은 태어나면서부터 무엇이나 다 아는 것이 아니다. '안다'고 하는 것은, 묻고 배우며 가르침을 받으면서 알게 되는 것이다.

불문의 수행차례를 『대반야경大般若經』에서 특별히 많이 논술한 이유는 무엇인가? 무엇을 '관觀'이라고 하는가? 가장 쉬운 단어로 '관'을 표현하면 사람들의 안색을 살피는 것이다. 즉 각종 현상을 관찰하는 것이다. 만약 사람들의 안색을 살피지 못하고 각종 현상을 관찰하지 못하면, 영원히 사람노릇을 못하고 일처리도 못하게 된다. 각종 사물의 현상을 관찰할 줄 모르는 사람은 내면의 심령현상도 관찰하지 못하는 것이다.

옛날 사람들은 "지혜가 있으면 지혜로 밥을 먹고, 힘이 있으면 힘으로 밥을 먹는다."라고 하였다. 지금 자기가 무엇으로 밥을 먹는가를 조용히 자문해보라. 아량은 옹졸해 누구도 포용할 수 없고, 말이 좀 거슬리면 이곳과는 인연이 아니라고 가버린다.

여러분이 무슨 말을 하든지 내가 '그럼, 그럼' 하면서 넘어가며 여러분을 즐겁게만 한다면, 내가 여러분을 죽여도 왜 죽는지를 모를 것이다. 뿐만 아니라 나와 인연이 있다고 좋아할 것이다.

승보의 자격이 있는가?

우리들은 안팎으로 자기를 수행인이며 출가인이라고 꾸미고 다닌다. 하지만 우리들의 안팎을 자세히 보면 어디가 수행인 같은가? 삼보三寶 중에 승보僧寶가 있다. 그렇다면 우리 몸에 '보배(寶)'다운 것이 보이는가?

중생들이 우리 앞에 다가오면 우리들은 그들이 이익을 보도록 해야 한다. 만약 중생들이 이익을 보지 못하고, 그들의 의혹을 해답하지 못하며, 그들의 마음을 편하게 할 수 없고, 인생의 방향을 알려주지 못한다면 어떻게 우리들을 '인천人天의 사표師表'라고 할 수 있는가?

성불수행을 하는 사람들을 보면 말끝마다 성불하겠다고 한다. 그런데 젊은 나이에 직장 다니기 싫어하고, 사람들이 먹여 살리며 모셔주기를 바란다. 성불을 해도 예전과 같이 먹고 마시고 써야한다. 왜 우리들의 조종이신 마조馬祖선사, 백장百丈선사께서 총림을 세우고 청규계율을 세웠는가? 왜 농선병중農禪並重(농사와 참선이 모두 중요하다)을 제창하였는가? 바로 우리들로 하여금 자급자족하고 자식기력自食其力(자신의 힘으로 먹을 것을 만들어 먹음)을 하라는 뜻이다.

사람들은 모두 가정을 위해 열심히 농사를 짓고 직장도 열심히 다니면서, 생활문제를 해결하기 위해 아주 바삐 살고 있다. 출가한 사람들은 어디가나 먹고 사는 문제는 걱정 없지만 열심히 도를 수련하지 않는다. 도를 열심히 수련하지 않아도 괜찮지만, 반드시 좋은 사람이 되고 중생들의 본보기가 되어야 한다. 문제는 이런 측면에서 노력하지 않을 뿐만 아니라, 날마다 산만하고 아무런 구애도 받지 않고 제멋대로 산다. 그러면서 아주 득의양양해 초탈하고 해탈한 사람인양 하고 있다. 사실 눈빛을 보면 그 내심세계를 들여다 볼 수 있다. 나는 항상 "수행자들, 특히 출가한 사람들의 눈빛은 초점이 없고 산광散光이고 방향이 없다."라고 말한다.

　육도의 중생들을 자세히 관찰해 보면, 어느 길의 중생을 막론하고 고생하지 않고 수고하지 않으며 공을 들이지 않는 중생이 없다. 관찰하고 나면 인도가 제일 좋다는 것을 발견할 것이다.

　하늘의 새들은 아주 자유롭게 날아다닌다. 하지만 새들도 먹거리를 위해 분주하게 여기저기 날아다녀야 하고, 자칫 잘못해 사람의 총에 맞아 죽거나 독수리 같이 큰 새의 먹이가 되기도 한다. 땅에서 기어 다니는 벌레도 새의 먹이가 되거나 사람에게 밟혀 죽기도 한다. 아귀와 지옥에 있는 중생들의 고생은 더 말할 나위도 없다.

　어떤 사람은 아예 총애 받는 고양이나 개가 되면 좋지 않냐고 한다. 설사 총애 받는 개가 되어도 주인 앞에서 꼬리를 흔들거리며 잘 보여야 하고, 주인의 다리와 발을 핥아야만 뼈다귀라도 얻어먹게 된다. 개가 되는 일도 쉬운 일이 아니다,

생활 속에서 활용할 수 있어야 한다

생활 속에서 일어나는 일들이나 주변사람들은 모두 우리를 도와서 도를 성취시켜 준다. 자기를 방에 가두어서 세상과 떨어져 살면 마음이 청정하다고 오해하지 말라. 불법의 근본은 '정定'이나 '지혜'에 있는 것이 아니라 '용(쓰임)'에 있는 것이다. 아무리 '정'의 기능이 깊고 '지혜'가 높다고 하더라도 '묘용'이 생기지 않으면, 다시 말해서 사람노릇과 일처리를 할 줄 모른다면 그 정과 지혜는 아무런 가치가 없는 것이다.

세상의 만사만물을 관찰해 보면, 최종적인 목적은 모두 '용(쓰임)'을 위한 것이다. 어떤 옷은 보온이 안 되지만, 입으면 보기 좋고 멋져 보인다. 이 보기 좋고 멋있는 것이 바로 그 옷의 용이다. 글씨와 그림은 사람을 배부르게 할 수 없다. 하지만 사람의 마음을 아주 즐겁게 한다. 사람의 마음을 즐겁게 하는 것이 바로 글씨와 그림의 용이다. 음악은 헐벗고 굶주림을 해결 못하지만 듣기 좋다. 이 듣기 좋다라는 것이 바로 음악의 용이다.

'묘용'이 생기고 '대용大用'으로 쓰이자면 반드시 자기를 훈련해야 한다. 훈련하지 않으면 어떻게 용이 생길 수 있겠는가? 평상시 방에서 나와 사람과 접촉하지 않으면, 필요해서 밖에 나와 일하게 될 때면 멍청이 같고 눈만 맹하니 뜨고 있다. 그래서 사회에서는 우리 출가한 사람들을 한 가지 재간도 없는 무능한 사람이라고 한다.

현성승賢聖僧만이 승보이다

내가 20살 때이다. 그때 벌써 한 신도님께서 "한 가지 재간도 없는 무능한 사람들만 출가한다."라고 말하였다. 그때 당시 나도 아주 이치에 맞는 말이라고 생각하였다. 성불수행을 몇 년 하신 그분은 불문의 이런 현상을 관찰해 봤던 것이다. 출가한지 이십여 년이 되는 나도 역시 이런 현상이 존재함을 보았다. 어쩌다가 기량과 능력이 있다는 스님을 만나보면, 모두 스스로 기초를 닦고 새로운 길을 개척하였다. 이런 사람은 출가하지 않아도 큰일을 할 수 있고 출가해도 큰일을 할 수 있다.

왜 이와 같은 문제를 공개적으로 말하지 못하고 사람들이 말하는 것을 두려워하는가? 마치 염증이 곪으면 바늘로 터트려야 하는 것과 같다. 바늘로 터트릴 때는 몹시 아프지만 고름이 나오면 곧 낫는 것과 같다.

불교대학에서 공부할 때, 우리들을 가르치는 법사님들은 바로 윗반에서 졸업한 선배님들로 우리보다 두세 살 위였다. 그들은 노스님이 아니고 젊었기 때문에 세대차이 없이 이런 문제들을 우리와 함께 의논하였다.

고향의 여자 친구 하나가 만행이라는 스님을 보았을 때, 만행이 스님이 된 것을 이해하지 못하였다. 그녀는 호북성 사람이 출가하는 것이 아주 수치라고 생각하였다. 그 후 우연한 기회에 그녀를 보게 되었는데 뜻밖에 그 친구도 출가하였다.

아주 공교롭게 한번은 그 비구니가 나의 제자에게 "천강千江의

물은 흔들려도 도인의 마음은 움직이면 안 된다."라고 하였다. 나의 그 제자는 아주 날카로운 사람인데, 주저 없이 그 비구니에게 한바탕 욕을 하였다. "당신도 도를 수련한다고? 어떻게 당신이 도를 수련하는 사람이라고 할 수 있는가? 어제까지 평범한 농촌의 부녀였는데, 오늘 삭발하였다고 도를 수련한다고 말하는가? 당신은 우리보고 '삼보를 공경하라'고 하는데, 그 말은 당신을 공경하라는 말이 아닌가? 당신이 승보가 될 자격이 있는가? 오계십선五戒十善에서 몇 가지나 준수하였는가? 당신은 한 가지 조례도 준수하지 못하였는데, 어떻게 승보의 자격이 있고 어떻게 도인이라고 할 수 있는가?" 그 몇 마디 말에 그 비구니는 아무 말도 못하였다.

불문에는 확실히 이런 말이 있다. "시방삼세의 모든 부처님·보살님을 공경하기보다 승려 한 사람을 공경하라!" 또 "시방삼세 모든 부처님·보살님들을 공양하기보다 도인 한 분을 공양해라." 이 말을 어떻게 이해하는가? 삭발하고 출가한 사람의 옷을 입었다고 다 승려이고 다 도인인가?

여기서 말하는 '도인'은 '무심도인無心道人'을 말한다. 무심도인이란 증도證道한 부처님·보살님들과 한 몸이 된 성인을 말한다. 여기서 말하는 '승려'는 '현성승賢聖僧'55이지 머리를 깎은 '승려'를 말하는 것이 아니다.

---

55 현승과 성승을 말한다. '성승'은 이미 과위를 증득한 스님이고 '현승'은 아직도 수행 도중에 있는 스님이다.

자신에게 엄격한 행원을 하라

조사님들은 증도한 다음 우리들이 이해할 수 없는 행위를 하신다. 이를테면 부처를 꾸짖고, 불조를 욕하며, 나무로 조각한 부처를 도끼로 패버리는 등등의 행위들이다. 그렇다면 그들은 인과를 모르고 인과를 믿지 않는단 말인가? 외재의 현상만으로는 사물의 본질적인 문제를 이해할 수 없다. 달마조사께서 "독경하고 절하며 향불 올리는 것은 도와 상관없다."라고 말씀하셨다. 하지만 대부분의 성불수행을 하고 도를 수련한다는 사람들이 이런 일을 하고 있다.

과거의 어떤 조사님은, 득도한 다음 향불 올리고 절하며 독경하는 것을 더 중시한다. 무엇 때문에 이렇게 하는가? 이런 문제들도 열심히 관찰하는 것이 좋다. 지금 성불수행을 하는 사람들은, 사람만 보면 "부처는 얼마나 위대하고, 불법은 얼마나 오묘·무궁하며, 부처를 믿어야 되고, 성불수행을 해야 한다."라고 권한다. 하지만 부처는 어떻게 위대하며 불법의 무궁한 오묘함은 어디에 있는지는 말을 못한다. 뿐만 아니라 사람들이 이와 같은 문제를 물었을 때, 그 대답도 믿을 수 없게 한다.

여러분들은 대체로 젊다. 젊은 사람이 성불수행을 하려면 반드시 자기에 대한 요구가 엄격해야 한다. 성불수행을 하지 않는 일반인들도 자기에게 엄격해야 한다. 사람들은 자기에게는 관대하기 쉽다. 자기도 모르는 사이에 관대하게 한다. 자기의 언행을 단속하고, 엄격하고 정확한 궤도에 들어서는 것은 쉬운 일이 아니다. 불교의 사상에 의하면, 사람들은 모두 생생세세로 누적된 아주 심한 습성과 버릇이 있다고 한다. 좋은 습관은 양성하기 어렵지만, 나쁜 습관은 자기도 모르는 사이에 뿌리가 박히는 것이다.

12강

실제적인 수련이 없다면 식견도 원만할 수 없다

겪어보지 않은 이론은 헛이론이다

　수증修證(수행을 해서 일정 경계에 이르렀다는 증명≒실증)을 못한 사람의 사상이 정확하고 원만할 수 있는가? 참된 수련을 해보지 못한 사람도 수행의 식견을 논하면 아주 원만해 보인다. 하지만 실증이 없는 이론은 진정하게 원만할 수 없다.

　부처님은 35세에 도를 깨우치고 득도한 다음 홍법을 시작해 80세까지 50여 년간 홍법하셨다. 그분이 말씀한 이치는 시종일관 변함없었고 선후도 모두 다 같았다.

　하지만 옛날의 조사·대덕님이나 당대의 큰스님과 대거사님까지도 수증공부가 원만하지 못했을 때와 원만하게 되었을 때의 이론이 다르다. 즉 그들의 30~40세 때 불학사상과 70~80세 때의 불학사상은 아주 큰 차이점이 있는 것이다. 왜 이런 현상들이 생기는가?

수증공부가 원만하지 못한 사람의 식견은 철저할 수 없다. 수증공부가 높아짐에 따라 오늘의 식견이 어제의 식견을 뒤엎는 것이다. 마치 오늘의 과학적인 결론이 어제의 과학적인 결론을 부정하는 것과 같다. 과학도 끊임없이 진보하기 때문이다.

사람들 앞에 놓인 문제는 '어떻게 하면 과학과 심령을 결합할 수 있는가?' 하는 문제이다. 사람들의 시간과 정력精力은 한계가 있다. 심령의 방향으로 나아가면 과학연구를 할 수 없고, 과학의 방향으로 나아가면 심령의 방면으로는 깊이 들어갈 수 없다. 세상의 각기 다른 업종마다 모두 이와 같은 규율들이 있다. 이를테면 자기가 종사하는 일에 대해 확실하게 전문가가 되고자 하면, 7년에서 10년이 지나야 갈피를 잡을 수 있고 윤곽을 파악할 수 있는 것이다.

보리심을 발하는 것이 근본이다

많은 사람들이 사회를 떠나서 선정력을 수련한다. 심지어 어떤 사람은 약간의 기능도 생겼다. 하지만 이런 사람들의 성격은 모두 괴팍해서 사람들과 어울리지 않는다. 그렇다면 그 보잘것없는 기능들을 수련해서 무엇을 하겠는가?

부처님께서 아주 명확하게 "수행인은 보리심을 발하는 것을 근본으로 한다."라고 말씀하셨다. 불경에서는 이 말을 이렇게 말하였다. "수행하는 사람은 보리심을 발하는 것을 인因으로 하고, 자비심을 근본뿌리로 삼으며, 방편을 궁극의 원만으로 한다." 부처님께서는 오안육통五眼六通을 궁극의 성취라고 하지 않으셨고, 지혜문을 열고 생사를 해탈하는 것도 궁극의 원만이라고 하지 않으셨다.

어째서 '방편을 궁극의 경지'라고 하고, 자비심을 근본뿌리로 삼으며, 보리심을 발하는 것을 인因이라고 하였는가? 그 뜻을 불문에서 하는 말로 하면 "아주 좋은 해석"이다.

즉 '일을 잘못한 것은 괜찮지만, 중요한 문제는 어떤 동기를 가지고 이 일을 하였는가?' 하는 것이다. 이를테면 좋은 마음으로 발심하였다면, 일을 잘 못해도, 불교계율의 측면에서 보면 커다란 업보를 받지 않는다. 단지 지혜가 부족하고 무명無明이 심하기 때문에 이런 결과를 만들었다고 한다.

 13강

도를 닦으면 경계가 생긴다

수행하면 경계가 생긴다

　진정한 수행자라면 몸도 건강해야 하지만 더욱 중요한 것은 마음의 건강이다. 심리 상태가 건강하지 못한 사람은 성불수행을 하지 않는 것이 좋다. 정좌靜坐는 더더욱 배우지 말아야 한다. 대신 염불법, 절하는 법, 그리고 독경하는 방법만 배우는 것이 좋다. 심리가 건강하지 못한 사람들이 정좌를 하면, 좌선하는 과정에서 나타나는 경계들을 처리할 수 없기 때문이다.
　어느 수련방법으로 수련하든지 수행 도중에는 갖가지 경계들이 나타난다. 경계들은 수행 도중에 나타나는 현상으로 수행 중 볼 수 있는 풍경이다. 1리의 길을 걸으면 1리 길의 풍경을 볼 수 있고, 10리 길을 걸으면 10리 길의 풍경을 볼 수 있고 들을 수 있다. 하지만 이런 풍경에 집착하면 앞으로 나아갈 수 없다.
　한 사람만 경계가 나타나는 것이 아니라 수행하는 사람 모두에게 경계가 나타나며, 심지어 수행하지 않는 사람들도 경계가 있기 마련이다. 일부 사람이 이를 지나치게 마음에 두고 문제로 삼을 뿐이다.

아직 태어나지 않은 사람, 그리고 이미 죽은 사람을 제외하고 꿈을 안 꾸는 사람이 있는가? 꿈이란 누구나 꾸는 것인데 유독 자기가 꿨던 꿈을 이야기하기 좋아하는 사람이 있다. 이렇게 꿈에 대한 집착이 클수록 꿈을 돌이켜 되씹고 꿈을 탐하며 더욱 많은 꿈을 꾸게 된다. 하지만 지난 밤 꿈에 마음을 두지 않고 기억하지 않으면, 꿈꾸는 일이 적어진다.

수행 도중에 나타나는 경계는 수행 과정 속의 현상이다. 단계에 이르지 못하면 당연히 경계가 없고, 단계를 지나 성공하면 경계가 나타나지 않는다. 왜냐하면 수련의 최후 단계는 청정한 마음뿐이기 때문이다.

경계가 높은 사람을 보고, 이 사람이 부처님·보살님을 보았다느니, 어떤 소리를 들었다느니, 불광을 봤다느니 말하지만, 이것은 삼계 내의 경계이므로 모두 일시적인 것이다. 색계천色界天까지 수련하였다면 모든 경계를 다 만나게 되는데, 빛과 소리가 특히 많다. 그러나 일단 색계천을 통과하고 무색계無色界에 들어가면 빛과 소리도 극히 적어진다.

소통하지 못하면 경계가 나타나지 않는다

수행 초기에는 도력道力과 통하지 못하므로 생각의 싹이 일어나든 움직이든지 간에 눈앞에 경계가 나타나지 않는다. 선정능력이 이선二禪이나 삼선三禪, 색계천에 도달하여야만, 눈앞에 그가 상상하였던 경계가 나타나는 것이다. 이런 형상은 눈으로는 볼 수 없지만 마음(심안心眼)으로는 볼 수 있다. 아울러 이런 경계들은 세상에서 볼 수 있는 경계들보다 장엄하다. 사바세계에 있는 것들은 색계천과 무색계천에도 모두 있다. 심지어 삼계 외의 세계에도 모두 있다.

고대의 많은 발명은, 발명가들이 선정 상태에서 다른 시공에 올라가서 보고 들은 것을 사바세계로 가지고 와서 만든 것이다. 종교계의 건축물들은 마치 장엄한 궁궐 같은데, 이 역시 과거의 일부 수행자들이 입정 상태에서 다른 시공에 올라가서 보았던 건축물의 모양을 기억했다가 사바세계에서 만든 것이다.

③ 경계에 집착하면 초월하기 어렵다

수행 도중 나타나는 경계에 집착하고 그것에 마음을 두면 경계를 초월하기 어렵다. 전체 수행 과정은 모두 '무주無住'의 방법을 써서 수련하며 앞으로 나아가는 것인데, 단 일념이라도 머무른다면 그 경계에서 제자리걸음만 하게 될 것이다. 수행 과정에서 생각의 싹이 생기지 않는다는 것이 아니라, 수행자는 생각에 머물지 말라는 말이다. 생각에 머무르지 않는다면, 부처님이 나타나든지 아니면 마귀가 나타나든지 간에 즐겁지도 않고 공포심도 없다.

사실 방금 경계를 본 사람이 탐하는 마음을 버리는 것은 어려운 일이다. 사람이란 일상생활 속 사소한 문제에도 마음을 두고 집착하기 마련인데, 하물며 수행 도중에 나타나는 경계는 더 말할 것도 없다. 일상생활 속에서 나타나는 일들을 담담하게 대하며 지나치게 마음에 두지 않는다면, 수행 도중에 생기는 경계들도 비교적 쉽게 넘길 수 있다.

매번 새로운 단계로 오를 때마다 각기 다른 경계가 출현한다. 이 모든 경계가 우리의 선정력을 연마시키는 과정이고, 우리를 도와 성불시키는 것이다. 각 경계의 고비를 넘기면 우리의 선정력은 한 단계 더 높은 차원으로 올라가게 된다. 수행 도중 각종 경계들이 우리를 시험하지 않는다면, 우리의 몸에 배인 나쁜 버릇과 습성들을 어찌 버릴 수 있겠는가? 수행자가 극락세계로 가자면 각종 시련을 거쳐야 하는 데, 우리의 심리 상태가 정화되지 않고 나쁜 버릇과 습성을 근절하지 못했다면 극락세계로 올라갈 명분이 없으며, 또 새로운 단계로 올라가는 것도 아주 어려운 일이다.

무엇 때문에 새로운 단계로 오르는 것이 이토록 어려운 것인가? 그것은 바로 업력이 심하기 때문이다. 걷거나 등산하려면 짐이 적거나 없는 게 좋다. 몸이 가벼워야 빨리 뛸 수 있고 빨리 오를 수 있기 때문이다. 마찬가지로 나쁜 버릇과 습성이 배인 몸으로 수행한다면, 일단 경계가 생겼을 때 그것에 걸려 나아가지 못한다. 나쁜 버릇과 습성이 바로 업장인 것이다.

경계에 집착하면 귀신·도깨비가 붙는다

욕심 때문에 자리에서 쫓겨나는 관리나 공무원을 자주 본다. 마찬가지로 수행에서 진보가 없거나 귀신에게 홀린다든가 하는 것은, 어떤 경계에 신경 쓰고 집착(지나친 욕심)하여 자신에게 무형의 중생이 몸에 붙을 수 있는 기회를 준 것이다. 수행 도중 '부처님'을 보고도 집착하지 않을 수 있다면, 어떤 경계나 무형의 중생을 보더라도 방해가 되지 않을 것이다.

대체로 마력에 끌려 다니는 수행자들은 탐하는 마음이 지나치게 많다. 당신이 무엇을 즐기고 탐하면, 무형의 중생들은 바로 그것들을 이용해 당신을 홀리는 것이다. 우리가 마음을 비우고 정좌를 통해 기와 신을 수련한다면, 부처님이 오신들 당신이 흔들리겠는가?

극락세계의 최상경계는 상적광 정토

성불수행은 수행이 높다고 하여 연꽃을 딛고 서서 정수리에서 빛을 뿌린다는 것이 아니다. 사람들은 이런 수행자들을 차원이 아주 높은 줄 알지만, 불교에서는 이런 것을 최고로 보지는 않는다.

극락세계 최상의 경계는 무엇인지 아는가? 상적광 정토常寂光淨土[56]이다. 상적광 정토의 광光은 또 무엇인가? 상적광 정토의 광을

---

[56] 모든 것이 적멸한 상승의 경계이며, 미혹이 모두 없어지고 오욕칠정이 없으며, 법法도 생겨나지 않고 반야도 생겨나지 않는 대열반의 경지로, 비로자나불이 거처하는 국토를 말

'무상광無相光(형체가 없는 빛)'이라고 한다. 극락세계의 광을 무상광이라고 하는데, 어디에 부처가 있고 또 어디에 연꽃이 있겠는가?

　극락세계의 몇 번째 환경에 부처가 있고 연꽃이 있고 칠보지七寶池의 팔공덕수八功德水가 있는가? 정토법문을 수련하는 사람들의 염불은 상품상생上品上生[57]을 위해서 하는데, 그럼 상품상생은 어떤 경계인가?

③¹ 정지정견은 최대의 에너지이다

　지금 정토법문을 수련하는 대부분의 사람들은 '어미타불'만 염불하면 정토법문을 닦는 것인 줄 아는데, 사실 이것으로는 '정토법문'의 변두리도 가지 못한다. 어떤 법문을 수련하든 이치에 통달해야지, 그렇지 않으면 발걸음을 뗄 수 없다. 이치에 통달하여야 정신정견正信正見(올바른 신앙, 올바른 견해)이 수립될 수 있으며 마음도 건강해지는 것이다. 건강한 심리를 가지고 도를 닦는 수행자는 귀신에게 넘어가지 않는다.

　사람들은 좋은 정보는 잘 받아들이지 않지만 나쁜 정보는 쉽게

한다.
57 극락정토에 왕생하는 9품의 경계 중 하나이다.
상품 : 불국토에 가고자 하는 중생들의 세 가지 마음. ①진실한 마음 ② 깊이 믿는 마음 ③ 회향하여 발원하는 마음.
상생 : 불국토에 왕생하는 세 가지 중생. ① 자비한 마음으로 생명을 죽이지 않으며 계행을 갖춘 사람 ② 대승경전을 독송하는 사람 ③ 불·법·승·계戒·사·捨·천天의 여섯 가지를 생각하며 형을 닦은 사람.

받아들인다. 스승이 제자에게 '네가 오늘 진급하고 횡재를 할 것이다' 하면 믿지 않지만, '네가 오늘은 재수 없을 것이다'고 하면 금방 믿는다. 이것을 정신정견이 없다고 말한다. 정신정견은 일종의 힘이며 최대의 에너지이다. 이 최대의 에너지가 있다면 입도하기가 쉽다. 따라서 수행하는 사람이 이런 에너지를 키우지 못한다면 수행할 엄두도 내지 말라고 하고 싶다.

오늘 한 신도가 와서 "저의 스승이 경을 읽어주고 진언을 읽으셨는데, 병이 생기고, 운수도 아주 나빠졌습니다."라고 하였다. 어떻게 이런 일이 생기는가? 각자 생각해 보라. 마음속에 정신正信·정지正知·정견正見이 없기 때문에 이런 일들을 초래한 것이다. 정신·정지·정견이 있다면 누가 어떤 주술을 읽는다 해도 털끝 하나 감히 건드리지 못한다. 정신·정지·정견이 없는 사람은 부처님의 이치와 불법을 모르는 사람이다. 부처님의 이치와 불법을 통달한 사람이 어떻게 공포를 느끼고, 어긋나며, 마귀들에게 넘어갈 수 있겠는가?

 **14강**

빙의(附體)는 어떻게 오는가?

🪷 빙의가 되는 이유

빙의라는 것은 무엇인가? 왜 빙의가 된 사람이 많은가? 빙의와 신통력은 어떤 구별이 있는가?

왜 지금 이 시대에 빙의현상이 특별히 많은가? 최근 10여 년간 도처에 빙의가 된 사람을 볼 수 있었다. 지금 이 주위에도 빙의가 된 사람이 있다. 대체로 빙의가 된 사람들은 다음과 같은 공통점을 가지고 있다.

지능이 좋지 않은데도 독단적이고 언제나 스스로 옳다고 여기면서 욕망도 지나치게 강하다. 빙의된 사람의 머리는 아주 간단하다. 그들은 아주 선량하지만 문화적 자질이 높지 못하다.

수행은 마음상태가 가장 중요하다. 빙의현상은 일종의 '과果'이다. 그러면 언제 이런 '인因'을 심어서 이런 '과(열매)'를 얻게 되었는가? 어떤 사람은 전생에 이런 인을 심어놓았고, 어떤 사람은 이 생에서 심었다. 이런 사람들은 인지因地에서 수행할 때 초능력이 있기를 몹시 갈망한 탓으로, 자기도 모르는 사이에 남들이 보지 못하는 것을 보게 되고, 어떤 일은 먼저 알게 되고, 사람들이 짐작할 수 없는 일들도 추측해 낼 수 있는 것이다. 처음에는 자기가 수련해서 얻은 신통력이라고 여긴다. 그러나 주변사람들이 그 사람의 심리상태와 사상이 변해가는 것을 알게 되고, 많은 점에서 비정상적이라는 것을 느끼는 것이다.

하지만 본인은 알아차리지 못한다. 심하면 주위 사람들에게 전부 문제가 생겼다고 한다. 자기가 보고 듣고 하는 말만 정확하다고 하면서 누구의 말도 듣지 않는다. 일단 이런 상황이 나타났다면, 그 사람의 두뇌는 이미 무형의 중생에게 점유당한 것이다.

빙의는 무형의 중생에게 점유당한 것이다

빙의라는 것은 단지 정精·령靈·귀鬼·괴怪의 네 가지 부류에 지나지 않는다. 하지만 빙의가 된 사람은 "자기는 환생한 관세음보살이고, 부처이고, 존자尊者이다."라고 말한다. 사기꾼들도 "나는 어느 회사의 사장이요, 어떤 도시의 당서기 비서요."하면서 사기 치는데, 무형의 중생이 왜 환생한 부처님·보살님이라고 하지 않겠는가?

무형의 중생은 또 어떻게 오는가? 그 자체가 어느 생에 사람으로 태어났기 때문에 사람의 습성을 가지고 있다. 사람의 몸은 없지만(무형) 사람 몸에 붙어서, 옛 전생의 기억으로 시를 읊조리거나 역사적인 말도 하면서 일반사람이 할 수 없는 일을 하는 것이다.

또 어떤 빙의는 빚을 받으러 온다. 빚을 받으러 왔든지 아니면 빚을 갚으러 왔든지 간에, 10~15년이면 다시 돌아간다. 빙의된 사람 중에 갑자기 자기의 초능력을 잃었다고 하는 이가 있는데, 그 사람 몸에 붙었던 귀신·도깨비들이 떠난 것이다. 빚을 갚으러 온 자는, 당신으로 하여금 이름도 날리게 하고 돈도 벌게 한다. 하지만 빚 받으러 온 자는 빙의 된 사람을 대신해 사람이 되고, 그 빙의된 사람은 도리어 죽어서 귀신·도깨비가 된다.

그 귀신·도깨비는 사람 몸에 붙었기 때문에 붙은 사람의 정보를 가지게 된다. 다시 말하면 빙의한 사람의 가피력을 가지게 되는 것이다. 그 귀신·도깨비가 빙의된 사람의 가피력을 얻는다면, 필연코 그 사람도 그 귀신·도깨비의 가피력을 얻게 된다.

이것은 그들이 서로 교류해서 교환한다는 것을 의미한다. 귀신·도깨비는 사람의 기운이 있게 되고 사람은 귀신·도깨비의 기운이 있게 되는 것이다. 결국 임종할 때 귀신·도깨비들이 와서 그들의 귀신·도깨비 나라로 인도해 가는 것이다. 살아생전에 누구와 호응하면, 죽은 다음 반드시 그와 상응하였던 곳으로 가기 마련이다.

설사 좋은 인연으로 와서 몸에 붙었다 하더라도 그들과 오랫동안 소통하면, 당신 몸에 있는 양기가 차츰차츰 줄어들게 된다. 양기가 아주 왕성한 사람의 몸에는 무형의 중생이 붙지 못한다. 무형의 중생이 몸에 붙고자 할 때는 양기가 약하고 음기가 성한 틈을 (정기가 허약할 때) 이용해 몸에 붙는 것이다. 이것이 바로 '어떤 사람이 심하게 앓더니 신통력이 생겼다.'는 것이다.

왜 큰 병을 앓고 난 다음인가? 사람이 앓으면 정기가 허약해진다. 다시 말하면 양기가 허약할 때이다. 대체로 무형의 중생은 음성이다. 사람의 양기가 약해지면 음기가 성해지므로, 이때 사람의 음기와 서로 상응하며 접근하는 것이다. 민간에서는 "살기가 센 사람은 무형의 중생이 감히 접근하지 못한다."라는 말이 있다.

신통력을 갈망하면 빙의되기 쉽다

수련을 통해 민감하게 되면, 음기가 강한 사람이 곁에 올 때 바로 그것을 느낄 수 있다. 우리들은 반드시 수행동기를 단정히 해야 하고 순수해야 한다. 설사 입도를 못하더라도 절대로 신통력을 갈망해서는 안 된다.

신통력을 얻고자 하는 갈망으로 도를 닦는다면 무형의 중생이 당신 몸에 접근하게 될 것이다. 이런 욕망은 무형의 중생에게 기회를 주는 것이다. 즉 도를 닦으면서 신통력을 얻고자 간절히 원한다면, 무형의 중생에게 자기 몸에 들어오도록 허락해 주는 것이다.

무형의 중생은 인과를 보지만 우리 인류는 인과를 보지 못한다. 설사 본다고 하더라도 믿지 않는다. 우리들이 무형의 중생에게 간청하지 않는다면 그들은 절대로 우리 몸에 붙지 않는다. 일단 몸에 붙으면 쫓아내지 못하는데, 이러한 단계의 인연이 종결되지 않았기 때문에 어떤 방법으로도 쫓아버릴 수 없다.

어떤 사람들은 빙의는 아니지만, 무형의 중생이 주위를 따라다닌다. 이런 사람의 자기장은 빙의가 된 사람의 자기장과 다르며, 대개 그 따라다니는 무형의 중생을 제어할 수 있다. 즉 '귀신을 부림'이 되는 것이다. 그러나 빙의된 사람은 '귀신에게 부림을 당함'이 된다. '귀신을 부림'이라면 임종한 다음에도 '신'일 것이다. 그러나 이것은 듣기 좋은 말일 뿐이고 어떻게 신이 될 수 있겠는가?! 귀신·도깨비밖에 될 수 없다.

무엇 때문에 정념正念을 가지고 도를 닦으라고 하는가? 정념이 있으면 귀신들이 와서 옹호해 주고 보호해준다. 그들은 여러분을 보호하였기 때문에 여러분이 성공한 다음 이익을 보는 것이다. 그런 이유로 여러분이 귀신을 부릴 수 있는 것이다.

중국불교는 수행자의 마음상태에 대한 요구가 아주 엄격하다. '천일 동안 깨달음을 얻지 못하더라도, 단 하루도 귀신·도깨비에게 집착하면 안 된다(寧可千日不悟 不可一日着魔). 일단 마가 들어와서 무형의 중생과 소통하게 되면, 도를 깨치는 그날 그 시각이 되어야만 그들을 떼어놓거나 부릴 수 있다. 그렇지 않으면 그들이 영원히 당신을 지배하게 된다. 우리들이 말하는 '호법신護法神'이라는 것이 바로 이런 이치에서 관계를 맺는 것이다.

🌀 수행자가 마음에 정념을 품어야 호법신이 도와준다

말이 나온 김에 호법신에 대해서 특별히 강조해야 할 바가 있다. 티벳밀교는 호법신을 특별하게 중시한다. 호법신의 제사에 술과 고기를 올리는데 통돼지머리와 통닭 그리고 통오리까지 올린다. 통속적으로 말하면, 호법신은 수행인이 집에서 먹여주고 거둬주는 몸종들이다. 그런데도 호법신에게 자기를 위해 일 해달라고 매일같이 술과 물을 제사상에 올리는 것이다. 사실 대부분의 호법신은 신장이 아니라 전부 정령이나 귀신·도깨비들이다.

어떤 호법신은 부처님·보살님의 화신이기도 하다. 이렇게 한 분의 진짜 부처님·보살님이 있기에, 나머지 아흔아홉 명의 가짜들이 나타나는 것이다. 만약 진짜가 하나라도 없다면 가짜도 없는 것이다. 진짜가 하나 있다는 것을 알기 때문에 공양하는 것이지만, 결국 당신은 나머지 99개의 가짜를 만나게 되는 것이다.

한평생 불도를 닦는다는 것이, 그저 귀신·도깨비의 도를 닦게 되는 것이다. 살아생전에 그런 호법귀신들과 소통하였으면 죽을 때 그런 호법귀신들이 인도해 가는 것이다.

만약 모든 호법신이 진짜 부처님·보살님의 화신이라면, 술과 차를 대접하면서 공경하면 도와주고, 공경하지 않는다고 도와주지 않겠는가? 소원을 잘 들어주는 호법신이 사람을 죽이라고 하면 죽이겠는가? 부처님·보살님이 이렇게 할 수 있는가?

나의 한 사형이 "내가 모시는 호법신은 연화생대사의 화신이다."라는 것이다. 나는 그저 웃고 말았다. 그는 또 "나의 호법신장은 아주 영험한데, 차를 전복시키라고 하면 전복시키고, 누구를 넘어지게 하라고 하면 넘어지게 하며, 누구를 죽이라고 하면 백 일 안으로 꼭 죽게 한다."라는 것이다. 말만하면 그 어떤 소원이든 다 들어준다는 것이다. 그래서 내가 "연화생대사가 그렇게 극악한가?

그렇게 극악하다면 내가 앞장서서 죽여 버릴 것이다! 진정 그렇다면 연화생대사를 공경할 필요가 없다."라고 말하였다.

또 어떤 사람은 자기가 모시는 호법신장이 관세음보살의 화신이라고 한다. 이런 사람을 바보라고 하고 싶지만, 당신보다 총명하고 당신보다 아는 것이 더 많다. 이런 유형의 사람들은 바보가 아니라, 그것에 미혹되고 깨닫지 못했을 뿐이다. 진정한 바보는 아무것도 모른다.

마음에 정념正念을 품었다면, 어떤 차원의 귀신도 당신을 어쩌지 못하고 도리어 당신의 법을 보호해준다. 설사 활불의 호법신이라도 정지정견을 가진 당신을 이기지 못한다. 더구나 진정한 활불은 절대로 자기의 호법신에게 남을 해치게 하지 않는다.

또 어떤 대사나 어떤 활불의 호법신은 아주 대단하다는 말을 자주 듣는다. 사실 이것은 사리에 밝지 않아서 하는 소리다. 우리들이 어떻게 부처님·보살님의 자비를 상상할 수 있겠는가? 범부의 두뇌로는 도저히 부처님·보살님들의 생각을 알 수 없는 것이다! 오로지 성인聖人만이 성인을 알 수 있다. 자신의 수련차원을 높여야만 비로소 차원이 높은 사람들을 알아볼 수 있는 것이다.

③ 빙의는 자신과 인연이 있는 무형의 중생이 붙는 것

무형 중생의 힘도 아주 크다. 아마도 수행과정에서 무형의 중생을 접촉하게 될 것이다. 이런 것들을 좋아하면 바로 그 차원에 머물러 있게 된다. 수행이란 아파트 계단을 올라가는 것과 같다. 매 차원마다 장난감이 다르다. 3층의 장난감을 좋아하면 3층에 머무르고 4층에 올라가지 않는다. 오직 3층의 장난감을 버려야만 비로소 4층으로 올라갈 수 있다. 4층의 장난감을 좋아하면 4층에 머무르게 된다.

왜 수행에서 집착을 못하게 하는가? 손에 들은 장난감을 놓고 지속적으로 더 높은 차원으로 올라가기 위해서이다. 가는 길에 보이는 풍경에 미련을 두면 나아갈 방법이 없는 것이다.

일부 무형의 중생은 전생에 사람이었지만, 이생에 여러 가지 인연으로 아직까지 인간으로 태어나지 못했기 때문에, 그들의 영체靈體가 여기저기 날아다닌다. 그러다가 자기와 인연이 있는 사람을 찾으면 금방 쫓아다닌다. 좋은 인연이면 당신을 도와줄 것이고, 악연이면 빚을 받으려 할 것이다. 왜 당신을 도와주는가? 그들은 당신의 신구의身口意라는 도구를 빌려서 수행하고 싶은 것이다. 그들도 공덕과 복보를 닦고 싶은데 사람의 몸이 없기 때문에, 남의 몸을 빌려야만 자기의 목적을 달성할 수 있는 것이다.

빙의가 심한 사람은 자기를 주체할 수 없다. 빙의의 힘이 나타날 때면 덩실거리며 춤을 추고 알아듣지도 못하는 괴이한 소리를 내는데, 본래는 경을 읽을 줄 몰랐는데 경을 읽기도 한다. 이것은 몸에 붙은 무형의 중생이 그 사람의 몸과 입을 빌려서 이와 같은 짓을 하는 것이다.

천년을 주기로 영성의 힘이 깨어난다

어째서 최근 10여 년간에 빙의가 된 사람들이 그렇게 많은가? 우주에는 법칙이 있다. 천년마다 커다란 변화가 있게 된다. 이때는 유형이든 무형이든 모든 중생이 다 각성하고 수행할 것을 갈망하며 생명의 근원으로 회귀하고자 한다. 우주의 수행법칙은, 오직 사람의 몸으로 수련해야만 성불할 수 있다. 그러니 무형의 중생은 성불할 가능성이 없다.

그들은 일정한 차원까지 수련하기도 하지만 자연계의 우레신(雷神)에게 맞아 죽는다. '맞아 죽는다'는 말은 그의 에너지가 분쇄되어 흩어진다는 말이다. 그렇게 흩어지면 거의 천여 년의 시간을 들여서 수련을 해야만 흩어진 에너지를 다시 모을 수 있다.

이 몇 년간 수행하는 사람들도 특별히 많고, 성불수행을 하며 도를 닦는 사람들도 특별히 많다는 느낌이 있을 것이다. 부지불식간에 영성의 힘이 깨어난 것이다. 우리 인류는 유형의 중생이고 정精·령靈·귀鬼·괴怪는 무형의 중생이다. 유형이든 무형이든 간에 천년에 한 번씩 영성의 힘이 깨어나는 것이다. 이때 마침 사람 몸을 가지고 있다면 당연히 수행할 마음을 내는 것이다. 또 마침 이때에 무형의 중생이라면, 자기가 사람 몸을 못 가진 것을 깨닫고는 사람 몸에 달라붙는 것이다.

🔮 마음이 혼란하면 무형의 중생이 들어와 주인이 된다

　빙의가 된 것이 좋지 않다는 것을 알더라도, 자기를 주체하지 못하기 때문에 무형의 중생에게 모진 시달림을 받으며 죽을 고생을 한다. 무형의 중생을 싫어하지만, 자기의 힘이 부족해서 쫓아내려고 해도 쫓을 방법이 없는 것이다. 하는 수 없이 무형의 중생을 쫓고자 법사를 부른다. 하지만 법사의 도력에 상관없이 단 한쪽의 소원으로는 해결하지 못한다. 법사와 무형의 중생 그리고 빙의가 된 사람이 서로 소통을 잘 해야만 무형의 중생을 보낼 수 있는 것이다.

　갑과 을이 채권채무관계 때문에 야단법석을 하다가 갑이 병을 찾아서 이 문제를 해결해 달라고 한다. 병이 이 일에 참여하고자 하면 반드시 을의 동의를 받아야 하고, 갑과 을의 채권채무를 해결할 능력도 있어야 한다. 병에게 이런 능력이 없다면 무형의 중생을 쫓지 못한다. 병은 한쪽의 빚을 자기가 대신해 갚아 줄 수 없기 때문이다. 병에게 쌍방의 채무관계를 청산할 능력이 있어야만 그들의 인연을 화해시킬 수 있는 것이다.

　어떤 사람의 마음이 혼란해서 정신이 오락가락한다면, 그 사람의 몸은 텅 빈 방과 같다. 방이 비었으니 누구나 들어가 살 수 있다. 타인이 나의 집에 들어와 살면, 진짜 주인은 들어오지 못할 뿐만 아니라 도리어 쫓겨나게 된다. 주인이 남이 되고 남이 주인이 되어 버린다.

　민간에는 "집을 지으면 반드시 100일 안으로 들어가 살아야 한다."라는 말이 있다. 사람이 들어가 살지 못할 처지면 소나 말 그리고 양이라도 들어가 살게 하라고 한다. 또 집을 지어놓고 장기간 비워 놓았다면, 이사할 때 반드시 집안에 불을 피워 한참 태운 다음 들어가라고 한다. 왜 이렇게 하는가? 이렇게 하는 데는 다 이유가 있다. 단지 그 이치를 모르기 때문에 그것을 미신이라고 한다.

정신正信과 미신迷信

어떤 사람은 스님으로, 또 어떤 사람은 거사가 되어서 성불수행을 하지만, 사실 대부분의 사람들은 미신하는 것에 불과하다. 한 가지 사건에 대해 확실히 알지 못하면서 믿는 것을 미신이라고 하고, 확실히 알고 파악한 다음에 믿는 것을 정신正信이라고 한다.

우리들은 어리석게도 바르게 믿지 못하는 일들이 많고도 많다. 어떻게 휴대폰으로 전화를 할 수 있고 또 전화를 받을 수 있는가? 우리는 원리는 모르지만 사용할 줄은 안다. 사실 이것도 일종의 미신이다. 휴대폰의 기능은 알고 쓰지만 원리는 모르고 것이다. 그러므로 역시 미신인 것이다. 매일 텔레비전을 보지만 그 원리를 모르니, 이것도 역시 미신이다.

승용차는 어떻게 달리는가? 단지 엔진이 있어서 달린다는 것만 안다. 그런데 엔진은 어떻게 가동되는가? 원리는 모르지만 달린다는 것을 믿는다. 이것도 역시 미신이다. 분명히 알지 못하면서 믿는 것은 전부 미신이다. 날마다 수없이 많은 미신 속에서 살기 때문에 자기도 미신을 하고 있다는 것을 알지 못하는 것이다.

우리들은 누구는 법사를 청하고 도사를 청해 재앙을 소멸하는 고사를 지낸다고 하는 말을 자주 듣는다. 하지만 그 법사나 도사가 무형의 중생과 소통하고 교류할 수 있을까? 도력만으로는 무형의 중생을 제도하지 못한다. 무형의 중생과 교류할 줄 알아야 한다. 무형의 중생과 소통하고 교류하지 않고 단지 몇 권의 경이나 읽고 주문만 독송한다면 문제를 해결하지 못하는 것이다.

대체로 몸에 붙는 무형의 중생은 전부 능력이 있다. 적어도 8백 년 정도 수련한 도력을 가지고 있다. 하지만 대부분의 사람들은 이제야 불법을 듣게 되고 이제야 수행하겠다고 발심한 상황이다. 비록 많은 사람들이 환생해서 다시 왔다고 하지만 그 수행이 8백 년에 이르지 않는다. 무형의 중생들을 도력이 있다고 옹호하는 것이 아니다. 경건하고 정직한 마음만 있다면 무형의 중생들은 자연적으로 당신을 따르게 된다.

생각이 복잡하고 아집이 강한 사람은 빙의되지 않는다

빙의가 된 사람에는 여성이 더 많다. 여성의 양기는 남성보다 왕성하지 못하기 때문에 무형의 중생이 쉽게 접근할 수 있다. 또 여성은 상대적으로 단순하고 선량하며 생각이 복잡하지 않다. 생각이 복잡 하고 아집이 강한 사람에게는 무형의 중생이 절대로 붙지 않는다. 그런 사람에게 붙어봐야 아무 이득도 없고, 그런 사람의 생각을 바꿔 놓을 방법이 없다는 것을 잘 아는 것이다. 이런 사람의 아집은 무형의 중생보다 몇 만 배나 더 강한데, 어떻게 그 사람 몸에 붙어 그 사람을 지휘할 수 있는가?

빙의가 된 사람을 관찰해 보면 대부분 생각이 단순할 뿐 아니라 정지정견도 부족하다. 생각이 단순하더라도 마음이 선량하며 사상도 단순하고 정지정견이 있는 사람들은 무형의 중생과 교류하는 것이 아니라 부처님·보살님들과 교류하게 된다.

민감한 사람들은 "이곳은 무형의 중생이 많고, 저곳은 무형의 중생이 적다."라는 말을 한다. 어디를 가든 사람이 적겠는가? 어떤 곳을 가든지 무형의 중생은 있다. 무형의 중생들도 사람과 마찬가지로 떼를 지어 살고 있다. 물론 어떤 무형의 중생은 어울리지 않고 혼자 살기 좋아하는 것도 있다.

진정한 신통력은 선정력으로 닦아 얻은 것이다

사람이 죽어서 자기가 다시 태어날 합당한 몸을 찾지 못하면 영체靈體로 여기저기 날아다닌다. 무형의 중생이 되는 것이다. 살아 생전에 소원을 이루지 못했고 이상을 실현하지 못했기 때문에, 어떤 신체를 찾아서 계속 자기의 소원을 만족시켜야 한다. 마침 어떤 사람의 소망이 자기와 같으면 자연스레 합일이 되는 것이다.

빙의는 수련해 닦아서 얻은 것이 아니다. 진정한 신통력은 선정력으로 닦아 얻은 것이다. 신통력이 있는 사람은 자신을 주체할 수 있다. 하지만 빙의가 된 사람은 자기 몸을 마음대로 하지 못한다. 이것이 바로 빙의가 된 사람과 신통력이 있는 사람의 근본적인 차이이다. 신통력은 수시로 열었다 닫았다 할 수 있다. 심신이 통일이 되고 아주 강한 선정력이 있다면 자연히 신통력이 생기는 것이다.

조사·대덕大德들은 신통력을 말하지 않는다. 수행자들로 하여금 신통력에 대한 욕망을 단절하기 위해서이다. 일반적으로 '지혜'로써 '신통력'을 대신하는 것이다. 지금 수행자들은 신통력을 갈망한다. 하지만 지혜와 식견이 바르지 않고 심신이 조화되지 않으면 절대로 지혜문이 열리지 않는다.

토질이 척박한 땅에 곡식을 심으면 좋은 곡식이 나오지 못하는 이치와 같다. 토질을 개량해야만 좋은 곡식이 자라는 것이다. 우리들이 불성을 구비하고 있고 부처의 지혜도 구비하고 있지만, 사용하는 방법이 타당하지 않고 심태를 바로잡지 못했기 때문에 불성과 지혜가 나타나지 못하는 것이다. 이 문제는 여기까지만 말하고, 나머지 시간은 문제점을 말하고 연구하며 토론하기로 한다.

부적이나 독경으로 재앙을 소멸할 수 있을까?

■질문 : 스승님! 민간에는 도사들에게 청해 부적을 그리고, 복숭아 나무로 칼을 만들어 방에 걸어놓는 등 재앙을 소멸하는 방법을 쓰는데 진짜 문제를 해결할 수 있습니까?

■ 만행스님 : 스님을 청해 경을 읽으면서 재앙을 물리치는 방법과 같다. 계율을 잘 지키고 청정하며 도가 높고 수행도 아주 좋은 스님이라야만 사람들의 재앙을 소멸시킬 수 있다. 이때 재앙을 소멸해 줄 수 있는 것은 '경'이 아니라 그 스님의 일심불란한 관상觀想력이다. 일심불란의 도력이 있는 독경이라면 확실히 효과가 있다. 하지만 일심불란의 도력이 있는 스님이라면 구태여 독경을 할 필요가 있겠는가?

수행이 없다면 어떻게 사람들의 재앙을 물리쳐 줄 수 있겠는가? 재앙을 물리쳐 줄 수 있다는 것은, 전생에서 수행한 공덕과 복보가 아직 남아 있다는 뜻이다. '밑천을 턴다(吃老本)'라는 말은 바로 이런 것을 두고 하는 말이다. 심력心力이 충분하고 선정력이 세며 에너지장이 강한 사람이 그린 부적이나 복숭아나무 칼은, 그 사람의 정보와 도력이 담겨 있으므로 재앙을 막을 수 있다. 하지만 심력도 선정력도 부족하고 에너지장도 약한 사람이 그린 부적이나 복숭아나무 칼은 담겨진 힘이 약해서 재앙을 막을 수 없다.

사람마다 모두 에너지장이 있다. 사용하였던 물건이나 만들어낸 물건들은 전부 그 사람의 에너지장과 염력念力이 담겨 있다. 염력이 강한 사람이 사용하였던 물건이나 만든 물건들도 강한 에너지장을 가지고 있기 때문에, 사악한 기운을 피하고 재앙을 물리치는 작용을 하게 된다.

점안식을 한 부처님은 가피력이 있다

　사람들은 부처님상을 모셔오거나 귀중한 물건을 사오게 되면, 사람을 초청해 테이프를 끊고 점안식을 하면서 가피를 한다. 점안식을 받고 테이프를 끊으며 가피를 받은 물건은 단순한 물건이 아니다. 그 물건에는 바로 살아 있는 영체가 담겨있는 것이다. 성취한 사람의 정보는 우주에서 천년을 유지할 수 있다. 일반인들의 정보는 즉 일반인들의 에너지장은 길어야 백년 정도 유지된다.
　이런 일을 하게 되면 수행이 좋든 나쁘든 간에 다른 사람의 인과에 끼어들게 된다. 만약 갑과 을 사이의 문제를 해결할 능력이 없는데, 그냥 힘으로 진압(자기의 도력으로 진압)한다면, 갑과 을의 업장이 바로 당신 몸으로 들어온다. 자기의 선정력으로 무형의 중생과 소통하고 교류할 수 있다면, 양쪽의 모순을 해결해서 양쪽 다 만족할 수 있다. 이렇게 해야만 인과가 넘어오지 않고 업장도 짓지 않게 된다.
　자신의 기로써 남의 병을 치료하는 사람들은, 시간이 갈수록 몸이 불편해지고 무형의 중생을 자기 몸에 불러들이는 것이다. 다른 사람을 대신해 빚을 갚으면 그 빚쟁이들이 당신을 찾기 마련이다. 만약 당신이 양쪽을 다 만족시켰다면, 그들이 당신을 다시 찾아오지 않을 것이다. 이러한 이치를 알아들었으리라고 생각한다.
　왜 불문에서 "수행자들은 자기의 신구의身口意를 잘 단속하라."고 하고 "신구의를 단속하는 것은 전체 집단을 관리하는 것이라."고 하는가? 집단은 누구 것인가? 집단은 바로 자기 자신들이다. 만약 개체가 없고 너와 나 그리고 당신이 없다면 어디에 집단이라는 것이 있겠는가? 전에 내가 '나라(국가)'라는 것은 텅빈 허울과 같다고 말한 적이 있다. 너와 나 그리고 당신이 없다면 '나라'도 있을 수 없는 것이다. 그러므로 사람마다 자신의 관리를 잘하는 것이 나라를 잘 관리하는 것이 된다.

하지만 지금 사회는 이와 정반대이다. 자기는 관리하지 않고 남만 관리하려고 한다. 그렇게 할수록 집단과 나라가 더욱 더 문란해진다. 자기 자신도 관리를 못하면서 어떻게 남을 관리할 수 있겠는가? 이 점에서는 우리불교가 뛰어난 식견이 있다. 역대의 수행자들도 이러한 이치를 알고 있기 때문에, 우선 자기 자신부터 관리를 잘해 밝은 가로등이 되고 밝은 등대가 되는 것이다. 사람들은 그 밝은 빛으로 자기를 비춰 보게 되는 것이다. 당신의 밝은 빛이 없다면 사람들은 자기를 똑똑히 볼 수 없는 것이다.

용녀는 8세에 성불했다

불교에 용녀가 8세에 성불했다는 설화가 있다. 이 공안을 보았거나 참을 한 적이 있는가? 부처님은 "오직 사람만이 성불할 수 있고, 또 여자는 성불할 수 없다."라고 하셨다. 그런데 용녀는 인간도 아니고 남자 몸도 아닌데 어떻게 성불하였는가?

관례대로 하면 성불하기 전에 반드시 인간 세상에 와서 사람 몸으로 공덕功德과 복보福報를 닦아야 한다. 또 공덕과 복보를 닦아 원만해야 삼먁삼보리를 증득證得할 수 있다고 한다. 사람 몸을 기초로 해서 최후의 마지막 걸음을 원만히 하지 못했다면, 단지 신의 단계에 머무르게 되고 성불은 할 수 없다고 하였다. 사람의 업장이 제일 무겁다고 하면서 왜 모두 사람 몸을 얻고자 갈망하는가? 무엇 때문에 공덕과 복보가 아주 커야만 비로소 사람이 될 수 있다고 하는가?

🕉 전체집단과 융합해 한 몸이 되는 것이 성불이다

■질문 : 스승님! 용녀의 입안에 구슬(여의주)은 아집을 말하는 것이 아닙니까? 아집을 버리면 성취하겠네요.

■만행스님 : 용의 입안에는 여의주가 하나 있는데 어떤 상황에도 그것을 포기하지 않는다. 포기하면 용은 바로 죽는다. 여의주는 마치 사람의 심장과 같다. 사람이 심장이 없으면 죽는 것과 같다. 그런데 용녀는 이런 담력과 식견 그리고 패기가 있었고, 또 그런 그릇이었기 때문에 용감하게 여의주를 포기한 것이다.

용녀가 입안의 여의주를 부처님께 삼가 바치는 그 순간 용녀의 경계는 바로 부처의 경계가 된 것이다. 신구의를 전부 부처님께 바쳤으므로, 용녀의 신구의는 이미 없어지고 부처와 융합해 한 몸이 된 것이다. 부처와 한 몸이 되었으므로 용녀도 부처인 것이다.

이를테면 우리가 바다의 물 한 방울이라면, 용감하게 이 물 한 방울을 바다에 도로 넣을 수 있고, 자기라는 개체를 대담하게 희생시키고 앞으로 한 발만 내디딜 수 있다면 바로 제자리에 도착하고 바로 성불하게 된다. 개체는 사라지고 순식간에 전체집단(整體)과 융합해 한 몸이 되고 바로 전체가 된 것이다.

문제는 이 한 발을 내디딜 용기를 가진 사람이 없다는 것이다. 개체가 사라지는 것은 순간이지만, 다음 찰나에 불생불멸을 얻게 된다. 개체가 전체에 융합되면 자연 불생불멸, 부증불감인 것이다. 개체라고 하는 순간 유생유멸有生有滅이 있고 유증유감有增有減이 있다. 수행자는 세속의 부귀영화를 버리라고 한다. 버리는 그 순간 바로 출세간의 성과聖果를 얻는 것이다.

■질문 : 스승님! 어떤 수행법을 수련하면 가장 빠르게 됩니까?
■만행스님 : 당신이 염불하는 사람이면 염불하면 가장 빠를 것이고, 좌선하는 사람이라면 좌선하는 것이 가장 빠를 것이고, 밀종을 수련하면 밀종이 가장 빠를 것이다. 나는 절대로 원래의 수행방법을 바꾸라고 하지 않는다.

하지만 '염불은 어떻게 하고, 좌선은 어떻게 해야 하며, 밀종은 어떻게 수련하는가?'에 관해서는 말할 수 있다. 스님의 옷을 입었다고 출가한 스님이 아니고, 한번 아미타불을 독송했다고 정토법문이 아니며, 가부좌를 하고 앉았다고 참선할 줄 아는 것도 아니고, 「육자대명주」 자체를 독송한다고 밀종을 수련하는 것도 아니다. 지금 많은 사람들이 참선수련을 하고 정토종수련을 하며 밀종수련을 하지만 방법이 정확하지 않다.

15강

자기의 마음을 똑똑히 보아야 한다

진·술·축·미시에 태어난 사람들이 출가하면 좋다

성불수행을 하고 출가하는 사람은 확실히 운명을 보아야 한다. 출가할 운명을 가진 사람이 출가하면 아주 슬기롭다고 생각하며 괴롭지 않다. 하지만 출가할 운명도 아니고 심지어 성불수행을 할 운명도 아닌 사람이 성불수행을 하려고 출가하면 아주 괴로운 일이다.

명리학으로 보면 진辰시·술戌시·축丑시·미未시에 태어난 사람들이 출가하면 좋다. 왜냐하면 이 네 가지 시각에 출생한 사람들은 본성에서 고독과 적막을 느끼지 않기 때문이다. 그들은 고독과 적막을 일종의 즐기는 일이라고 생각한다. 오히려 사람이 많고 떠들썩하며 일이 많으면 시끄러워하고 고통스러워한다.

내가 바로 진시에 태어났다. 나와 같은 시각에 태어난 사람들은 고독한 운명을 타고난 사람들이다. 내가 만약 세속의 사람이라면 고독한 삶을 살 것이다. 하지만 내가 출가하였기 때문에 출가한 생활을 고독하다고 느끼지 않을 뿐만 아니라, 이런 고독을 즐긴다고 생각하고 청복淸福을 누린다고 생각한다.

이런 시각에 태어나지 않은 사람들, 즉 자·오·묘·유 혹은 인·신·사·해의 여덟 시각에 태어난 사람들 보고 방 안에 혼자 있으라고 하면 아주 고통스러워한다.

이런 학문으로 성불수행을 하는 사람들을 살펴보면, 거의 열에 아홉은 다 이 시각에 태어난 사람들이다. 그렇다고 다른 시각에 태어난 사람들은 성불수행을 할 수 없고 출가할 수 없다는 말이 아니다.

출가한 사람들도 떠들썩한 것을 좋아하고 요사채를 돌아다니는 것을 좋아하는 사람이 많다. 이런 사람들은 틀림없이 이 진·술·축·미시의 네 시각에 태어난 사람이 아니다. 그들은 고독하고 적적한 생활을 싫어하고, 성불수행을 하고 도를 수련해도 혼자서 견디지 못해 도반을 찾을 뿐만 아니라 사람들과 같이 있어야만 마음이 놓이는 것이다.

하지만 대부분의 출가한 사람들은 요사채를 돌아다니는 것을 싫어하고, 사람들과 접촉하는 것을 싫어하며, 심지어 한 사람만 더 있어도 싫어한다. 오로지 혼자 있는 것만을 좋아한다.

내면의 눈이 열려야 자기의 마음 씀씀이를 볼 수 있다

성불수행은 첫째는 고독하고 적적한 것을 참고 견딜 수 있어야 한다. 두 번째는 의지력이 강해야 되고 성가시거나 시끄러운 것을 두려워하면 안 된다. 하지만 성불수행을 한다는 대부분의 사람들은 성가시거나 시끄러운 것을 싫어한다. 이런 것을 싫어한다면 성불수행을 하지 말아야 한다.

성불수행을 하지 않는다면 자기 생각대로 자기가 하고 싶은 대로 하면 되지만, 성불수행을 하면 반드시 자기가 생각하는 것 자기가 하고 있는 것이 무엇인지 알아야 하며, 내심에 있는 하나하나의 마음 씀씀이를 모두 감지하고 깨달아야 한다. 심지어 어떤 일은 생각조차 해서는 안 되고 더욱이 손도 못 대게 한다. 그런데도 사람들은 이와 같이 미세한 일을 하려고 한다. 이와 비하면 세간의 일은 간단하고 쉬운 것이다. 하지만 사람들은 간단하고 쉬운 일은 하기 싫어하고 복잡하고 미세한 성불수행을 하고자 한다.

승보의 역할을 다하라

우리들이 승복을 입고 거리에 나가면 사람들이 눈여겨보지만 승복을 입지 않으면 누구도 거들떠보지 않는다. 승복을 입으면 어디 가든지 사람들이 스님으로 공경하고 활불처럼 높이 받들어 모신다. 그래서 진정한 말을 듣지 못하고 진정한 사태를 못 보는 것이다. 출가한 사람들을 보고 "승보를 공경하라."라고 하지만 승보로서 승보 노릇을 얼마나 하였는가? 승보 노릇을 제대로 못하고 있다.

어떤 선택을 하든지 우리들은 식견과 용기가 있어야 한다. 출가하기 전에는 어느 누구도 허리를 굽혀 인사는커녕 거들떠보지도 않았을 것이다. 하지만 오늘날 승복을 입고 나서면 사람들이 스님으로 공경하고 합장하면서 허리 굽혀 인사를 한다. 똑같은 사람인데 단지 겉모습만 바뀌었다.

출가한 사람은 자기 내면의 마음 씀씀이를 잘 지키면서 몸만 출가한 것이 아니라 '출리심出離心'이 있어야 한다. 승복을 벗고 사회에 나가서 일을 하는 것과 승복을 입고 사회에 나가서 일하는 것은 무엇이 다른가? 이 문제는 내가 말하지 않아도 여러분 스스로 다 잘 알 것이라고 생각한다. 오직 그때 가야만 자기를 똑똑히 알게 되고 사회를 알게 된다. 이것이 바로 석가모니부처님께서 자기의 제자들에게 누더기 옷을 입고 탁발하게 한 이유이기도 하다.

그 당시 부처님께서 신도들에게 "나의 주변에 있는 '승보'를 공경하라."고 하셨다. 왜냐하면 그때 당시 승보들은 이미 현성승賢聖僧이었기 때문이다. 하지만 지금 출가한 사람들은 '현賢승'도 아니고 '성聖승'도 아닌 일반인들과 다름이 없다. 계율로 검증해보면 어느 한 조례도 제대로 지키지 못하고 있다.

하지만 대자연이 사람을 만들 때, 기이하게도 두 눈을 각자의 얼굴에 붙여서 자기를 볼 수 없고 남만 볼 수 있게 만들었다. 그러므로 반드시 내재의 무형의 눈이 열려야만 자기의 마음 씀씀이와 진정한 모습을 볼 수 있다. 우리들의 수련이 올라가서 자기를 볼 수 있다면 성승聖僧은 안되어도 현승賢僧은 되는 것이다.

많은 신도들이 평상시 아껴 먹고 아껴 쓰면서 절약해 모은 돈으로 물건들을 사가지고 절에 와서 승보들을 공양한다. 사실 우리 출가한 사람들이 그들과 무슨 구별이 있는가? 단지 우리들은 출가해 승복을 입었을 뿐인데, 그들은 우리들을 승보로 대접해 공양하는 것이다. 우리들이 진정하게 계율을 지킨다면 그들의 공양을 받아도 미안하지 않고 부끄럽지 않겠지만, 우리들은 승보의 역할을 하지 못하고 있다. 우리들을 공경하고 공양하는 그들은 모두 복보를 받고 그것을 쓸 수 있다. 하지만 공양을 받은 우리들은 그만 무량겁이래 닦아 놓았던 복보를 남김없이 써버리고 말게 된다.

견성은 수행의 기초이다

▪질문 : 스승님! 우리들도 견성을 할 수 있습니까?
▪만행스님 : 그것은 아주 쉬운 일이다. 이 자리에 앉은 사람들은 벌써 모두 견성하였다. 전생에 견성을 한 것이 아니라 이생에서 한 것이다. 다만 견성한 다음 그것을 틀어쥐고 계속 견성을 유지한 것이 아니라 한번 견성한 다음 놓친 것이다. 수행이라는 것은 진정하게 명심明心하고 견성해야만 비로소 시작하는 것이다. 그전에는 모두 명심을 위하고 견성을 위해서, 다시 말하면 수행을 위해 기초를 닦는 것이다.

▪질문 : 스승님! 무엇을 견성이라고 합니까?
▪만행스님 : 내가 게송 한 구절로 대답할 것이다. "눈앞의 달은 지지

않았는데(안전적월불락眼前的月不落)/ 동방의 해는 또 솟아오르는구나 (동방일우승東方日又昇)!" 이와 같은 경계를 보았고 또한 그 뜻을 이해한다면 이미 견성을 한 것이다. 견성한 다음 어떻게 계속 수련하면 된다는 것까지도 아는 것이다. 많은 사람들이 순간적으로 이런 경계가 나타났지만 그것을 지키지 못한다. 마음이 너무 혼란하기 때문이다.

언어로는 유형유상의 것만 표현된다

■**질문** : 스승님! 외계인들이 지구인들에게 "지구상의 모든 종교는 다 맞지 않다."라고 했다는데 이 말은 맞는가요?

■**만행스님** : 석가모니부처님께서 임종 때 이런 말씀을 하셨다. "너희들은 내가 많은 법을 말했다고 하지 마라. 사실 나는 설법을 한 마디도 하지 않았다. 만약 너희들이 내가 설법했다고 하면 그것은 나를 비방하는 것이다. 나는 아직 진정한 것을 말하지 못했다. 왜냐하면 진정한 것은 이미 견見·문聞·각覺·지知를 초월했기 때문이다. 언어로 표현할 수 있는 것은 모두 유형유상有形有相의 것들뿐이로다."라고 하셨다.

노자는 "도를 말로 나타낼 수 있다면 그건 도가 아니다(道可道, 非常道)."라고 하였다. 내가 한 말은 모두 도가 아니다. 진정한 도는 내가 아직 말을 못하였다. 선종에는 "달을 보려면 가리키는 손가락을 통해서 보지만, 필경 손가락은 달이 아니니, 나의 손가락을 달이라 생각하지 말라."고 말한다.

　그러므로 네가 방금 한 말은 맞기도 하고 맞지 않기도 하다. 그 말은 단지 어떤 차원의 사람들을 놓고 하는 말이다. 왜 우리들은 '3장 12부의 경'을 금과옥율金科玉律이라 하면서도, 도를 깨우친 조사님들과 보살님들께서 하신 말씀들은 모두 쓰레기 폐품이라고 하면서 태워서 불이나 쬐든지 아니면 밥 짓는 불쏘시개나 하든지 하라고 하는가? 수행의 차원이 다른 것이다. 만약 도를 깨치지 못한 사람이 함부로 경전을 멸시하면 그것은 인과가 되고 죄인이 되는 것이다.

　여러분들은 모두 무문관에 들어가고 싶어 하지만, 누구도 금방 내가 말한 그런 경계가 나타나지 않았고 도달하지 못하였는데 어떻게 무문관에 들어갈 수 있겠는가? 물론 마음을 가라앉히면서 체험은 할 수 있다. 하지만 진정하게 도를 수련하는 데는 아무런 도움이 안 된다.

　아직까지 사람과 접촉하는 가운데서 마음상태의 훈련도 하지 못하였고, 자기의 마음 씀씀이도 똑똑히 살펴보지도 못하는데, 어떻게 정좌를 통해 자기의 마음상태를 보아낼 수 있겠는가? 방 안에 혼자 있으면 건드리는 사람도 없고 듣기 싫은 소리를 하는 사람도 없다. 때문에 마음 씀씀이라는 것이 있을 수 없다.

🛐 관정 받은 다음 꾸준히 계속 수련해야 한다

■ **질문** : 스승님! 관정의 의의는 무엇입니까?

■ **만행스님** : 관정의 첫 번째 목적은 여러분들의 소원을 만족시키기 위함이고, 두 번째는 진정으로 수행하고자 하는 사람이 내면의 힘이 부족할 때 관정을 해주면 내면에 질적인 변화가 있게 된다. 그 덕분에 그의 수행은 쉽게 '법'과 상응할 수 있고 '도'에 상응할 수 있는 것이다.

성불수행을 하는 사람들은 모두 관정을 받고 싶어 하고 큰 스승의 가피를 받고자 한다. 사실상 이것은 자기의 욕심을 챙기는 데 불과하다. 관정 받았지만 수련하지 않으면 아무런 소용이 없다. 마치 수레를 끌고 오르막길을 갈 때, 앞사람이 수레를 끌지 않으면 뒷사람이 아무리 힘을 쓰고 밀어도 소용없는 것과 같다. 일단 앞사람이 모든 힘을 다해 끌어야만 뒷사람이 조금만 밀어주어도 바로 올라가게 되는 것이다.

어떤 사람들은 관정에 대해 호기심도 있고 또 관정을 받으면 좋다는 것도 알기 때문에 수없이 관정을 받는다. 비록 관정에 이런 힘이 있다 해도 수련하지 않으면 그 힘이 점점 약해지면서 사라진다. 혼란한 마음을 다스리지 못했기 때문에, 아무리 관정을 받고 가피력을 가져도 결국은 혼란한 마음의 교란을 받게 된다. 만약 관정 받은 다음 꾸준히 계속 수련한다면 차츰차츰 내재한 영성의 힘이 나타나고 주도적인 위치를 차지하게 된다.

🌀 사찰 안에서는 형식과 규칙을 지켜야 한다

■ 명세스님 : 스승님의 법문은 너무 좋아요. 너무나도 감사합니다. 하지만 송구스럽게도 저는 아직까지 노사미입니다.

■ 만행스님 : 공유 노스님은 한평생 수계를 받지 않으셨다. 무엇 때문인가? 그분은 "중생은 부처님의 계를 얻어야만 비로소 진정한 불자로다."라고 말씀하신다. 지금 우리들이 받은 계는 도를 깨달은 성인들께서 전수한 것이 아니다. 때문에 계를 받았지만 계가 아닌 것이다. 이것은 공유스님의 이론이다.

우리들은 그분을 따라 배우면 안 된다. 그분은 이미 득도한 분이고 그만한 식견이 있는 분이기 때문에 형식에 집착하지 않는 것이다. 득도하지 못한 사람들은 형식을 초월할 수 없을 뿐만 아니라 반드시 형식대로, 규칙대로 해야 한다.

공유스님은 어려서 삭발하고 출가한 다음 한 노스님의 슬하에서 수행하였다. 공유스님은 한평생 '사미'였지만 나중에는 도를 깨우치고 득도하셨다. '사미'라는 것은 '사미 10계'를 받고 출가한 사람을 말한다. 하지만 공유스님은 사미계도 받지 않았다. 엄격하게 말하면 사미도 아니다. 하지만 그는 성인이다.

여기 앉은 사람들은 누구도 성인이 아니다. 모두 범부들이다. 때문에 반드시 계율에 따라 수행해야 한다. 설령 당신의 내심세계는 이미 초월하였고 이미 성인이 되고 현인이 되었다지만, 단체 안에서는 단체의 법도를 따라야 한다. 단체 안의 사람들의 자질이 다 같지 않기 때문에 반드시 통일된 기준이 있어야 한다. 어떤 기준인가? 바로 청규계율淸規戒律이다. 사실상 '계'는 '계'이고 '규'는 '규'이다. '청규'는 사원에서 그 당시 그 곳의 풍속습관과 발전의 필요에 따라 제정한 규범이다. 하지만 '계율'은 그 옛날에 부처님께서 직접 제정하셨다.

마음을 감지하고 깨닫고 볼 수 있어야 수행을 논할 수 있다

■만행스님 : 성불수행은 그렇게 많이 알 필요는 없지만 한 가지는 반드시 통달해야 한다. 즉 어떤 사람이나 어떤 일을 마주하더라도 혹은 어떤 환경에 처하더라도, 반드시 자기의 마음 씀씀이를 감지하고 깨달을 수 있어야 하며 볼 수 있어야만 수행을 논할 수 있다. 자기 딴에는 수행을 아주 잘 했다고 하지만, 사람이나 일을 마주할 때 자기의 내심에서 일어나는 반응조차 감각하지 못하고 깨닫지 못한다면 그것은 수행의 문에 들어서지 못한 것이다.

내가 금방 한 말을 알아들었는지 모르겠다. 이를테면 내가 욕을 하면, 당신은 당장에 나와 맞서서 싸울 것인가 아니면 맞서지 않을 것인가? 그때 그 시각의 당신 내심에서 일어나는 반응을 감각할 수 있는가? 만약 자기의 마음 씀씀이를 감지하거나 깨닫지 못한다면 아직까지 수행은 멀었다. 자기의 마음 씀씀이를 똑똑히 안 다음 상대방과 맞서서 싸운다면, 그것은 이미 자기의 마음 씀씀이를 파악하여 제어한 것이다.

출가한 사람이라고 해서 욕을 못하거나 싸움을 못하는 것이 아니다. 싸우고 욕을 해도 자기의 생각을 똑똑히 볼 수 있고, 자기가 무슨 생각을 하고 속으로 어떤 반응이 있다는 것을 똑똑히 알아야 한다. 이를테면 신도들이 엎드려 당신에게 절을 할 때 마음속 반응은 어떠한가? 또한 신도들이 당신을 공경하지 않고 큰소리로 이래라 저래라 하면서 꾸짖거나 명령할 때의 반응은 어떠한가? 이와 같은 것들을 파악하지 못한다면 아직 도와 거리가 먼 것이다. 마음속의 어떤 반응이든 반드시 똑똑히 볼 수 있어야 한다.

지난 정월보름 내가 한창 바삐 보내는데 옹원현의 한 신도님께서 재신財神을 모셔왔다면서 개안(개광開光)을 해달라고 하였다. 그때 나는 확실히 원망하는 마음이 생겼지만, 즉각 이런 마음은 옳지 않다는 것을 각지하고 깨달았다. 그리하여 하던 일을 멈추고 몇 분간 시간을 내어 경을 읽으며 개안을 해주었다.

어떻게 당장 결단을 내리고 개안을 해주게 되었는가? 나는 나의 마음 씀씀이를 똑똑히 볼 수 있기 때문에 원망하는 마음은 맞지 않다는 것을 알았던 것이다. 만약 내가 나 자신의 원망하는 생각을 보지 못했다면 틀림없이 "눈이 없는가? 남은 정신없이 바삐 보내는데 무슨 개안을 해달라는 건가?" 하면서 욕을 하였을 것이다. 하지만 나는 생각의 싹이 생겼을 때 즉시에 그 생각을 바꿔버렸다.

😊 성불할 식견과 지옥으로 갈 식견은 똑같다

■ 도기스님 : 스승님과 상주하시는 분들께 한 가지 의견을 드리고자 합니다. 스승님께서는 무문관수련을 하겠다는 사람들에 대한 자비가 지나친 것 같습니다. 저는 두 가지 부류의 사람들의 요구는 들어 줄 수 없다고 생각됩니다. 첫 번째는 호기심으로 며칠 동안 동굴에 들어가 체험하고자 하는 사람들이고, 두 번째는 경계가 있고 진정하게 무문관수련을 할 수 있다고 주장하는 사람들입니다. 이렇게 자신이 대단하다고 여기는 사람들은 무문관수련을 하면 안 됩니다. 스승님도 이에 대해 아주 환히 아시므로 무문관수련을 허락하지 않으셔야 합니다. 자신도 고통스럽고 다른 사람들도 같이 고생합니다. 아무런 의미도 없는 이런 시도는 그 사람의 복보도 손상되는 일입니다.

■ 만행스님 : 일전에 이 문제에 대해 답을 한 적이 있다. 나도 허영심이 있고 낯을 가리기도 하는 사람이다. 많은 사람들이 찾아와서 서로 무문관수련을 하겠다고 졸라댄다. 얼핏 봐도 무문관수련을 할 사람이 못 되는데 "왜 빈자리가 있는데 무문관수련을 못하게 하느냐?"라고 하면서 기어이 무문관수련을 하겠다는 사람들에겐 방법이 없는 것이다. 거기에 나의 자비심을 증명하기 위해 그들의 요구를 들어주는 것이다.

무문관수련을 시작할 때는 포부도 웅대하고 기세도 만만하였지만, 10~15일도 지나지 않아 문을 부수고 뛰쳐나오는데 누구도 막을 수 없다. 하지만 이런 사람에게 무문관수련을 못하게 하면, "무문관수련센터라고 하더니 무문관수련도 못하게 한다."라고 할 것이다.

금년에 또 스님 한분이 왔는데, 일반인보다 더 마음이 초조하고 안정되지 못했는데도 무문관수련을 하겠다는 것이다. 결국 얼마 되지 못해서 출관하였는데, 가장 기본적인 생리기능도 가라앉히지 못하고 여전히 아주 격동적이었다. 뒤에서 남의 말을 하지는 않지만, 이미 그 사람 앞에서 내가 이 말을 해 주었다.

"출가한 사람 중에 조금만 '아니다'라고 하면 온갖 방법을 다해 자기가 옳다는 것을 증명하기 위해 변명하며 상대방을 좌절시키려는 사람이 많다. 호승심과 자기 체면만 생각하는 허영심조차 타파하지 못한다면 어떻게 청정한 스님이라고 할 수 있는가?

심지어 식견조차 없다. 어떤 식견인가? 사람들이 나를 좋다고 하면 좋고, 나쁘다고 하면 나쁘며, 득도했다고 하면 득도하는 것인가? 사람들이 나를 무엇이라고 한다고 해서 내가 무엇이 되는 것이 아니다. 이만한 자신감조차 없다면 어떻게 출가한 사람이라고 할 수 있는가? 세속 사람보다 못하다. 세속의 사람들도 이와 같은 식견은 다 있는 것이다."

성불수행을 하는 사람들은 누구나 모두 성불하고자 한다. 하지만 성불하겠다는 식견은 있는데 지옥에 가겠다는 식견은 없다. 만약 누가 "당신은 성불 못하고 지옥으로 갈 것이다."라고 한다면 당장에 진한심嗔恨心이 치밀어 오를 것이다. 진한심이 없다고 할지라도 변명을 하느라 얼굴을 붉힐 것이다. 왜냐하면 지옥에 가려는 식견도 없거니와 그만한 배짱도 없기 때문이다. 그러면서도 자기는 성불할 식견을 가지고 있다고 한다. 성불할 식견은 있는데 왜 지옥으로 가는 식견은 없는가? 나한들도 지옥으로 갈 식견이 있고 부처는 더 말할 것도 없다.

성불할 식견과 지옥으로 갈 식견은 똑같다. 만약 백 근의 힘이 있다면, 좋은 일을 해도 백 근의 힘이고 나쁜 일을 해도 백 근의 힘이다. 성불할 식견이 있다면 응당 지옥으로 갈 식견도 있어야 한다.

마음 씀씀이로 지옥에 가는지 알 수 있다

■ 질문: 구업을 지어도 지옥으로 갑니까?
■ 만행스님: 상황에 따라 다르다. 지옥을 가는지 여부는 그 사람의 마음 씀씀이를 봐야한다. 앉으나 서나 생각하고 말하는 것이 전부 '지옥, 지옥, ….'이라면 임종시 성불하지 못할 뿐만 아니라 지옥으로 가게 된다.

만약 머리에 살·도·음 같은 기억은 없고, 생각하는 것이 전부 '도'라고 하면 임종시 '도'와 상응할 것이다. 마음 씀씀이가 전부 '어미타불, 어미타불'이라면 임종시 어미타불과 같이 있게 된다. 왜냐하면 그 사람의 8식에는 어미타불이라는 한 가지 생각밖에 없기 때문이다.

항상 입에 "계를 지켜야 한다(持戒)."라는 말만 담고 다니는 사람은 도와 거리가 먼 사람이다. 이런 사람은 단지 계율의 조례에만 신경 쓰는 사람이다. 도를 수련하는 사람의 마음은 항상 도를 수련하고 도와 상응하기 때문에, 청규계율을 생각할 겨를도 없거니와 계율의 조례라는 것은 더더욱 없다. 하지만 이 말은 입도한 성인들만 놓고 하는 말이니 오해하지 말기 바란다.

■**질문** : 스승님! 어떤 상황을 '즐겁다(개심開心)'라고 할 수 있습니까?

■**만행스님** : 마음의 매듭이 풀려야만(맥개심해脉開心解) 진정하게 즐겁다고 할 수 있다. 번뇌가 있을 때, 번뇌가 있다는 것을 알면 바로 번뇌가 사라진다. 마찬가지로 진한심이 생겨 욕을 하고 싸우고 싶을 때 금방 알아차리면 진한심이 사라진다. 만약 이런 진한심을 깨닫지 못한다면, 진한심이 계속 유지되고 만연되면서 자라나게 된다.

제 3부 수행자의 종합적 자량

1강

선지식에 대해

합화스님의 발심

할 말이 있지만 제때 하지 않으면 영원히 하지 못한다. 사람은 틀린 말을 할 수도 있고, 일도 잘못할 때가 있다. 옛날 사람들은 "잘못된 것은 한두 번은 괜찮지만 세 번 네 번 거듭하면 안 된다."라고 말한다. 똑같은 착오를 연속으로 서너 번 하면 안 되는 것이다.

하지만 틀린 말을 할까봐 두려워하지 말고 대담하게 말하기 바란다. 일하는 것은 물론이고, 사람들의 말을 들으면서 자기의 견해도 말해야 한다. 사람들이 여러분에게 "고생을 마다하지 않고 일한다."라고 하면, 수행도 틀림없이 고생을 마다하지 않고 할 것이다. 수행은 일하는 것보다 더 힘들고 더 어렵다. 이를테면 좌선하면서 다리가 아프면 일 분도 참지 못하고 내려놓는다.

'합화合華' 당신은 줄곧 무문관수행을 하겠다고 하였다. 할 말이 많을 것인데 오늘 얘기하기 바란다.

■합화스님 : 과거에 참선을 해본 적이 없었는데…, 스승님! 오늘 여기가 바로 처음 시작하는 곳입니다. 스승님의 책을 보고 실제적인 수련을 하고자 여기로 왔습니다. 저는 충심으로 스승님께서 우리들을 이끌어 주실 것을 바라는데, 저에게 그런 복보가 있는지 모르겠습니다. 저는 거사가 된 지 얼마 되지 않아 출가하였습니다. 석가모니부처님께서 행하신 수행의 길을 그대로 걷고자 발심하였는데 하루 속히 성취하고 싶습니다.

하루하루 세월을 보내기는 쉽지만, 수련하고 공부하는 일은 실로 어렵습니다. 이전에 저는 한평생 선지식을 만날 수 없으리라 생각하였는데, 이리저리 다니면서 선지식이 도처에 다 있다는 것을 발견하였습니다.

처음에 저는 '상구불도上求佛道(위로는 불도를 수련하고) 하화유정중생下化有情衆生(아래로는 유정중생을 교화하겠다).'을 발심하였습니다. 그런데 지금 보면 우선 저 자신부터 충실히 하고 튼튼히 해야만 그 발심이 가능하다는 것을 알게 되었습니다.

우리 주변이 모두 선지식이다

'상구불도'와 '하화유정'은 같은 의미이다. '상구불도'가 바로 '하화유정'이고 '하화유정'이 바로 '상구불도'이다. '중생'은 부처님이고 부처님이 중생이다. '중생들에게 이익을 주겠다'는 말은 '복전을 심어준다'는 뜻만 해당되는 것이 아니다. 당신이 나쁜 일을 하지 않는 것도 중생들에게는 이익이 된다는 말이다.

　일반적으로 좋은 일을 많이 하면 할수록 아집이 점점 더 커진다. 만약 모든 사람이 좋은 일만 하고 나쁜 일을 하지 않는다면, 구태여 우리 출가한 사람들이 사람들에게 좋은 일을 하라고 권하지 않아도 된다.

　나는 일전에 사람들에게 "방생하는 일에 너무 집착하지 마라. 고기를 먹지 않으면 방생하는 것과 같다."라고 말하였다. 내가 출가한지 이미 십여 년이 넘었는데, 계속 채식만 하고 방생은 하지 않았다. 하지만 자칭 활불이라고 하는 어떤 사람은, 매일 닭고기요, 오리고기요, 물고기요 하면서 안 먹는 것이 없다. 이런 사람들이 방생한들 무슨 소용이 있는가? 채식하면 방생하는 것과 같다.

　우리의 주변 사람들은 모두 선지식이다. 단지 우리들이 몰라보고 열심히 체득하지 못했을 뿐이다. 여러분이 나의 곁에 올 때의 마음처럼 나를 믿는다면 나의 말이 여러분에게 도움이 될 것이다.

　지금 여러분들은 혜안이 열리지 못했기 때문에 부처님·보살님이 앞에 다가와도 알아보지 못한다. 『보문품』에서 "중생들이 어떤 몸으로 와서 제도할 것을 바라면, 관세음보살은 바로 그런 모습으로 와서 중생을 제도한다."라고 하였다.

　사실을 말하면 절대로 부처님·보살님들이 와서 중생들을 제도한 것이 아니다. 무량겁 이래로 항하(갠지즈강)의 모래처럼 많은 부처님·보살님들이 왜 우리들을 구제하지 못하였는가? 우리들이 수행하기 싫어하면서 부처님·보살님들이 와서 제도할 것을 기다렸기 때문이다.

부처님·보살님들이 오셔서 중생을 제도하였다면 왜 중생들이 점점 더 많아지겠는가? 자기 밥은 자기가 먹어야 배가 부르고, 자기의 생사는 자기 스스로 해탈을 끝마쳐야 한다.

🙏 자기 스스로 깨달아야 한다

지금 여러분들은 법문 듣는 것도 쉽고 스승을 만나서 법보를 얻는 것도 쉽기 때문에, 시간 아까운 줄도 모르고 열심히 수행하지 않는다. 법리를 들어도 연구할 생각을 하지 않고 스승이 답을 주기만 기다린다. 수행은 자기 스스로 해야 한다. 스승에게 의지하거나 부처님·보살님에게 의지한다면 한평생 성취할 수 없다.

어떤 일이든 계획하였으면 도움을 바라지 말고 자기 혼자서 완성할 수 있어야 한다. 도움이 필요할 때면 자연히 도울 사람들이 나타난다. 도움을 바라고 기대하는 것이 많으면 실망하는 것도 많아지고 원망까지 하게 된다. 여러분이 이미 나의 곁으로 와서 수행하고자 하고 진정하게 나를 존중한다면, 마땅히 나를 일반 출가인으로 보아야 한다. 절대로 부처님·보살님으로 보지 말아야 한다. 아니면 실망하게 된다.

보시는 당장에 복을 받는 것이 아니다

　나는 무문관수행을 하기 전에 법문을 모두 세 번 들었다. 한 번은 대만의 유상游祥에게 들었고, 그 다음엔 사천의 고제도賈題韜에게 들었고, 세 번째는 공유큰스님에게서 들었는데 모두 네 시간 정도 된다.
　나는 책을 기본적인 스승으로 하고 그분들의 법문을 들었다. 나의 경험에 의하면 책을 열 권 읽기보다 책 한권을 열 번 읽는 것이 더 낫다. 불경을 아무리 많이 읽어도 실천하지 않으면 소용이 없다. 불경은 부처님의 수행체험이기 때문이다.
　대부분의 사람들은 자기 안은 들여다보지 않으면서 두 눈으로 남을 잘 지켜본다. 부처님께 삼배한 다음 두 집게손가락을 마주 붙이고 이마에 대는 것은 자기의 안을 들여 보겠다는 뜻이다. 같은 의미로 기독교에서도 이마에서부터 가슴으로, 왼쪽부터 오른쪽으로 십자를 그린다. 하지만 지금 사람들은 자기 몸에다 대충 그린다.
　요즘에는 일반 사람들이나 출가한 사람들이나 모두 일을 하지 않고 부자가 되고자 한다. 사실 일을 열 배를 해도 얻는 것은 단 하나뿐이다. 나는 줄곧 일을 열 배로 하고 하나를 얻었지만, 한 번도 '한 번 노력해서 하나를 얻겠다든지, 한 번 노력해서 열 배를 얻겠다.'는 생각은 하지 않는다.
　수행자들은 외부에서 문제를 보지 말아야 한다. 밖에서 얻는 것이 많으면 많을수록 내재한 것을 잃는 일도 많아진다. 이 점을 믿지 않는다면 수행자로서의 자격이 없다. 보시를 행하고 좋은 일을 많이 한 것처럼, 그 결과를 당장에 보는 것이 아니라 장래에 보는 것이고, 혹은 다음 생에 무량한 공덕의 복보가 되는 것과 같은 것이다.

어떤 사람들은 무명無明이 너무 심해서, "밑지는 것이 복이다."라는 이치를 모르고 눈앞의 것만 생각한다. 공덕과 복보는 유형유상有形有相의 방식으로 수련하는 것이 아니다.

옛날 많은 대사님들이 홍법하실 때면 모두 대공덕주大功德主를 만나셨다. 그런데 왜 우리들은 만나지 못하는가? 전생에 수행을 잘 하지 못했기 때문이다. 자기 몸에서 원인을 찾고 원망하지 말아야 한다.

내 몸에서 원인을 찾아라

육조께서 오조를 찾아갔을 때 십 분도 얘기하지 않고 방앗간에서 쌀 방아를 찧게 하면서 여덟 달 동안 만나주지도 않았다.[58]

그런데 지금 사람들은 어디에 선지식이 있다하면, 일 분도 지체하지 않고 달려가 당장에 친견하려고 한다. 혹 선지식이 친견해주지 않으면 그 선지식을 욕한다. 또 들리는 풍문에 의하면 어떤 선

---

[58] 6조께서 쌀 방아를 찧으실 때, 몸무게가 가벼워서 디딜방아가 작동하지 않았다고 한다. 할 수 없이 커다란 돌을 다리에 붙들어 맨 다음 디딜방아를 찧었는데, 그때 다리에 붙들어 매었던 큰 돌이 광동성 남보타사에 보관되어 전해 내려온다.

지식은 욕도 하고 때리기도 한다면서 마음속으로 사형시켜 버리기도 한다. 하지만 옛날에는 선지식에게 욕을 먹거나 한 대 얻어맞으면 자신의 복이라고 생각하였다.

육조가 디딜방아를 찧는 모습(상상도)

지금 여러분은 내가 옳고 네가 틀리며, 나는 정확하고 너는 그르다고 생각한다. 도반들 사이에서도 '네가 나에게 한 마디 하면 나는 열 마디로 반박하겠다.'고 한다. 왜 그런가? 이 문제에 대해 내가 말하지 않아도 마음속에 이미 답이 있을 것이다. 아량이 작고 마음이 협소하기 때문에 나와 다른 견해를 받아들이지 못하는 것이다.

이런 마음상태를 가지고 어떻게 깨달음을 얻고 성불하겠는가?

부처님의 아량은 물론 사람노릇 하는 기본적인 아량도 없이 어떻게 성불하겠는가? 내가 전에 "성불수행은 우선 부처님의 아량부터 배우고, 성불하려면 사람들이 참을 수 없는 것도 참고 견뎌야 하며, 성인聖人이 되려면 반드시 범부들과 달라야 된다."라고 말하였다.

한 시간 정도 좌선하라고 하면 군말이 없지만, 그 이상 더 앉으라고 하면 마치 스승을 위해 좌선하는 것처럼 싫어한다. 부처님께 절하는 것도 마찬가지다. 자기가 몇 번 하고 싶으면 몇 번 하고 하기 싫으면 하지 않는다. 성현들은 사람들을 교육하기 위해 책을 읽는 것이 아니다. 자신들이 어떻게 사람노릇을 해야 하고 일처리를 해야 하는가 하는 문제를 해결하려고 책을 읽는다.

체면에 급급하지 마라

수행의 길에서 제 길에 들어서지 못하는 까닭은 자기의 잘못과 단점을 모르기 때문이다. 잘못과 단점을 모르기 때문에 부끄러운 것도 모른다. 진정하게 수행하려면 반드시 세상 사람들이 모르게 살아야 한다. 아니면 수행하겠다는 생각을 내지 말아야 한다. 무엇으로 홍법하고 중생을 제도할 것인가? 탐·진·치와 살·도·음殺盜淫으로 중생들을 널리 제도할 수 있는가?

부처님은 자비롭고 무아無我하다. 우리들은 그렇게 할 수 있는가? 사람을 다 속일 수는 없다. 오직 자기가 자기를 속일 뿐이다.

왜 부처님·보살님들이나 조사·대덕님들과 비교하지 않고 항상 주변사람들과 비교하는가?

이런 마음상태로 도를 깨닫고 성불하겠다하면 절대 되지 않는다. 솔직하게 말하면 도를 깨닫고 성불하는 것은 대자연이 은혜를 베푼 것이다. 은혜를 베풀고 안 베풀고 하는 것은 대자연의 일이고, 성불하고 안 하는 것은 우리들의 일이다.

설령 대자연이 우리들에게 은혜를 베푼다 해도 그 은혜를 받아들이지 못한다. 왜냐하면 부처님·보살님들의 힘은 우리들의 아집의 힘보다 크지 못해서, 우리들의 탐·진·치를 어찌하지 못하기 때문이다.

나는 함부로 성불수행 하라고 권하지 않는다. 대신 사람노릇을 잘 하고 일처리를 잘 하라고 한다. 성불수행은 자기가 자기를 괴롭히는 일이다. 모든 것을 전부 반대로 한다. 순종하면 범부이고 역행하면 성인이기 때문이다.

한 번은 일을 보러 갔다가 몇백 원 돈을 쓰고 사람을 불러서 밥을 먹었다. 원래는 그럴 계획이 없었다. 또 일은 이미 다 해결되었기 때문에 밥을 사지 않아도 됐다. 하지만 밥을 사달고 조르는 바람에, 그들의 소청을 만족시키기 위해 밥을 사게 되었다.

십여 명 사람들 가운데 단 한 사람만이 아주 민망해 하였다. 그 일념의 민망한 마음이 바로 보살인 것이다. 우리들의 돈은 모두 시방세계의 신도들께서 아껴 쓴 것을 모아서 보시한 돈이기 때문에 우리들은 아주 아껴 써야한다.

싱가포르의 친구 한 분이 나에게 15만 위안짜리 손목시계를 사주면서, "지금은 스승인데 스승의 차림새가 필요합니다."하는 것이다.

　나는 속으로 '내가 어디가 스승 같은가? 나는 그저 출가한 사람일 뿐이다. 더군다나 손목시계가 비싸다고 사람의 품위가 올라가고, 10위안짜리 전자시계를 찬다고 품위가 내려가는 것이 아니다.'라고 생각하였다. 그래서 돌아와서 그 손목시계를 팔아 절을 짓는데 보태었다.

2강

자아반성이 곧 수련이다

상대방을 잘 이해해야 함께 지낼 수 있다

상대방의 장점과 단점을 잘 이해해야 서로 잘 지낼 수 있다. 하지만 대개는 상대방의 결점만 보거나 장점만 보는 극단적인 경우들이 많다. 어째서 상대방의 장점과 단점을 함께 보지 못하는가? 또, 어째서 일을 같이 하게 되면 할수록 힘들어지는가?

일을 시키기는 쉽지만, 없는 것을 만들어가며 시작하기는 쉽지 않다. 관음동 동굴의 문 위에 '불광보조佛光普照'라는 글을 써서 붙이려 하는데 어느 누구도 감히 쓰지 못하고 있다. 그런데 막상 누군가 글자를 써 놓으면, 잘 썼느니 못 썼느니 하면서 군소리하는 사람들이 있기 마련이다.

지금 여기 앉은 사람들 가운데는 동화사로 온지 몇 달 된 사람도 있고, 일 년 되는 사람도 있고, 이미 몇 년이 되는 사람도 있다. 오랫동안 상주하게 되면 분명 나(만행)에 대한 인식이 있을 것이다. 보고 듣고 상상하였던 것들을 서슴없이 말하기 바란다.

수행하고 진보하고자 갈망하는 사람은 반드시 자기 흠집을 찾고 결점을 찾아야만 진보할 수 있다. 그렇지 않으면 진보할 수 없다. 말과 행동은 100% 그 사람 내심세계의 현현이다. 내재에 그런 것이 없다면 밖으로 그런 것이 드러나지 않는다. 인생을 살아가다 보면 궁금해지는 것도 많다. 평상시 보고 듣고 하는 모든 일을 내심으로 참구를 해야 한다.

지금 성불수행을 하는 사람들은, 자기는 지혜도 있고 선정력도 대단하다고 여기지만 자세히 살펴보면 어쩐지 어리석고 아둔해 보인다. 성불수행을 하기 전에는 일처리도 괜찮게 하였는데 도리어 지금은 할 줄 모르는 사람도 있다. 지혜와 선정력이 있는 사람은 모든 면에서 더 잘 해야 하는데 왜 더 못하는가?

이것이 옳은 현상인가? 출가하기 전에는 일처리도 잘하고 사람 노릇도 잘하였는데, 출가한 이후 점점 둔해지면서 사람노릇도 일처리도 할 줄 모르게 되었으니, 성불수행이 멍청이가 되기 위한 공부라는 말인가? 과연 불법은 사람들을 바보로 만드는 학문이란 말인가?

사실 이런 사람은, 출가하기 전 집에 있을 때도 아둔하고 미련한 사람이었고 아무 일도 못했던 사람이었던 것이다. 그래서 출가하였지만 여전히 아무것도 할 줄 모르는 것이다. 만약 성불수행을 해서 일할 줄 모르게 되었다면 성불수행을 왜 하겠는가?

성불수행을 하는 목적은 무엇인가? 여러분들은 해탈하기 위한 것이라고 대답할 것이다. 하지만 여러분 중에 누가 해탈하였고 또 누가 지혜의 문이 열렸는가? 진정하게 득도하고 도력이 있는 사람이라면, 어떻게 해탈하지 못하고 지혜의 문이 열리지 않겠는가?

❸ 출가한 사람은 다른 사람의 잡초도 뽑아주는 역할을 해야 한다

며칠 전 한 사람이 출가하겠다고 청하기에, 왜 출가하려하냐고 물었더니 세속이 너무 고통스러워 출가하겠다고 말했다. 그 말에 내가 "세속 생활이 그렇게 힘들다면 출가하면 더 힘들 것이다." 라고 말해 주었다. 불문은 사회보다 일이 더 많다. 얼렁뚱땅 허송세월을 보내는 건달 같은 스님 외에는 모두 바삐 보낸다.

성불수행을 한다는 사람들이 나태하고 먹기만 좋아하며, 게으르고 일하기 싫어하며 허송세월을 보낸다. 일하는 것이 두려우면 성불수행을 하지 말아야 한다. 성불수행을 하려면 반드시 내재의 잡초인 탐·진·치·만·의를 뽑아버려야 한다. 한 번에 다 뽑지 못했으면 열 번에 걸쳐서 뽑고, 열 번에 안 되면 백 번에 걸쳐 뽑아야 한다.

성불수행을 하는 사람은 자기 심전心田의 잡초를 뽑아버릴 뿐만 아니라, 다른 사람을 도와 그들의 심전에 있는 잡초도 뽑아버릴 수 있도록 해야 한다. 본인도 이미 힘들어 죽을 지경인데, 다른 사람을 도와 그들의 잡초까지 뽑아 버리도록 해야 하는 일이 쉽겠는가? 상상할 수 없을 만큼 어렵다. 그러므로 게으르고 나태한 사람은 애당초 성불수행을 하지 말아야 한다.

어떤 사람들은 사회에서 음모를 꾸미고 속이기를 좋아했는데,

사원에까지 이런 습성을 가지고 들어온다. 사실 음모와 속임수 자체는 불성佛性의 현현이다. 불성에는 선과 악이 없다. 어떻게 쓰느냐 하는 것이 문제이다. 음모와 속임수는 마치 칼과 같아서, 사람을 죽일 수도 있고 살릴 수도 있다. 칼 자체는 선이나 악이 아니다.

출가한 스님의 근본 목적은 도를 닦는 것이다. 그런데 음모와 속임수를 쓰고 파벌을 만들면 어쩌자는 것인가? 출가한 스님은 세상 사람들의 모범이다. 세상 사람들은 각기 다른 마음 씀씀이를 가지고 우리 앞으로 다가온다. 하지만 우리들의 마음 씀은 단 하나뿐이다.

사람을 도道로 인도하고, 그들로 하여금 사람노릇을 하고 일을 잘 해가면서 살도록 해야 한다. 소위 중생을 교화한다는 말은, 그들의 정확하지 않은 마음 씀과 극단적인 사상을 교화해 정확한 궤도에 들어서게 하는 것이다.

정상적인 사람은 교화가 필요 없다. 정상적인 사람을 교화시킬 때는 지혜가 나타나지 않지만, 힘들고 어려운 일을 하게 되면 지혜가 드러난다. 다른 사람은 성공하지 못하는데 당신이 성공했다면, 당신은 그 사람들에 비해 지혜가 있다는 뜻이다.

자아반성이 바로 '도를 닦는다'는 것이다

무엇을 '도를 닦는다(수도修道)'고 하는가? 자아를 관찰하고 점검하며 성찰하는 것을 말한다. 끊임없이 자아를 관찰하고 자아를 점검하며 자아를 반성하는 이 세 가지 '자아'를 잘해야만 비로소 입도하고 성취하는 것이다.

수행자의 사상은 아주 섬세하고 정밀해야 한다. 섬세하고 정밀하지 못하면 자신의 마음 씀씀이를 보지 못한다. 자기 마음 씀씀이를 보지도 못하는 사람이 어떻게 도를 수련할 수 있겠는가?

자기의 사상을 다스리는 것이 바로 항복기심이다

자기의 사상을 다스리는 것이 바로 항복기심降伏其心이다. 오직 사람노릇을 하고 일을 해야만 비로소 자신의 지혜를 계발할 수 있고 자기를 완벽하게 할 수 있다. 흔히 일을 하기 전에는 자기는 대단하고 무엇이나 다 잘 할 수 있다고 여기지만, 막상 일을 시작해 보면 자기는 아무것도 할 줄 모른다는 것을 발견하게 된다.

일을 하는 것을 두려워하지 말고 말을 하는 것을 두려워하지 말아야 한다. 일을 많이 하고 말을 많이 하게 되면 자연히 잘 할 수 있게 된다. 일을 할 담력과 식견이 있어야 하고, 말을 할 담력과 식견이 있어야 하며, 일을 감당할 수 있는 담력과 식견도 있어야 한다. 대담하게 일하고 대담하게 말하고 행동하며 대담하게 감당할 줄 알아야만 비로소 수행을 하는 것이다.

사람들의 눈치나 보고 사람들이 좋아하는지 아닌지를 생각하면서 일하지 말아야 한다. 이를테면 주지스님의 눈치도 보지 말고, 큰 스님의 눈치도 보지 말며 신경을 쓰지 말라는 말이다. 오로지 일심으로 일하고 일 처리를 잘하면 되는 것이다. 맡은 일을 잘하는 자체가 바로 지도자들에 대한 최대의 존중이다.

3강

공경하게 바치는 정신

🪷 5계 10선은 가장 기본이 되는 도덕표준이다

속세에서는 우리를 수행자라고 부른다. 하지만 수행자가 갖춰야 하는 조건을 제대로 안다면 감히 스스로 수행자라고 말하지 못할 것이다. 왜냐하면 세속 사람들과 다르고자 노력해도 세속 사람들과 별다름 없고, 제대로 하지도 못하기 때문이다. 우리가 수행자의 조건에 부합된다 하더라도, 그것은 원래부터 그렇게 해야 할 당연한 것에 불과하다.

불교에는 '5계 10선五戒十善'이라는 계율이 있다. 이것은 수행자들만 준수해야 되는 계율이 아니라 모든 사람이 다 준수해야 하는 제일 기본적인 도덕 표준이다.

만법유심萬法唯心

'삼계유식三界唯識(욕계 새계 무색계가 모두 의식에 의해 이루어졌고), 만법유심萬法唯心(세상의 모든 것이 마음에 의해 이루어진 것이다)'은 성불수행을 하는 사람이라면 누구나 알고 있는 이치이다. 무엇을 '만법유심'이라고 하는가? 이것을 모르면 수행을 할 수 없을 뿐만 아니라 사람을 대하는 것도 힘들다.

서방 심리학자들이 매일 아침 일어나 자리에 누운 채로 자신에게 "나는 성공한다. 나는 즐겁다. 나는 건강하다."라고 말해서 일깨워 주라고 권고하는데, 실험 결과 100일이 못 가서 정말 즐거워지고 건강해지고 사업도 쉽게 성공하는 것이 입증되었다.

몇 천 년 전 부처님께서는 이미 '만법유심'이라는 이치를 우리에게 가르쳐 주셨다. 만약 매일 '성내는 마음(진한심嗔恨心)'이나 '원망하는 마음(포원심抱怨心)'으로 일을 하게 되면, 눈앞의 만사 만물과 기분 역시 성내는 마음이나 원망하는 마음으로 바뀌게 되고 또 그런 기분들이 당신을 에워싼다. 환희심이나 감사하는 마음으로 일을 하면, 눈앞의 만사 만물들이 모두 그지없는 환희심과 감사한 기분으로 바뀌어 좋은 기분을 주는 것이다.

외계의 만사만물은 동일체이다. 마치 한 가닥의 전기선과 같아서, 앞부분의 전압이 200볼트면 뒷부분의 전압이 500볼트가 될 수 없는 것과 같은 이치이다. 하나의 전기선이라면 매 단락의 전압도 똑같은 것이다. 즉 우주 전체는 생명이 있는 하나의 유기체이다.

사람의 두뇌는 '영혼'의 지배를 받는다. 예를 들어 내가 몰래 당신에게 악담을 퍼붓는다면, 당신의 두뇌는 몰라도 당신의 영혼은 알아챈다. 즉 악담을 하는 나의 에너지 마당이 이미 당신의 영혼에 영향을 준 것이다. 이때 당신의 영혼은 그 정보를 당신의 두뇌에 전달함으로써 당신의 두뇌도 나를 보면 달가워하지 않게 된다. 자기도 모르게 '왜 내가 그 사람을 보면 달갑지 않을까?' 하는 느낌이 생긴다.

단순한 사람일수록 영혼의 힘이 아주 크다. 불교에서는 영혼이라는 말을 반대하지만, 여러분의 이해를 위하여 내가 영혼이라는 단어를 사용하여 풀어 말한 것이다.

㉛ 수행의 첫 자리는 보시다

수행은 어디에 어떻게 손을 써야 성취할 수 있으며 또 어떻게 하면 부처님·보살님의 도道와 상응할 수 있는가?
- 명후明厚 : 자비로부터 접근해야 합니다.
- 도혜道惠 : 공경하게 바치는 데에서부터 시작해야 합니다.

명후는 우리 절에 감당할 사람이 없을 정도로 입심이 제일 좋다. 명후는 언어반야는 되었지만, 이것은 반밖에 되지 않기 때문에 반드시 말한 것을 실행해야 한다. 우리 모임 중에서 명후가 제일 영민하고 다음은 영청永淸이다. 그런데 영청은 인내심이 부족하다.

성불수행은 말과 행동이 일치하는 것이 제일 중요한데, 명후와

도혜 두 사람 모두 옳다. 하나는 '공경하게 바친다(봉헌奉獻)'이고 다른 하나는 '자비慈悲'이다. 비록 두 사람이 대답한 단어는 다르지만 사실 하나이다. 이것이 바로 부처님·보살님의 도와 상응할 수 있는 유일한 지름길이다.

제아무리 지혜가 있고 능력이 있으며 선정력이 있다 해도 그보다 더 중요한 것은 자비이다. 오로지 자비만이 부처님·보살님이 될 수 있는 방법이다. 선정력은 도와 상응할 수는 있지만 부처님·보살님과 상응하기는 어렵다. 왜냐하면 부처님·보살님은 이미 도를 초월했기 때문에, 도의 밖에서 초연히 독립적으로 도보다 높게 있기 때문이다. 그러니 선정력은 다만 도를 닦는 기초일 뿐이다.

보살행은 보시를 제일 첫 자리에 놓는다. 하지만 우리들은 아직까지 보시의 길을 걷지 못하고 있다. 왜냐하면 우리들은 무아無我에 이르지 못했고 아집我執이 강해서 도무지 보시를 할 수 없기 때문이다. 어째서 아집이 그렇게 강한가? 자비심이 없기 때문이다. 자비심이 없기 때문에 공손히 바칠 방법이 없다. 하지만 공손히 바치는 것이 보시이다. 때문에 명후가 요점을 잘 집어 말했다.

우리는 모두 성불하고 싶고 보살이 되고 싶다고 한다. 하지만 어떻게 자비를 베푸는지를 모른다. 때문에 부처님·보살님께서 대승의 수행노선을 결정하실 때 자비를 첫 자리에 놓지 않고 보시를 첫 자리에 놓았다. 자비는 아주 광범하기 때문에 어떻게 접근해야 좋을지 모르므로 보시를 첫 자리에 놓은 것이다. 보시를 첫 자리에 놓으면 비교적 쉽게 수행을 이해하게 된다.

흔히 보시라 하면 비교적 명확하고 구체적인 것으로 생각한다.

단지 "돈과 재물을 보시하고 체력을 보시하면 되는 것이 아닌가?" 라고 말이다. 하지만 대개 제일 어려운 일이 제일 쉬운 일이기도 하듯 보시야말로 제일 어렵고도 제일 쉬운 일이다.

　길을 걸을 때 당신이 앞에서 걷고 내가 뒤에서 걷거나, 혹은 당신이 나에게 욕을 퍼부을 때 입을 다물고 대꾸하지 않거나, 또 화장실에서 양보하고 뒤에서 기다리는 일 등도 전부 다 보시이다. 일반인들은 이렇게 간단하고 쉬운 일조차 하기 어려워한다. 하지만 수행자는 자기에게 잠재된 에너지를 개발하기 위해서 반드시 공경하게 바치는 데에서부터 보시를 하여야 한다.

🌀 부처님·보살님의 씨앗을 심자

　성불수행은 밖에서 무얼 얻고자 하는 공부가 아니라 내면의 힘을 밖으로 끌어내는 것이다. 마치 우물의 물을 끊임없이 길어내도 다시 끊임없이 위로 샘솟는 것과 같은 이치이다. 성불수행은 오직 이렇게 끊임없이 공경하게 바치는 방식을 통하여야만 비로소 안에 잠재된 에너지를 활성화시킬 수 있으며, 나아가 부처님·보살님과 상응할 수 있으며 그들과 동일체가 될 수 있다. 만약 이 방식을 멀리하고 밖에서 안으로 끌어들이기만 하면, 이것은 우물에 물을 퍼부어 오히려 물을 마르게 하는 것과 같다. 우물의 물이란 밖으로 길어내야만 마르지 않고 영원히 솟아나오는 것이기 때문이다.

　심령의 힘도 마찬가지다. 끊임없이 사용하고 내보내야만 비로소 부처님·보살님과 똑같은 힘을 갖추게 된다. 나한과 부처님·보살님의 차이는 아주 크다. 부처님·보살님은 밖으로 힘을 내보내지만 나한은 절대로 밖으로 힘을 내보내지 않을뿐더러, 오히려 밖에서 안으로 끌어들인다.

어째서 초지보살59의 공덕과 복보가 천백억 나한의 공덕과 복보를 초월한다고 하는가? 나한은 '자기만 씀(자수용自受用)'으로 수련하고 성공한 뒤에도 자기만 쓰지만, 보살은 초발심의 첫 걸음(아직 수련하여 성공하지 않았을 때)부터 '다른 사람이 쓸 수 있음(타수용他受用)'을 기원함으로써 중생들이 받아 쓸 수 있게 하는 것이다. 만약 수련하여 성공하면 더 말할 것이 없다. 때문에 나한은 부처님의 지혜를 이어받지 못하는 것이다.

예를 들어 말하면 이렇다. 여기에 30kg 되는 물건이 있고, 이 자리에 앉은 분들은 모두 성불수행을 하는 사람들이며, 모두가 이것을 짊어질 만한 힘을 갖고 있다고 가정하자. 하지만 이 물건을 짊어지려는 사람이 없다. 그런데 그중 한 사람이 30kg의 물건을 짊어질 만한 힘은 없지만 앞장서서 그 물건을 짊어지려 하였다. 그는 그 물건을 나누어서, 오늘도 짊어져 오고 내일도 짊어져 온다. 여기서 이 30kg을 짊어질 만한 사람은 나한이고, 12kg을 짊어질 만한 사람은 부처님·보살님이 될 사람이다. 이 사람은 나한의 힘을 따르지 못하지만 그가 짊어져 나른 물건들을 중생들이 받아쓰는 것이다.

---

59 보살의 경계를 '초지~10지'의 10단계로 나누는데, 부처님의 가르침에 따라 보살의 계를 받고서 보살행을 시작한 사람을 초지보살初地菩薩이라고 한다.

이 사람이 끊임없이 짊어져 나르는 과정에서 힘이 길러지고 나중에는 60kg이 되는 짐도 나를 수 있게 된다. 하지만 처음부터 30kg을 나를 수 있었던 사람은 그 일을 하기 싫어하기 때문에, 중생들은 그에게서는 아무런 이익을 받지 못한다. 이런 사람은 나한 정도밖에 되지 않는다. 부처님·보살님은 타인이 쓸 수 있게 하지만 나한은 겨우 자기 자신만 쓸 수 있는 것이다.

③ 성불수행을 하는 사람은 열석한 사람이다

래과선사來果禪師님께서 일찍이 이런 말씀을 하신 적이 있다. "절을 짓고 스님을 안정시키며, 불경을 강의하고 불법을 논하며, 정신을 가다듬고 참선하겠다고 발심한 사람은, 모두 이 세상에 다시 온 부처님·보살님이시다. 설사 그 사람이 지금은 부처님·보살님이 아닐 수 있겠지만, 인지因地(과거 수행하던 환경)에는 이미 부처님·보살님이었고 열석列席한 사람이다."

무엇을 열석하였다고 하는가? 그는 삼악도를 초월했을 뿐만 아니라, 극락세계에서는 이미 그 사람의 자리가 마련되어 있다는 말이다. 비록 지금 서방 극락세계로 왕생할 수 있는 힘은 부족하지만, 그곳에는 이미 자리가 마련되어서 그를 기다리고 있는 것이다.

지금 우리의 수행 상태로는 직접 극락세계로 가기가 힘들다. 반드시 삼악도를 한 바퀴 돌고 와야만 비로소 극락세계로 갈 수 있다. 또 우리가 삼악도를 가지 않을 이유도 없다. 그럴 듯하게 멋진

연설을 하고 또 입에서 연꽃을 뿜을 수 있더라도 아무 소용이 없는 것이다. 마귀들도 입에서 연꽃을 뿜어내지만 삼악도를 벗어나지 못한다.

우리 동화선사에도 좋은 씨앗 몇 명이 있는데 이들은 삼악도를 면할 수 있다. 능력은 부족하지만 기본적인 마음이 잘 갖추어져 있기 때문이다. 기본적인 마음도 바꾸지 않고 일반인의 생각대로 행동하면 삼악도로 가는 씨앗을 심는 것이다. 이 자리에 앉은 사람들은 전부 성불수행을 하지 않는가? 그렇다면 우리는 이미 세속의 범부가 아니다.

부처님·보살님으로 생각 바꾸기

성불수행을 하는 사람들이라면서 어째서 생각을 부처님·보살님의 방향으로 바꾸지 않고 범부에서 머무는가? 비록 부처님·보살님의 능력은 없더라도 생각과 사유방식은 반드시 바꿔야 한다. 바꾸기 어려워도 반드시 바꿔야 한다. 당신이 진정 성불수행을 하는 사람이라면 말이다.

6조께서 "6~7의 인因에서 바뀌어야 한다."라고 말씀하셨다. 성불수행의 첫걸음은 생각부터 바꿔야 한다는 것이다. 바로 제6식(두뇌)과 제7식(말나식), 즉 인지因地에서 반드시 찰칵하는 소리와 같이 즉시 바뀌어야 한다는 것이다. 만약 바꾸지 못하면 성불수행을 한다는 말을 하지 말아야 한다.

전5식과 8식은 성불하고 증과證果를 얻는 그 순간에만 바뀐다. 부처님·보살님께서 우리에게 전5식과 8식을 당장 바꾸라는 말은 하지 않았지만, 성불수행의 첫걸음인 제6식(두뇌의 관념), 즉 당신의 사상 관념은 완전히 바꿀 수 있다고 하였다. 만약 이것도 할 수 없다면서 노력하지 않는다면 성불수행을 한다는 말을 아예 하지 말아야 한다.

홍법을 해야 법신 보신 화신을 갖춘 삼신불이 된다

옛 사람들은 "출가하기는 쉽지만 도를 닦기는 어렵다."라고 하였다. 하지만 도를 닦아 성공하게 되면 또 "도를 닦기는 쉽지만 홍법弘法하는 것은 어렵다."라고 할 것이다. 과거의 '독각불[60]'들이 '독각불'이 된 이유도 아마 여기에 있는 것 같다. 노자老子도 '독각불'이다. 하지만 그의 혜명慧命만은 후학을 통해서 이어져 내려오게 되었다. 다행히도 그분이 『도덕경』이라는 글을 써서 그의 제자에게 물려주시고 가셨기 때문이다.

석가모니 부처님은 노자처럼 유유자적한 복을 누리지 못하였다. 그분은 아주 바쁜 사람이었다. 그렇게 바빴기 때문에 부처님은 법신法身, 보신報身, 화신化身을 얻으신 삼신불이시다. 하지만 노자는 삼신불이 아니다. 왜냐하면 노자는 부처님처럼 그런 대가를 지불

---

[60] 독각불獨覺佛 : 혼자만 깨닫고 홍법을 하지 않는 부처

하지 않았기 때문이다.

　장사는 투자한 만큼 얻지 못하는 게 현실이다. 어떤 때는 100만 위안(약 164,690,000원)을 투자하고도 밑천까지 다 없앨 때도 있다. 하지만 성불수행은 1분 투자하면 1분 얻고, 10분 투자하면 10분 얻는다. 성불수행에는 밑지고 남는 것이 존재하지 않는다. 불교에는 "하늘이 직접 낳은 미륵부처가 없고, 자연적으로 생긴 석가부처도 없다."라고 말한다. 미륵부처나 석가부처 모두 세세생생 몇 십 겁을 수련하면서 성공한 것이다.

　지금 이 자리에 앉은 여러분들이 불법을 듣고 성불수행을 할 수 있으며, 또 출가하여 도를 닦게 된 원인도 무량겁의 전생 때부터 성불수행을 하였고 도를 닦았기 때문이다. 이 말은 또 우리가 무량겁 이래 성불수행을 하였고 도를 닦았지만 오늘까지 성불하지 못하였다는 것을 의미하는 것이 아닌가?

　답은 아주 확실하다. 만약 우리가 과거 세대에 성불하였다면 오늘의 모든 행위와 언행은 당연히 부처와 같아야 할 것이다. 하지만 그런 기미는 보이지 않고 다만 자기 몸만 지킬 줄 아는 나한 같은 그림자만 조금 보인다. 하긴 자기만 잘 관리할 수 있어도 장엄하고 청정한 수행자라 하겠다.

씨앗이 좋아야 한다

내게 거문고를 가르쳤던 선생님 이야기를 들려줄까 한다. 거문고 선생님이 대학교를 이제 막 졸업하여 젊은 나이에 부임했을 때의 일이다. 당시 선생님이 가르쳤던 학생들은 비교적 둔한 편이었는데, 경험이 있는 선생이라면 학생 중 일부는 잘 배우지 못할 것을 미리 알았겠지만, 이 선생님은 이제 막 부임을 한 터라 경험이 없어 그저 자기가 열심히 하면 학생 모두가 다 잘할 줄만 알고 최선을 다해 거문고를 가르쳤다고 한다. 하지만 자기의 노력에도 불구하고 몇몇은 끝끝내 거문고를 잘 배우지 못했는데, 이 일로 선생님은 학생이 성공하려면 처음부터 씨앗이 좋아야 된다는 사실을 깨달았다.

좋은 씨앗은 스승이 심혈을 기울이며 무진 애를 쓰지 않아도 한 번에 깨닫고 배운다. 사람마다 전부 다 잘 가르칠 수 있는 것도 아니고, 모든 사람들을 전부 다 이끌 수 있는 것도 아니다. 불가에서는 "중생은 확실히 근기(根器, 토대) 차별이 존재한다."라고 말하였다. 차별이 있기 때문에 부처님·보살님들도 명확한 등급으로 나뉘는 것이다. 즉 삼신불三身佛, 십지보살十地菩薩, 사과나한四果羅漢, 성문聲聞, 연각緣覺 등등이다. 인지因地에서 차별이 있었기 때문에 과지果地까지 수련하여도 역시 차별이 있는 것이다. 차별이 존재하는 것은 정상이다. 부처님·보살님들도 불평등한데 하물며 우리는 어떻겠는가?

고목선은 삼악도의 종자를 심은 것이다

땅에 넘어진 사람도 일어나겠다는 의지가 있어야 잡아당겨 일으켜 줄 수 있다. 하지만 넘어진 사람이 일어나기 싫어하면 잡아당겨 일으켜 준다 해도 손만 놓으면 다시 넘어질 것이다. 사람들이 모두 포기한 뒤에도 누가 와서 자기를 끌어당기고 안아줄 것을 기대하고, 또 영원히 자기 손을 잡아줄 것을 희망한다. 남에게 기대어 사는 사람도 나중에 혹 자그마한 나한과羅漢果를 증득할 가능성은 있다. 하지만 그 증과는 설익은 나한과일 것이다.

성불을 하고 싶은 자가 보시에 힘쓰지 않으면 영원히 성불을 성취할 수 없다. '공경하게 받들어 드림(봉헌奉獻)'이라는 말은 현 시대에 쓰는 말이고, 전통적인 종교에서는 모두 '보시'라는 말로 표현한다. 끊임없이 계속 보시를 하다보면 나중에는 자기도 모르게 부처님·보살님이 되는 것이다. 만약 이 길을 걷지 않고 제자리에만 있다면, 매일 계를 지키고(지계持戒), 치욕을 참으며(인욕忍辱), 용맹정진 한다고 해도 심령의 공간은 줄어들 수밖에 없다. 본래 보살의 성과를 성취할 사람이라면 나한밖에 되지 못하며, 또 나한의 과위를 성취할 사람이었다면 다만 한 그루 고목밖에 되지 않는 것이다.

과거의 조사·대덕들은 항상 고목선枯木禪[61]을 수련하는 사람들을

---

[61] 『지월록指月錄』에 실려 있는 「파자소암婆子燒庵(노파가 암자를 불지르다)」이라는 이야기 속에 있는 말이다. '고목선'은 마른 나무와 같은 선이라는 뜻으로, 따뜻하거나 살아 있는 선이 아니라 마른 나무처럼 메마르고 죽어 있는 선으로, 계율을 지키는 수행에는 철저했지만 한 점의 자비심도 익히지 못하며, 자리自利만 추구하고 이타利他는 모르는 선을 뜻한다.

소리쳐 꾸짖었다. 한 사람의 마음 크기, 에너지마당, 그리고 그의 차원은 모두 보시를 통하여 닦아온 것이다. 다시 말하면 그 사람이 받아들이는 힘과 능력은 모두 보시를 통하여 천천히 배양된 것이다. 이기겠다고 경쟁하기 좋아하는 사람들은 심령의 공간도 점점 줄어들 뿐만 아니라 자기의 혜명까지 단멸시켜서 경쟁자가 성공하도록 하니, 삼악도의 종자를 심어 놓는 사람인 것이다.

 4강

종합적인 자질

식견, 행원, 수증

경건한 마음으로 성불수행을 하고 도를 닦는 사람들을 보면서 이런 생각이 들었다. 경건하기만 하면 진리를 깨닫고 성불할 수 있을까? 도를 얻을 수 있을까? 나의 대답은, 경건하기만 해서 성불할 수 있다면 부처님께서 '식견見地, 행원行願, 수증修證'이라는 말을 하지 않았을 거라는 것이다.

많은 사람들이 자기 스승에게 '저는 십 몇 년 동안 성불수행을 열심히 하였는데 왜 아무런 감응이 없습니까?'라고 한다. 심지어 어떤 사람들은 스승이 가르친 수련방법이 좋은 방법이 아니라고까지 한다. 성불수행은 지혜를 수련하는 과목이다. 경건한 것만으로는 부족하다. 성불수행은 경건한 마음도 필요하지만 더욱 필요한 것은 지혜이다. 경건하지 않으면 입도하기 어렵고, 지혜가 없다면 절대로 득도가 불가능하다. 아울러 행원行願(성실하게 소원하는 것을 행함, 보시 등)이 없으면 도의 과果가 원만하지 않게 된다.

수행에 있어서, 지혜를 똑바로 뚫린 광명의 큰 길이라고 하면 경건한 마음은 입도하는 열쇠라고 비유한다. 경건한 마음만 있고 지혜가 없으면 대문을 열 수는 있지만 안으로 들어갈 방법이 없는 것이다.

  수행의 길은 가는 곳마다 아름다운 풍경이다. 사람들은 보통 길가의 좋은 경치를 목적지로 오해하고 자기가 도달해야 하는 소중한 장소라고 여긴다. 우리가 수행의 거리를 100km라고 가정한다면 경건한 마음만으로는 30km밖에 가지 못한다. 나머지 70km는 지혜에 의거하고, 행원에 의거하고, 자아를 잊은 정신에 의거하고, 배포와 당당한 기세에 의거하여야 한다. 진정 도를 이해하고 입도한 사람은 이미 경건한 마음을 초월한 사람이다. 그때의 도심道心에는 경건하지 않음은 존재하지 않는다.

③ 불도를 이해하지 못하고 믿는 것은 미신이다

  과거의 고승·대덕들이 증도하기 전에는, 향을 피우고 절하고 경전을 독송하면서 바삐 보내지 않았다. 그러나 입도한 후에는 그들도 이러한 일들을 한다. 그들은 이러한 일들이 홍법을 위해 필요한 것임을 너무도 잘 알고 있다. 그러나 수도라는 측면에서 보면 이것만으로는 부족하다. 어떤 대덕들은 이런 일들을 아예 하지도 않는다.

  옛날 사람들은 아침저녁 예불을 부처를 배우는 의식으로만 여기고 수행의 근본으로 여기지 않았다. 그렇다면 이런 의식은 중요하지 않은가? 처음 부처님을 배우는 사람들에게는 확실히 중요하다. 하지만 이런 의식이 너무 많기 때문에, 어떤 사람들은 이 의식을 성불수행의 근본법문으로 인식한 채 평생토록 이런 의식만 배우느라 빠져나오지 못하기도 한다.

엄격하게 말하면 입도를 못한 사람, 도를 얻지 못한 사람들에게는 경건한 마음이라는 말이 미신에 불과하다. 입도를 못한 사람, 도를 얻지 못한 사람들이 어떻게 도를 이해할 것인가? 불가능하다. 도를 이해하지 못한 사람들이 도를 믿게 되면, 미신迷信으로부터 시작하는 것이고 미신을 바탕으로 설명하게 된다.

우리는 사람들에게 맹목적으로 믿지 말라고 강조한다. 하지만 우리들은 날마다 미신을 신봉하는 상태에 처해 있지 않은가? 심지어 어떤 사람은 미신에 파묻혀 아예 나오지도 못한다. 처음 수행하는 사람은 맹목적이지 않으면 믿지 않을 것이고, 믿지 못하면 수행하지도 않을 것이다. 입도를 해야만 비로소 '믿을 신信'도 '미혹할 미迷'도 존재하지 않는 것이다. 그때는 다만 맑고 깨끗한 각지覺知만 유지하게 된다.

마치 동화선사를 보지도 못했으면서, '어떤 수행자가 절을 지으려 하고 풍수가 특별하게 좋다'는 소리만 듣고 동화선사가 수행할 만한 곳이라고 믿었던 것과 같다. 사람들의 귀에까지 전달되었을 때는 꽤 오랜 시간이 흘렀을 텐데, 과거의 소문에 의지해서 믿었던 것이다. 그러다 동화선사를 다녀와 보고 듣고 체험한 후에야 비로소 소문과 실제가 다르다는 것을 깨닫고, 자기의 사상, 자기의 견해, 자기의 관점을 갖게 된다. 이치가 바로 이렇다.

③ 완전히 안 다음에야 정신正信할 수 있다

한 가지 사물을 보고 완전히 안 다음 믿는 것과, 보지도 못하고 알지도 못하였을 때 믿는 것은 전적으로 다르다. 마치 단 한 번도 태양을 본 적 없는 봉사가 태양은 이렇고 저렇다는 다른 사람 말만 듣고 태양을 상상하는 것과 같다. 봉사는 태양의 진짜 모습을 모른 채 사람들이 하는 말만 그대로 믿다가 어느 날 눈이 좋아져 태양을 직접 본 후에야, 사람들이 묘사한 태양과 자기가 생각한 태양이 다르다는 것을 알게 된다. 또 봉사는 매일매일 태양이 동쪽에서 솟아올라 서쪽에서 지는 것을 보면서 점점 이 광경에 익숙해져 태양에 대한 신비감을 잃는데, 이때가 되면 그에게 태양이 존재하느냐 하지 않느냐는 별 의미가 없게 된다.

다시 말하면 그는 이미 '믿는다'는 차원을 초월한 것이다. 그는 태양에 대해서 뚜렷이 알고 익숙해졌으며, 아울러 태양의 운행법칙까지 다 알고 그것이 자연현상의 하나라는 것까지 알게 되었다. 태양에 대한 신비한 느낌도 없어졌을 뿐만 아니라, 태양을 그리워하지도 않으며 숭배하지도 않게 되었다. 왜냐하면 그는 태양에 너무 익숙해졌기 때문이다.

자신이 발전해야 성인의 뜻을 알 수 있다

과거의 고승·대덕들은 부처님의 말, 진리(도道)의 말을 하는 것을 즐기지 않았다. 특히 경건하고 정성은 많지만 갈피를 못 잡는 사람들을 보면 더욱 말씀을 안 하신다. 왜냐하면 그들에게 아무리 잘 설명하여 준들 좀처럼 말을 듣지 않을 뿐더러, 도리어 고승·대덕들을 보고 믿음도 없고 진리도 모르는 사람이라 하며 심지어 외도外道라고까지 하기 때문이다.

자기가 위대해야만 비로소 위대한 사람을 알 수 있다. 당신은 이미 진리가 습관이 되었고 늘상 보고 있기 때문에 신비롭지 않은 것이다. 마치 태양이 떠오르고 지는 것을 대수롭게 여기지 않는 것과 같은 이치이다. 하지만 태양을 보지 못하는 장님에게는 그 신비로움이 이루 말할 수 없으며 세상에 둘도 없는 신神인 것이다. 처음으로 태양을 본 사람이라면 얼마나 격동되고 얼마나 흥분할 것인가? 그는 이 세상에서 제일 위대한 태양을 본 것이다.

만약 사람들이 경건한 마음을 유지하며 수행방법을 찾고, 여기에 의지력이 보태진다면 도를 이룰 희망이 있는 것이다. 그렇지만 경건한 마음으로 매일 향을 올리고 절만 한다면 이것은 도와는 상관이 없는 일이다. 마치 100km의 거리를 30km밖에 걷지 못한 사람처럼 목적지에 한참 못 미치는 것이다. 이런 사람은 애당초 이 30km의 길도 걷지 말고, 착실하게 사업을 하거나 직장에 다니면서 돈을 벌어 가정을 잘 꾸리는 편이 나을 것이다.

많은 사람들이 성불수행을 한다는 이유로 사업과 가정을 포기함으로써 주위 사람들과 사회로부터 오해와 반감을 산다. 하지만 결국은 도를 닦는 십여 년 동안 아무것도 얻지 못한 채 보리심마저 잃어버리게 된다. 그리고 이들은 자기에게서 원인을 찾는 것이 아니라, 도리어 스승을 원망하고 자기가 수행했던 수련법을 원망하고 심지어 부처님까지 원망한다.

몸소 겪어야만 초월한다

석가모니 부처님이 '대지혜'라는 것은 모두 잘 알고 있다. 그분께서는 출가하기 전에 이미 인도의 '5명五明'을 전부 통달하셨다. 당시 부처님은 석가족의 태자로서 다른 사람들은 엄두도 못내는 으뜸가는 스승을 전부 모실 수 있었고, 남들이 얻지 못하는 경전들을 전부 얻어서 읽을 수 있었다. 그분께서는 인간세상의 물질적 향수와 정신적 향수를 전부 실행해 보고 누려 볼 수 있었기 때문에, 수행하는 마음을 변치 않고 끝까지 도를 닦을 수 있었던 것이다.

지금의 수행자들 중 어느 누가 싯다르타 태자와 같은 대우를 받아 보았는가? 많은 수행자들이 힘들게 고생만 할 뿐 수행을 이루지 못하고 있다. 심지어 어떤 수행자들은 정신이상 환자가 되기도 한다. 십여 년 수행을 했다는 사람들이 도를 닦아 성공하기는커녕 세속의 물질생활마저 맛보지 못하는 것이다. 이런 사람들의 심리 상태가 어떻게 건강할 수 있겠는가? 당연히 건강하지 못하다.

말끝마다 자기는 재물·색色·명성·이익 등을 전부 초월하였다고 장담하지만, 한 번도 이런 것을 접촉해 보지 못한 사람들이 그것을 어떻게 초월할 수 있겠는가?

사실상 많은 수행자들이 다른 사람으로 인해 깨닫게 된다. 남이 깨달은 성과를 가져다가 파악하고 한바탕 숙련하는 것이다. 이렇게 깨닫는 것은 잠시 자기를 도취시키고, 잠시 자기를 망아忘我가 되게 하고, 잠시 초월하게 한다. 하지만 잠시나마 정신이 들게 되면 역시 고통 속에서 몸부림치면서 살게 되는 것이다.

남들이 깨달은 물건을 가져다가 자기 몸에 맞추려고 하지만, 맞춰진다고 할지라도 쓸 수 없다. 좌절해 본 적이 없기에 투철하고 뼈저린 느낌을 알지 못하기 때문이다. 많은 일을 겪어보지 못하면 깨달을 수 없을 뿐만 아니라, 높은 경지도 있을 수 없다. 예로부터 극히 적은 사람들 외에는, 겪어서 체험하지 않고 깨달은 사람은 없다.

☯ 겪지 않고 초월하는 사람은 극히 드물다

천백 년 이래 오직 몇 분의 부처님·보살님들만 자기 자신이 겪어보지 않고 도를 깨달았다. 그분들은 다만 주위 사물과 사람들을 관찰하는 가운데서 스스로 깨닫고 초월한 것이다. 하지만 이 세상 99.99%의 사람들은 전부 겪어봐야 하며 또 반드시 이런 과정이 필요하다. 심지어 헤아릴 수 없는 과정을 겪어야만 비로소 깨닫고 각성할 수 있다. 오직 0.01%밖에 되지 않는 사람들만이 이 과정을 겪지 않고 관찰하는 것만으로 초월할 수 있다. 어찌 보면 성불수행 그 자체가 일종의 체험인 것이다.

과거의 고승·대덕들은 자기의 제자들이 그런 0.01%가 아닌 것을 뻔히 알기 때문에, 절대로 그런 체험을 하지 못하게 하며 도리어 회피시켰다. 이것은 마치 헤로인과 모르핀에 순식간에 중독되어 아무리 마약을 끊으려 해도 도저히 못 끊는 것과 같기 때문이다.

일전에 나이가 쉰 살 정도로 보이는 한의사 한 분을 만났는데, 이분이 말씀하시길, 마약을 하는 사람들을 이해할 수 없었다는 것이다. 멀쩡하고 건장한 사람들이 왜 그렇게 자기를 억제하지 못할까? 일단 마약을 시작하면 재산을 탕진하더라도 기어이 해야 하는 것일까? 그 한의사는 마약 중독자의 심리를 이해하기 위하여 직접 체험하기로 결정하고 헤로인을 먹기 시작하였다.

거의 반 달을 먹었더니 그만 중독되었다. 독이 발작할 때면 온몸이 기진맥진하고 너무도 괴로웠다. 직접 마약을 체험한 이 한의사는 의지력만으로 마약을 끊기로 하였다. 독이 발작할 때마다 밖으로 나가서 산책하고, 지속적으로 자기의 의지를 채찍질하며 마약을 입에 대지 않았을 뿐만 아니라, 독의 힘이 몸에서 어떻게 발작하며 얼마나 오랜 시간을 끄는가를 관찰하였다. 그 한의사는 끝내 자기를 이기고 성공했다. 그러나 이 한의사같이 의지력이 강한 사람을 찾기는 매우 어렵다.

③ 글자를 모르면서 깨친 6조 혜능은 특별한 경우이다

많은 사람들이 성불수행은 지식도 필요 없고 문화도 필요 없으며 또 경전의 내용도 알 필요가 없다고 한다. 누구는 무식자이지만 극락세계로 왕생하였고, 또 어느 대사는 무식자이지만 부처님 이치에 통달하고 정과正果를 이루었다는 것이다.

6조 혜능대사는 확실히 무식자이지만 『열반경』을 해석할 수 있었다. 천백 년 이래 중국 역사상 무식자로서 깨친 사람은 유일하게 6조 혜능대사 단 한 분뿐이시다. 이런 행운과 기회가 어떻게 우리에게서 나타날 수 있겠는가? 어떻게 감히 6조 혜능대사와 비교하겠다고 하는가? 또 6조 대사께서 글을 아시는 분이었다면 그 당시 상황이 그렇게 어렵게 되지 않았을 것이며, 불교에 대한 영향은 더욱 컸을 것이며, 불교 인재들도 더 많이 배양하였을 것이다.

왜 6조 혜능대사는 소주부韶州府를 떠나 외지에 가서 강경설법講經說法을 하지 않으셨으며, 어째서 불교계의 수장도 맡지 않았는가? 대사께서는 이미 득도증과를 하였고 강경설법을 할 수 있었지만, 사원의 행정적인 일에는 아주 조금 개입하거나 아예 개입하지 않았던 것이다.

수행자들은 입문하고 개오성불開悟成佛하는 것을 아주 어렵고도 어려운 일로 생각한다. 이미 분명히 말하였지만, 경건한 마음의 힘만으로는 수행의 큰 길에서 30km밖에 걷지 못한다. 나머지 70km의 거리는 경건한 마음은 사용할 수 없으며 또 필요도 없다. 이것이 바로 성불수행을 하는 사람들이 십여 년 도를 닦았지만 아직도 제 길에 들어서지 못하고, 또 수행의 길이 아득해서 보리심마저 잃어버리는 원인이다. 경건한 마음이라는 역량만 구비되고 나머지 역량이 구비되지 않았으니 어떻게 득도할 수 있겠는가?

경건한 마음은 빌딩에 들어가는 대문 열쇠만 얻은 것이다

■ 질문 : 경건한 마음이 구비되면 득도할 수 있습니까?
■ 만행스님 : 전에 말한 것처럼 경건한 마음만으로는 득도를 못한다. 성불도 경건한 마음에만 의지하면 못한다. 성불수행을 하는 많은 사람들이 정성스럽게 예불하고 스승에게 오체투지五體投地까지 한다. 그들의 적극적인 경건한 마음에 상처를 입힐까봐 말은 하지 않았지만, 나는 속으로 '당신들이 하는 모든 행위는 도와 추호의 상관이 없으며 그야말로 생명을 낭비하고 시간을 낭비하고 모든 일체를 낭비하는 것이다.'라고 알려주고 싶다.

수행하는 방법을 찾고 수련한다는 기초 위에 경건한 마음을 배합해야 비로소 쓸모 있는 것이다. 방법도 모르고 인내력도 없고 박력도 없으며 게다가 담력과 식견까지 없으면 안 되는 것이다. 성도成道하는 것은 종합적 자질이 필요하다. 다시 말하면 여러 인연의 화합을 필요로 하는 것이다. 이런 것들이 구비되어야만 비로소 도를 닦을 수 있고 개오성불開悟成佛할 수 있는 것이다. 인연이 모두 구비되지 않고, 모든 인연의 10분의 1에 해당하는 경건한 마음만 구비했다면 그 힘은 너무나도 적은 것이다.

칠흑같이 어두운 빌딩 문 앞에서도 경건한 마음이라는 열쇠는 빌딩의 대문을 열 수 있다. 하지만 빌딩 층계를 어떻게 올라갈 것인가? 더듬으며 올라간다? 어두워서 계단은 보이지 않고, 올라가다 부딪쳐 다치고 부러졌는데 어떻게 계속 올라갈 수 있단 말인가? 칠흑 같은 빌딩 안에서 계단으로 가는 길도 찾기 어려운데, 당신이 얻고 싶은 물건을 찾을 수 있겠는가? 당신은 겨우 문으로 들어가는 열쇠만 얻었을 뿐, 등불도 없는 칠흑 같은 빌딩 안을 올라갈 방법이 없는 것이다.

마치 우리가 들어가고 싶어도 동굴 안이 어두워 못 들어가고, 다만 동굴 밖에서 살펴보기만 하는 것과 같은 이치이다. 또 '이 동굴이 10m 깊이일까? 아니면 100m 깊이일까?' 이것도 다만 추측이다. 이 동굴이 얼마나 깊고 크냐 하는 것은 가보지 않으면 누구도 알 수 없다. 성불수행은 일종의 체험이다. '행行'이라는 힘이 없으면 체험이라는 것도 말할 수 없다.

득도는 종합적인 자질이 구비되어야 한다

■질문 : 지구력이 있다면 어느 정도 성공할 수 있습니까?
■만행스님 : 지구력만 있다고 되지 않는다. 경건한 마음보다도 못하다. 내가 분명히 말을 하였지만 성도하려면 반드시 종합적인 자질이 필요하다. 각종 인연이 화합되고 구비되어야만 비로소 입도하고 득도할 수 있다. 한 가지 힘으로만 되는 것이 아니다. 다시 말하

면 지구력만 있어서 되는 것이 아니고, 경건한 마음만 있어도 되는 것이 아니며, 담력과 식견만 있어도 되는 것이 아니고, 지혜만 있어도 되는 것이 아니며, 체력만 있어도 되는 것이 아니다.

불교의식을 행하는 것을 연극이라고 폄하하였다

　다음은 수행자들의 선학禪學 문제를 말하려고 한다. 지금 우리의 두뇌는 백지처럼 텅 비어 있는데, 모두들 나가서 선학을 하겠다고 서두르고 있다. 당신들이 무엇을 가지고 나가서 교류하고 연구하며 토론할 것인가? 속에 든 것이 없어 텅 빈 사람이 나가서 사람들을 만나면 무슨 이야기를 나눌 것이며 또 무엇을 배울 것인가?
　지금 우리는 불문의 제일 기본적인 의식과 예법도 다 배우지 못하였다. 다시 말하면 제일 기본적인 껍데기도 다 배우지 못하였는데, 어떻게 나가서 제일 핵심적이고 본질적인 것을 배우겠다고 하는가?
　과거 조사·대덕들께서 "징을 치고, 목탁 치고, 찬송하며, 염불하는 사람은 부처님의 연극배우"라 하고, "참선하는 사람은 부처님의 제자"라고 하셨다. 불문의 모든 악기를 연주하고 노래를 부르는 것은 일반인들에게 보이기 위한 것이며, 법을 알리기 위한 수단이며, 불법을 선전하기 위해 필요한 것이기 때문에 아주 중요하다. 일반인들은 내재한 경계와 수양이 아무리 높고 좋아도 다만 외부로 보여진 것으로만 사람을 판단하고 결론짓기 때문이다.

선학을 제대로 하려면 불교의식도 알아야 한다

　대지혜가 있는 사람은 많지 않다. 과연 누가 다른 사람의 내재적인 경계를 볼 수 있는가? 전부 겉모양만 보고 판단하고 결론 내린다. '징을 치고, 목탁 치고, 찬송하며, 염불함'은 대대로 전수되어 내려왔다. 소수의 사람들만이 '징을 치고, 목탁 치고, 찬송하며, 염불함'은 연극이라는 것을 인식하고 수행으로 방향을 바꾸었다. 그러나 몇 명이나 수행에 성공하였는가? 불문에서 어떤 사건은 각종 인연이 화합하고 갖춰져야만 일어날 수 있다고 분명히 말했다.

　과거의 수많은 보살들은 전부 '오명五明'에 정통하며, 세간의 모든 일도 일반인보다 더 잘했다. 남들이 하는 일을 따라서 하는 사람은 뛰어난 재주가 있는 사람이라고 할 수 없으며 지혜로운 성인이라고 할 수 없다.

　마치 60kg 되는 짐을 너나 나나 들 수 있다면 서로 간에 구별이 없지만, 모두가 60kg 짐을 짊어질 때 누군가 600kg을 짊어진다면, 그 사람이 뛰어난 재주를 가진 지혜로운 성인이 되는 것과 같다. 또 일을 할 때 모두가 하나같이 불평을 하고 툴툴거린다면 서로 간에 구별이 없다. 다른 사람이 하는 일을 따라서 하는 사람 역시 그 사람과 똑같은 사람이다.

　부처님·보살님·나한님들과 범부들의 가장 큰 구별점이라면, 남들이 하지 못하는 일도 할 수 있을 뿐만 아니라 남들이 할 수 있는 일도 잘할 수 있다는 것이다. 뿐만 아니라 그들보다 몇 십 배, 몇 백 배, 몇 만 배나 더 잘한다. 6조 혜능대사는 득도하실 때 불법에 귀의도 하지 않았고 삭발도 하지 않았지만, 그분은 가사와 발우를 계승받았으며 이미 조사님이 되신 것이다.

　사회에서는 단 한 가지 일이라도 성취하려면 아주 어렵다. 성취하려면 다른 사람보다 많은 대가를 지불해야 하며 심혈을 기울여야 한다. 하물며 성불수행을 하고 도를 깨치고 성불하고자 하면 더 말할 것도 없다. 성불은 하고 싶지만 대가를 지불하기 싫어하고, 모든 행위에서 일반인들과 같으면 그 결과는 어떻겠는가?

　나한의 아량, 보살의 아량, 부처의 아량은 각기 헤아릴 수 없는 무량한 차이가 있다. 어째서 각기 헤아릴 수 없는 무량한 차이가 있는 것인가? 그들이 차원마다 체험한 경력과 시험한 결과가 같지 않기 때문에, 그들의 경계가 완전히 다른 것이다. 오직 같은 차원이라야 서로 소통할 수 있지, 다른 차원끼리는 소통할 방법이 없는 것이다.

　성불수행을 하는 사람들은 항상 '복을 심어야 한다'고 말을 하지만, 지혜의 문이 열리지 않으면 복을 심으려야 심을 수 없다. 지혜가 없는 사람들은 옳고 그름을 가리지 못하기 때문이다. 해도 되는 일과 해서는 안 될 일을 모르기 때문에, 복을 심는다고 한 행동이 오히려 죄 받을 짓이 되는 것이다. 이는 그들이 머리로만 옳고 그름을 판단하기 때문이다.

5강

부처와 비교해야 비로소 자기를 알아본다

같은 일이어도 마음에 따라 다르게 느낀다

오늘 저녁부터 방식을 바꾸어 한 사람씩 추천해 법문하도록 하겠다. 법문을 직접 해보면 아직 많은 것을 모르고 통달하지 못했음을 깨닫게 될 것이다. 수행해서 통달한 사람은 공부할 줄도 알고 말로 표현할 수도 있으며, 이론은 체계적이고 앞뒤가 일치하고 순서와 조리가 맞다. 말로 표현할 수 없다면 아직도 진정하게 깨닫지 못한 것이며, 공부도 제 길에 들어서지 못한 것이다.

성불수행을 하고 도를 수련하고자 하면 관건이 되는 몇 마디가 있다. 그 몇 마디 말 가운데 또 제일 중요한 몇 자가 있는데, 이 몇 글자를 자기의 모든 언행에 넣으면 어려운 것도 간단해진다. 마음을 바꾸지 않을 때는 어렵지만, 마음을 바꾸면 아무리 어려운 일이라도 어렵지 않다.

이를테면 우리들이 어떤 일을 마주했을 때, 마음속으로 받아들이기 싫으면 아주 고통스럽지만, 마음을 바꾸어 받아들이면 그 일이 일종의 즐거움이 된다. 같은 일이라도 마음에 따라 그 느낌이 완전히 변하는 것이다. 마치 술을 잘 마시는 사람은 술 향기가 좋다 하고, 술을 마시지 못하는 사람은 술이 독하다고 하는 것과 같다. 하지만 술 마실 줄 모르는 사람도 일단 술을 배우면, 술이 독한 것이 아니라 맛이 좋다고 할 것이다. 술이 변한 것이 아니라 사람의 느낌이 변한 것이다.

이런 현상들은 일상생활에서 흔히 볼 수 있다. 처음 생각에는 그 일도 잘못된 것 같고 그 사람도 나쁜 것 같았는데, 어느 날 마음이 바뀌더니 그 일도 좋아 보이고 밉던 사람도 좋아 보인다. 일과 사람이 변한 게 아니라 마음이 바뀐 것이다.

가까운 예를 든다면, 동화사에 오기 전에는 '만행은 수행도 아주 대단하고 도력도 아주 높다.'고 생각했다. 하지만 한 보름, 아니 좀 더 오랜 시간을 지내보니 '만행도 그저 그렇구나!' 하는 생각이 들 것이다. 그렇다면 이 기간 동안 만행의 도력이 떨어졌는가? 아니면 만행의 수행이 낮아졌는가? 다 아니다. 만행은 퇴보한 것이 아니라 계속 자기를 발전시키려고 노력하고 있다. 하지만 어떤 사람들은 만행은 진보하지 못했을 뿐만 아니라 점점 아둔해졌다고 한다. 누가 변했는가?

왜 앞과 뒤의 느낌과 생각이 다른가? 사람들은 진보할 것을 갈망하고 또 모두 진보하고 있다. 단지 주위 사람들에 대한 기대가 지나치기 때문에, 항상 자기의 잣대로 사람을 보고 상대방을 정의 내리는 것이다. 자기의 잣대로 사람을 보지 않는다면 전후의 느낌도 다르지 않을 것이다. 사실은 자기 사상의 전후가 변했기 때문에 상대방의 전후가 다른 것이다.

  동화사로 온 후로 모두 다 진보하고 있다. 다만 진보하는 속도가 늦을 뿐이다. 원인을 보면 첫째로 내가 가르치는 방법이 강력하지 못했고, 둘째로는 여러분들이 원래 가지고 있던 견해가 너무 굳기 때문에 고치는 것이 어려운 것이다. 어디로 배우러 갈 때면 원래 자기의 견해를 잠시 내려놓고 배워야 한다. 다 배운 다음에 자기 본래의 견해와 비교해보는 것이다. 사람들과 교류할 때도 상대방의 말 한마디를 가슴에 새기며 평생 쓸 수도 있다. 문제는 마음을 가라앉히고 침착하게 사람들의 의견을 경청할 수 있냐는 것이다.

밖의 것을 넣기만 하면 도리어 안의 것을 잃게 된다

  여러분은 이미 불교를 접한 지 오래되었고 모두 자기 나름의 이론을 가지고 있는데, 대담하게 자기의 생각을 말하기 바란다. 여러분들이 하는 말들은 오로지 여러분들 자신의 이론이지, 부처님을 대신한 것도 아니고 대사大師나 조사님을 대신한 것도 아니다. 또 부처님의 말씀이나 조사님의 말씀과 같아서도 안 된다.

  여러분들의 말은 여러분들의 생각의 표현이고, 부처님·조사님들의 말과 달라야만 맞는 것이다. 부처님과 부처님, 조사님과 조사님들이 하신 말도 서로 다 같지 않다. 내재의 것을 지속적으로 밖으로 퍼내야만 내심이 충실해지고 풍부해지며 원만해진다. 줄곧 밖의 것을 안에 넣기만 하면 도리어 안의 것을 잃게 된다.

오늘 저녁 고향사람이라고 하던 그 호북출신 스님도 왔는가? 매일 법문할 때마다 대답을 잘 하고 모르는 것 없이 다 아는 것 같다. 만약 어떤 한 가지 일을 진정하게 알아서 자기의 방법으로 삼는다면 반드시 무언가를 이룰 것이다. 다른 사람들도 각기 자신의 방법대로 해도 된다. 하지만 스스로 모르는 것 없이 다 안다고 하더라도 실천하지 않으면 틀린 것이 된다.

왜 수련법이 중요하다고 하는가? 수련방법이란 바로 규칙이다. 규칙이 없으면 방법도 없다. 성불수행을 하는 사람은 반드시 규칙을 통해야만 입도할 수 있다. 특히 처음 성불수행을 시작한 사람들은 더욱 규칙이 필요하다.

규칙은 입문의 기본적인 도구이다

성불수행을 하는 사람 중에는 자유롭고 산만한 것이 이미 습관화된 사람이 많다. 아주 점잖아 보이지만 사실상 아무런 구속도 받기 싫어하는 자유주의자이다. 아무런 구속도 받기 싫은데 어떻게 자기의 마음을 단속할 수 있겠는가? 사람들에게 관리 받기를 싫어하는 사람은 자기 자신도 관리하지 못한다. 사람들의 관리를 받을 수 있는 사람은 자기를 잘 관리한다. 규칙대로 일하는 습관이 있는 사람은 성불수행을 하고 도를 수련해도 규칙대로 배우고 입도한다.

성불수행은 자재自在를 얻기 위한 것이 목적이고 초월하기 위한 것을 목적이라고 생각하는 여러분에게, 이런 말을 하면 불편하게 생각할 것이다. 정석으로 걷는 훈련이 없다면 어떻게 정확하게 길을 걷겠는가? 이것은 서예를 배우는 것과 같은 이치이다. 한동안 해서체를 연습하지 않고 해서체의 기초가 없다면, 행서체와 초서체를 제대로 쓰지 못한다. 규칙대로 일하는 방식과 방법을 정규적으로 훈련해 보지 못했다면, 어떻게 사람노릇을 하고 일을 하겠는가? 규칙은 모든 조건과 모든 업종의 문으로 들어가는 기본적인 기능이다.

금방 사자봉獅子峰의 동굴에서 무문관수련을 하는 성우星雨에게 가 보았는데, 최근 며칠은 자기의 마음이 아주 안정되어 있다는 것이다. 사실 최근 며칠 마음이 초조하고 기가 떠 있다는 것을 자신이 모르고 있는 것이다. 말하는 음성도 격동되었고, 서 있는 사람이 손발을 어떻게 놓을지 몰라서 발을 이리저리 움직이거나 손을 들었다 놨다 하며, 또 손을 비비지 않으면 머리를 만지는데 좀처럼 진정이 안 되는 것 같았다. 그런데도 자기는 아주 안정되었다는 것이다. 며칠 전에 봤을 때는 말하는 것을 싫어했다. 사실 그때가 마음이 안정된 상태인데, 자기는 그때는 진정되지 못했다는 것이다.

무엇 때문에 이런 현상이 나타나는가? 대혼란 속에 있을 때는 아주 청정하고 일심전력이라고 여기고, 진짜 일심전력이고 청정할 때는 도리어 혼란한 상태라고 여긴다. 마치 자기는 수행도 높고 능력도 대단하다고 생각하는 사람이, 실은 능력도 없고 수행도 높지 못한 사람인 것과 같다. 반대로 자기는 아무 능력도 없고 수행도 높지 못하며 아무것도 아닌 사람이라고 생각할 때, 바로 그 사람은 입도하였고 수행을 아주 잘한 것이다.

진정하게 안정을 찾았을 때 오히려 자기는 혼란한 상태라고 생각한다. 혼란한 상태에 있는 사람은 자기가 혼란한 줄을 모른다. 아주 능력이 있는 사람이 어떤 일을 처리할 때, 원만하지 못하다고 느끼면 자기의 능력이 아직도 부족하다는 것을 느낀다. 하지만 아무 능력도 없고 사물에 대해 파악도 못하는 사람은, 일을 간단하게 보면서 자신은 능력도 강하고 수행도 아주 높다고 여긴다. 외재의 것을 철저히 인식할 줄 알면 내재의 것도 철저히 인식하는 것이다. 또 철저하게 내재의 것을 인식하는 동시에 철저히 외재의 것도 인식하는 것이다.

부처와 비교해야 자기를 올바로 알 수 있다

우리들은 모두 성불수행을 하러 왔다. 그러므로 부처님과 비교하고 조사님과 비교하며 성인들과 비교해야 한다. 절대로 범부들, 즉 곁에 있는 왕씨, 장씨, 이씨와 비교하지 말아야 한다. 그들은 성불하는 것도, 성인이나 현인이 되는 것도 싫어하는 사람들이라, 단지 그럭저럭 허송세월을 보내는 사람들이다. 그런 사람들과 비교하면 물건이 된 것 같아 기분이 좋을 줄 모르지만, 사실 아무런 물건도 되지 못한 것이다. 오직 부처님과 비교해야만 비로소 자기를 올바로 알 수 있다.

그런데도 우리들은 위대한 사람이나 성인과 비교해 그들의 기준으로 자신을 가늠하는 것이 아니라 주위의 범부들과 비교하기를 좋아한다. 그러므로 우리들의 진보는 늦고 자질도 높아지지 못하는 것이다. 자기가 갖고 싶은 것이 무엇인지 모른단 말인가? 자기가 갖고 싶은 것을 아는데, 무엇 때문에 아직도 주위의 범부들과 비교한단 말인가?

가는 곳마다 눈 밝은 사람이 있다. 하물며 우리들이 생활하는 이 단체는, 몰라주는 것이 두려운 것이 아니라, 비교하지 못하는 것이 두려운 곳이다. 자기가 어떤 물건인지 주변 사람이 몰라주더라도 반드시 알아보는 사람이 있을 것이다. 사람들이 자기를 알아보지 못하는 것이 두려운 것이 아니라, 자기가 제대로 하지 못하고 능력과 덕행이 부족해 사람들이 알아보지 못하는 것을 두려워해야 한다.

사람들이 하는 일을 자기도 할 수 있으면 사람들과 별반 다른 점이 없겠지만, 사람들이 다 할 수 있는 일을 더 잘하고 사람들이 하지 못하는 일도 아주 잘한다면 그것은 뛰어난 사람이다. 위대한 사람이 위대하게 되고 성공한 사람이 성공할 수 있는 원인은, 사람들이 할 수 없는 일을 하고 사람들이 받아들일 수 없는 일을 받아들였기 때문이다. 부처님께서 부처가 된 이유는, 사람들이 하지 못하는 일을 하였고, 사람들이 걷지 못하는 길은 걸었기 때문이다.

반드시 자기가 갖고 싶은 것이 무엇인지 명백히 알아야 한다. 성불하고자 하면 사람들이 참지 못하는 일을 참아야 하고, 성인이 되고자 하면 반드시 범부보다 아량이 더 커야 한다는 것을 알아야 한다. 만약 우리 모두 부처님의 방향으로 나아가고, 부처님의 표준으로 자기에게 요구한다면 진보하는 속도가 아주 빠를 것이다.

🔅 자신에게 엄격하고 진실해야 한다

젊은이들은 반드시 자기에게 엄격해야 한다. 본인이 자신에게 엄격하지 않으면, 어느 누구도 당신에게 엄격하라고 요구하지 못한다. 만약 부모님들이 엄격하기를 요구하면 가출해버린다. 그리고는 부모님과 마음이 맞지 않고 부모자식 간에 정이 없다고 한다. 스승이 엄격하게 요구하면 스승과 뜻이 맞지 않는다고 한다. 부모님과 스승께서 자기 하자는 대로 하게 놔두면, 마음도 맞고 뜻도 같다고 할 것이다. 사람들이 권하는 말을 듣기 싫어하고 귀에 거슬리는 말은 듣기 싫어하면, 영원히 진보하지 못하고 영원히 범부의 속된 틀에서 벗어나지 못한다.

작은 일 때문에 자기의 인격을 떨어뜨리지 말아야 한다. 많은 사람들이 재물을 좋아한다. 어떤 사람들은 재물을 좋아하기 때문에 잇속을 챙긴다. 잇속을 챙겨도 생활할 수 있고 잇속을 챙기지 않아도 생활할 수 있다. 결국 잇속을 챙겼기 때문에 사람들이 깔보게 된다. 그렇지 않더라도 잇속 챙긴 것이 발각될까봐 감추고 변명하면서 불안하게 산다. 얼마나 손해 보는 일인가?

만약 마음을 환하게 만들어서 솔직하며 정직한 모습으로 사람들 앞에 나타나면, 사람노릇을 하고 일을 하는 것이 아주 가볍고 자유로울 것이다. 자유자재로 소탈하고 초월하게 살고 싶다면, 유일한 방법은 바로 진실하게 사는 것이다. 진실하게 자기를 대하는 것이 자재로운 사람인 것이다.

반문, 반견, 반조

■질문 : 스승님! '반문 문자성反聞聞自性(들은 것을 돌이켜서 자성의 소리를 들음)' 이 수련법을 어떻게 수련합니까?
■만행스님 : 모든 수련법마다 모두 '반문 문자성, 반견 견자성反見見自性(본 것을 돌이켜서 자성의 모습을 봄)'을 해야 하고, '반조 조자성反照照自性(비춰진 것을 돌이켜서 자성의 빛을 비춤)'을 해야 한다. 만약 이 법칙을 위반한다면 입도할 수 없고 성불할 수 없다.

소위 '반문, 반견, 반조'라는 것은, 들어서 알아차리고(覺察), 보아내며, 나아가서 자기의 마음 씀씀이를 파악할 수 있는 것을 말한다. 발생하는 번뇌와 원망하는 마음을 알아차리면 그것을 '반견 견자성'이라고 한다. 자기의 마음 씀씀이를 알아차리지 못한다면, 자기의 자성을 알아차리지 못하고 보지 못한다는 뜻이다.

어떻게 하면 자성을 들을 수 있고, 볼 수 있으며, 파악할 수 있는가? 바로 '정심靜心(마음이 가라앉고 고요할 때)'에 의거해야 한다. '어떻게 하면 정심을 할 수 있고 또 어떤 방법으로 정심을 할 수 있냐?' 하는 문제는 사람에 따라 다르다.

어떤 사람은 염불하는 방식으로, 어떤 사람은 주문을 독송하는 방식으로, 또 어떤 사람은 절을 하는 방식으로, 그리고 어떤 사람은 좌선하는 방식으로 마음을 가라앉힌다. 또 어떤 사람은 말다툼하면서 언쟁하는 방식으로, 또 어떤 사람은 긴장하며 일하는 방식으로 압력을 준다.

❸ 일심불란해야 자성을 들을 수 있고, 볼 수 있으며, 파악할 수 있다

비록 방법은 같지 않지만 모두 온 힘을 다해서 일심불란의 경지에 도달하고자 하는 것이 목적이다. 오직 일심불란할 때라야 자성을 들을 수 있고, 자성을 볼 수 있으며, 나아가서 자성을 파악할 수 있다. 모든 수련법은 전부 정심을 목적으로 한다. 오직 마음이 가라앉고 조용해야만 일심이 될 수 있다. 일심이 되어야만 입정하고 입도하며 나아가서 득도할 수 있는 것이다.

지금 우리들의 눈빛을 보면 모두 막연하고 아득해 보이며 혼란해서 방도도 없고 방향도 없어 보인다. 그것은 여태 마음에 한 가지 일을 새겨둔 적이 없다는 것을 의미하고, 어떤 일이라도 마음속에 스트레스가 있어본 적이 없었다는 뜻이다.

마음속에 스트레스가 있는 것은, 마음속에 어떤 일을 담아두었기 때문이다. 마음속에 어떤 일을 담았다면 바로 그 일에 일심전력을 하였다는 것이며, 망념이 생기지 않았다는 것이며 또 마음이 혼란할 수 없다는 것이다. 그러므로 눈길이 막연하고 아득해 보이지 않을 것이다.

사실 마음속에 일이 없는 사람은 방향이 없는 사람이고, 자기가 무엇을 하고 있는지를 모르는 사람이다. 마음속에 일을 담고 있는 사람은 방향이 있는 사람이다. 내일 무엇을 할 것인지 알고 있는가? 많은 사람들은 모른다. 때문에 아침밥을 먹으면 기다리기만 한다. 이때의 내심은 어떤 일에도 집중하지 않고 머무르지 않는다.

만약 오늘저녁, 혹은 좀 더 일찍 내일 무슨 일을 할 것인지를 알고 파악한다면, 이 순간에 우리들의 역량은 모두 한 방향으로 집중된다. 또 한 곳으로 집중되었다면, 우리들의 눈에는 방황하는 눈빛이 나타나지 않는다.

6강

수련은 쉬우나 사람노릇은 어렵다

불문에 들어와 더 나아져야 한다

- 만행스님 : 불문에 들어오는 목적은 무엇인가?
- 대중들 답 : ① 청정하기 위해 ② 해탈하기 위해 ③ 성불하기 위해서입니다.

그 어떤 마음으로 불문에 들어왔든지 간에 한 가지만은 확실해야 한다. 바로 현 상태를 바꾸고자 하는 목적의식이다. 다시 말하면 자기의 자질을 보다 높이고, 더 높은 차원으로 올라가는 등 좋은 쪽으로 발전하기 위한 것이다. 그러려면 자기를 돌이켜 보면서 반성해야 한다.

즉 성불수행을 한 다음 마음이 넓어지고 일처리도 잘하며 사물을 관찰하는 능력이 좋아졌는가? 이전보다 더 열심히 일하고 원망하는 마음이 적어지며 이익만 챙기고자 하는 마음이 적어졌는가? 내심의 세계가 이전보다 더 청정해지고 조용해졌는가? 만약 이와 같은 질문에 대답할 것이 없다면 불법을 접했는데도 자기를 바꾸지 못한 것이다.

어떤 사람은 성불수행을 몇 년 해서 마음이 해탈되고 가벼워진 것이 아니라, 자기 몸에 더 무거운 족쇄를 채우고 더 어렵게 살며 스트레스도 더 크게 되었다.

성불수행을 하는 사람들은 모두 "집착하지 말고 인연을 따르라."라고 한다. 하지만 몇이나 이렇게 할 수 있는가? 어쩔 수 없는 인생의 고통과 바꿀 수 없는 현재의 상황 때문에 일반인보다 마음이 더 무겁고 고통스럽다. 사실 이런 것을 모르는 사람들은 훨씬 편할 수 있다.

부처님수준에 맞춰라

왜 우리들은 인연대로 따르지 않고, 자기에 대한 요구를 높이며 모든 면에서 완벽할 것을 강요하는가? 우리들은 각자 사람노릇 하는 기준과 방식이 있어야 한다. 하물며 우리들은 성불수행을 하는 사람들이다. 어찌 자기의 기준과 원칙이 없겠는가?

기왕 성불수행을 한다면 석가모니 부처님, 아미타 부처님, 약사 부처님을 따라 배워야 한다. 이것이 바로 '부처를 믿는다(信佛)'는 것이다. 하지만 우리 몸에서는 성불수행을 하는 그림자가 보이지 않는다. 이렇게 내려간다면 모두 '무용불無用佛(쓸모없는 부처)'이 되고 말 것이다.

세간의 일도 제대로 하지 못하는 사람들이 부처가 되고자 한다. '부처'가 되는 일은 '사람노릇'을 하는 일보다 더 복잡하고 고생스러우며 힘든 일이다. 사람노릇을 하는 일은 아주 쉬운 일이다. 그 쉬운 것도 하기 싫은 사람들이 어떻게 부처가 될 수 있겠는가? 부처는 "소원이 있으면 다 들어 주신다(유구필응有求必應)." 하지만 우리들은 가장 기본적인 소원도 들어주지 못하는데 어떻게 소원을 다 들어 줄 수 있겠는가?

'성불수행을 하는 사람이다.'라는 말을 하지 말라. 엄밀하게 말하면 우리들은 부처님을 믿는 수준에도 미치지 못하였다. 부처님을 믿는데 필요한 몇 가지 요구사항도 준수하지 못하고 있기 때문이다. 절대로 속인들과 비교하면 안 된다. 속인들은 부처님도 믿지 않고 성불수행도 하지도 않는다.

여기 온 여러분은 속인이 아니다. 왜냐하면 여러분은 모두 성불수행 하러 동화사에 왔기 때문이다. 기왕 우리들이 성불수행을 한다면 부처와 비교해야 한다. 속인들과 비교하면 속인이다. 오직 부처와 비교하고 부처의 기준으로 수행해야만 부처가 된다.

우리는 반드시 자기가 무엇을 갖고자 하는지 똑똑히 알아야 한다. 우리들이 갖고자 하는 것은 틀림없이 그 어떤 곳에 있을 것이다. 다만 문제는 그것을 찾아낼 수 있느냐 하는 것이다.

내면이 오염되면 외면도 오염된다

　우리들은 부처가 아니다. 하지만 우리들은 부처의 책을 많이 읽어서, 부처의 경계와 마음을 이해하게 되었다. 불경에 많은 부처가 있는데, 그중 '청정불淸淨佛'이라는 부처가 있다. 무엇을 청정이라고 하는가? 오염되지 않고 깨끗한 것을 '청淸'이라고 하고, 움직이지 않는 것을 '정淨(÷靜)'이라고 한다. 무엇을 오염되지 않았다고 하는가? 외부의 경계에 휩쓸리면 외부의 경계에 오염된 것이고 마음도 따라서 움직이게 된다. 만약 외부의 경계에 휩쓸려 움직이지 않는다면 오염되지 않은 것이다.

　나는 항상 여러분들의 방과 주변을 돌아보곤 하는데 더럽기가 짝이 없다. 여러분은 이미 해탈했기 때문에 방과 주변이 어질러져도 대수롭지 않게 생각할지 모르겠다. 그러나 이런 식의 해탈은 하지 않는 것이 좋겠다. 이것은 여러분의 내심세계도 이처럼 난잡하고 정리가 안 되었다는 뜻이고, 이미 습관이 되었다는 것을 말한다. 눈앞의 사물을 보지 못하는 사람은 내심세계의 사물도 보지 못한다. 안팎도 보지 못했다면 지혜문이 열리지 않은 것이고 또 안팎도 관찰하지 못했다는 뜻이다.

　하고 있는 일을 열심히 관찰한다면 어떻게 잘하지 못하겠는가? 자기는 수행이 아주 높다고 하지만, 가장 간단하고 제일 기본적인 일조차 제대로 못하지 않는가? 우리가 모르는 문제가 있을 수도 있다. 하지만 이미 알고 있는 것을 왜 고쳐서 바로잡지 못하는가? 내재적인 것을 똑똑히 보지 못한다면 외재의 것도 제대로 보지 못한다. 외재는 내재의 현현이다. 자기의 마음 씀씀이를 감지하고 깨닫지 못한다면 다른 사람의 마음 씀씀이도 감지하고 깨닫지 못한다.

주변 사람에게 배워라

성불수행은 아주 번거롭고 복잡한 일이다. 하지만 우리들은 이렇게 번거롭고 복잡한 성불수행을 두려워하지 않는다. 번거롭고 복잡한 일도 두려워하지 않으니 간단한 일은 더욱 두려워하지 말아야 한다.

그런데 우리들은 세간의 일을 번거롭고 복잡하다고 하기 싫어한다. 세간의 일이 어떻게 성불수행보다 더 복잡하고 번거롭겠는가? 세간의 일은 밖으로 하는 일이고 성불수행은 안으로 찾는 일이다. 안으로 찾는 일은 아주 섬세해야만 비로소 볼 수 있고 완전히 해낼 수 있다.

우리들은 날마다 절한다. 왜냐하면 부처는 우리들의 본보기이고 숭배하는 대상이기 때문이다. 성불수행을 하면서 왜 부처의 기준으로 자기에게 요구하지 못하는가? '사물을 관찰하지 않는다.'고 하면 지나친 말 같지만, 왜 제대로 관찰하지 못하는가? 마음이 혼란해서 한 점에 집중할 수 없고 지속적으로 관찰할 수 없는 것이다.

사실 성불수행도 이 방법이고 밖의 일도 이 방법이다. 안팎에서 사용하는 방법이 다 같고 날마다 사용하고 있다. 어떤 사람은 성불수행을 몇 십 년 하였고 어떤 사람은 세간의 일을 몇 십 년 하였지만, 아직도 그 수련법을 배우지 못하고 사용할 줄 모른다.

어떤 사물에 대하여 파악하지 못했을 때는 주변 사람들에게 많이 묻고 자기 생각만 옳다고 하지 말아야 한다. 성불수행을 하는 사람 중에 남의 가르침을 받기 싫어하고 사람들과 변론하기 좋아하는 사람들이 많다. 무엇 때문에 사람들의 가르침을 받기 싫어하는가? 허영심이 강하기 때문이고, 체면을 너무 차리기 때문이다. 우리들이 이와 같은 간단하고 기본적인 문제도 돌파하지 못한다면 어떻게 성불수행을 하고 성불할 수 있겠는가? 만약 부처께서 체면만 차리겠다고 한다면 어떻게 부처가 되겠는가? 자기사상의 틀에서 벗어나지 못한다면 영원히 내재의 자질을 고칠 수 없고 자질을 높일 수 없다.

㉛ 일이든 수련이든 철저하게 하지 않으면 제어할 수 없다

지금 여러분은 모두 멍청이처럼 어리석어 보이고 눈빛도 흐리고 막연해 보인다. 수행의 방향을 모르면 일을 해도 방향을 모른다. 어떤 일을 하든지 심혈을 기울여 체험해 보지 않았기 때문이다. 그래서 어떤 일을 하든지 심혈을 기울이지 못한다. 계속 대혼란 속에 있게 되는 이유이다. 만약 한번이라도 일심전력으로 한 가지 일을 해보았다면, 이런 기억은 꼭 남아있기 마련이고, 그런 기억 덕분에 어떤 일을 하든지 모두 일심전력으로 할 수 있다.

　일을 하라고 하면 할 줄 모르고, 다른 사람들이 일을 하면 흠을 찾으면서 '잘했느니, 못했느니' 한다. 그렇다면 왜 직접 자기가 하지 않는가? 여러분 가운데 몇몇 사람은 고생과 노고를 마다하지 않고 일을 아주 잘 한다. 성불수행을 하는 사람답다. 비록 부처는 아니지만 부처의 기준으로 자기에게 요구하였다.

　수행이라는 것은 부처를 따라 배우는 공부이지 범부를 따라 배우는 것이 아니다. 날마다 우리들이 하는 일은 이 몇 가지 일뿐이고 다른 일이 없다. 하지만 이 몇 가지 일도 어찌할 바를 모르고 막연해 한다. 공부하는 수련법을 이미 수없이 말했는데 한 가지 방법도 사용할 줄 모른다.

간파를 해야 내려놓을 수 있다

　지금 묻고 싶은 것은 여러분께서 진짜 일심전력으로 한 가지 방법을 수련해 보았는가 하는 것이다. 어떤 방법이든 반드시 한동안 일심전력으로 수련하지 않으면 그 방법을 파악하여 제어할 수 없다. 한 가지 방법을 틀어쥐고 이해할 때까지 반복적으로 실험하고 탐구하며 익숙해져야만 비로소 손을 놔도 된다.

　사람노릇을 하고 일처리를 할 때 대충대충 하지 말고 착실하게 해야 한다. 혹 여러분들은 '너무 진지하면 해탈하지 못하는 것 아니냐?'고 물을 수 있겠지만, 단 한번이라도 진지하게 몰입하고 연구해야만 철저히 깨달을 수 있다. 또 철저히 깨달아야만 철저히 간파할 수 있고 내려놓을 수 있으며 해탈할 수 있다. 참되고 진지하게 연구하지 않으면 간파할 수 없다.

간파하지 못하면 내려놓을 수 없고, 내려놓을 수 없으면 해탈할 수 없다. 마주하는 사물을 열심히 관찰하지 않으면 어떻게 그 사물을 철저하게 이해할 수 있겠는가? 철저하게 이해하였다면 그것을 간파한 것이다. 간파하면 내려놓는 것이다. 오직 실속 있게 착실해야만 흔적이 없다.

서로의 눈빛을 관찰하면, 누구의 눈빛이 확고부동하고 자신감으로 충만해 있는지 알 수 있다. 하지만 대부분의 눈빛은 혼란하고 막연해 보이며 기본적인 목표도 보이지 않는다. 기본적인 목표도 없는 사람이 흔들리지 않고 혼란하지 않을 수 있겠는가?

여러분들의 눈을 보면 진짜 어떤 일에도 머물러 있지 않는다. 이런 눈빛은 머무르는 바가 없기 때문에 혼란한 눈빛이고, 어떤 일에도 집중할 수 없는 눈빛이다. 하지만 다른 사람들에게는 집착이 없는 인상으로 보이려고 한다. 하지만 너무 혼란하기 때문에 집착하고자 해도 집착할 수 없다.

성불수행은 세상에서 가장 어렵고 고생스러운 일이다. 그런데 가장 쉬운 일도 하지 못하면서, 난이도가 제일 높은 일을 하려고 하니 얼마나 가소로운 일인가? 이것이 말이 되는가? 성불수행 하는 목적은 성불하고 부처가 되는 일인데 어느 누가 부처의 종자가 있어 보이는가?

그래서 사회에서는, 성불수행을 하는 사람들을 바보멍청이라 하고 지능이 낮은 사람이라고 한다. 성불수행을 하는 사람들을 '사회에서 아무런 성취도 못하고 일자리도 가정도 없는 사람들이라'고 하고, '기본적인 생활문제도 보장할 수 없는 사람들이 성불수행을 하더니, 탁상공론을 부르짖으면서 스스로는 모든 것을 간파하고 내려놓았다.'고 주장한다는 것이다. 사실은 간파하고 내려놓은 것이 아니라 겪어보지도 못한 것이다. 겪어도 보지 못한 사람들이 어떻게 간파하고, 얻어 보지도 못한 사람이 무엇을 내려놓을 수 있겠는가?

자신에게 엄격해야 자질을 높일 수 있다

매일 같이 만나는 사람들과 접촉하는 일, 심지어 듣는 말마다 감지하고 깨달을 수 있어야 하며, 스스로 반성하면서 내재에 어떤 반응이 있는가 보아야 한다. 만약 세심하지 못해서 '지나면 지나는 것이지'라고 한다면, 영원히 자질을 높일 수 없고 자기를 고칠 수 없다.

여러분은 대부분 젊다. 모두 성불할 몫이 있고 희망도 있다. 만약 엄격하게 자기에게 요구하지 않고 건성건성 세월을 보낸다면, 성불수행을 하기 전보다 자질이 더 떨어지게 된다. 성불수행 하기 전에는, 사회와 가정을 위해 자기를 단속하면서 노력하고 배우며 자질을 높였다. 그렇게 하지 않으면 일자리를 잃게 되고, 사회에서 도태되며, 사는 것에 문제가 있게 된다. 그런데 성불수행을 한 다음부터 어떻게 되었는가? 모두 그날그날 되는대로 허송세월을 보내면서 자기에 대한 요구가 엄격하지 못하다.

　지도자와 일을 맡은 사람들은, 일을 볼 때 이것저것 고려하면서 주저하면 안 된다. 일을 잘해야만 사람들의 호평을 받고 자기의 사상관점이 정확하다는 것을 증명할 수 있다. 맡은 일을 잘하지 못하면 제아무리 지혜가 있고 관점이 정확하다 해도 잘 한 것이 아니고, 또 당신을 좋다고 하는 사람도 없을 것이다.

　이곳에 적응하면 이곳에 남을 것이고, 적응하지 못하면 떠나면 되는데 두려울 것이 무엇인가? 규범에 따라 관리하는 것이지 자기 마음대로 관리하는 것이 아니다. 마치 법률에 따라 나라를 다스리는 것이지 특정한 지도자의 마음에 따라 다스리는 것이 아닌 것과 같다. 사회치안은 법률에 따라 유지하는 것이지, 어느 사람을 위해 사회치안을 유지하는 것이 아니다.

　'향판香板'으로 한대 내려칠 때, '향판'으로 내려친 뜻을 알면 남아있고 알지 못하면 내려쳐서 내보내는 것이다. 산만하고 규범도 모르는 사람은 향판으로 쳐서 쫓아낸다. 이런 사람은 '이곳의 규범이 엄해서 견디기 어려워 간다.'는 것이 아니라, 이곳은 '규범이 없기 때문에 있기 싫어서 간다.'고 할 것이다.

　기왕 책임질 권리를 위임받았으면 대담하게 책임져야 한다. 젊은 사람이 물에 물탄 듯이 술에 술 탄 듯이 하는 사람이 되지 말아야 한다. 무골호인은 절대 좋은 사람이 아니다. 돈한(돈한스님)을 따르지 말라. 돈한은 그런 패기가 부족하다. 하지만 돈한은 돈한대로 장점을 가지고 있다. 그는 사원을 위해 몸과 마음을 다하는 사람이다. 단지 단련이 부족해 능력이 전부 개발되지 못했을 뿐이다.

성불할 용기와 식견이 있다면 어째서 지옥으로 갈 용기와 식견이 없는가? 부자는 될 수 있는데, 왜 손해 볼 용기와 식견이 없는가? 이와 같은 식견이 없다면 어떻게 일을 할 수 있겠는가? 떳떳한 사람도 될 수 없는데 어떻게 성불하겠는가? 이와 같은 힘이 없다면 자비를 베풀어야 할 때 자비를 베풀지 못한다. 왜냐하면 '자비慈悲'와 '모질음(狠)'의 힘은 같고, 그 힘은 정비례하기 때문이다.

7강
성불수행은 사람노릇을 배우는 공부다

🙏 실천도 인연 따라 해야 한다

성불수행을 하고 사람노릇을 하며 맡은 일을 하는 이 세 가지는 서로 불가분의 관계이다. 동화사를 자기 집처럼 생각하고 아끼면서 사랑하지 않는다면 여기에 있을 필요가 없다. 아니면 서로 간에 아주 불편하다. 출가한 사람들은 '인연을 따른다'는 것을 아주 중시한다. 마음이 편하면 같이 사는 것이고 마음이 편치 않으면 억지로 있을 필요가 없다.

불문에는 "인연이 있으면 같이 살고 인연이 없으면 가면 된다."라는 말이 있을 뿐만 아니라 "절은 강철로 만든 것이고, 스님은 흘러가는 물과 같다."라는 말도 있다. 스님은 흐르는 물 같지만 절은 만세 부동이라 움직이지 않는다. "스님은 떠나갈 수 있어도 절은 떠나 갈 수 없다." 라는 말은 바로 이런 이치이다.

사회에서 자기 일을 못하는 사람은 불문에 들어와서도 여전히 자기 일을 못한다. 능력이 있는 사람은 어디를 가든지 자기의 길을 개척한다. 업종마다 모두 능력이 있는 사람을 필요로 한다. 능력이 있는 사람은 언제 어디서나 드러나서 숨길 수 없다. 자기의 내심세계는 감출 수는 있지만 눈빛은 감출 수 없다. 이것이 바로 대자연이 사람을 만들 때 한 곳을 남겨놓아 식별하게 한 이유이다.

속담에 "눈은 마음의 창문이다."라고 하였다. 이 말은 정확한 말이다. 어떤 사람이 예민하고 예민하지 않고, 사상이 있고 없으며, 주장이 있고 없으며, 정신이 흐리고 어리석고는 눈빛을 보면 알 수 있는 것이다.

말 잘하는 사람은 행동이 없고, 행동 잘 하는 사람은 말이 없다

성불수행은 말로 하는 것이 아니라 일상적인 행위에서 어떻게 하는가에 있다. 불법도 말로 나타내는 것이 아니라 실천에서 이루는 것이다. 사람을 판단하는 것도 그 사람의 언어로 판단하지 말아야 한다. 성공도 행동으로 이루어지는 것이지 말로 이루어지는 게 아니다. 천 마디 만 마디 말 중에 하나만 이루어져도 아주 대단한 일이고 성공할 수 있다.

사람의 내면에는 한 가닥 기운이 있다. 만약 이 힘(기운)을 말로 누설하면 행위로는 누설되지 않을 것이고, 행위에서 누설하면 언어로는 누설되지 않을 것이다. 이를테면 일을 하는 사람은 말을 많이 하지 않을 것이고, 말하기 좋아하는 사람은 일을 잘하지 못한다. 물론 이 양자를 모두 구비한 사람도 있겠지만 극히 드물다.

말을 잘 하는 사람은 일하기를 싫어한다. 왜냐하면 내면의 힘을 말하는 것으로 다 누설하였기 때문이다. 말을 싫어하는 사람은 일을 하면서 힘을 모두 누설하게 된다. 내면의 힘은 반드시 한 가지 방식으로 표현되거나 누설하는 것이어서, 한 방식이 다른 방식을 억압하거나 짓누르지 못하기 때문이다.

31 성불수행은 적극적이고 세심해야 한다

내가 전에 '세상에 소극적인 사람은 없다.'고 말한 적이 있다. 어떤 면에서는 소극적일 수 있지만 다른 면에서는 적극적일 것이다. 일반적으로 '출가한 사람들은 일하기 싫어한다.'고 한다. 대부분의 출가한 사람들은 산과 물을 유람하기를 좋아 한다. 그들은 마음을 산과 물을 유람하는데 두고 아주 적극적이다. 그렇다면 그들이 적극적이 아니라고 말할 수 있는가?

사람의 내재적 자질은 그 사람의 타고난 성품과 아주 밀접한 관계가 있지만, 후천의 노력도 아주 중요하다. 이를테면 누구라도 진보하고자 갈망하며 노력한다면 진보할 수 있다. 하지만 자기가 아둔한 사람이라고 노력을 하지 않으면 영원히 진보할 수 없다.

태어나면서부터 일할 줄 아는 사람은 없다. 성장하는 과정에서 관찰하고 배우면서 차츰차츰 알게 되는 것이다. 일할 줄 아는 사람은 세심한 사람이다. 세심하지 않으면 어떻게 일을 잘 할 수 있는가! 세심하기 때문에 관찰할 수 있고 일도 잘하며, 자기의 마음 움직임도 관찰하고 발견할 수 있는 것이다. 만약 이런 세심한 마음으로 성불수행을 하고 도를 수련한다면, 세심하게 도를 수련할 수 있고 자기의 마음 움직임도 관찰할 수 있는 것이다.

세속에서 대충대충 일을 하는 사람은 성불수행을 하고 도를 수련해도 대충대충 한다. 이렇게 무엇이나 모두 대충하는 것이 습관되면 결국은 다른 사람도 당신을 대수롭지 않게 상대할 것이다.

절을 내집이라고 생각하라

출가한 사람은 집이 많다. 하지만 출가한 사람으로서의 참된 마음가짐이 없다면 집은 물론이고 한평생 사는 것도 아주 고통스러울 것이다. 왜냐하면 세속의 집은 이미 없어졌고, 부모형제자매의 집은 자기 집이 아니기 때문이다. 출가해 스님이 되었으면 절이 바로 자기 집이다. 절을 자기 집으로 생각하지 않는다면 결국 떠돌아다니는 유랑자가 되는 것이다.

현재 처한 환경에 적응하고 안주하며, 어떤 곳을 가든지 모두 자기 집으로 생각한다면 해탈한 사람이다. 절을 누가 와서 지키고 보호하겠는가? 바로 당신과 나, 그리고 신도들이 와서 지키고 보호한다. 절은 누구의 집인가? 바로 여러분의 집이고 나의 집이고 신도들의 집이다. 이 절에 와서 상주하면 이 절은 바로 여러분의 집이다. 그러므로 이곳을 자기 집이라고 생각하지 않을 이유가 없다.

단 하루를 살아도 자기 집이라고 생각해야만, 마음이 가볍고 자재로우며 집으로 돌아왔다는 느낌이 있게 된다. 여기를 자기 집이 아니라고 생각하면, 마음은 무겁고 뿌리 없는 풀과 같을 것이다.

완전함을 추구하는 사람이라야 성불수행을 한다

일반적으로 수행인들을 평가할 때, 체면을 생각해서 이 사람은 아주 수행이 높다고 한다. 또 일을 할 줄 모르면 경험이 부족해서 그렇다고 말해 준다. 하지만 '수행할 줄 아는데 일할 줄은 모른다.'라는 말을 자세히 분석해보면, 그것이 어떻게 이치에 맞는 말이라고 하겠는가? 수행할 줄 아는 사람이 어떻게 일할 줄 모르겠는가? 수행하는 자체가 일하는 것이 아니고 무엇인가? 수행하는 것도 마음으로 하고 일을 하는 것도 마음으로 한다. 능력이 있는 사람은 이 일을 해도 능력이 있고 저 일을 해도 능력이 있다.

정상적이고 건강한 사람이 어떤 일을 배워서 할 줄 안다면, 다른 일을 배워도 할 줄 알 것이다. 배우고자 하지 않는 사람 외에는 누구나 다 배울 수 있는 것이다. 출가한 사람들은 사회 각 계층의 각기 다른 마음을 가진 사람을 모두 접촉하기 때문에, 배울 기회가 많고 자기를 단련할 기회도 많다.

세상을 살아가면서 가장 많은 유형의 사람을 만나는 사람이 바로 출가한 사람이다. 가장 쉽게 인간성을 꿰뚫어 보는 사람들도 역시 출가한 사람들이다. 대부분의 사람들은 자기의 마음을 열어놓기 두려워하지만, 출가한 사람은 자기의 마음을 활짝 열어놓는다.

출가한 사람들은 세상 밖의 사람(세외인世外人)이기 때문이다.

옛날은, 특히 당나라와 송나라 그리고 오호십육국과 남북조 때의 인재들은 대부분 출가한 사람 가운데서 나왔다. 지금도 출가한 사람 가운데 인재가 있지만 그 비율이 너무 적다. 어떤 때 나는 '만약 내가 출가해 스님이 되지 않았다면, 무슨 능력으로 사회에서 생존하고 무슨 재간으로 발전할 수 있겠는가?'하고 묻곤 한다.

성불수행은 무엇인가? 성불수행은 사람노릇을 하는 공부이다. 사람노릇을 하는 공부는 일처리를 하는 공부이다. 일처리를 잘하면 사람노릇도 잘하고, 사람노릇을 잘하면 일처리도 잘하고 성불수행도 잘할 것이다.

자신에게 모질게 하지 않으면 남이 모질게 한다

머리라는 것은 쓰면 쓸수록 영특해지고 지혜롭게 되지만, 쓰지 않으면 않을수록 둔해지고 멍청해진다. 사람은 자신에게 모질게 해야 한다. 자기에 대해 모질게 하지 않으면 남들이 와서 모질게 한다. 무슨 대가를 치르게 되는가? 체면 즉 얼굴이 깎이는 것이다.

나에게 엄격하게 요구하고 모질게 구는 사람을 만나면, 그 사람은 나의 하느님이고, 나에 대한 배려이며, 생생세세로 수행하면서 쌓아온 복이다. 하지만 현실에서는 이런 사람을 만날 수 없다.

왜 그 사람이 여러분에게 모질게 하겠는가? 여러분이 빚진 것도 없고 갚을 것도 없는데, 왜 여러분에게 엄격하게 요구하고 친절히 교육시키고 가르치겠는가? 다른 사람에게 친절히 가르쳐 달라고 하는 일은 어려운 일이다. 존귀한 사람은 다른 사람의 교육 없이 자기가 알아서 관리한다. 사람노릇을 못하고 체면도 없는 사람들이 다른 사람의 교육을 받고 관리를 받는 것이다.

옛날에 "좋은 말은 채찍의 그림자만 보아도 달린다."라는 말이 있다. 사실 이 말은 틀린 말이다. 출가하기 전에 나는 농사도 지어 봤고 소도 먹여 봤다. 내가 키우는 소는 채찍을 들 필요가 없었다. 내가 소고삐를 소의 목에 걸어놓기만 하면 계속 걷는다. 채찍질할 필요도 없고 사람이 가서 독촉할 필요도 없는 것이다.

하지만 어떤 소는 계속 채찍질을 해도 느리고 굼뜨게 걷는다. 모질게 채찍질하면 몇 발짝 걷지만 때리지 않으면 또 걷지 않는다. 영성이 있는 소는 목에 고삐만 걸쳐놓으면, 이일은 자기가 반드시 완성해야하고, 완성하지 않으면 고삐가 풀리지 않는다는 것을 아는 것이다.

사람의 가치는 그가 하는 일에서 드러난다. 소가 말을 잘 듣고 안 듣고 하는 것은 밭을 가는데서 드러난다. 일을 잘 하는 사람은 어떤 일을 하든지 모두 잘 한다. 설령 화장실 청소를 하더라도 아주 깨끗하게 냄새가 나지 않을 때까지 한다. 이런 사람은 무슨 일을 하든지 더 잘 하려고 하고, 아주 완전하게 한 다음에야 손을 뗀다. 완전함을 추구하는 사람이 성불수행을 하고 도를 수련하게 되면, 목적을 달성하지 않으면 중지하지 않고 끝을 보지 않으면 멈추지 않는 정신으로 수련하는 것이다.

사람들은 남의 일에 간섭하려고도 하지 않고 자기 일을 남들이 간섭하는 것도 싫어하며, 남이 존중해 주는 것을 좋아한다. 하지만 어떤 사람은 태어날 때부터 천박해서 채찍으로 때리지 않으면 안 된다.

🌀 쓸 줄 알아야 제대로 공부한 것이다

어떤 승려는 불경을 몇 권 읽을 줄 알아서 그럭저럭 밥을 먹고 사는데, 막상 일을 하려고 하면 엉망이다. 이런 사람을 자세히 살펴보면 제대로 독경하는 것도 아니다. 참으로 독경을 잘하는 사람은, 사람노릇도 잘하고 일처리도 잘한다.

독경을 잘하고 깨달았다면 경문의 정수와 지혜를 흡수하였다는 뜻인데, 어떻게 사람노릇을 제대로 못하고 일처리도 못하겠는가? 독경하고 책을 읽었지만 사용할 줄 모른다면, 아직도 그 사상을 파악하지 못하고 장악하지 못했다는 것이다.

'세상 물정을 모르는 책벌레'라는 말은, 책을 읽었지만 책의 뜻을 파악하지 못하는 사람을 두고 하는 말이다. 책의 뜻을 파악한 사람이라면 책속에 있는 사상을 응용할 수 있다. 응용할 줄 아는 사람이라면 '책벌레'가 아닌 것이다.

소근기는 수련하고 대근기는 보시한다

사회에서는 출가한 사람들을 '맹하고 바보 같으며 전부 대입정 大入定에 들었다.'고 비웃는다. 전에 내가 이런 말을 하였다. "생전에 바보 같고 내재의 지혜가 나타나지 않는 사람은, 임종한 다음에 떠도는 원귀가 되고 심하면 축생도畜生道에 들어간다."라고 하였다. 생전에 목표나 방향이 없기 때문에, 임종해서는 더욱더 방향을 모르게 되는 것이다.

'나는 성불수행을 하고 도를 수련하였으니 임종하면 바로 극락세계로 갈 수 있을 것이다.'라고 착각하는 사람이 많다. 이런 생각이 있다고 극락세계로 갈 수 있는가? 이런 생각과 이런 욕망의 바탕 위에, 가는 방향과 가는 길을 알아야만 극락세계로 갈 수 있다. 아니면 극락세계로 갈 수 없다.

미국이 있다는 것은 다 알고 있다. 하지만 미국으로 가고자하면, 미국은 어느 방향에 있고 어떤 노선으로 어떻게 가야된다는 것을 알아야 한다. 단지 미국을 가고 싶다는 생각만으로 갈 수 있는가? 그것은 단지 생각일 뿐이다.

사람의 내면에 잠재하고 있는 힘! 그것이 지혜이든지 아니면 신통력이든지 간에, 수련을 통한 선정력에서 나오거나, 혹은 무아의 정신으로 이바지하는 가운데서 나온다. 입정入定은 우물을 파듯이 안으로 파고들어가는 것이다. 파고 또 파면 물이 나오는 것처럼 지혜와 신통력이 나오는 것이다.

또 다른 한 가지 방법은 무아로 이바지하는 방법이다. 무엇을

'무아無我'라고 하는가? 자기를 삼보三寶에 맡기고 중생에 맡기며, 망아忘我의 경계에 도달하여 자기의 모든 것을 다 바치는 것을 말한다. 힘이 있으면 힘을 이바지하고, 능력이 있으면 능력을 이바지한다. 무엇이 필요하면 무엇을 이바지 한다. 이렇게 끊임없이 자기의 모든 것을 이바지하는 과정에서 지혜와 신통력이 출현하는 것이다.

이바지하고 밖으로 내보낼 때는, 방 안에 있는 물건을 끊임없이 밖으로 운반하듯이 해야 한다. 즉 끊임없이 운반해서 내보내면 방 안이 비게 된다. '득도得道'라는 것은 '진공眞空'이 되어야만 비로소 출현한다. 또 진공이 출현해야만 '묘유妙有(신묘한 물건이 생김)'도 생기고 더 나아가 '묘용妙用(신묘한 쓰임)'도 생기는 것이다.

찾는 방법과 베푸는 방법

성불수행을 하는 대다수는 모두 소근기小根器이다. 이런 사람들은 단지 우물을 파는 방법밖에 없다. 끊임없이 우물을 파고 또 파야만 한다. 대근기는 두 번째인 이바지하는 방법을 쓴다. 마음의 문을 열고 집안에 있는 물건을 모두 꺼내서 베풀고 보시하고 이바지하는 것이다. 그러므로 하나는 찾는 방법이고, 다른 하나는 베푸는 방법이다.

원만한 과위를 증득하고자 하면 최종적으로 '밖으로'라는 길을 겪어야 한다. 아니면 단지 아라한 정도밖에 수련하지 못하게 된다.

아라한이라는 과위는 '우물을 파는 방법'으로 획득한다. 왜 '육도만행六度萬行'에서 '보시'를 첫자리에 놓고 '선정'을 다섯 번째에 놓았는가?

아귀도餓鬼道에서 온 사람은 욕심이 끝없고 만족이라는 것을 모른다. 이런 사람이 수행한다면 반드시 '우물을 파는 방법'으로 해야 한다. 일반적으로 인도人道 혹은 선도仙道에서 환생한 사람은 아량도 넓고 씀씀이가 시원시원하며, 점잖고 고상하며 보시하기를 아주 좋아한다. 보살도와 불도에서 환생한 사람들은 더 말할 것도 없다. 그들의 마음속에 '탐'이라는 생각은 아주 미세하고 거의 보이지 않는다.

축생도는 우매하고 무지하다. 아귀도는 욕심이 그지없이 많다. 왜 탐욕심이 그지없는가? 우매하기 때문이다. 지혜문이 열렸다면 어떻게 우매할 수 있는가? 축생도와 아귀도에서 환생한 사람은 수행한다 해도 차원이 높을 수 없고, 대개 소승小乘의 수행노선을 걷게 된다.

소승의 노선을 걸어서 성공해도 괜찮지만 이런 사람들은 소승의 과위에 도달하지 못한다. 제일 기본적인 '인도'조차 수련하지 못하는데 어떻게 소승의 과위를 얻을 수 있겠는가? 오직 대근기와 대아량을 가진 사람만이 제대로 수행할 수 있다.

얻어 갖기만 하고 주려고 하지 않으며 이바지할 줄 모르는 사람이 어떻게 내재의 지혜와 신통력, 공덕과 복보를 배양할 수 있겠는가? '복을 키운다.'라는 말은 얻어서 배양하는 것이 아니라 보시하고 이바지해서 키우고 배양하는 것이다. 이런 것들은 모두 '무아'

의 마음을 전제조건으로 하는 것이다.

능력보다 덕이 귀하다

인품은 좋지만 능력 없는 사람은 중용될 수 없다. 일을 맡기면 성공하지 못할 뿐만 아니라 일을 망쳐서 엉망진창으로 만든다. 고의로 그렇게 한 것이 아니라 능력이 모자란 것이기 때문에 욕을 할 수도 없다.

능력은 있지만 인품이 되지 않는 사람은 절대로 중용하면 안 된다. 이런 사람은 일을 성사시키지 못할 뿐 아니라 일을 망친다. 혹 도움이 될 때도 있지만 결국 여러분의 일을 망친다.

어떤 사람은 인품은 좋은데 일을 할 줄 모른다. 이런 사람은 단지 사람(人)일 뿐 인재人才가 아니다. 이런 사람도 여러분의 일을 망칠 뿐 성공시키지 못한다. 그래서 이런 사람을 중용할 수 없는 것이다. 이런 사람은 있어도 되고 없어도 되는 중요하지 않은 곳에 배치하는 것이 좋다. 이런 사람은 집단의 발전을 위해 북치고 함성을 울리는 일은 할 수 있지만, 독자적으로 한 가지 일을 감당할 수는 없다.

덕도 있고 재능도 있는 사람은 아주 찾기 힘들다. 또한 인연법도 따라야 한다. 덕과 재능을 겸비한 사람이 반드시 여러분 곁에 남아서 함께 일을 할 수 있다고는 장담 못한다. 덕과 재능을 겸비한 사람은, 결국 자기 스스로 깃발을 세우고, 자기의 천하를 일으켜 세우기 때문이다. 재능은 있으나 덕을 겸비하지 못한 사람은 큰일을 못한다. 오히려 덕은 있으나 재능을 겸비하지 못한 사람이 큰 업적을 쌓는 경우가 종종 있다.

눈을 꼭 감고 자기는 어떤 유형의 사람인가를 묻기 바란다. 이를테면 '나는 덕이 있는가, 아니면 재능만 있는가? 아니면 덕도 없고 재능도 없는가? 덕과 재능을 모두 겸비하였는가? 어느 쪽으로 더 치우치고 있는가?'를 곰곰이 생각하기 바란다.

나의 경험을 여러분에게 말하고자 한다. 만약 여러분이 출가한 사람이라면, 재능은 없어도 괜찮지만 덕은 있어야 한다. 덕이 있게 되면 신장님(護法)들이 따르게 된다. 하지만 재능만 있고 덕이 없다면 절대로 신장님들이 따르지 않는다. 그러므로 출가한 사람은 능력 보다는 덕의 방향으로 발전해야 한다. 물론 덕과 재능을 모두 겸비하면 더욱 좋다. 하지만 현실에서 이런 사람은 극히 드물다.

남은 시간은 자기의 생각을 말하는 시간이다.

수행을 위해 대중에게 법문을 해야 한다

■ 각서스님 : 스승님께서 **스님에게 법문하기를 요구하셨는데 하지 않네요.

■ 만행스님 : 동화사에 온 사람들은 모두 법문을 해야 한다. 이것은 자기의 관점을 펼칠 수 있는 기회를 주는 것이다. 또 법문을 하고 싶었는데 기회를 주지 않는다고 생각하지 말아야 한다.

옛날의 노스님들은 오는 사람들에게 모두 법문하도록 하였다. 첫째는 노스님이 너그럽고 도량이 크다는 것을 보여주고, 두 번째는 인재를 아끼고 발견하며 배양하기 위해서이다. 세 번째는 사람을 물리치는 방법이기도 하다. 능력이 있고 적응하면 남아 있게 되고, 능력이 없고 적응할 수 없으면 도태되는 것이다. 쫓지 않아도 스스로 떠나는 것이다.

물론 이보다 더 투박한 방법도 있다. 이를테면 매일 매일 고된 일을 시키는 것이다. 견디면 남아서 수행하게 되고 견디지 못하면 쫓지 않아도 스스로 떠나가 버린다. 이것이 바로 번성한 사원은 먹고 입고 사는 걱정이 없으며 경작할 밭이 많은 이유이다.

고된 울력은 사람을 단련하는 방법이고 수련시키는 방법이며 교육하는 방법이다. 아울러 사람을 도태시키는 방법이고 관리하는 방법이다.…. 좋은 점이 너무나도 많은 것이다.

때로는 '내가 사람도 가르칠 줄도 모르고 관리할 줄도 모른다.'는 생각이 든다. 하지만 가장 힘 있는 무기는, 우리 동화사에 몇천 마지기나 되는 밭이 있다는 것이다. (모두 다 웃었다) 날마다 밭일을 8시간 이상 시키면 모두 힘들다고 달아나게 아닌가! (스승도 웃고 대중들도 웃었다.)

동화사에 왔으면 반드시 동화사의 법도를 지켜야 한다. 자기 마음대로 개인적인 행동을 하면 안 된다. 사원에서 시키는 일은 하고, 시키지 않은 일은 자기마음대로 하면 안 된다. 하고 싶은 일이 있으면 반드시 담당자의 동의를 거친 다음 해야 한다.

여기에 온 사람이 모두 자기 멋대로 한다면 이것은 수행도량이 아니다. 수행도량은 질서정연하고 조리가 있으며 통일되어야만 장엄한 것이다. 질서가 문란하고 통일되지 않으면 절대로 장엄하지 않다. 군대들을 보면 장엄하고 위풍이 당당하다, 왜냐하면 통일되었기 때문이다.

8강

아집을 없애야 부처와 하나가 될 수 있다

🪷 사람노릇을 못하면서 어떻게 도를 수련할 수 있는가?

성불수행을 하는 사람들은 앉으나 서나 '어떻게 방법을 수련하고 어떻게 도를 수련하는가?' 하는 말을 입에 달고 다니지만, '어떻게 사람노릇을 하고 어떻게 일을 해야 하는가?' 하는 말은 하지 않는다. 사람노릇 하고 일하는 문제는 뒤로하고 단지 도만 수련하고자 하는 것이다. 사람노릇도 제대로 하지 못하고 일처리도 제대로 하지 못하면서 어떻게 도를 수련할 수 있는가? 사람노릇 하는 간단한 일도 제대로 하지 못하면서, 가장 높고 어려운 것을 추구하려고 한다.

사실 나는 '어떻게 사람노릇을 해야 하는가?' 하는 문제를 잘 모른다. 그래서 아주 송구스럽고 부끄러워 가르칠 자격이 없는 사람이라고 생각한다. 하지만 나는 줄곧 '어떻게 하면 사람노릇도 잘하고 일도 잘할 것인가?' 하는 문제를 열심히 생각해 왔다. 어떤 사람의 내면의 수행이 얼마나 높은지를 알 방법은 없다. 오로지 사람노릇을 하고 일을 하는 과정에서 내면의 수행차원이 나타나며 증명되는 것이다.

이 몇 년 동안의 실천을 결산해 보면, 사람노릇은 우선 사랑하는 마음이 있어야 된다고 생각한다. 물론 나 자신 사랑하는 마음이 부족하다는 것을 아주 잘 알지만, 사랑하는 마음을 내기가 쉬운 일이 아니다. 내가 두세 번씩 말을 하며 가르쳐도 잘 하지 못하는 것을 보면 화가 나고 짜증나며 다시 말하기가 싫어진다. 여러분도 나와 생각이 비슷할 것이다.

🈯 사랑하는 마음으로 사람들을 상대해야 한다

성불수행을 하는 사람들은 사랑하는 마음으로 사람들을 상대해야 한다. 아주 진실한 마음으로 상대하고 함께 일을 할 수 있어야 한다. 불문은 아주 진실한 마음으로 사람들을 상대하고 교류한다. 진실한 마음으로 상대하면 그들도 진실한 마음으로 우리를 상대하는 것이다. 몽상에 빠져 뒤죽박죽이 되는 이유는, 안팎이 다르고 앞뒤가 다르게 사람들을 접촉하고 교류하였기 때문이다.

아무 소임도 맡지 않은 사람은 마음대로 말을 할 수 있고 일을 할 수 있으며, 문제가 생겨도 책임이 없다. 하지만 소임을 맡은 사람은 무슨 일이나 결과를 생각하기 때문에 많은 것을 생각해야 한다.

지금은 법률이 있는 사회이다. 가정이나 회사에는 모두 주인이 있다. 즉 책임자가 있기 때문에 문제가 생기면 바로 그 책임자를 찾고, 그 책임자는 이것으로 인한 책임을 져야하므로 '자신이 한 일만 자신이 책임진다.'가 아닌 것이다.

언제 어디서나 모두 단체정신이 있어야 한다. 자기는 수행자라 낡은 규칙과 습관이 싫다 하고, 자기만 잘하면 된다고 하면서 하고 싶은 대로 하면 안 된다. 어떤 단체에서 하는 말과 행위는 자신뿐만 아니라 단체의 뜻도 대표한다는 것을 명심해야 한다. 이를테면 좋은 일을 하면 사람들의 칭찬을 받는데, 사람들은 어느 단체의 사람인가 하는 것도 관심을 가지게 된다. 나쁜 일을 해도 마찬가지이다.

사람노릇을 한다는 것은 도를 수련하는 것보다 복잡한 일이다. 도를 수련하는 것은 환경의 구애가 거의 없다. 문을 닫아걸고 상대하는 것은 오로지 자기 자신 뿐이다. 하지만 사회에 들어가고 단체에 들어가면 각양각색의 사람들과 마주해야 한다. 단체 사람들과 한 덩어리가 되면서 또한 자기 본성을 잃지 않아야 되기 때문에 사람노릇을 하는 것은 쉽지 않은 일이다.

무엇 때문에 옛 중국인들은 동전을 만들 때, 원형의 동전 중앙에 정방형의 구멍을 만들었는가? 그것은 아주 깊은 의미가 있다. 사람 마음이 동전 중앙의 정방형처럼 반듯해야만 편하고 무사하며 앞으로 계속 나아갈 수 있다는 뜻이다. 밖을 둥글게 한 것은 모서리가 없이 원활해야만 다른 사람과 서로 마찰이 생기지 않는다는 뜻이다. 오직 원활하고 합리적이어야 단합할 수 있고 모난 것 없이 조화로운 것이다. 뿐만 아니라 동전을 한 줄로 꿰면, 질서정연하고 조화롭게 어울리면서 사용하기 편한 것이다.

　더욱이 우리 수행자들은, 사람 노릇을 하고 일을 할 때 우선 상대방의 입장에서 문제를 생각해야 한다. 만약 상대방을 생각하지 않고 위하지 않는다면, 우리들이 하는 일은 전부 성사되지 못한다. 지도자는 반드시 대중들의 입장에서 문제를 생각해야 한다. 이렇게 해야만 사람들의 이해를 받을 수 있고 인정받을 수 있으며 지지를 받을 수 있는 것이다. 물론 순수하게 개인적인 일이라면 다른 문제이다.

덕을 근본으로 일을 해야 주변사람들로부터 인정 받는다

　우리들도 때로는 사람들과 공유하지 않거나 지지하지 않을 때가 있지만, 그것은 그들에 대한 이해가 깊지 못하기 때문이다. 옛날 사람들은 언제나 덕을 먼저 베풀었다. 하지만 지금 수행자들은 도를 중시한다. 귀신이나 사도邪道에 빠진 사람들도 모두 도를 가지고 있다.

　하지만 그들은 어떤 일을 하든지 모두 오래할 수 없고 사람들의 지지를 받지도 못한다. 그들은 덕이 없기 때문이다. 마치 사회에서 능력이 있다고 하는 사람들이 일시적으로는 성공하지만 곧바로 또 실패하는 것과 같다. 왜냐하면 그들은 덕이 없기 때문이다.

　튼튼하고 불패不敗의 자리에 있으려면 반드시 덕을 근본으로 해야 한다. 설사 그렇게 하지 못하더라도 반드시 이 이치는 알아야 한다. 덕을 근본으로 사람노릇을 하고 일을 하다보면, 처음은 손해 보며 실패하는 일이 발생할 수 있겠지만, 인내하면서 끝까지 견디면 아주 빨리 주변사람의 인정을 받게 된다. 여러분들은 젊거나 나이 들었거나 모두 진보하겠다는 생각을 가지고 있다. 수행하는 것이나 사람노릇을 하는 일은 끝이 없는 일이다.

수행자들의 성질은 기본적으로 아주 괴팍하다. 대중생활이 맘에 맞으면 같이 살고 맞지 않으면 떠나겠다는 식이다. 이런 사람들의 생각을 자세히 분석해 보면, 대중들과 같이 생활하면 자아를 잃는다는 것이다.

자아란 무엇인가? 바로 '나의 관점, 나의 견해, 나의 체면 등등…' 이러한 것들로 구성되었다. 내가 떠나가면 '나의 관점, 나의 주장, 나의 견해, 나의 체면'을 전부 갖고 가지만, 남아서 함께 거처하면 이런 것들을 전부 다 잃고 타인의 사상을 받아들여야 한다는 것이다. 사람들은 죽는 것을 무서워한다. 그런데 '나의 관점, 나의 주장, 나의 견해, 나의 체면'도 생명의 일부분이다. 그러므로 자기의 주장과 견해 그리고 체면을 죽이지 않기 위해 떠나가고 사람들과 공유하지 않으며 함께 거처하지 않는 것이다.

어떤 사람들은 이런 사람들을 개성이 있고 독특하다고 한다. 수행의 각도에서 본다면, 그들은 '내면의 보시하는 힘'이 부족하다. 수행자가 가장 수행하기 어려운 부분이 바로 '보시'라는 법문이다. 보시를 잘 수련할 수 있다면 공덕과 복보가 원만하게 될 것이다.

오만은 사랑하는 마음이 부족해서 나온다

　오만한 마음을 제거하기 어려운 이유는 사랑하는 마음이 부족해서이다. 머리를 숙이고 마음을 비우며 가르침을 받는다면, 혼자 사색하고 명상하는 것보다 더 깊은 이치를 깨닫게 되는 것이다. 사람의 생각은 한계가 있기 때문이다.
　우리들은 무엇 때문에 부처님·보살님들을 숭배하는가? 대자대비하시고 요구하는 대로 다 들어주시기 때문이다. 적어도 부처님·보살님들은 사람을 조롱하고 비웃으며 장난치지 않는다. 여러분들은 모두 부처를 믿을 뿐만 아니라 이미 모두 성불수행을 하고 있다. 성불수행을 한다는 것은 실로 간단한 일이 아니다.
　항상 나는 단지 '부처님을 믿는 사람이라'고 밖에 말 못하고 감히 '부처님이 되려고 공부를 한다'는 말을 못한다. 성불수행은 어떤 마음가짐을 구비해야 한다는 것을 너무 잘 알기 때문이다. 그런데 성불수행을 하는 사람들이 모두 우리와 같이 오만하다면, 어느 누가 성불수행을 하고, 어느 누가 절을 하며, 어느 누가 부처님·보살님들을 숭배하겠는가?

삼보 중에 가장 중요한 것은 바로 '승'이다

　불·법·승 삼보 중에 가장 중요한 것은 부처도 아니고 법도 아니며 바로 승(승려)이다. 만약 '승'이 없었다면 부처(불)와 법은 지금까지 전해 내려오지 못했다. '승'이라는 자체가 부처와 법을 겸비한 것이다. 때문에 '승'을 공경하는 것은, 부처를 공경하는 것이고 법을 공경하는 것이다. 부처가 우리를 도와주는 것도 아니고 법이 우리를 도와주는 것이 아니다. 오직 '승'이 우리들을 도와주는 것이다. 바로 '승'이 우리들에게 부처를 주었고 법을 주었다. 때문에 시방의 부처님·보살님들보다 청정한 '승려'를 공양해야 하는 것이다.

염불念佛(부처의 명호를 부르며 찬양함)을 해도 성취할 수 있고, 염법念法(불법, 불경을 독송하며 찬양함)을 해도 성취할 수 있으며, 염승念僧(승려의 명호를 부르며 찬양함)을 해도 여전히 성취할 수 있다. 여기서 말하는 '승'이라는 것은, 단지 삭발하고 승복을 입은 출가한 사람을 말하는 것이 아니다. 현성승賢聖僧 즉 청정승淸淨僧을 말하는 것이다. 이것이 바로 신도들이 직접적으로 어떤 활불의 명호나 어떤 스승의 명호를 독송하는 원인이기도 하다. 이런 활불과 스승은 청정승이기 때문이다.

티벳불교는 자기의 스승(활불이나 법왕 혹은 큰스님)을 부처님·보살님들과 동등한 차원으로 인정한다. 왜냐하면 '부처'도 보지 못하고 '법'도 보지 못하는데, 볼 수 있는 것은 '승僧'뿐이기 때문이다. 우리들은 모두 범부승凡夫僧들이다. 하지만 우리들은 반드시 청정승의 기준으로 자기를 요구하고 단속해야 하며, 청정승을 수행의 본보기로 삼아 분투하는 목표로 삼아야 한다.

③ '아집'이 강하면 사랑하는 마음이 생기지 않는다

　자아가 '죽겠다(없어짐, 사라짐)'고 하지 않는데, 어떻게 부처님·보살님들과 한 몸이 되고 천지·우주와 한 몸이 되겠는가? 나의 사상과 견해 그리고 나의 아집과 모든 행동거지가 이미 견고한 특성을 가진 '나(에고)'로 형성되었는데, 어떻게 대우주의 힘과 한 몸이 되겠는가? 나의 생각은 이렇기 때문에 이렇게 할 것이고 저렇게 할 것이며, 그렇게는 못한다, 등등. 여러분의 '나'가 많기 때문에 도와 점점 멀어지고 입도를 못하는 것이다. '나'라는 것이 사라져야만 '도'와 융합해 한 몸이 되는 것이다.
　사랑하는 마음이 생기지 않는 이유는 우리들의 '아집'이 너무 크기 때문이다. 이를테면 '나'는 관점과 견해도 많고 누구보다 개성이 강하기 때문에 사랑하는 마음이 없게 된다. 사랑하는 마음이 없기 때문에 겸손하게 자기를 낮추지 못한다. 때문에 무아가 될 수 없고, 어떤 일을 하든지 모두 자아에서 출발하고, 내가 하고 싶으면 하고 하기 싫으면 '나는 간다'고 한다. 견고한 자아 때문에, '나는 간다'는 방법밖에 다른 방법이 없는 것이다.
　만약 단 한번만이라도 '무아'를 배웠다면, 어떻게 하면 무아가 되고 무아는 어떤 상태인지 알 수 있다. 아울러 작은 무아로부터 차츰차츰 대무아의 상태로 들어갈 수 있는 것이다. 이를테면 소임을 맡은 스님이 당신에게 "돌을 하나 주워오라."고 하면, 아무런 생각과 반항 없이 금방 가서 돌을 주워온다. 이것을 "작은 무아가 시작되었다."라고 한다. 바로 이런 작은 무아를 통해 차츰차츰 대

무아의 경지에 도달하는 것이다.

　소임을 맡은 스님이 돌을 주워오라고 할 때, 두뇌에서 곧바로 '길부터 닦지 않고 왜 돌을 주워오라고 하는가?'하는 불만이 생긴다면, 그것은 아집이 있는 것이다. 도는 그렇게 수련하지 않는다. 더욱이 자질이 높은 사람은 그렇게 체면을 생각하거나 반항하며 일을 하지 않는 것이다.

　아집이 그렇게 큰 사람이 어떻게 '나의 사상과 관점 그리고 견해'가 없고 '나의 방식'이 없겠는가? 남의 지휘를 받아보지 못한 사람의 아집은 아주 크다. 하지만 사람들의 지휘를 받고 또 사람들의 지휘를 달갑게 받는 사람의 아집은 작은 것이다.

나는 기둥인가, 기왓장인가, 돌멩이인가?

　나를 그 어떤 자리에 놓아도 그 일을 감당하고 잘할 수 있는가? 또한 나더러 글을 쓰라면 쓰고 일을 하라면 할 수 있는가? 항상 자기에게 이렇게 물어봐야 한다. '나는 기둥인가, 아니면 한 조각의 기왓장인가? 혹은 돌멩이 하나밖에 되지 않는가?' 하는 것을 분명히 알아야 한다. 거의 모든 사람들이 자기는 기둥이라고 생각한다. 절대로 자기는 하나의 기왓장이라고 생각하지 않을 뿐만 아니라 더욱이 돌멩이 하나일 뿐이라고는 생각하지 않는다.

　내가 출가한지 20년도 넘었는데, 제일 많이 본 사람들이 바로 성불수행을 하고 도를 닦는다고 자칭하는 아집이 크고 자질이 낮은 사람들이다. 본분도 지키지 못하고 사람노릇도 제대로 하지 못하는 사람들이 성불하고자 하고 생사를 해탈하고자 한다. 맡은 일도 제대로 해내지 못하는 사람들이 어떻게 생사를 해탈할 수 있는가? 사람노릇을 하는 기본공부도 끝내지 못했고 일을 하는 기본공부도 끝내지 못했는데 무엇으로 생사를 해탈하겠는가! 모든 공부를 다 끝내야만 비로소 생사를 해탈하고 초월할 수 있다.

　본분을 지키지 않는 사람을 어떻게 해야 하는가? 지금 우리 몸에는 성불수행을 하는 그림자가 보이는가? 산에서 건축하는 사람들을 보면, 아침 일곱 시부터 점심 열두 시까지 그리고 오후 두 시부터 날이 어두워질 때까지 뜨거운 땡볕 밑에서 열심히 일을 한다. 그들은 사람이 아니고 누릴 줄을 모르며 더위가 두렵지 않아서 열심히 일을 하는가?!

　물론 우리들은 그 사람들처럼 일을 하지 않아도 되지만, 그들처럼 부지런하게 내면의 잡초들을 뽑아버려야 한다. 무엇을 잡초라고 하는가? 바로 탐·진·치·만·의와 사견邪見들이다. 이 여섯 가지 잡초를 열심히 뽑아버리지 않는다면 나중에는 사람도 아니고 귀신도 아니며 부처는 더욱 아닐 것이다. 무아의 정신도 없고 몸을 낮추고 겸손하지도 못하며 사랑하는 마음은 더욱더 없게 되는 것이다.

　두 눈을 부릅뜨고 다른 사람만 지켜보느라 애쓰지 말고 항상 내면의 마음 씀씀이를 살펴야 할 것이다.

 9강

성불수행을 하고 사람노릇을 하려면 반드시 실증적 수련을 해야 한다

실제로 겪어야 이론이 정확해진다

　일하면서 열심히 공부할 수 없는 까닭은 이치가 투철하지 못하기 때문이다. 이치가 투철하지 못한 까닭은 공부가 제대로 안 되었기 때문이다. 입도하면 깨달은 이치가 일에서 쓰일 수 있고, 입도하지 못하면 깨달은 이치가 일에서 쓰이지 못한다. 다시 말하면 입도하기 전 깨달은 이치는 이론에 불과하므로, 일에 부딪칠 때 근본문제를 해결하지 못한다. 하지만 입도한 다음 깨달은 이치는 일에 부딪칠 때 근본문제를 해결할 수 있다.
　'이론은 통달하였는데 일을 하면 엉망이다.' 라는 말을 자주 듣는다. 이런 사람의 이론은 입도하기 전에 겉으로만 대충 알았던 이론이다. 또 어떤 사람의 이론은 일에서 사용되기 때문에 계속해서 수련하지 않아도 된다고 한다. 그 사람의 이론은 도 안에서(입도한 상태에서) 깨달은 이치이다. 우리들도 그 어떤 이치를 깨달을 때가 있다. 그런데 그 이치는 왜 근본문제를 해결하지 못하는가? 만약 우리들이 입도하였다면 문제에 부딪칠 때 자기를 장악할 수 있다.

'선禪'은 소리가 없는 이치이고, '교敎'는 무상無相의 선禪이다. 만약 우리들이 세속에 나가 사람들에게 수행방법을 가르치게 되면 이론부터 착수해야 한다. 하지만 근본적인 이론은 반드시 실증을 통해야만 굳건하고 원만할 것이다.

자고로 수행인들은 이론을 두 차원으로 나누었다. 첫 번째 차원은 문 밖의 이론이고 두 번째 차원은 문 안의 이론이다. 문 밖의 이론은 다른 사람의 가르침을 얻거나 교리에 대한 깊은 연구를 통해 깨닫는 것이다. 하지만 문 안의 이론은 반드시 실제로 닦고 실제로 증득해 얻는다. 여러분 중에는 지식인도 많고 전문학과(불교대학)를 나온 사람들도 많다. 이론을 말하라고 하면 청산유수지만, 실제 공부의 이론을 말하라고 하면 금방 벙어리가 된다.

말은 하지만 모두 실제로 닦은 것이 아니기 때문에 의미가 없다. 다시 말하면 자성自性은 언어를 초월하였기 때문에 오직 수련으로 심령신회心領神會(마음속으로 깨닫고 이해함)를 할 수 있을 뿐, 다른 사람의 가르침으로는 깨달을 수 없는 것이다. 조사님들께서도 불법의 근본문제를 얘기할 때는 모두 입을 다물고 말씀을 하지 않으신다. 왜냐하면 언어라는 것 자체가 모호성이 있기 때문이다.

언어로 사람을 안내하지 않아야, 자기의 깨달음으로 새로운 사고의 흐름을 개척할 수 있게 된다. 물론 겪고 지나온 사람들의 가르침이 있어야 기본적인 닦음을 할 수 있다. 아니면 문제가 생겨도 깨닫지 못하게 된다.

성인들의 저술은 이론이 아니고 실증實證이다

 '불교학(불학佛學)'은 성불수행을 한 다음에 생긴 것이다. 성불수행을 하지 않은 사람은 체험이 없기에 불교학도 있을 수 없다. 불교학은 성불수행을 한 다음에 생긴 체험이다. 단지 불교학만 연구하고 성불수행을 하지 않는다면, 즉 실천의 불교학이 없다면 마치 떡을 바라보고 배부르다고 하는 것과 같다. 이것을 '떡을 먹어서 배고픈 것을 해결하는 것이 아니라, 떡을 보고 배고픈 것을 해결한다.'고 한다.

 내가 처음 공유스님을 만났을 때 호되게 훈계를 당하였다. 당시 나는 한창 불교대학을 다닐 때였다. 누군가 나에게 『육조단경』을 주었는데, 『육조단경』의 게송과 철학적 이치가 너무 좋아서 거의 외우다시피 하였다. 그때 공유스님은 나를 보고 "『육조단경』은 혜능의 체험이다. 24살 때 5조로부터 의발을 받은 다음, 동굴에서 15년간 수련하고, 거의 20여 년을 홍법하면서 57세에 이르러 비로소 『단경』이 완성되었다."라고 말씀하셨다. 즉 육조께서 30여 년간의 수증修證을 거친 다음에야 자기의 부처님사상이 완성되었다는 말이다.

 성불수행의 초학자들이 『단경』을 통해 입도하고 생사를 해탈하고자 하는 것은 허황된 망상이다. 왜냐하면 그런 경력과 그런 과정을 거치지 않았고, 또 그분과 같이 이바지 하지 않았기 때문이다. 30여 년 쌓아 완성한 『단경』을 석 달 만에 외웠다고 그 성취를 얻고자 하면 가능하겠는가?

나중에야 『단경』을 외운 것만으로는 일상생활에서 부딪치는 구체적 문제를 해결할 수 없음을 알게 되었다. 사람들과 말할 때 몇 마디 현묘한 말은 할 수 있어도, 실제적인 문제는 하나도 해결할 수 없는 것이다.

조주스님은 80세의 고령에도 행각을 하고 주유하면서 참학參學을 하셨다. 왜 그렇게 했겠는가? 그때까지 입문을 못하였다는 말인가? 이 문제를 생각해 보았는가? 그 당시 조주스님은 이미 그 시대의 종사이고 제자들이 만천하에 다 있었다. 말 그대로 자손만당子孫滿堂이었었다.

그런데도 80세 노령에 행각을 하셨다. 왜냐하면 불법의 수학은 사물에서 오고, 깨달음도 사물에서 오며, 또한 사물에서 체현되기 때문이다. 불법에 대해 조예가 깊은 것 같지만, 일에 부딪치면 깨달은 진리가 그 작용을 못하거나 심지어 일을 엉망진창으로 만든다면, 깨달은 불법과 불교의 교리는 아무 쓸모가 없는 것이다.

불법은 현묘한 말을 제일 꺼린다. 다시 말하면 구두선口頭禪을 제일 꺼린다. 옛날 조사들은 구두선을 가장 혐오하였다. 실천도 못하면서 감히 조사님들 앞에서 지껄였다가는 몽둥이찜질이 들어간다. 오직 실천해서 깨달은 다음에야 조사님들 앞에서 말할 수 있게 된다. 왜냐하면 조사님들은 이미 실천하고 성취하였기 때문이다. 아직 성공 못하였으면 마음에 두고 분투할 목표로 삼고 노력하는 것이다.

규약과 계율은 우리의 각오와 목표를 말한 것이다

오늘 지객스님을 비평하였다. "왜 「총림 공주규약叢林共住規約」을 아직까지 걸어놓지 않았냐?"고 물었더니, "위에서 하는 말대로 「공주규약」을 다 실천할 수 없기 때문"이라는 것이다. 내가 "실천할 수 없기 때문에 「공주규약」을 걸어놓는 것이다. 사람들이 「공주규약」을 보면서 자기의 부족한 점을 알 수 있지 않겠느냐?"라고 하였다.

마치 부처님께서 「오근본계五根本戒」를 제정하신 것과 같은 이치다. 사람들이 할 수 없기 때문에 「오근본계」를 세웠다. 「오근본계」를 제정한 다음 사람들은 「오근본계」와 대조하면서 어떤 면에서 자기가 부족한지를 알게 되었다. 계를 독송하기 전에는 자기 딴에는 수련을 아주 잘 하였다고 생각한다. 계를 독송해야 비로소 자기와 계율이 얼마나 거리가 먼지 알게 된다.

지금 우리들은 불경에서 말하는 그 많은 경계에 도달하지 못했다. 하지만 경계는 우리들이 노력하는 목표와 방향이다. 만약 불조께서 우리들이 그렇게 할 수 없다고 생각하셨으면 말씀하시지 않았을 것이다. 그렇게 되면 우리들의 상상과 사지사견으로 근거 없이 함부로 불법을 평가하면서 지껄이면 될 것이다. 하지만 부처께서는 참된 불법을 전부 말씀하셨다. 그래서 우리들이 잘못을 인식할 때 불경을 읽으면서 대조하면 바로잡을 수 있는 것이다.

성불수행이 전업이라면 통달해야 한다

불법은 근본적인 문제를 해결하는 지혜의 근원이다. 성불수행을 잘 한다면 우리들은 성공할 것이다. 불법을 깨닫게 되면 사람노릇도 잘하고 일처리도 잘한다. 사람노릇을 잘하고 일처리를 잘하는 사람은 성공한 사람이다. 가정생활이 행복하고자 하면 행복하고, 사업에서 성공하고자 하면 성공할 수 있다.

하지만 대부분의 성불수행을 하는 사람들은 직장도 없어지고 가정생활도 실패한다. 왜냐하면 성불수행을 하는 사람들 가운데 열의 아홉이 괴물이기 때문이다. 모두 자기중심적이라서 사람들을 포용하고 양보할 줄 모른다. 성공한 사람들은 반드시 사람노릇을 잘한다. 사람노릇을 하는 기초 위에서 일을 해야만 성공할 수 있다.

나의 속가제자가 하는 말이 "저는 절에 가기를 아주 좋아하는데, 절에 가보면 스님들의 자질이 너무 낮은 것 같습니다."라고 하였다. 그 말에 나는 "너의 말이 맞다. 모두 너 같은 자질이라면 크게 사업을 할 수 있고 모두 사장이 될 수 있을 것이다."라고 말했다. 출가한 사람들이 사회의 어떤 사물에 대해 잘 모르거나 정통하지 못한 것은 이해할 수 있지만, 자기의 전업[62]에 대해 정통하지 못하고 뛰어난 사람이 되지 못한다는 것은 이해할 수 없다.

전에 내가 이런 말을 한 적이 있다. 만약 자기의 직업도 제대로

---
[62] 전문적인 직업, 다른 것은 하지 않고 유일하게 하는 일. 여기서는 성불수행을 말한다.

잘하지 못하는 사람은 밥통이 아니면 폐물이고 절대로 인재가 아니다. 나는 관리를 모르고 탐사설계도 모른다. 하지만 절대로 이것 때문에 슬퍼하지 않는다. 왜냐하면 나는 그쪽의 전업가가 아니기 때문이다. 하지만 성불수행을 잘 하지 못하고 정통하지 못하며, 아직도 제 길에 들어서지 못하였다면 틀림없이 나는 비통해 할 것이다.

누구나 모든 것을 다 잘하는 다방면의 인재는 될 수 없다. 하지만 반드시 자기의 전업專業에 통달하고 전문적인 인재가 되어야 한다. 아니면 죄를 짓는 것이다. 절대로 용서할 수 없는 죄악이다. 여러분이 든 간판은 어느 면에서 보면 전문가 같지만 사실상 자기의 전업에 통달하지 못했다. 농민이면 농사를 잘 지어야 하고, 의사라면 병을 잘 보아야 한다. 농사지을 줄 모르는 사람은 자격 있는 농민이 아니고, 병을 볼 줄 모르는 사람은 자격 있는 의사가 아니다.

최선을 다해 노력하지 않으면 퇴보한다

나의 경험에 의하면, 어떤 일을 하든지 최선을 다해 10여 년간 공을 들이면 전문지식과 기술을 장악할 수 있다. 왜 친구들 사이에 몇 년 친하다가 헤어지고, 부부들도 10년~20년을 같이 잘 살다가 헤어지는가? 이런 문제들을 생각해 보았는가? 다른 원인은 그렇다 치고, 그중 가장 근본적인 문제는 서로 소통할 수 없어서 거리가 멀어졌기 때문이다.

이를테면 부부가 결혼하기 전 연애할 때는 자질과 차원이 비슷하였는데, 결혼한 다음 한쪽은 부지런히 배우고 노력해서 자기계발을 하였는데, 한쪽은 진취심도 없고 항상 제자리걸음이다. 이렇게 몇 년이 지나면 두 사람간의 거리가 점점 멀어지고 나중에는 소통할 수 없게 된다.

친구사이도 마찬가지다. 처음 알았을 때는 자질이나 차원이 비슷하였는데, 한 사람은 끊임없이 노력해 자질과 차원이 높아졌고, 한 사람은 세상만사를 원망하고 세월 탓만 하면서, 자기를 알아주는 사람이 없고 재능을 발휘할 기회를 만나지 못한다. 심지어 자포자기에 빠지고 자신에게서 문제를 찾으려 하지 않고 자기를 고치려고 노력하지 않는다. 시간이 흐름에 따라 친구사이의 거리가 점점 멀어지고 소통도 점점 어렵게 되면서 서로 제 갈 길을 가게 된다.

나와 나의 사형은 중학생 때 같이 출가하고, 같은 절에서 삭발하고 불교대학에서도 한 반에서 공부했다. 출가 후 15년 간 나는 계속 열심히 도를 수련하고 공부하였는데, 사형은 15년 간 경참經懺(경문, 기도문)만 배웠다. 15년 후 내가 사형을 만났을 때, 15년 전에 가지고 있던 단순하고 진보하려 하고 순진하던 모습은 볼 수 없고, 누구에게도 굽히지 않고 또 사람들은 모두 자기만 못하다고 여기면서 사람들을 얕잡아 본다.

사실 중학교 때 같이 공부하고 같이 출가한 다른 사형들의 자질은 모두 이 사형보다 낮았다. 그런데 그 사형은 자기가 진보하지 못한 것은 생각 안하고, 옛날 생각만으로 "기껏해야 너는 중학생

정도가 아니냐?"고 한다. 15년 전의 중학생이 꾸준한 노력을 해서 이룬 오늘날의 변화가 옛날에 비할 바 없이 크다는 것을 모른다. 하지만 그 사형은 아직도 15년 전의 수준인 것이다. 다시 말하면 겨우 중학생 수준, 아니 중학생의 문화자질도 갖추지 못하고 있다. 왜냐하면 15년 동안 계속 경참만 공부하고 자기 계발에 신경을 쓰지 않았기 때문이다. 수련이란 마치 배를 저어서 물을 거슬러 올라가는 것과 같아서, 앞으로 나아가지 않으면 밀려나기 마련이다. 이제 10년, 20년을 지나면 우리들 사이의 거리는 점점 더 멀어질 것이고, 그때 가면 그 사형은 더욱 굽히지 않을 것이다.

1년 정도는 노력하거나 하지 않거나 크게 다르지 않다. 하지만 10년이 지나면 그 차이는 엄청 크다. 공든 탑이 어찌 무너지랴! 세상은 공평하다. 공평하지 않다고 하는 것은 마음상태가 공평하지 않기 때문일 뿐이다. 그러므로 앞으로 이와 같은 문제에 부딪치면 자기 몸에서 부족한 점을 찾고 원인을 찾아야 한다.

수준이 낮으면 머리를 숙일 줄 알아야 한다

많은 사람이 몇 십 년 좌선해도 도에 입문하지 못했을 뿐만 아니라 불교학 이론에도 입문조차 못하고 있다. 장기적으로 좌선하는 사람들은 타성이 생기면서 불교교리를 연구하기 싫어한다. 오랫동안 교리를 연구하는 사람도 타성이 생기면서 실질적인 수련을 하기 싫어한다.

자기들은 이미 진리를 깨달았다고 생각하지만 그것은 두뇌로 얻은 깨달음이고, 실제로 수련해서 몸으로 깨달아서(체오體悟) 경계에 도달한 것(증오證悟)이 아니다. 불교학은 실제로 수련해서 탄생한 것이다. 수련공부의 실증(수증修證)도 불교교리의 도움을 받아 이루어진다.

여러분들은 모두 출가한 젊은이들이다. 심지어 어떤 사람들은 동자신(동정童貞)으로 출가하였다. 만약 10년을 공부해서 불교학 이론을 장악하지 못하고 공부도 제 길에 들어서지 못한다면, 죄를 짓는 것이 아닌가하고 생각해 봐야 한다. 아무리 아둔하다고 해도 이렇게 좋은 환경 속에서 노력한다면, 즉 도처에 경서經書가 널려있고 스승도 도처에 있는 환경에서 10년을 공부하면, 얼마든지 불교교리와 공부를 증득할 수 있고 제 길에 들어설 수 있다.

옛날에는 경전을 한 부 구하려고 해도 아주 힘들었다. 사찰에도 경전이 몇 부 있을 뿐이어서 빌려서 베껴 보아야 했다. 지금은 출가한 사람들의 방에 경전이 쌓여 있고, 사찰마다 경전들이 수없이 많다. 보고 싶은 경전을 얼마든지 다 볼 수 있을 뿐만 아니라, 어떤 스님이 수행이 좋다고 하면 금방 차를 타고 찾아가서 가르침을 받는다. 옛날은 선지식 한 분을 친견하려면 몇 달을 걸어야 했다. 더구나 남방에서 북방으로 가려면 반년내지 일 년을 걸어가야 한다.

옛날에는 스승 찾기도 어렵고 경전 구하기도 어렵고 교통도 불편한데도 성취한 사람들이 아주 많았다. 그런데 지금은 조건이 훨씬 좋은데도 도리어 성취한 사람이 적다. 지금 시대에 성취한 사람이 많아야 이치가 옳지 않겠는가! 하지만 사실은 정반대이다.

진정하게 성불수행을 하려면 반드시 육체를 단련하는 실질적인 수련을 해야 한다. 성불수행을 하지 않아도, 사람노릇을 하고 일을 하고자 하면 실질적인 수련을 해야 한다.

노인이 모자라면 가르칠 것이고, 어린이가 낫다면 배울 것이다

우리의 조사祖師 조주스님께서 이런 말을 한 적이 있다. "80된 노인이 나보다 못하면 내가 그 노인을 가르칠 것이고, 세 살짜리 어린이가 나보다 낫다면 나는 그 어린이의 가르침을 받을 것이다." 조사님은 조사님이시기 때문에 이와 같은 기백과 훌륭한 풍격을 가지고 있는 것이다!

하지만 우리들은 어느 누가 이렇게 할 수 있는가? 거사居士를 보면 '내가 왜 거사에게 가르침을 받아야 하는가?' 생각하고, 출가한지 20년이 넘은 사람은 출가한지 3년밖에 되지 않은 사람을 거들떠보지도 않으며, 비구니를 보면 '비구니는 물러서라. 나는 비구인데 어찌 비구니의 법문을 들을 것인가? 나는 듣지 않으련다.' 라고 한다. 우리들이 진정하게 진리를 추구하는 사람이라면, 절대로 표면의 현상에 휩쓸리지 않을 것이다.

가제도賈題韜와 남회근南懷瑾은 거사지만, 높은 강단에 앉아서 비구들과 방장들에게 법문을 하였다. 수준이 낮으면 머리를 숙일 줄 알아야 한다. 옛날에 구마라십鳩摩羅什 삼장법사는 16살에 강단에 올라 법문을 하였고, 현대의 원영圓瑛법사와 명양明陽법사도 17세에 강단에 올라 법문을 하였다. 연세가 많은 노비구들이 따르지 않으면 어쩔 것인가? 어떤 한 개인에게는 굽히지 않을 수 있지만 진리에는 반드시 복종해야 한다. 누구에게도 굽히지 않는 사람은 아무 일도 해낼 수 없다.

중국의 십대장군十大將軍 중 허세우許世友 장군은 누구에게도 굽히지 않는 사람이다. 하지만 그는 이치에는 복종한다. 누구든 이치에 맞는 말을 하면 듣는 것이다. 후에 그는 주은래에게 무조건 복종하였다. 주은래는 사람에게 복종했다. 모택동의 말이라면 무조건 듣고 옹호하였다. 그러므로 허세우와 주은래 두 사람은 각자 자기의 사업에서 큰 성취를 거두었다.

스스로 자기에게 물어라! '이치'에 따르는가? 아니면 '사람'을 따르는가? 아니면 '사람'도 '이치'도 모두 따르지 않는가? 나의 물음에 대답하지 않아도 되지만, 각자 마음속으로는 대답을 해야 한다. 지금의 대답이 바로 '앞으로 성취할 수 있는가, 없는가?'를 예시하고, '어느 정도 성취할 수 있는가?'를 예시한다.

여러분이 출가한 스님이든 재가신도이든 간에 모두 기회를 준다. 기회가 왔을 때 붙잡지 못하면 지나가 버린다. 기회라는 것은 두 번 세 번 오는 것이 아니다. 기회는 누구에게도 공평하다. 누구든 한 번씩은 온다. 문제는 그 기회를 잡느냐, 잡지 않느냐에 달렸다.

절대로 세상을 원망하지 말아야 한다. 세상은 누구에게나 공평하다. 절대로 성공한 사람에게만 기회를 주고, 성공하지 못한 사람에게는 기회를 주지 않은 것이 아니다.

 10강

복과 지혜는 함께 닦아야 한다

성불수행은 복과 지혜를 닦는 것이다

성불수행의 첫 걸음은 경건한 마음을 기르는 데에 있다. 성불수행을 오래 했어도 아직 경건한 마음을 갖지 못하였다면 이 사람은 필연 업장이 무거운 사람이다. 경건한 마음을 키우지 못한 사람은 성불수행을 하지 못하며 입문도 못한다. 성불수행은 부처님께 경건해야 할 뿐만 아니라 인과를 깊이 믿고 의심치 말아야 한다.

성불수행을 하고 도를 닦는 것은 복을 닦고 지혜를 닦는 것이다. 수행자들이 진종일 '지혜의 문을 열겠다'라는 말을 입에 달고 다니지만 지혜의 문은 열리지 않는다. 지혜의 문을 열고 복보福報를 닦고자 성불수행을 하는데, 왜 복과 지혜가 열리지 않는가? 성불수행을 하는 사람들이 경건한 마음을 수립하기 전에는 복과 지혜를 수련해 낼 방법이 없기 때문이다.

자기 생각에는 도를 닦고 복과 지혜를 수련한다고 하지만, 근본적으로 핵심 초점을 맞추지 못한 것이다. 그래서 지혜의 문이 열리기는커녕 복보福報조차 기르지 못하고 헤맨다. 복보가 없기 때문에 진정한 선지식을 만나지 못하는 것이고, 만났다는 대다수 선지식들도 사지사견을 갖고 있는 사람인 것이다.

복보는 아끼고 보시하는 데에서 온다

복보가 있는 사람은 선지식을 찾으려고 헤매지 않아도 자연히 선지식을 만날 수 있다. 『아미타경』에서 "서방정토로 왕생하려면 선근善根, 복덕福德, 인연因緣 중 어느 하나가 부족하여도 안 된다."라고 말했다. 그러면 복은 어떻게 오는가? 첫째는 복을 아끼고 소중히 여기며, 둘째는 복을 닦아서 온 것이다. 사람들은 복을 닦기는커녕, 선천에서 가지고 온 자그마한 복조차도 귀중하게 여기지 않고 아끼지 않는다. 이생에서 당신이 불법을 만나게 된 것은 전생에서 심어 놓은 선인善因이고 복보(복) 덕분이다. 때문에 당신은 오늘 불법을 들을 수 있는 것이다.

복보가 없는 사람은 설사 지혜가 있다고 할지라도 아무 일도 성공하지 못한다. 복보라는 것은 마치 그릇과 같다. 그릇이 없는데 물건을 어떻게 담을 것인가? 큰 용량이 아니면 큰일을 해낼 수 없다. 성불한다는 것은 대단하고 제일 큰일이다. 생사를 해탈하는 일보다 큰일이 어디에 있겠는가?

사망과 입정은 같은 것이다

　인생의 제일 큰일 중의 하나는 출생이고, 다른 하나는 죽음이다. 출생은 이미 지나갔기 때문에 제어할 방법이 없지만 죽는 일은 제어할 수 있다. 인간 세상에서 유일하게 두 번 할 수 없는 일이 바로 죽는 일이다. 사람은 단 한 번만 죽는다. 혹 어떤 사람은 몇 번 죽었는데 못 죽고 다시 살아 돌아왔다고 하나, 이것은 진정한 죽음이 아니다.

　개오하고 득도한 사람만이, 매번 입정入定에 들 때마다 죽음을 경험한다. 하지만 진정 대정大定(대 삼매경, 대 집중)에 들어보지 못한 사람, 아직 육체를 떠나보지 못한 사람은 한 번만 죽는다. 이런 죽음은 자기가 제어하지 못한다. 사망과 입정은 모두 같다. 크고 거친 데에서부터 시작해서 미세해지고, 미세해진 뒤에 없어진다(유조변세由粗變細, 유세변무由細變無).

복을 소중히 여겨야 한다

　사람은 복을 소중히 여기고 아낄 줄 알아야 하며 또 복을 닦을 줄 알아야 한다. 이런 사람은 어떤 곳으로 가든지 모두 좋은 인연을 만날 수 있고, 꿈도 달성할 수 있다. 어떻게 하면 복을 소중히 여기고 아낄 수 있는가?

　사람은 모두 나쁜 버릇을 갖고 있다. 자기 것이 아닌 물건은 아낄 줄 모르고, 자기가 돈을 주고 사지 않은 물건은 짓밟거나 못 쓰게 만든다. 인과를 믿는 사람은 이렇게 하지 않는다. 사람 일생의 복福·록祿·수壽는 이미 결정되어 있고, 수행자라고 하여도 열에 아홉은 이미 결정되어 있다.

　운명을 바꿀 수 있다고 하는 것은, 첫째는 선지식을 만나야 하고 또 선지식이 참으로 밝은 사람이라면 당신을 도와 운명을 바꿀 수 있다. 두 번째는 당신이 이미 입도한 사람이면 역시 운명을 바꿀 수 있다. 이 두 가지가 아니라면, 설사 머리를 깎아 승려가 되고 매일 예불하고 경을 읽는다고 하여도 운명을 바꾸지 못한다. 일생의 부귀와 수명은 이미 결정되어 있기 때문에 살아생전에는 하나도 증감되지 않는다.

　왜 복을 아끼고 소중히 여기라고 하는가? 목적은 생명을 연장하여 수련하는 데 복을 사용하기 위해서이다. 커다란 백지 한 장에 전화번호 하나를 적었다가 버리는 사람들을 자주 보게 된다. 종이는 돈을 주고 산 것이 아니지만, 사람의 복은 버린 종잇장만큼 줄어든다.

　또 그 사람은 그런 복이 있었기 때문에, 돈을 들여 종이를 사지 않아도 되었던 것이다. 성불수행을 하는 사람들이 이런 기본적인 인과를 모르고 믿지 않으면 성불수행을 하는 사람이라고 할 수 없고, 또 복보도 닦지 못할 뿐만 아니라 생사를 초월하지 못한다.

　전화번호를 적는데 왜 그렇게 큰 백지 한 장이 필요한가? 백지 한 장은 돈 몇 푼이 되지 않지만 이런 자그마한 일에서 사람의 운명을 볼 수 있고, 그에게 주어진 복이 얼마나 되는지도 알 수 있다.

우리는 이런 사람을 쉽게 볼 수 있다. 이를테면 어떤 사람은 그렇게도 부지런히 일하고 살지만 배불리 먹는 기본적인 문제조차 보장할 수 없고, 또 어떤 사람은 지혜가 많다고 하지만 장사를 하면 장사에서 망하고, 주식시장에서 주식매매를 했다하면 망한다.

또 어떤 사람은 바보같이 멍청해 보이는데 장사만 하면 돈을 벌고, 주식매매로 엄청나게 큰돈을 벌기도 한다. 이런 사람은 확실히 복보가 크다는 것을 인정할 수밖에 없다. 그러면 이런 사람의 복보는 어디에서 왔는가? 하나는 전생에서 복을 닦아서 온 것이고, 또 다른 하나는 복을 아껴서 온 것이다.

절에 사는 스님들과 신도님들은 땅에 떨어진 밥알이나 밥상에 떨어진 밥알을 모두 주워 먹는다. 쌀알 하나가 없어서 그런 것이 아니다. 버리고 짓밟는 행위가 바로 자기의 복보를 없애는 것이라는 인과의 법칙을 깊이 믿고 의심하지 않기 때문이다.

뾰족한 입에 원숭이 상, 좁은 이마에 여윈 코 등등의 박한 상을 가지고 태어난 사람은 복이 없다. 이런 사람은 전생에서 복을 닦지 못했던 것이다. 성불수행을 하는 사람이 복보를 닦을 기회가 없으면 지혜를 닦아야 하고, 지혜를 닦을 기회가 없으면 복보를 닦아야 한다. 두 가지 중에 하나는 닦아야 할 것이다.

🕉 복과 지혜는 안에 저장되어 있는 것을 꺼내는 것이다

이런 이치는 모두 다 아는 듯하지만, 현실 생활에서 적절히 실천하기는 어려운 것이다. 어떤 일이든지 말로 하면 간단하고 쉬운 것 같지만 실행하려면 어렵고 힘든 법이다. 더욱이 성불수행을 하는 사람들은, 모두 자기 스스로 해야 하는 일이기 때문에 좀 영리하다고 우쭐대며 뽐내지 말아야 한다. 영리하다는 것은 전생에 지혜를 좀 닦았다는 것을 뜻할 뿐이다.

복과 지혜는 마치 오른발과 왼발 같다. 때문에 어느 하나가 부족하거나 없으면 안 된다. 진정으로 성불수행을 하는 사람은 복도 닦을 줄 알아야 하고 지혜도 닦을 줄 알아야 한다.

수행은 안에 있는 물건을 밖으로 꺼내는 것이지, 밖에 있는 물건을 안에다 담아 넣는 것이 아니다. 지혜의 문을 열 수 있다고 한다면, 지혜는 원래부터 있었다는 것이 아닌가?! 지혜는 원래부터 안에 있었기 때문에 문을 열고 안에 있는 물건을 밖으로 내온다는 것이다. 이것을 '연다'라고 한다. 하지만 지금 성불수행을 하는 사람들은 밖에서만 얻으려 한다. 계속 밖에서 얻는 방식으로 지혜를 수련하고 복보를 닦는다면, 복보와 지혜의 원천은 메마르고 가라앉을 것이다.

🙏 보시를 잘하면 지혜는 저절로 생긴다

보시를 잘 할 수 있다면 지혜는 근심걱정 할 것이 없다. 하지만 사람들은 늘 눈앞의 작은 이익에만 눈독을 들인다. '오늘 나가서 누구누구를 이겼더니 그의 돈이 내 지갑으로 들어왔다' 하면서 아주 흡족해 한다.

하지만 무형의 공간에서 말하면 이미 한 가지 무엇을 잃어버린 것이다. 즉 당신은 유형의 물건을 얻었을지 몰라도 무형의 물건은 잃었다. 유형의 물건은 껍질에 해당하는 물건이고, 무형의 물건이야말로 근본적인 것이다. 유형의 물건은 무형의 힘의 지배를 받는다.

대다수 수행자들은 죽은 다음 외로운 넋이 된다

복보는 사람 노릇을 하고 일을 하는 가운데서 차츰차츰 닦아온 것이고, 공덕 역시 사람 노릇을 하고 일을 하는 가운데서 차츰차츰 닦아온 것이다. 어느 날 저녁 한 스님하고 얘기를 나누면서 이런 말을 한 적이 있다. "지금 대다수 수행자들은 죽은 다음에 극락세계로 가기는커녕, 의지할 곳 없이 떠돌아다니는 외로운 넋이 된다." 그랬더니 그분은 "죽은 다음 외로운 넋이 될 거라면 성불수행을 하고 도를 닦아서 무엇 하느냐?"라는 것이었다.

나는 "현재 수행자들의 수행방식과 방법으로 보면 99%가 죽은 뒤 외로운 넋이 될 것이다. 왜 그런가? 지금 수행자들의 행태와 수행방법을 옛날 사람들의 수행과 비교하여 보면, 왜 내가 이런 견해를 가지게 되었는지를 알 것이다."라고 하였다. 스님이 한참 생각하더니, "지금 수행하는 사람들과 옛날 수행자들을 비교해 보면 절대적으로 다르고 본질적으로도 다르다."라는 것이다.

지금 수행하는 사람들은 성불수행을 시작하고 도를 닦기 시작하면, 바로 환경을 피하고, 사람들과 접촉하기 싫어하며, 사람 노릇을 하기 싫어한다. 일하기를 싫어 할 뿐만 아니라 자기를 방에 가두어 놓고 청정할 것만 욕심 부린다.

아직 입도入道도 못하고 도와 상응하지도 못한 사람이 집에 숨어 있으면 무슨 소용인가? 망상을 하고 산란에 처해 있을 것이다. 몸은 움직이지 않지만, 두뇌는 마치 운동회를 하는 것처럼 복잡하기 그지없을 것이다. 입도한 사람, 도와 상응한 사람만이 어떤 곳으로 가든지 도와 상응한다. 혹은 그들이 싸움을 하고 욕을 하여도 여여부동해서, 확실하고 분명한 물건은 여전히 낭랑하게 나타날 것이다.

복과 지혜의 자량이 성불수행의 조건이다

하지만 지금 수행자들은 어떠한가? 산란하지 않으면 머리가 몽롱하고, 머리가 몽롱하지 않으면 또다시 산란에 빠진다. 옛날 사람들은 어떻게 수행했는가? 부처를 믿고 성불수행을 시작하고, 도를 닦으려 할 때 우선 복보의 자량資根[63]과 지혜의 자량부터 배양하고 세워 놓는다. 그들은 복과 지혜의 자량이 구족되어야만 성불수행

---

63 수행할 때 쓸 밑천, 즉 수행할 수 있는 인연을 갖추게 되는 복보를 받고, 수행할 때 주변의 도움을 받을 수 있게 되는 복보의 밑천. 전생이나 평상시에 선업을 쌓음으로써 생긴다. 여기서는 복과 지혜를 얻으려면 자량이 갖춰줘야 함을 강조하였다.

을 하고 도를 닦는 근본조건이 구비된 것이라고 한다.

과거의 사람들이 가장 강조했던 것은 식견과 행원(일종의 보살행, 선행)이다. 도를 닦아 득도하여 근본지를 얻은 사람들도 10년을 하루같이 행원을 한다. 그러나 지금 사람들은 이 두 가지의 중요성을 몰라 중시하지 않는다. 식견이 없으면 행원을 할 수 없다.

대시주大施主들이 절에 재물을 공양하는 것을 보았을 것이다. 우리들은 그 사람들의 복보가 확실히 크다는 것을 인정해야 한다. 스님들 생각에 "우리가 복을 닦고 지혜를 닦는데, 어째서 복보가 시주들보다 못하냐?"고 이상하다고 한다. 또 궤변을 말하는 수행자는 이런 말까지 한다. "시주들이 우리 절에 돈을 공양하니, 우리의 복보가 시주보다 더 크다."라는 것이다. 일리가 있는 말 같지만 곰곰이 생각해 보면 그렇지 않다.

복과 지혜가 없는 사람은 다음 생에 사람으로 태어나지 못한다

당신이 깨달음을 얻었건 못 얻었건 항상 행원을 늦추어서는 안 된다. 시시각각으로 열심히 생각마다 포기하지 않고 꾸준히 선을 행하는 것이 바로 행원이다. 다음 생에 다시 사람이 되고자 하면 큰 복보와 큰 지혜가 구비되어야 한다. 복과 지혜가 구족되지 않으면 임종 때 방향을 잃을 것이다. 다시 인도에 환생하자면 일정한 선정력이 있어야 한다. 그래야만 신식神識이 흩어지지 않고 전도顚倒되지 않으며 방향을 확실히 인식함으로써 사람으로 환생할 것이다.

 행원을 하지 않는 사람은 자기를 가둬둔 채로 청정할 것만 탐하지만, 일단 외부의 인연과 끊어지면 복과 지혜를 기를 방법이 없다. 복과 지혜가 없는 사람이 어떻게 다음 생에 사람으로 태어날 수 있겠는가? 서방정토 극락세계로 왕생한다는 말은 더더욱 꺼내지 말아야 한다. 성불수행을 하는 사람들은, 하늘로 왕생하고자 하면 적어도 5계 10선을 잘 닦고 수련해야만 된다는 것을 모두 잘 알고 있다. 하늘에 태어나는 과위果位를 소홀하게 얕잡아 보면 안 된다. 5계 10선을 모두 잘 닦아 수련해야만 천계天界에 태어나는 천인의 과위를 얻게 되는 것이다.

 지금 수행자들이 복보를 닦아야 된다는 이치는 알고 있지만, 이런 방식으로 복을 닦으면 안 된다. 말하기가 아주 두렵구나!! 일단 그것을 말하면 여러분의 적극성을 감소시킬 가능성이 있다. 어떤 방식으로 수련하든지, 그것을 8식에 저장하지 않는다면 모두 헛소리요 빈말일 것이다.

복과 지혜를 다음 생에 가서 누리려면 8식에 저장해야한다

 복과 지혜를 다음 생에 가서 누리고 싶으면 8식에 저장해야 한다. 8식에 저장하지 않으면 어떻게 다음 생에 가서 누릴 수 있겠는가? 왜 8식에 저장할 수 없는가? 당신이 하는 일들이 모두 수박 겉 핥기요, 하는 둥 마는 둥이기 때문에 8식에 저장할 수 없을 뿐만 아니라 6식에도 저장하기 어려운 것이다. 앞에서 하고 뒤에서 잊어버리게 되면 복보도 없고 지혜도 없게 된다.

어째서 지혜와 복보가 없는가? 전생에 사람 노릇을 하고 일을 할 때 제대로 안 했기 때문에, 이생에 와서 아둔하고 빈곤한 것이다. 어떻게 과거에 닦아 놓은 것을 이생에 와서 쓸 수 있는가? 당신이 그것을 6식에 저장하였을 뿐만 아니라 8식에도 저장하였기 때문에, 지금 생에서 쓸 수 있는 것이다. 지금 하는 모든 것을 다음 생에 쓰려면, 역시 이런 방식을 통하여 8식에 저장해 놓으면 된다. 마치 금년에 수확한 양식을 내년 후년에 사용하려면, 그것을 창고에 적당한 방법으로 보관해 두어야 하는 이치와 같다. 수확한 양식을 창고에 저장하지 않고 밖에 내버려둔다면, 양식은 썩어버리고 쓸 수 없게 되는 것이다.

상대방을 배려하지 않으면 성공하지 못한다

때문에 성불수행을 하는 사람들도 일이 크건 작건 심혈을 기울이고 열심히 몰입해야 그것을 8식에 새겨 넣을 수 있고, 다음 생에 그것을 쓸 수 있다. 어떤 일을 하든지 모두 망아忘我의 경지에 도달하지 않으면 8식에 저장할 수 없다. 망아의 지경에 있어야 아집이 없어지고, 그가 하는 모든 일들이 하나로 융합될 수 있으며, 8식의 문을 열고 내외가 합해서 동일체가 될 수 있다.

■사람들이 조용히 법문을 듣는데, 몇 사람이 또각또각 구두소리를 내면서 관음동 계단을 밟으면서 들어왔다. 스님께서 큰 소리로 "이렇게 늦었는데 들어오지 말거라! 나가거라!" 하고 호령하였다.

지금 이 자리에서 이 문제와 연관되지 않은 말을 좀 하려고 한다. 금방 높은 구두를 신고 관음동 계단을 밟고 들어오는 사람의 구두 소리가 컸다. 이렇게 남의 눈치를 보지 못하는 사람들, 상대방을 이해하고 배려하지 못하는 사람들은 영원히 성공하지 못한다. 설사 성공할지라도 잠깐 동안에 아주 빨리 걸려 넘어질 것이다.

어떤 일을 하든지 상대방의 입장에서 상대방을 위해 문제를 고려하지 않는다면 결과가 어떻겠는가? 잠깐만 생각해 보면 짐작이 갈 것이다. 왜냐하면 당신이 필요하지 않는 것은 상대방도 필요하지 않고, 당신이 필요로 하는 것은 상대방도 필요로 한다. 하는 일이 자기조차 만족하지 못하는 것이라면 다른 이들에게 내놓을 필요가 없는 것이다. 자기의 관문도 못 넘기면서 그것을 어떻게 남들 앞에 내놓을 것인가?

또 자기를 책임지지 못하는 사람이 어떻게 다른 사람을 책임질 수 있는가? 내가 전에 이런 말을 한 적이 있다. 어떤 일을 하든지 대충대충 하는 사람은, 임종할 때도 어느 6도에 떨어져도 괜찮다고 생각한다는 것이다. 이것이 바로 내가 전에 "가장 출세하지 못하고 앞날도 없는 사람은 줏대 없이 바람 부는 대로 넘어가는 사람이다."라고 질책한 것과 같다. 이런 사람들은 출세도 못하고 앞날도 없다. 누가 동방이라고 하면 동방이 옳다고 하고, 서방이라면 자기도 덩달아 서방이라고 할 것이다. 이 사람이 이러라고 하면 응 하고, 저 사람이 저러라고 해도 응한다.

어떻게 이럴 수 있는가? 지혜도 없고 줏대도 없으며, 자기가 요구하는 것이 도대체 무엇인지도 모르는 사람들이기 때문이다. 강의를 시작한 지 이미 오래되었고, 한 시간이나 지각하였으면 미안해서라도 소리 없이 들어와 법문을 들어야 할 터인데, 법문을 하든지 말든지 높은 구두를 신고 또각또각 소리를 내며, 세상 사람이 다 알게 계단을 밟으며 내려온다. 이런 사람들을 친구로 사귀면 어떤 결과가 있을 것인가?! 말을 하지 않아도 다 알만 할 것이다. 그들은 끝내 자기가 어떻게 사람 노릇을 하였고, 어떻게 일처리를 하였는지 반성할 줄 모른다.

🌀 부처님께 두 식지를 모으는 것은 나를 단속하겠다는 의미이다

어째서 예불이 끝나면 두 손의 식지를 붙여서 이마에 대고 부처님께 문안을 드리는가? 전통적인 동작은 두 손의 식지를 붙여서 이마에 부딪쳐야 한다. 하지만 사람들은 이마에 대기만 하고 무슨 의미인지 모른다. 출가한 스님들조차도 모른다.

정확한 자세는 이마를 쳐야 한다. 이것은 자기에게 함부로 마음을 일으켜 흔들리지 말라고 경고를 주는 것이고, '만약 마음이 일어나 흔들리더라도 즉시 꺼버려 주십시오' 하는 뜻이다.

심령心靈의 눈으로 밖이 아닌 자기를 지켜보며, 자기의 마음의 움직임을 지켜보면서 자기의 신식神識이 밖으로 나가지 않도록 보살펴 달라는 것이다. 눈을 떠서 남을 감시하지 말고, 자기 자신을 단속하고 관리하며 노력하겠다는 의미이다.

모두 이렇게 한다면 단체의 관리도 잘 될 것이다. 단체라는 것은 바로 '너, 나, 그'라는 개체로 조성된 것인데, 그 개체를 버리면 단체라는 것은 존재하지 않는다. 때문에 '너'가 잘 관리되고, '내'가 잘 관리되고, '그'도 잘 관리되면 단체의 관리가 잘되는 것이다.

내가 발심하여 시작한 것이라면 나의 전력을 다해야 한다

성불수행을 하고 도를 닦는 것은 다른 사람들이 독촉하여 되는 것이 아니라, 자기가 자발적으로 서원하고 발심하여 되는 것이다. 다른 사람의 강압에 의해서 한다면 그것은 가장 실패한 사람이다. 성불수행을 하거나 사람 노릇을 하거나, 모두 자기가 하고 싶어 하는 일인데, 하기 싫으면 자기를 괴롭히면서까지 하지 말아야 한다.

우리가 하는 모든 일체는 어느 누가 규정하고 강압적으로 하는 것이 아니다. 사람마다 모두 사회적으로 가장 합당한 위치와 공간이 있는데, 위치와 공간이 당신을 괴롭게 하면 자리를 옮겨서 공간을 바꾸어야 한다. 북방의 수목과 남방의 수목들도 모두 각자 성장할 수 있는 적합한 환경에 있어야 잘 자라는 것이다.

사람도 똑같은 특성을 갖고 있다. 지금 하는 일이 진심에서 우러나서 하는 일이 아니라면, 하던 일을 그만두고 다른 일로 바꿔서 해보는 것도 좋다. 하지만 진정 마음에서 우러나서 하고 싶은 일이라면, 일심전력을 다하여 완벽하고 훌륭하게 해봐야 한다.

대충하는 사람은 자기를 해친다

사실 하는 일마다 세심하지 않고 대충대충 하는 사람은 남을 해치는 것이 아니라 바로 자기를 해치는 것이다. 일뿐만 아니라 자기 마음속에 있는 '탐·진·치'도 대충 대할 것이고, 지혜를 닦고 복을 닦는 것도 모두 대충대충 할 것이며, 사는 일이든 죽는 일이든 모두 대충대충 할 것이다.

완벽하고 원만한 것을 요구하는 사람은 옷을 입어도 체격에 알맞게 입을 것이고, 음식을 해도 깔끔하게 입에 맞게 해 먹을 것이고, 맡은 일도 완벽하지 않으면 손을 놓지 않는다. 이렇게 완전무결함을 추구하는 사람이 성불수행을 하고 도를 닦으면 역시 완전무결하게 할 것이다. 대충대충 살아가는 법이 없기 때문에, 성불수행을 하고 복을 닦고 지혜를 닦는 것도 모두 이렇게 수련할 것이다.

또 복과 지혜를 닦을 줄 알지만, 그것을 소중히 여기지 않고 아끼지 않는 사람 역시 헛수고를 한 것이다. 이것은 마치 돈을 많이 벌고 이득을 보았더라도, 저축할 줄 몰라서, 밑이 없는 물통에다 물을 붓는 사람과 같다. 또 돈만 저축하려 하고 벌 줄 모르는 사람은 물의 원천(샘)이 없는 것과 같다.

우리 절의 쓰레기통을 살펴보면 다시 사용할 수 있는 물건인데도 그냥 버리는 것이 많다. 하루는 스님 한 분이 쓰레기통에서 달력 한 부를 주워 갔다. 그분이 "이 달력은 종이 질도 좋고, 달력 뒷면은 백지이기 때문에 글을 많이 쓸 수 있다."라는 것이다. 그분은 어떻게 이런 생각을 하고 쓰레기통에서 달력을 주워서 쓸 수 있는가? 사실 그분이 달력 살만한 돈이 부족해서 그런 것이 아니다. 누구나 그만한 돈은 다 있다.

전화번호 몇 글자를 적는데 자그마한 종잇조각이면 넉넉한데, 왜 백지를 한 장 써야 하는가? 우리가 메모지 살만한 돈이 부족해서 하는 소리가 아니다. 소비를 해야 할 곳이 있으면 해야 하고, 돈을 쓸 곳이 있으면 써야 한다. 값이 비싸다고 해서 인색하면 안 되지만, 낭비되고 쓸데없는 돈은 한 푼도 쓰지 말아야 한다.

오늘은 이만 강의하겠다. 조금 전에 말한 내용은 모두 내 자신이 사람 노릇을 하고, 성불수행을 하는 사상의 심득일 뿐이고, 여러분들에게 강요하는 것은 아니다.

"착실하고 실속 있게 하면 지나간 뒤에 흔적이 없다."[64] 이 말을 여러분들이 돌아가서 화두로 삼아 참선하기를 바란다.

---

64 각답실지脚踏實地, 과후무흔過后無痕.

 11강

성불수행을 어떻게 사용하는가

삼보를 모두 믿어야 문제가 없다

새로 동화선사로 오신 분들은 수행하는데 문제가 있으면 의견을 제시하고 토론하기를 바란다.

■질문 : 스승님! 수행 과정에서 어떻게 귀신과 마귀들의 유혹에 빠졌는지 아닌지 구별할 수 있습니까?

■만행스님 : 사람들은 모두 자기의 관점이 제일 확실하고 정확하다고 믿는다. 자기 관점에 문제가 생겼음을 본인은 모른다. 다른 사람들이 말해 주어도 믿지 않는다. 하지만 그들도 불조佛祖만은 믿는다. 불문에는 '불佛·법法·승僧' 삼보三寶가 있다. 이것은 부처를 믿는 사람들이 모두 알고 있지만, 어떤 사람은 그 중 이보二寶만 믿고 또 어떤 사람은 단 일보一寶밖에 믿지 않는다.

예를 들어 말하면 어떤 사람은 부처님은 믿지만 법보法寶와 승보僧寶는 믿지 않는다. 또 어떤 사람은 승보만 믿는데, 출가한 스님

한 분만 믿는다. 또 어떤 사람은 몇 천 년 이래 내려온 불법만 믿는다. 극히 적은 사람들만이 삼보를 모두 믿는다.

자신이 삼보를 의심하지 않고 굳게 믿는가를 곰곰이 생각하고 물어 보아라. 이것은 아주 엄숙한 문제이다. '삼보' 중에 어느 하나만 믿지 않아도 수행 도중에 문제가 생겨서 핵심으로 들어갈 수 없으며, 더욱이 불법에 대한 정지정견正知正見을 세울 수 없다.

심리상태가 건강해야 성불수행을 할 수 있다

원래 계획은 약 일주일만 동화선사를 떠나 다녀오려고 하였는데, 그만 외부의 경계에 끌려 반달 만에 겨우 돌아왔다. 이번 외출에서 제일 인상 깊은 것은 성불수행을 하는 많은 사람들의 심리상태가 아주 건강하지 못하다는 것이다. 그들은 환경을 비관하고, 사는 것을 시끄럽게 생각한다. 그들은 가정에 대하여 사회생활에 대하여 직업에 대하여 모두 정상적인 심리상태가 아니고, 아주 극단적일 뿐만 아니라 사람 노릇조차 하기 싫어하였다.

묻노니, 사람 노릇도 하기 싫어하고, 사람이 사는 인간세상의 일도 전심전력으로 하기 싫어하는 사람들이 성불수행을 할 수 있는가? 인간세상의 일들은 성불수행을 하고 도를 닦는 것보다 훨씬 간단하다. 제일 간단한 것조차 하기 싫어하는 사람들이 어떻게 제일 어렵고 힘든 성불수행을 할 것인가?

🕉 세상의 사물은 있는 그대로 존재가치가 있다

불법과 종교가 수천 년 동안 전해 내려올 수 있었던 까닭은 필연코 존재해야 할 이유와 가치가 있기 때문이다. 아니면 인류사회에서 벌써 도태되었을 것이다. 어떤 사람은 종교나 불법이 아무 소용없다고 하지만, 이것은 그 사람의 개인적 인식일 뿐이다.

일전에도 비유하여 말한 적이 있다. 중국 사천성 사람과 호남성 사람은 끼니마다 고추가 없으면 안 되지만, 상해와 광동성 사람은 매운 고추를 왜 그렇게 맛있다고 하는지 이해를 못한다. 또 상해와 광동성 사람은 단 음식을 몹시 즐기지만, 사천성 사람과 호남성 사람은 그렇게 먹는 것을 이해하지 못한다.

세상의 모든 사물은 그냥 존재하는 것이다. 우리가 그에 대하여 옳고 그름을 과도하게 평가할 필요가 없다. 일단 그에 대한 평가가 있게 되면, 바로 그에 대하여 개념을 세울 것이고 자기의 색깔을 칠할 것이다. 한 번 자신의 머리에 물어보아라. "우리가 매일매일 생각하는 것이 '옳은가, 그른가', '네 것인가, 내 것인가', '시비인가? 아니면 또 다른 무엇인가?' 하는 것을…."

🕉 정력을 허튼 생각에 소비하지 마라

우리가 몸과 마음의 힘을 이쪽 방향으로 가지 못하게 하면 필연 저쪽 방향으로 갈 것이다. 어째서 성불수행이 되지 않는가? 그것은 바로 우리의 몸과 마음이 매일같이 6근에 끌려 곁돌기 때문이다. 우리가 눈으로 보고 귀로 듣는 것을 신경 쓰지 않으면, 몸과 마음의 힘을 잡을 수 있을 것이며 다른 방향으로 가지 않을 것이다.

많은 사람들이 체력도 없고 의지력도 없고 담력도 없을 뿐만 아니라 온몸은 나른하고 힘은 하나도 없다. 그럼 이런 사람들의 힘은 어디로 갔을까? 모두 쓸데없는 허튼 생각으로 소모된 것이다. 1~2시간쯤 6근을 막고 조용히 정좌할 수 있다면 금방 충전될 수 있으며 체력도 회복될 것이다.

불법은 강의를 해서 나온 것이 아니라, 한 가지 한 가지 일을 하는 가운데서 만들어지는 것이다. 말을 많이 하는 사람의 기운은 입에서 소모되기 때문에 체력 노동을 할 힘이 없다. 말싸움을 잘하는 사람은 싸움질을 못할 것이고, 싸움을 잘하는 사람은 말싸움을 못할 것이다. 또 정력을 매일 사람들의 시비를 관찰하는 데 쓰는 사람은 수행하는 힘이 없다.

기초만 가지고는 핵심에 들어갈 수 없다

■**질문**: 스승님! 저녁에 잠을 이루지 못하는 이유는 무엇입니까?
■**만행스님**: 외부적인 환경에 의한 것이 아니라면 수행하는 단계와 관계있다. 수련을 하면 인체의 에너지는 순환하게 된다. 수련의 힘이 위로 올라 뇌에 이르면 잠이 적어질 뿐만 아니라 잠을 이룰 수 없으며, 수련의 힘이 아래로 하강하면 머리가 흐리고 잠도 많아진

다. 수련이 잘 되는 상태라면 아주 청정한 느낌이 나는 것이다.

수련을 얼마나 오랫동안 하였느냐가 중요한 것이 아니라, 방법이 정확하고 또 제대로 하였는지다 더 중요하다. 중국불교(특히 교종)를 수련하는 사람들은 염불이나 하고 좌선을 좀 하고, 밀종을 수련하는 사람들은 관상觀想이나 하고 진언을 읽게 된다. 공통적으로는 모두 가행加行을 닦는데 모두 기초적이다. 우리의 힘을 모두 기초를 닦는 데만 소모한다면 핵심적인 부분으로 들어갈 수 없다.

하지만 그들은 핵심이 무엇인지 모르기 때문에 어쩔 수 없다. 온 세상 사람들이 모두 이렇게 수행하는데, 그중 한두 사람만 다르게 해도 사람들은 그들을 사지사견이라고 할 것이다. 수행자들은 '이심입도以心入道, 이심오도以心悟道(마음으로 입도하고, 마음으로 도를 깨친다)'라는 것을 다 알고 있는데도 굳이 이런 형식이 정확하다고 하면서 유행되고 있다.

당신이 선禪을 닦는 사람이라면 『원각경圓覺經』 『금강경金剛經』을 읽어야 하고, 정토법을 닦는 사람이라면 정토의 5경1론五經一論을 읽어야 한다. 뿐만 아니라 『관무량수경觀無量壽經』도 읽어야 한다. 밀법을 수련하는 사람이라면 『보리도 차제광론菩提道次第廣論』, 『보리도 차제약론菩提道次第略論』, 『현관장엄론現觀莊嚴論』을 읽어야 한다.

기왕 사바세계에 태어났다면 사바세계의 사물들을 받아들일 수 있어야 한다. 받아들일 수 없다면 어떻게 생존할 것이며, 생존한다 할지라도 사는 것이 어려울 것이다. 이 사바세계에서 해탈할 수 없다면, 부처님께서 인도하여 극락세계로 간다고 하더라도, 당신은 이것도 마음에 들지 않고 저것도 보기 싫어하는 대번뇌자가 될 것이다.

규정된 수련법은 없다

■**질문** : 스승님! '사선팔정四禪八定'의 수련이 모두 끝나려면 대략 시간이 얼마나 필요합니까?

■**만행스님** : 수행은 시간으로 따지지 못한다. 옛날 사람들은 빠르면 사흘, 늦으면 3년이었고, 아니면 삼생삼세三生三世의 기나긴 세월이 지나야 했다. 근기가 아주 예리한 사람은 눈앞에서 당장 마치기도 한다. 때문에 수행을 시간으로 정할 수 없다. 수련법은 정해진 규정이 없으며, 더욱이 최고의 수련법이란 규정된 법이 아니다. 즉 "법무정법法無定法, 정법불시법定法不是法"이다.

어떤 사람은 한 번에 일을 배우고 할 줄 알지만 어떤 사람은 아무리 배워도 모른다. 어떤 사람이 일주일 만에 「능엄주楞嚴咒」를 외웠다고 하는데, 이런 사람이 있다는 것을 나는 믿는다. 어떤 사람은 『금강경』을 외울 수 있고 어떤 사람은 『지장경』까지 외울 수 있다고 한다.

미국 만불성萬佛城의 선화상인宣化上人의 제자들은 『능엄경』, 『법화경』, 『화엄경』을 모두 외워야 된다고 한다. 원래는 1990년에 만불성(City of Ten Thousand Buddhas)으로 가려고 계획하였는데, 이 세 경전을 모두 외우지 못하면 안 된다고 하여 가지 않았다. 나는 그렇게 외우지 못한다.

🧘 자량을 축적하고 근기를 높여라

수행자는 어떤 일이 생기면 마음속에 간직하고 꾸준히 체득할 줄 알아야 하며, 슬슬 피하거나 혹은 일이 끝난 후 한쪽에 밀어 놓거나 하는 습관이 있으면 안 된다. 사람을 만나면 피하고, 일이 생겨도 피하면 어떻게 수행을 할 것인가? 수행하는 목적이 무엇인가? 자리自利도 도달 못하면서 어떻게 이타利他를 할 것인가?

말로는 지혜의 문을 열려고 수행한다고 하지만, 안근眼根과 이근耳根이 열렸다 닫혔다 하지 못하니 지혜의 문이 열리기는커녕 소총명도 도달하지 못한다. 물론 '근기根器(토대)'라는 것이 중요하겠지만 나를 포함한 이 자리에 앉은 분들 중에서, 어느 분께서 대근기가 되시는가? 부처님은 대근기이시다. 일찍 성불하셨고, 또 '다시 오신 부처님'이라는 것을 모두 잘 알고 있다. 그러나 우리는 수행을 잘하여 자량資糧을 많이 축적하고, 자기의 근기를 제고시키는 것밖에 다른 도리가 없다.

눈앞의 사물들은 잠시적인 존재이고 생生도 있고 멸滅도 있는 현상이다. 그것을 붙잡으려 해도 붙잡을 수 없고 밀어내려 해도 밀어낼 수 없는 것이다.

성불수행은 어떻게 사용하느냐가 중요하다

　성불수행을 많이 하고 적게 하는 것이 문제가 아니라 그것을 어떻게 사용하느냐에 있다. 일단 사용할 수만 있다면 사물의 경계에서 맴돌지 않는 것이다. 사람의 힘이란 아주 보잘것없고 미약하다. 우리들이 단 한 번만 조금이라도 사용해 보았다면, 두 번 세 번 얼마든지 사용할 수 있을 것이다. 우리가 환경을 초월할 수 없다는 것은 바로 환경의 힘을 사용하지 못한다는 뜻이다. 우리 각자가 자신의 일조차 처리할 수 없다면, 외부의 대인연, 대환경을 장악할 방법은 더욱 없는 것이다.

　스스로는 이미 성장하였고 또 아주 유능하다고 생각하지만, 나가서 사람을 상대하고 일을 처리하려고 하면, 껍데기만 알았을 뿐 문외한이라는 것을 사람들에게 알리게 된다. 우리들을 불경佛經에 대조해보거나 선지식에 의뢰하지 않는다면, 자기의 옳고 그름을 모르는 것이다. 자기는 이미 도를 깨우쳤다고 인식하더라도 불경에 대조해봐야 진짜 도를 깨우쳤는지를 알 수 있다.

자기만의 사물에 대한 인식과 느낌을 가져야 한다

　매번 나갈 때마다 모두 이런 유형의 사람들을 만나게 된다. 예를 들면 이번 북경에서 한 불교 잡지사의 편집인을 만났다. 그의 말로는 나의 책이 부처님의 말씀과 다르다는 것이다. 그래서 내가 "부처님이 하신 말씀은 부처님의 사상이고, 내가 한 말은 나의 성불수행의 느낌이다."라고 하였다. 한 분의 부처님, 한 분의 보살님, 한 분의 조사님들마다 사상이 모두 다르다. 그들의 사상이 모두 같다면, 불교에 3장 12부경三藏十二部經이라는 것이 없을 것이다.

사람마다 근기가 다르고 업장이 다르며 지나온 경력이 다르기 때문에, 사물에 대한 인식과 느낌도 당연히 다르다. 마치 똑같이 경을 읽었어도 경에 대한 인식과 느낌이 서로 다른 것과 같다. 왜냐하면 사람은 지나온 경력과 업력, 그리고 근기가 모두 다르기 때문이다.

화원의 꽃이 어디 모두 같은가? 길거리의 사람들도 똑같은 사람이 있던가? 이처럼 수행자의 부처님 사상도 서로 다른 것이 정상이다. 그것은 그냥 존재하는 것이어서 옳고 그르고 하는 것들이 없다.

마왕도 자식이 있고 손자가 있다. 마왕들도 모두 나쁜 일만 하는 것이 아니라, 좋은 일을 할 때가 있다. 그들의 행위가 과격하고 극단적이며 표현하는 방식이 다를 뿐이다.

부처라고 해서 기울어지지 않으며, 마라고 해도 피하지 않아야 옳다. 다시 말하면 부처에게도 돌아가지 말고 마왕에게도 미혹되지 말고, 오로지 자기의 심신心身과 사상만 틀어잡아야 하는 것이다.

12강

남녀쌍수男女雙修라는 것이 있는가?

❸ 이미 인체에 음과 양이 공존한다

'덕德'을 아는 사람도 적지만 '도道'를 아는 사람은 더 적다. 도는 체體이고 덕은 용用이다. 진정하게 도가 있는 사람은 틀림없이 덕이 있는 사람이고, 진정하게 덕이 있는 사람은 틀림없이 입도入道한다.

오늘 어떤 사람이 나에게 남녀쌍수男女雙修라는 것이 있냐고 물었다. 또 어떤 사람은 원래는 남녀쌍수라는 것을 믿지 않았고 심지어 반대까지 하였는데, 나중에는 자기 자신이 그 길을 걷게 되었다고 하였다.

도대체 수행에서 남녀쌍수라는 것이 있는가? 진정하게 초월한 사람은 남녀쌍수의 도움이 필요 없다. 초월하지 못하였더라도 남녀쌍수를 하면 안 된다. 아니면 타락하게 된다. 아공我空, 법공法空의 수준에 도달한 사람은, 이미 자체로 음과 양이 형성되었기 때문에 외부의 음양을 빌려서 수련할 필요가 없다.

우주에는 음양이 있다. 인체는 축소된 작은 우주이기 때문에 역시 음양이 있다. 생리의 관문을 돌파하지 못하면 확실히 생리적인 욕망을 제거할 수 없다. 몸과 마음을 비울 수 있다면, 자연스레 몸과 마음을 다스릴 수 있고 세세생생의 욕망도 다스릴 수 있다. 하지만 대부분의 중생은 욕계천에서 내려왔기 때문에, 생리적 욕망의 뿌리가 깊이 박히고 단단해서 다스리기가 아주 어렵다.

알다시피 중국불교에는 남녀쌍수라는 것이 없고 그런 방법을 사용하지도 않는다. 옛날의 고승·대덕들도 이런 방식으로 수련해 성취한 사람이 없다. 당나라 때 득도한 분들이 헤아릴 수 없이 많았지만 모두 이런 방법을 사용하지 않았다. 불경에도 이런 기록이 없다.

사실이 이러한데 왜 남녀쌍수를 이다지도 고집하는가? 이런 사람들은 신선도 되고 싶고 세속의 쾌락도 탐나기 때문에 이런 소리를 하는 것이다. 수행자로서 자기의 마음을 다스리지 못하면 수행자라고 할 수 없고 입도할 수도 없다. 우리들이 소위 '수행한다'고 하는 것은 자기의 마음을 다스리는 것이다.

남녀쌍수는 음양쌍수가 왜곡된 것이다

밀종은 "석가모니 부처님께서 자기들에게 밀법密法(남녀쌍수)을 전수하였다."라고 하면서 그 이론을 주도면밀하게 말하지만, 석존께서 이런 것이 필요했다면 왜 처자식을 버리고 수많은 미녀들을 멀리하고 깊은 산속에 들어가 홀로 청정하게 수련하셨겠는가?

중생들은 자기들을 위해 이렇게 터무니없는 구실을 만든다. 심지어 불조(석가모니 부처님)께서 이렇게 하신 불경의 기록도 있다고 한다. 불경은 불조께서 열반하신 다음 제자들이 모여서 만든 것이다. 이렇게 만든 것이니 얼마간 차이가 있을 수 있다. 즉 많은 사람들이 참여해 정리한 것이지, 단지 아난존자 한 사람의 입으로 한 말이 아니다.

몸과 마음을 초월하지 못하면, 도를 수련한다고 말할 뿐이지 입도한 것이 아니고 득도한 것은 더욱 아니다. 수행자들은 우선 '아공'에 도달해야 하고 이어서 '법공'에 도달해야 하며, 그 다음 '공야공空也空(모든 것이 공)'이 되어야 한다.

이미 법法도 다 공이 되었는데 어째서 쌍수라는 방법이 필요한가? 쌍수라는 방법은 없다. 일단 수행에서 제 길에 들어서면 절대로 생리적인 쾌락에 미련을 두면 안 된다. 부처님께서는 모든 것을 초월하셨는데, 왜 다시 되돌아와서 인생의 과정을 걸어야 하고 속인들의 행위를 배워야 하는가?

몸과 마음이 입도하지 못할 때면 세속의 욕망에 머무르게 된다. 어떤 사람들은 '인연을 따른다.'고 궤변을 늘어놓지만, 왜 부처님께서 말씀한 계율의 인연을 따르지 않고 부처님께서 반대하는 인연을 따르는가? 부처님은 『능엄경』에서 분명하게 말씀하였다. "음욕을 끊지 않고 선정수련을 하면, 마치 모래와 돌을 삶아서 밥을 짓는 격이다. 수천 겁을 삶아도 뜨거운 모래와 돌밖에 되지 않는다."

만약 수행자들이 음욕을 단절하지 않으면 마치 모래를 삶아서 밥을 짓는 것과 같아서 절대로 성도成道하지 못한다. 어떤 활불들은 아내 하나도 부족해 둘도 얻고 셋도 얻는다. '아내가 많을수록 수행력이 높다'고 하고, '사람들의 숭배를 받는다'고 한다. 그리곤 '청정하고 욕망이 없는 사람은 수행력이 없다'고 말한다.

남녀쌍수라는 방법은 없을 뿐만 아니라, 있다고 해도 겨우 한 계단 올라갈 뿐이다. 절대로 남녀쌍수는 수행해서 도를 깨닫고 득도하는 방법이 아니다. 유마힐維摩詰은 "비록 아내가 있다고 해도 모든 것은 범행梵行대로 해야 한다."라고 말했다. 즉, '비록 세속에서 사는 사람일지라도 출가한 사람의 표준으로 자기에 대한 기준이 높아야 한다.'는 말이다.

옛날 사람들은 '남녀쌍수'를 말한 것이 아니라 '음양쌍수'를 말한 것이다. 사람과 하늘의 음양, 하늘과 땅의 음양, 땅과 사람의 음양을 말한다. 이 말은 정확하다. 후에 사람들이 음양쌍수를 오해해 남녀쌍수로 왜곡함으로써 전체적인 성질을 뒤엎어 버렸다. 사람의 몸은 음양을 구비하였다. 임맥으로 하강하고 독맥으로 상행한다. 앞에서 뒤를 향해 흐르고, 뒤에서 앞을 향해 흐른다. 자신의 음양이 평형되면 자연적으로 편안해져서 입도하는 것이다.

마음이 있다면 도량은 얼마든지 있다

수행자들이 추구하는 것은 '도'이고 '장場(도량)'이 아니다. 도가 있다면 도량이 아닌 곳이 없다. 도량은 수없이 많지만 머무르는 도인이 없다. 도가 있는 사람이 너무도 적어서 보기조차 어려운 것이다. 옛날에는 도와 도량을 구분하지 않았다. 하지만 지금은 가는 곳마다 도량이지만 도가 있는 곳은 하나도 없다. 도량만 있고 도가 없으니 빈 절이나 다름이 없다.

수행자들의 마음상태가 정확하다면, 몸과 마음은 도량이고, 천지는 무대이며, 중생은 복전이라고 해야 한다. 내면에서 진정하게 도를 얻은 사람은 가는 곳마다 편안할 수 있다. 그렇지 않으면 내재의 도가 없기 때문에 외재의 도량에 집착한다.

지금 여기에서 입도할 수 없는 수행자가, 사람 없는 도량을 찾아서 청정하게 수행하고자 하면 도리어 망상이 더 많아진다. 그렇지만 일이 많아서 이 일 저 일로 정신없이 바쁘다면 망상할 겨를이 없다. 일심전력으로 일을 하는 자체가 바로 도 안에 있는 것인데, 구태여 도량을 찾아서 도를 수련할 필요가 있는가? 진정한 수행자라면 도가 없을까봐 두려운 것이지, 도량이 없을까봐 두려운 것이 아니다.

남북조시대에 절이 제일 많았다고 하지만, 사실 지금이 남북조시대보다 몇 배 더 많다. 비록 정부에서 옛 절은 복원하게 하되 새 절은 짓지 못하게 하지만, 알게 모르게 많은 절들이 새로 지어졌다. 특히 최근 십년 동안 우후죽순처럼 새 절이 지어졌다. 정부에서는 아주 너그러운 마음으로 보고도 못 본 척한다. 이것은 정부에서 근무하는 사람들이 모두 착하고, 백성을 사랑하는 마음이 있다는 것을 말한다. 우리 수행자들도 자기의 수행차원을 높이면서 사회를 정화하기 바란다.

사람들과 어울려 수련하라

자신의 공부하는 힘을 높이려면 혼자서 수련하는 것보다 대중들과 함께 수행하는 것이 좋다. 지금 여러분들은 모두 '공'에 머무르고 '유'에 있으려고 하지 않으며, 사람이 많으면 숨어 있거나 짜증을 낸다. 이런 사람들을 어떻게 수행자라고 할 수 있는가? 눈앞에 있는 사람·일·물건·도리道理에 무관심할 수 있다면, 이와 같은 것들이 어떻게 당신에게 방해가 되겠는가? 사실 "사물이 사람을 미혹하는 것이 아니라, 사람 자체가 사물에 미혹된다."

출가한 사람들은 반드시 많이 돌아다니면서 많이 보고 들음으로써 겸손하고 공경하는 마음을 키워야 한다. 수행의 최후는 쓰기 위한 것이다. 해탈은 수행자의 궁극적 목적이 아니다. 다만 하나의 등급이고 단계일 뿐이다. 부처님께서는 왜 이미 득도하고 해탈하셨는데 세속에 나와서 중생을 제도하셨는가? 바로 부처님께서 깨달은 진리를 검증하고 세속에서 사용하기 위한 것이고, 부처님의 복보와 지혜를 늘리기 위해서이다.

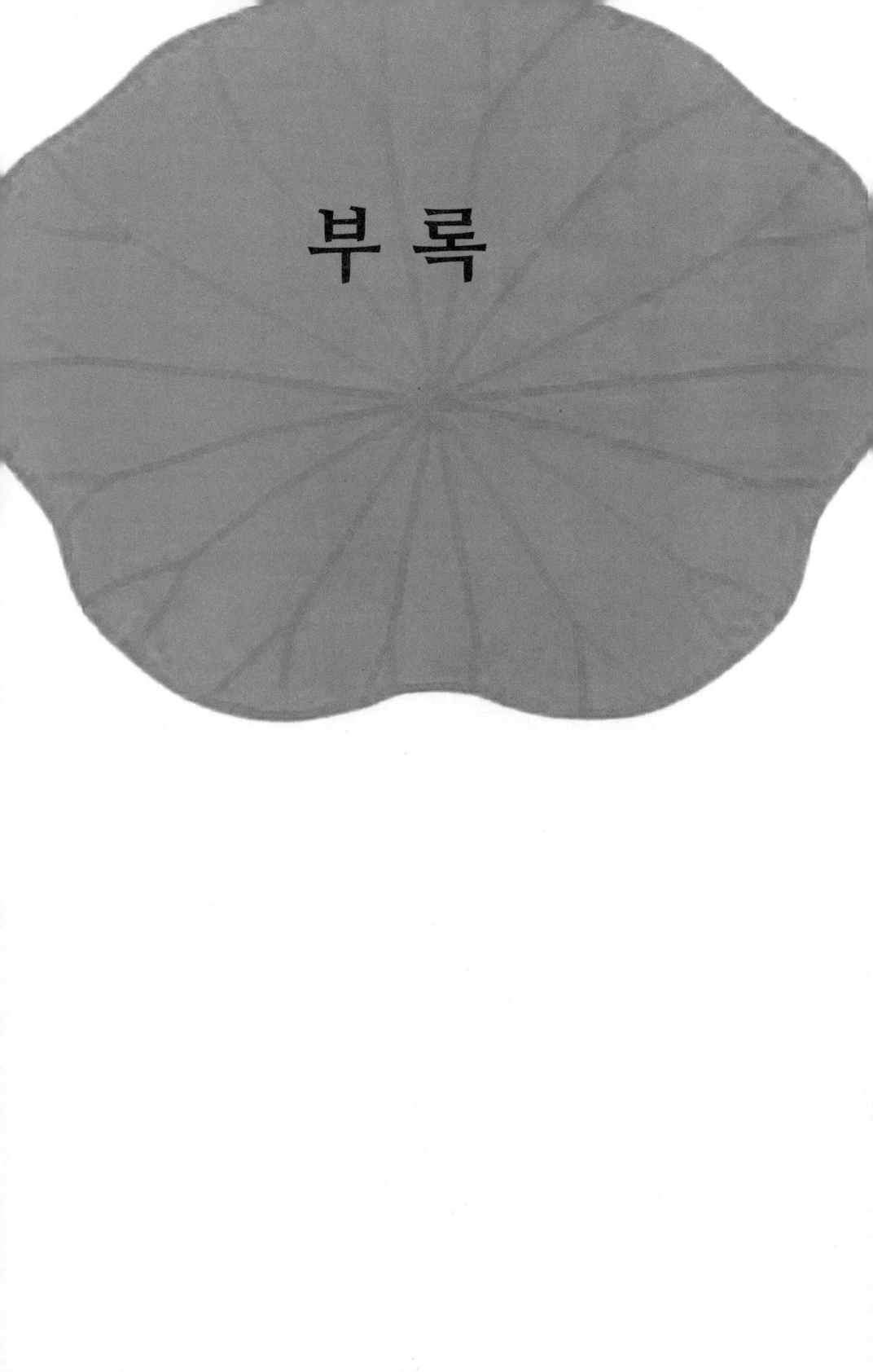
부록

 만행스님은

1971년 생으로 18세에 중국 하문시 남보타사에서
삭발하고 출가하였으며(1988년 1월),
22세에 중국 민남불교대학교를 졸업하고(1988~1992년)
7년에 걸친 3번의 무문관수련을 하였다(1993년 1월~2000년 9월).

무문관수련을 마친 후 옹원현의 부탁으로
방 한칸 없고 스님 한 분 없는 동화사 주지로 취임하였고,

동화사를 증축하여
5천 명이 거주할 수 있는 거대사찰로 재건하였다.
주간에는 신도들과 함께 동화사의 공사현장에서 일하고,
야간에는 신도들에게 설법을 하였는데
그 내용을 정리하여 중국에서 『심중월』, 『항복기심』, 『선용기심』, 『기심무주』, 『미언대의』, 『심정』, 『덕행천하』 등을 출간하였다.
한국에서는 제자 지연의 번역으로 『마음의 달』 1·2(2009년)과 『항복기심』 1·2·3(2018년), 『선용기심』,(2014년) 등이 출간되었다.

 ## 역자 후기

2018년 7월 智衍

이 법문집은 만행 큰스님께서 중국 광동성 옹원현 동화선사에서 사부대중들과 함께 수련하면서 설법하신 내용을 기초로 정리하였습니다. 만행 큰스님은 정밀하고 심오하며, 명쾌하고 유창한 언어와 참신하고 생기발랄한 법문을 통해, 넓고 깊은 불교의 교리와 성불수행을 하는 사람들에게 필요한 구체적 내용과 기본 방법을 알아듣기 쉽게 해설하셨습니다. 이는 불교와 신에 대한 잘못된 믿음으로부터 사부대중을 깨우쳐주고, 불법의 정신을 현실생활과 연결시킴으로써 사람들로 하여금 어두침침한 심령을 활짝 열어놓게 할 것입니다.

만행 큰스님은 "성불수행을 하는 사람들은 먼저 자기 자신을 알고, 스스로 몸과 마음을 다스려서 무명을 타파함으로써 참된 불성을 찾아야한다. 자기 몸에 배인 결점을 알면서도 벗어나지 못한다면, 그 사람은 틀림없이 비겁하고 무능한 사람이다."

또 "자성은 원래 깨끗하고 청정하며, 날마다 쓰건만 쓴지도 모르며, 또한 네가 수련하든 하지 않든 변하지 않는다. 한 가지 일에 전념할 수 있다면 만 가지 일에도 전념할 수 있다. 임종 때까지 기다리지 말고 지금 해탈하고자 하라. 지금의 일을 나중으로 미루지 마라." 하고 말씀하셨습니다.

이러한 내용의 이 법문집은 만행 큰스님의 손에 있는 금강모검으로 수행자들의 생사무명을 타파함으로써, 수행하는 사람들의 몸과 마음에 배인 병을 송두리째 뽑아버리게 하고 수행 도중에 나타나는 각종 마장魔障까지 잘라 버릴 것입니다.

다만 이 법문집은 만행 큰스님께서 동화선사 제자들을 가르치고자 하신 말씀이기 때문에 언어가 다소 지나치고 또 중복되는 내용도 있는데, 이는 큰스님께서 제자들에게 확실한 가르침을 주기 위한 노파심으로 인한 것입니다.

이 법문을 기록하고 번역함에 있어서 큰스님의 뜻을 정확히 전달하지 못한 책임이 있지만, 그래도 이 책과 인연이 있으셔서 깨우치신다면 "성불한 이익은 중생에게 주어야 한다."라는 큰스님의 말씀처럼 깨우치신 뒤에는 사회생활에 적극적으로 임하면서 보살행을 하셔서 중생에게 이익을 나누어 주시기를 기원합니다.

사명감으로 책을 만들어 준 대유학당, 한국에 들어왔을 때 쉴 곳을 마련해주고 생활을 보살펴 준 화계사 수암주지스님과 일화총무스님, 물심양면으로 도와주신 활안스님 원명스님 단호스님 법승스님 현성스님 心亮慧首스님 중성스님 현무스님 목보살님 최영호선생님 진성처사님, 바쁘신 환경 속에서도 정성껏 교정을 봐주신 지아스님을 비롯한 여러 스님들께 감사드립니다.

중국에서는 지용법사님 화장법사님 慈傳佛堂신도님들과 이화자보살님께서 물심양방면으로 도움을 주셨고, 두 달여의 긴 시간 동안 가족을 떠나 한국에서 교정작업을 하는 동안 많은 이해와 희생을 해주신 남편과 가족들에게 감사드립니다.

찾아보기

ㄱ

- 5계 10선　　　　　　　67,385,484
- 가아　　　　　　　　　　　　212
- 거사　　　　　　　　　　　　203
- 견성　　　　　　　　　　　　355
- 경계와 공부의 차이　　　　　　32
- 고목선　　　　　　　　　　　396
- 공의 마음　　　　　　　　　　144
- 과위果位　　　　　　　　　　279
- 과후무흔過后無痕　　　　　　490
- 관정　　　　　　　　　　　　358
- 교하教下　　　　　　　　　　219
- 귀신·도깨비　　　　　　　　327
- 귀의　　　　　　　　　　　　 67
- 규약과 계율　　　　　　　　　467
- 규정된 수련법은 없다　　　　　496
- 근기를 높여라　　　　　　　　497
- 『금강경』　　　　　6,217,273,496

ㄴ

- 나한　　　　　　　　　　　　259
- 남녀쌍수男女雙修　　　　501,502
- 남보타사　　　　　　　　　　374
- 내 몸에서 원인을 찾아라　　　374

- 내려놓으라　　　　　　　　　 20
- 노자　　　　　　　　　154,356,393
- 노재공　　　　　　　　　271,279
- 『논어』「태백」　　　　　　　183
- 능력보다 덕이 귀하다　　　　 448
- 『능엄경』　　27,36,39,203,249
　　　　　　　　　　　　496,503
- 능엄주　　　　　　　　　　　142

ㄷ

- 『단경』　　　　　　　　176,465
- 달마　　　　　　42,207,284,317
- 달마일장경　　　　　　　　　135
- 대근기는 보시　　　　　　　　445
- 대도불리신심　　　　　　　　235
- 도는 음양의 구별을 초월한 것 240
- 도를 닦으면 경계가 생긴다　　323
- 도화살　　　　　　　　　　　136
- 독각불獨覺佛　　　　　　　　393
- 두루 섭렵하고 두루 배워라　　283
- 등소평　　　　　　　　　　　178
- 디딜방아　　　　　　　　　　374

ㅁ

- 마음을 내려놓고 일념을 유지　127
- 마음의 질적 변화　129
- 마음이 너그럽고 도량이 커야　55
- 만물은 한 몸이다　189
- 만법유심萬法唯心　386
- 말은 적게 하고 행동으로 보여라　116
- 망상과 관조　300
- 명상　288
- 명심견성　210
- 명탁命濁　269
- 목련존자木蓮尊者　96
- 무명無明　137
- 무문관센터　163
- 문수보살　208
- 문희선사　208
- 미신迷信　341

ㅂ

- 반견, 반문, 반조　421
- 보리심　208, 320
- 보리종자　243
- 『보문품』　371
- 보살과 나한　30
- 보살도　101, 195
- 보살의 수행 계위　28
- 보시　77, 170, 265, 267, 373, 387
　　　476, 480
- 복보　94, 103, 161
- 부적이나 독경　344
- 부처님이 없으면 마도 없다　132
- 부처를 믿는 것과 성불수행　51
- 불교의식　411
- 불문의 규칙과 예의　97
- 비로자나불　327
- 빙의　331, 334

ㅅ

- 四大　269
- 사망과 입정　477
- 사미　43
- 사원의 규칙　91
- 삼계로 온 목적　63
- 삼악도　396
- 삼장법사　31
- 상생　328
- 상적광 정토　327
- 상품　328
- 생명의 근원과 소통하라　236
- 선과 교　220
- 선정력　343
- 선지식　369
- 선천적인 근기　205
- 『성경』　129, 183, 202
- 성문·연각·보살　224
- 성불수행　67, 111
- 성불해야 부처를 알 수 있다　222
- 세간법　300
- 소근기는 수련　445
- 소로소로　213
- 손오공　31
- 수레의 끌채　303
- 수미산　272
- 수자상　273
- 수증　304
- 수행법　139
- 수행의 처음과 끝　219
- 승보의 역할　353
- 시와 비를 분별하지 마라　121
- 식견　203, 204, 303, 362
- 식견 수증 행원　303
- 식견 행원 수증　399

- 식견에 보살행 224
- 식지를 모으는 것 487
- 신·구·의 84,195
- 신묘장구대다라니 213
- 실증 271,463,465
- 실천도 인연 따라 해야 한다 437
- 『심등록心燈錄』 153
- 심신동체 36
- 씨앗 395

ㅇ

- 아라한이 되는 4단계 146
- 『아미타경』 269
- 아상 273
- 아집 223,293,453,460
- 야뢰야식 243
- 약사여래 65
- 업장 176
- 연기緣起 191
- 연꽃뿌리 244
- 열두 띠의 원리 135
- 영성 237,241
- 오만 458
- 오탁악세 270
- 옳고 그름 121
- 완벽한 균형 43
- 운명공동체 193
- 유가 154,183
- 유마거사/유마힐(維摩詰) 203
- 유심론唯心論 206
- 육도윤회 63
- 음양쌍수 502
- 음양오행 252
- 인과를 믿는 것 28
- 인과因果 191

- 인류의 본보기 69
- 일심불란 422
- 일심전념 214
- 일행선사 135
- 임종 269,277,301,333,364 445,483

ㅈ

- 자기 마음의 주인 264
- 자기를 먼저 다스려라 118
- 자만심과 겸공심 128
- 자발적으로 수련 167
- 자성自性의 근본 291
- 자신에게 엄격하라 167
- 자아반성 379
- 장자양 32
- 점안식 346
- 정신正信 341,402
- 정신正信과
- 정定과 관觀 106
- 정지정견 122,173,184,221,328
- 정판교 179
- 제자백가 138
- 종교는 초과학이다 255
- 중생상 273
- 중생을 제도 230
- 중생의 업력 95
- 『중용』 183
- 즉신성취 151
- 지止와 관觀 261
- 『지장경』 272,496
- 지혜의 문 146
- 진·술·축·미시 351
- 진가일여眞假一如 47
- 진한심의 극복 행원 306

- 집착이 윤회를 만든다   65

ㅊ
- 참선   37~38
- 천태종의 4토   152
- 초지보살初地菩薩   390
- 총림의 규칙   85

ㅍ
- 파룬공   299
- 폐경   233
- 표리동귀   47

ㅎ
- 합화스님   369
- 항복기심   383
- 행원   206, 305~308
- 현성승賢聖僧   92, 315
- 혜능   407
- 호법신   335
- 홍법   393
- 화신   296
- 화엄경   132
- 후득지 수련   26

항복기심 중국어판 찾아보기

항복기심 1권 – 부처가 되는 길을 향해서

부	강	주제어	권	강	제목
【제 1부】 부처가 되는 길	1	수행	2	14	修行究竟修的是什么
	2	신앙은 성불수행의 근본	1	26	信仰是學佛的根本
	3	체득과 소감	3	1	學佛后就應該有自己的心得體會
	4	믿는 것과 성불수행	3	12	信佛與學佛
	5	성불수행은 어떻게	3	17	如何學佛
	6	총림의 규칙	1	8	丛林中的規矩
	7	사원의 규칙	1	39	寺院的規矩
	8	불문 규칙	3	28	佛門儀規的重要性
	9	달라야 한다	1	21	学佛的人就是不一样
	10	옳고 그름	1	23	谈谈说是道非
	11	12가지 띠의 원리	1	38	十二生肖的原理

부	강	주제어	권	강	제목
【제 2부】 식견의 중요성	1	자기의 부처님사상	1	9	学佛要有自己的佛学思想
	2	자기 관리	1	17	修行人必須学会管住自己
	3	정지정견	1	19	什么叫正知正见
	4	만물은 모두 한몸이다	2	24	万物皆是同一体
	5	식견	3	10	學佛見地爲首
	6	식견	3	11	见地是修行的根本 - 见地的重要性
	7	노인의 수련	2	3	老人能否修炼成功
	8	몸과 마음의 수련	2	29	身心双修方为究竟
	9	임종의 참뜻	2	21	《弥陀经》"临命终时"的真正含义

부	강	주제어	권	강	제목
	10	수행의 중요한 문제	2	1	修行中的几个重要问题
	11	식견 수증 행원	2	25	修行三要素：见地 修证 行愿
	12	실제적 수련	2	28	没有实修功夫见地不会圆滿
	13	경계	3	15	修道必然會有境界
	14	빙의	2	2	附体是如何来的
	15	마음을 똑똑히 보아야 한다	2	9	学佛必须看清自己的起心动念
【제 3부】 수행자의 자량	1	선지식에 대해	1	36	关于善知识
	2	자아반성	2	4	自我反省就是修道
	3	공경	3	2	想成佛就要學會奉獻
	4	종합적 자질	3	3	成佛需要綜合素質
	5	부처와 비교	2	11	只有跟佛比才能看清自己
	6	사람 노릇	2	10	学佛容易做人难
	7	사람노릇 배우기	2	26	学佛就是学做人
	8	부처와 하나되기	2	13	我执不死能与佛融为一体
	9	몸에 공들이기	2	20	学佛做人必须在自己身上下功夫
	10	복과 지혜	3	23	福慧雙修
	11	성불수행의 사용	3	29	學佛關鍵是能起用
	12	남녀쌍수	1	41	有没有男女双修

항복기심 2권 - 부처가 되는 수련의 길

부	강	주제어	권	강	제목
【제 4부】 스승의 역할	1	수행의 진보	1	1	修行中真正的进步是心态的转变
	2	시작과 머무는 곳	3	25	佛法的起落處
	3	법문	3	8	修行先降伏自己的身心-怎样看待法門
	4	마음을 여는 법	2	6	如何打开自己的心量
	5	우란 분회	2	16	什么是盂兰盆会
	6	겸손 공손	3	13	師承與法脈

	7	일심불란	3	22	制心一處無事不爲		

【제 5부】 염불	1	염불은 어떻게 하는가?	1	35	如何念佛		
	2	염불	1	42	如何正确地念佛		
	3	씨앗을 팔식심전에 심기	1	25	如何将念佛的种子种入八识心田		

【제 6부】 입정과 무아	1	4가지 반응	3	24	修行中身心出现的四種反應		
	2	마음 가라앉히기	3	19	静心是修行		
	3	지도 수도 증도	1	20	如何见道修道证道		
	4	일심불란	1	34	什么是一心不乱		
	5	일심불란	2	5	一心不乱做事就是修行		
	6	잡념에 머무르지 않음	1	18	如何做到有念无住		
	7	순기자연과 무아	1	7	顺其自然与无我		
	8	잠드는 것과 입정	2	30	入睡与入定		
	9	지관止觀과 입정入定	1	12	止观与入定		
	10	입정의 네 단계	1	13	入定的四个层次		
	11	입정해서 머물기	1	14	怎样正确地住定		

【제 7부】 좌선	1	두 시간 이상 좌선	1	11	大智无非善护念		
	2	정좌법	3	14	如何静坐	30	静坐首先要放松
	3	자발동공의 원인	1	22	静坐中出现自发功的原因		
	4	진심을 지키다	2	19	守住真心胜过修所有的法门		
	5	체내의 에너지	2	15	体内能量唤醒后有什么表现		
	6	산란을 다스리는 법	2	8	如何对治昏沉散乱		
	7	분명한 경계	1	37	什么是了了分明之境		
	8	화두는 어떻게 참하는가?	1	24	如何参话头		
	9	선칠 수련의 의의	1	5	打七的意义		

【제 8부】 동공과	1	실증	2	7	佛法要靠实证，而不是猜测想象		
	2	「육자대명주」 음념법	1	31	如何音念六字大明咒		

음념법	3	연화생동공	1	32	瑜伽七节健身操
	4	진리의 깨달음	3	16	修身與悟道
	5	에너지 활성화	1	33	如何激活能量

▲ 3권 – 부처와 한 몸이 되다

부	강	주제어	권	강	제목
【제 9부】 명심 견성	1	명심과 견성과 증과의 구별	1	10	明心见性与证果三者的区别
	2	수행인과 팔상성도	1	16	当代修行人与八相成道
	3	수행의 단계	2	22	修行的四个阶段
	4	정기신과 열	2	27	精气神与热力光的关系
	5	견성한 다음의 수련(1)	1	15	见性后修的是什么
	6	견성한 다음의 수련(2)	2	23	见性后修的是什么

【제 10부】 무문관수련	1	영성 수련	2	12	如何把灵明不昧修出来
	2	신체수련과 육조의 실천	1	4	修身与论六祖
	3	수행자의 병폐	3	9	修行人的通病 爱清静
	4	폐관의 규칙	1	45	闭关的规矩
	5	폐관	3	20	閉關的條件
	6	폐관의 경계에서 나와야 한다	1	40	走出闭关中的境界

【제 11부】 무위법과 연꽃이 활짝피다	1	유위법과 무위법의 수련법법	1	30	有为法与无为法的用功方法
	2	향불을 관하면 좋다	1	2	观香的好处
	3	선禪 정淨 밀密의 관계	1	27	禅净密三者的关系
	4	공空	3	27	學佛先學空
	5	대광명 후 수련	2	17	大放光明后怎么修
	6	우주와 융합	3	4	怎樣與法界融爲一體
	7	무상대법 수련	2	18	今晚讲的才是无上大法
	8	법을 수련, 도를 수련	1	46	修法与修道的区别

	9	화신化身은 어떻게 오는가?	1	28	化身是怎么来的
	10	관상은 아주 효율적인 수도법	1	29	修道与观想
	11	생리수련	3	5	生理修鍊與修道
	12	변해야 성불한다	3	26	改變自己才能成佛
	13	연꽃이 활짝 피다	3	6	修行過程與荷花開放

【제 12부】 성불과 보살행	1	근본지 후득지	3	7	根本智和后得智
	2	『단경』과 선종	1	6	『坛经』与禅宗
	3	관자재	3	18	如何觀自在
	4	잡념	3	21	雜念與四大的關係 - 自身風水
	5	복과 지혜를 함께 닦는 과정	1	3	历世炼心即是福慧双修
	6	화신化身과 8식의 단계	1	43	化身与八个意识层次
	7	만물과 한 몸이 될 것인가?	1	44	如何与万物同一体

남은 이야기

중국 광동성廣東省 옹원현翁源縣의 동화선사東華禪寺　www.donghuasi.org　TEL 0751-286-7488
이 책의 원문은 동화사 홈페이지에서 보실 수 있습니다.

▲ 동화사의 대웅전
▼ 동화사의 자재당. 어느 정도 이상 수양된 스님들이 모여서 수련하는 선방이다.

▲ 동화사의 일주문. 그 너머 사자산이 보인다. 밤이 되면 그 뒷산과 어울려 臥佛의 형상을 이룬다.
▼ 동화사의 대웅전으로 통하는 출입문

▲ 장생지 연못.   ▼ 1000년 된 보리수.

▲ 동화사 경내를 거닐고 있는 만행큰스님

▲ 차를 대접하며 담소하는 만행큰스님
▼ 차를 대접하는 것이 모든 수행의 시작이고 인사의 시작이라고 하는 만행큰스님

▲ 동화사 뒷편에는 육조 혜능이 수련하여 득도했다는 혜능굴이 있다.
▼ 혜능굴의 내부. 만행큰스님은 이 곳에서 3번째 폐관을 성공리에 마쳤다.

▲ 혜능굴 옆의 만불굴

혜능굴 안에 있는 뒤주형 좌대. 이 안에서 수련을 하면 혹 졸다가 넘어지는 것도 방비하고 지면으로부터 올라오는 습기를 막을 수도 있다. ▼

▲ 대웅전에서 제자들과 수련중인 만행큰스님
▼ 방석의 뒷부분을 높게 제작하여 앞으로 약간 숙인 자세로 수련하며 이렇게 해야 호흡이 쉽다.

▲ 수련의 시범을 보이는 만행큰스님의 옆모습.

▲ 선방(자재당)에서 다른 스님들과 수련하는 모습
▼ 선방에서 스님들의 포향을 독려하는 만행 큰스님.

▲ 선방에서 수련을 하는 도중 포향을 하는 스님들. 수련이 잘 되고 있는지, 방안 가득히 유리광이 떠있다.

▲ 한국에서 온 스님들과 수련을 마치고 찰칵. 왼쪽부터 혜천스님•나월스님•만행큰스님•동초스님. 스님들 머리 위에 유리광이 떠있다.

▲ 아침에 향을 올리고 있는 만행 큰스님.

▲ 한국스님들이 선물한 장삼을 입은 만행큰스님